V&R

SEPTUAGINTA

VETUS TESTAMENTUM GRAECUM

Auctoritate
Academiae Scientiarum Gottingensis
editum

XI, 2

ECCLESIASTES

Vandenhoeck & Ruprecht

Ecclesiastes

edidit Peter John Gentry

Erklärung der Zeichen und Abkürzungen

Rezensionen und Handschriften

Die Textzeugen werden in folgender Ordnung vorgelegt:

A C 818 870 969 992 3010 *O* B-S-68″-998 *L C″ d k* al verss patres

Der A-Text: A-C

Die hexaplarische Rezension:
O = V-253-475-637

Der ägyptische Texttyp: B-S-68″-998
68″ = 68-534-613
68′ = 68-534
68’ = 68-613
534′ = 534-613

Die lukianische Rezension:
L = 106-125′-130-545
125′ = 125-261

Der Catenentext:
C = 139-147-159-298-299(fin 7_{29})-390-415-503-504-522-540-560-563-571-574-732-798
299 = 299^{A}-299^{B} (nur bis 1_{11})
cI = 157′-425-601-609
157′ = 157-797
cII = 260-295(ab 3_{12})-371-561-752(ab 3_{12})
C″ = *C* + *cI* + *cII*
C′ = *C* + *cI*
C’ = *C* + *cII*

Die Textfamilien *d* und *k*:

d	=	254′-342(fin 7_{29})-357
254′	=	254-754
k	=	46′-337
46′	=	46-631

Die codices mixti (al = alia manuscripta):
155 248″ 296′ 311 336′ 338 339 359 411 443 539 542 543 547 549 645 698 705(fin 3_{12}) 706 766 770(fin 1_{18}) 788 795 3011

248″	=	161-248-252
248′	=	161-248
296′	=	296-548
336′	=	336-728
766	=	766^{A}-766^{B}

Die Sekundärübersetzungen (verss = versiones)

La ($La^{94\ 95\ 160}$ Hi)	=	Altlateinische Übersetzung
Syh	=	Syrohexaplarische Übersetzung
$Syh^{I\ II}$	=	Syh^{I} oder Syh^{II} bezeichnet einzelne Lesarten von Syh
CPA	=	Christlich-palästinensisch-aramäische Übersetzung
Co	=	Koptische Übersetzung (Sa, Fa)
Sa ($Sa^{I\ II\ 1\ 2\ 3\ 4\ 5\ 6}$)	=	Sahidische Übersetzung
Fa ($Fa^{1\ 2\ 3}$)	=	Fajumische Übersetzung
Aeth ($Aeth^{te\ A2\ ap\ ap(A2)}$)	=	Äthiopische Übersetzung
Geo ($Geo^{O\ J\ S}$)	=	Altgeorgische Übersetzung
Arm	=	Armenische Übersetzung
Arab	=	Arabische Übersetzung

Der hebräische Text

𝔐	=	Masora	Q	=	Qere
𝔎	=	Geniza Cairensis	K	=	Ketib
𝔔	=	Qumran			

Die Übersetzungen aus dem hebräischen Text

𝔖	=	Peshitta	𝔙	=	Vulgata
𝔗	=	Targum			

Die jüngeren griechischen Übersetzungen und hexaplarischen Randnoten

α′	=	*Ἀκύλας* (Aquila)	*οἱ λ′*	=	*οἱ λοιποί* (die Anderen, gemeint sind α′, σ′ und/oder ϑ′)
σ′	=	*Σύμμαχος* (Symmachus)	(*οἱ*) *ο′*	=	(*οἱ*) *ἑβδομήκοντα* (die Siebzig)
ϑ′	=	*Θεοδοτίων* (Theodotion)			

π' = *οἱ πάντες*

γρ' = *γράφεται*

ἄλλος aut *ἄλλως* aut *ἄλλοι* aut *ἕτερος* = unbekannte Quelle(n)

Die Druckausgaben

Compl	=	Complutensis (Alcalá 1517)
Ald	=	Aldina (Venedig 1518)
Sixt	=	Sixtina (Rom 1586/87)
Gra.	=	Grabe (Oxford 1707–1709)
H.-P.	=	Holmes-Parsons (Oxford 1798–1827)
Ra.	=	Rahlfs (Stuttgart 1935; *editio altera* 2006)

Zeichen und Abkürzungen

-	Die zu einer Gruppe gehörenden Hss. werden durch „-“ untereinander verbunden, z. B. A-C
*	bedeutet die ursprüngliche Lesart einer Hs.
^{c}	bedeutet spätere Korrekturen
^{c1}	bezeichnet den ersten Korrektor
^{c2}	bezeichnet den zweiten Korrektor
^{s}	bezeichnet den Ergänzer (suppletor) einer Hs. Einem ^{s} steht, wenn es nicht eigens vermerkt wird, kein * gegenüber
^{txt}	bezeichnet Textlesarten in Hss.
^{mg}	bezeichnet Randlesarten in Hss.
$^{sup\ lin}$	bezeichnet Lesarten, die zwischen den Zeilen stehen
^{te}	bezeichnet Lesarten, die im Text einer Ausgabe stehen
^{ap}	bezeichnet Lesarten (Varianten), die im Apparat der betreffenden Ausgabe verzeichnet sind
^{lem}	bezeichnet Lemma-Lesarten in Kirchenväterkommentaren oder Katenen; ^{lem} korreliert ^{com} oder ^{cat}
^{com}	bezeichnet Lesarten (Varianten), die im Kommentarteil von Kirchenväterkommentaren stehen; ^{com} korreliert ^{lem}
^{cat}	bezeichnet Lesarten (Varianten), die im Kommentarteil von Katenen stehen; ^{cat} korreliert ^{lem}
|	bedeutet Zeilenumbruch in den Hss.
‖	bedeutet Blattumbruch in den Hss.
α̣	Ein Punkt unter einem Buchstaben besagt, dass er in der Hs. nicht sicher zu lesen ist, z. B. α̣
+, add	bedeutet Zusätze
>, om	bedeutet Auslassungen
⌒	bedeutet Ausfall durch Homoioteleuton
(ν)	besagt, dass der eingeklammerte Buchstabe in verschiedenen Hss. fehlt, z. B. *εστι(ν)*
[ ]	bezeichnet gegen die Überlieferung zu tilgende Zeichen, Buchstaben und Worte, oder nicht lesbare Teile einer Hs., die entweder offengelassen: [...] oder vermutungsweise ergänzt: [*ωσ*]*ει* werden. Die Zahl der Punkte entspricht der Zahl der nicht lesbaren Buchstaben
⟨ ⟩	bezeichnet gegen die Überlieferung hinzugefügte Zeichen, Buchstaben und Worte
↑	bezeichnet Hinweis auf App I
↓	bezeichnet Hinweis auf App II

𝔊, LXX	bedeutet den griechischen Text
THGE	Text History of the Greek Ecclesiastes

absc	=	abscissus
al	=	alia manuscripta
app	=	apparatus
cf	=	confer
cod(d)	=	codex (-dices)
corr	=	correxit (-xerunt), correctura
c pr m	=	correxit prima manus
del	=	delevit
dittogr	=	Dittographie
ed	=	editio
fin	=	finis
gr	=	graecus
hab	=	habe(n)t (für positive Nennung; bedeutet immer: der Zeuge überliefert die Lesart des Lemmas)
haplogr	=	Haplographie
homoiot	=	homoioteleuton
homoiar	=	homoiarcton
inc	=	incertus
ind	=	index
init	=	initium
lat	=	latinus
lib	=	libere (freie Übersetzung)
lin	=	linea(e)
litt	=	littera(e)
mend	=	mendose
n	=	nota
p	=	pagina
par	=	paralleliter
plur	=	pluralis, pluraliter
pr	=	praemittit (-tunt)
praec	=	praecedens (bei Textverweisen innerhalb des Verses)
praef	=	praefatio
praes	=	tempus praesens
ras (3)	=	rasura (3 litterarum)
rel	=	reliqui
s ss	=	sequens, sequentes
scr	=	scripsit
sim	=	similiter (ähnliche Übersetzung, die auf eine Variante der LXX als Vorlage schließen lässt)
sing	=	singulariter
spat	=	spatium
sq	=	sequens (bei Textver-weisen innerhalb des Verses)
sup ras	=	supra rasuram
superscr	=	superscripsit
tr	=	transponit (-nunt)
trah	=	trahit (-hunt)
ult	=	ultimus
v	=	versus
verss	=	versiones

ECCLESIASTES

edidit

Peter John Gentry

Vandenhoeck & Ruprecht

Bibliografische Information der Deutschen Bibliothek:
Die Deutsche Nationalbibliothek verzeichnet diese Publikation in der Deutschen Nationalbibliografie; detaillierte bibliografische Daten sind im Internet über http://dnb.de abrufbar.

Druck und Bindung: Hubert & Co. BuchPartner, Göttingen

Printed in the EU

Vandenhoeck & Ruprecht Verlage | www.vandenhoeck-ruprecht-verlage.com

ISBN 978-3-525-53427-4

Dedicated to Norm & Marg Gentry
"Who taught me to love the Word of God"

Vorwort

Joseph Ziegler began work on Ecclesiastes, but died in 1988. Picking up his task in 1997 was both a pleasure and a pain: a pleasure since following in the footsteps of a great master was a great honour and opportunity; but also a pain since the Collation Books were so messy and hard to read. It was difficult to know just how far he had gone in his research. His notes were also not easy to understand. In many cases, I had to begin the research and individual tasks completely new.

After many years of labour it is difficult to recall all of whom I ought to thank at this time. I received sabbaticals of periods of six months from The Southern Baptist Theological Seminary in 2003, 2006, 2009, 2013, and 2016. During the first three of these, I was also a recipient of Lilly Grants which aided in defraying expenses to live and study in Göttingen, Germany. On many occasions air fares were paid for by the Verwaltung der Akademie der Wissenschaften. I am grateful for the opportunity to have devoted many hours of pleasant study in the Septuaginta-Unternehmen, first in the Akademie der Wissenschaften on Theaterstraße and later in the Lagarde-Haus, usually in the former office of Robert Hanhart.

Many of my graduate students aided me in so many tedious tasks. I fear to name them all as I might fail to mention someone. Various scholars and students are thanked in the Einleitung. Yuri Zozulya helped me to obtain manuscripts from Moscow. Dieter Hagedorn was a huge help providing microfilms and help on Olympiodorus.

I am so grateful to have worked closely with Detlef Fraenkel and Udo Quast and enjoyed fellowship in their homes. I learned much from these great scholars. I am thankful for all the Associate Scholars and Graduate Students in the Septuaginta-Unternehmen and Septuaginta-Kommission who helped me, too many to name over the long years.

Most of all I want to thank my wife, Barbara, for many lonely summers while I went to Germany and many lonely evenings in the winters. Without her support, I could not have finished this task.

Louisville, March 2019

Peter J. Gentry
Donald L. Williams Professor of Old Testament
The Southern Baptist Theological Seminary

Inhalt

Einleitung

A Die Textzeugen

I. Die griechischen Zeugen

Die Ausgabe von Eccl.[1] beruht auf folgenden Hss., die vom Septuaginta-Unternehmen neu kollationiert wurden:[2]

1. Majuskelhandschriften

A London, BL, Royal 1 D.V.; V. Jh. „Codex Alexandrinus". Sigel bei H.-P.: III.

B Rom, Bibl. Vat., Vat. gr. 1209; IV. Jh. „Codex Vaticanus".

C Paris, Bibl. Nat., Gr. 9; V. Jh. (rescr. XIII. Jh.) „Codex Ephraemi Syri rescriptus". Es fehlt wegen Blattverlusts 1_{15} — 2_{18} *μοχϑω*.[3]

S London, BL, Add. 43725 (früher Leningrad, Öff. Staatsbibliothek, Gr. 259); IV. Jh. „Codex Sinaiticus". Sigel bei Swete: א.

V Venedig, Bibl. Marc., Gr. 1; VIII. Jh. „Codex Venetus". Sigel bei H.-P.: 23.

3010 Turin, Bibl. Naz., C.V.25; VII. Jh. rescr. Inhalt: 2_{17d} — 3_{20a} (sehr fragmentarisch und zum Teil verbrannt resp. verkohlt, Schlüsse *e silentio* sind nicht zulässig).[4]

---

1 Die Abkürzungen für die biblischen Bücher stammen aus A. Rahlfs, (Hg.) Psalmi cum Odis, Septuaginta. Societatis Scientiarum Gottingensis auctoritate editum, Bd. X, Göttingen 1931, 9.

2 Vgl. zur ausführlichen Beschreibung der nachstehend aufgeführten Hss. die entsprechenden Angaben bei A. Rahlfs, Verzeichnis der griechischen Handschriften des Alten Testaments. Die Überlieferung bis zum VIII. Jahrhundert, bearb. von D. Fraenkel, Septuaginta. Vetus Testamentum Graecum auctoritate Academiae Scientiarum Gottingensis editum, Suppl. I/1, Göttingen 2004, und A. Rahlfs, Verzeichnis der griechischen Handschriften des Alten Testaments, MSU 2, Berlin 1914.

3 Vgl. zu dieser Hs. F. Albrecht, Codex Ephraemi Syri rescriptus.

4 Die schwer lesbare Hs. Ra 3010 wurde für die vorliegende Ausgabe von Chiara Faraggiana di Sarzana und Felix Albrecht kollationiert.

2. Minuskelhandschriften

46 Paris, Bibl. Nat., Coisl. 4; XIII./XIV. Jh.

68 Venedig, Bibl. Marc., Gr. 5; XV. Jh.

106 Ferrara, Bibl. Comun., 187 I; XIV. Jh. Sigel bei Br.-M.: p.

125 Moskau, Staatl. Hist. Mus. (GIM), Syn. Bibl., Gr. 30; XIV. Jh. Auf Bl. 262a–264b steht Eccl. mit größeren Auslassungen. Inhalt: 1_{1} — 2_{23} 3_{17} — 4_{8} 5_{17} — 6_{12} 7_{13} — 8_{4a} 9_{7-18} 10_{4} — Schluss. Sigel bei H.-P.: 125.

130 Wien, Nat. Bibl., Theol. gr. 23; XII./XIII. Jh. Sigel bei H.-P.: 131, bei Br.-M.: s.

139 Mailand, Bibl. Ambr., A 148 inf.; X./XI. Jh. Cat.

147 Oxford, Bodl. Libr., Laud. gr. 30 (A); XII. Jh. Cat.

155 Oxford, Bodl. Libr., Auct. T. 2. 4; XI. Jh. Inhalt: 2_{16e} *αποθα]νηται* — 5_{7} *επ' αυ[τους* 8_{12c} *γινωσ]κω εγω* — 12_{1d} *οις*.

157 Basel, Univ.-Bibl., B. VI. 23; XII. Jh. Es fehlen wegen Blattverlusts 5_{6b} *οτι* — 5_{16b} *και θυμω* 8_{16c} *της γης* — 9_{5a} *οτι αποθα[νουνται*.

159 Moskau, Russ. Staatsarchiv für alte Dokumente, Fonds 1607, Inv. 1.22 (früher Dresden, Sächs. Landesbibl., A. 107); XII. Jh. Cat.[1]

161 Moskau, Russisches Staatsarchiv für alte Dokumente, Fonds 1607, Inv. 1.7 (früher Dresden, Sächs. Landesbibl., A. 170); XIV. Jh.

248 Rom, Bibl. Vat., Vat. gr. 346; XIII. Jh.

252 Florenz, Bibl. Laur., Plut. VIII 27; X. Jh.

253 Rom, Bibl. Vat., Vat. gr. 336; XII. Jh. (zu Hs. 253 siehe ausführlich F. Albrecht, Psalmi Salomonis, 13).

254 Rom, Bibl. Vat., Vat. gr. 337; X. Jh.

260 Kopenhagen, Kgl. Bibl., Gamle Kgl. Saml. 6; X. Jh. Eccl. mit Rand-Kommentar (zu Hs. 260 siehe ausführlich F. Albrecht, Psalmi Salomonis, 13–15).

261 Florenz, Bibl. Laur., Plut. VII 30; geschrieben 1323.

295 Rom, Bibl. Vat., Ottob. gr. 56; XV. Jh. Cat. Es fehlt der Anfang bis 3_{11}.

296 Rom, Bibl. Vat., Palat. gr. 337; XI. Jh.

---

1 Zur Datierung vgl. P. Gentry u. F. Albrecht, Amazing History.

299 Rom, Bibl. Vat., Vat. gr. 1694; geschrieben 1202. Cat. Inhalt: Kap. 1 — 7. 1_{1-11} überliefert die Hs. in zwei Fassungen: zunächst fortlaufender Bibeltext, danach setzt die Catene ein, in der 1_{1-11} wiederholt wird. Im Apparat der Ausgabe wird die erste Fassung als 299^{A} und die zweite als 299^{B} zitiert. Wenn beide Fassungen die gleiche Lesart vertreten, wird nur 299 benutzt.

311 Moskau, Staatl. Hist. Mus. (GIM), Syn. Bibl., Gr. 354; XII. Jh.

336 Athos, *Ἰβήρων* 555; XIV. Jh. (zu Hs. 336 siehe ausführlich F. Albrecht, Psalmi Salomonis, 15–17).

337 Athos, *Ἰβήρων* 615; XIV. Jh.

338 Athos, *Ἰβήρων* 676; XIV. Jh. Cat. Es fehlt 1_{1-4} und wegen Blattverlusts 5_{6} *φοβοῦ* — 5_{11}.

339 Athos, *Κουτλουμουσίου* 8; XI. Jh.

342 Athen, Historische u. ethnologische Gesellschaft, 200; XIII. Jh. Cat. Es fehlt 7_{29} *πολλούς* — Schluss.

357 Bologna, Bibl. Univ., 3640; XII. Jh. Die erste Spalte 1_{1-8} *ἐμπλησθήσεται ὀφθαλ[μός* ist kaum lesbar. Die letzte Spalte endet mit 12_{11c} *οἳ παρά*. Die folgenden Wörter bis zum Schluss sind im XIV./XV. Jh. ergänzt worden.

359 Cambridge, Trinity Coll., O. 1. 53; XIII./XIV. Jh. Erhalten sind 9_{7a} *Δεῦ]ρο φάγε* — $_{15b}$ *καὶ διασώσει* 10_{10b} *ἐτ]άραξεν* — Schluss.

371 Escorial, Real Bibl., R-I-3; XVI. Jh. zweite Hälfte. Cat.

390 Genua, Missione urb., 2; geschrieben 1075. Cat.

411 Jerusalem, Patr.-Bibl., *Τάφου* 370; XVI. Jh. Mitte.

415 Leiden, Univ.-Bibl., Vulc. 50; XV./XVI. Jh. Cat.

425 London, BL, Royal 1 A. XV.; XIV. Jh.

443 Mailand, Bibl. Ambr., B. 68 sup.; X. Jh.

471 Moskau, Staatl. Hist. Mus. (GIM), Syn. Bibl., Gr. 147; XIII. Jh., kollationiert aus CCSG 24 (zu Ra 471 siehe ausführlich F. Albrecht, Psalmi Salomonis, 24).

475 Moskau, Staatl. Hist. Mus. (GIM), Syn. Bibl., Gr. 355; XIII./XIV. Jh. Text und Kommentar.

503 Oxford, Bodl. Libr., Auct. E. 2. 16; XII./XIII. Jh. (Cat. bis 8_{9}).

504 Oxford, Bodl. Libr., Auct. E. 2. 17 und 18; XVI. Jh. Cat.

522 Cambridge, Trinity Coll., B. 7. 3; XIII. Jh. Enthält Eccl. mit Catenenexzerpten.

534 Paris, Bibl. Nat., Coisl. 18; XI. Jh.

539 Paris, Bibl. Nat., Coisl. 193; XI. Jh. Enthält Eccl.-Exzerpte mit hexaplarischen Lesarten und dazugehörigen Catenenexzerpten. Die biblischen Lemmata:
1$_{1a}$ *ῥήματα — Δαυιδ* 1$_{2b}$ *ματαιότης* 2° — fin 1$_{6c}$ *κυκλοῖ* — $\overline{\text{πνα}}$ 1° 1$_{8b}$ *οὐ* 1° — *λαλεῖν* 1$_{9a}$ *τί* 1° — *γενησόμενον* 1$_{9b}$ *τὸ ποιηθησόμενον* 1$_{11a}$ *οὐκ* 1° — *πρώτοις* 1$_{13b}$ *καί* 2° — *κατασκέψασθαι* 1$_{13e}$ *ὅτι* — $\overline{\text{ανου}}$ 1$_{15ab}$ *διεστραμμένον — ἀριθμηθῆναι* 2$_{2a}$ *γέλωτι — περιφοράν* 2$_{4a}$ *ἐμεγάλυνα — μου* 2$_{5b}$ *καί* 2° — *καρποῦ* 2$_{6b}$ *τοῦ — ξύλα* 2$_{10abcde}$ *καί* 1° — *μου* 4° 2$_{11d}$ *καί* 3° — $\overline{\text{πνς}}$ 2$_{12ab}$ *καί* 1° — *περιφοράν* 2$_{14a\ init}$ — *αὐτοῦ* 2° 2$_{22b}$ *καί — αὐτοῦ* 2° 2$_{25}$ — 2$_{26bc}$ *ἔδωκε* 1° — *εὐφροσύνην* 2$_{26de}$ *καί* 3° — *συναγαγεῖν* 3$_{10ab}$ *εἶδον* — $\overline{\text{ανου}}$ 3$_{12b}$ *καί — αὐτοῦ* 3$_{14ab}$ *ἔγνων — αἰῶνα* 3$_{14d}$ *καί* 1° — *ἀφελεῖν* 3$_{15c}$ *καί* 2° — *διωκόμενον* 3$_{18ab}$ *ἐκεῖ* — $\overline{\text{ανου}}$ 3$_{18d}$ — $_{19a}$ *καί* 2° — *συνάντημα* 1° 3$_{21c}$ *καί* 2° — *κτήνους* 3$_{22d}$ — 4$_{1b}$ *ὅτι* 3° — *συκοφαντίας* 4$_{2ab}$ *καί — ζῶντας* 4$_{3c}$ *ὅς — πονηρόν* 4$_{4a}$ *καί* 1° — *μόχθον* 4$_{5a}$ — $_{6b}$ *ὁ ἄφρων — μόχθου* 4$_{8ab}$ *ἔστιν — αὐτῷ* 4$_{9b}$ *οἷς — αὐτῶν* 4$_{11b}$ — $_{13ab}$ *καί* 3° — *ἄφρονα* 4$_{14a}$ *ὅτι* 1° — *βασιλεῦσαι* 4$_{17d}$ *ὅτι — κακόν* 5$_{1bc}$ *καρδία* — $\overline{\text{θυ}}$ 5$_{3abc}$ *καθώς — ἄφροσιν* 5$_{6a}$ *ὅτι* 1° — *πολλῶν* 5$_{7ab}$ *ἐάν — πράγματι* 5$_{10bc}$ *καί — αὐτοῦ* 5$_{12a}$ — $_{13a}$ *ἔστιν — πονηρῷ* 5$_{14a}$ *καθώς — γυμνός* 5$_{17abc}$ *ἰδού — ἀγαθωσύνην* 5$_{18abc}$ *καί* 1° — *αὐτοῦ* 1° 5$_{19a}$ — 6$_{2c}$ *ὅτι — αὐτοῦ* 1° 6$_{2f}$ *ὅτι — αὐτόν* 6$_{7b}$ *καί — πληρωθήσεται* 6$_{8b}$ — $_{10a}$ *διὰ τί — αὐτοῦ* 7$_{1a}$ — $_{2b}$ *ἀγαθόν* 1° — *πότου* 7$_{2d}$ — $_{3ab}$ *καί* 1° — *καρδία* 7$_{7a}$ *ὅτι — σοφόν* 7$_{8a}$ *ἀγαθή — αὐτοῦ* 7$_{9b}$ — $_{10ab}$ *ὅτι — ταύτας* 7$_{11a}$ — $_{12a}$ *ἀγαθή — ἀργυρίου* 7$_{14c}$ *καί* 2° — *τούτῳ* 7$_{15b}$ — $_{16a}$ *ἔστιν — πολύ* 7$_{17ab}$ *μὴ ἀσεβήσῃς — σου* 7$_{17b}$ *ἵνα — σου* (sic) 7$_{18ab}$ *ἀγαθόν — σου* 7$_{25b}$ *καί* 3° — *περιφοράν* 7$_{27b}$ *μία — λογισμόν* 8$_{2a\ init}$ — *φύλαξον* 8$_{7b}$ *ὅτι* 2° — fin 8$_{10bc}$ *καί* 2° — *ἐπορεύθησαν* 8$_{10d}$ *ὅτι — ἐποίησαν* 8$_{11a\ init}$ — *ἀντίρρησις* 8$_{11cd}$ *διά — ἐπληροφορήθη* 8$_{12a\ init}$ — *πονηρόν* 8$_{12cd}$ *ὅτι* 1° — $\overline{\text{θυ}}$ 8$_{14abc\ init}$ — *ἀσεβῶν* 9$_{1a\ init}$ — *μου* 1° 9$_{3e}$ — $_{4a}$ *καὶ ὀπίσω — ζῶντας* 9$_{10a\ init}$ — *ποιῆσαι* 9$_{10c}$ *ὅτι — γνῶσις* 9$_{11bcd}$ *ὅτι* 1° — *ἄρτος* 9$_{11fg}$ — $_{12a}$ *καί* 5° — *αὐτοῦ* 9$_{13b}$ *καί* 2° — $_{14a}$ *πόλις* 9$_{14c}$ *καί* 4° — *χάρακας* 9$_{17a\ init}$ — *ἀκούον-*

ται $10_{1a\text{ init}}$ — *ἡδύσματος* 10_{4c} *ὅτι* — fin 10_{9a} *ἐξαίρων* — *αὐτοῖς* 1° 10_{11b} *καί* — fin 10_{14bc} *οὐκ* — *ἐσόμενον* 10_{15b} *ὅς* — fin 10_{17b} *καί* 1° — *δυνάμει* 10_{19c} *καί* 2° — fin 11_{3c} *ἐάν* 2° — *νότῳ* $11_{5a\text{ init}}$ — *π̅ν̅ς̅* 11_{6c} *ὅτι* — *στοιχήσει* 11_{8bc} *ἐν* — *σκότους* 11_{9b} *καί* 1° — *σου* 2° 11_{9c} *καί* 2° — *σου* 4° $11_{10ab\text{ init}}$ — *σου* 2° 12_{1c} *ἕως* — *κακίας* 12_{3b} *καί* 1° — *δυνάμεως* 12_{3d} *καί* 3° — fin 12_{6b} *καί* 1° — *ἀνθέμιον* $12_{10abc\text{ init}}$ — *λόγους* 2° $12_{11ab\text{ init}}$ — *πεφυτευμένοι*.

540 Paris, Bibl. Nat., Coisl. 194; XIII. Jh. Cat.
542 Paris, Bibl. Nat., Gr. 10; IX. Jh.
543 Paris, Bibl. Nat., Gr. 11; geschrieben 1186.
545 Paris, Bibl. Nat., Gr. 18; XIII. Jh.
547 Paris, Bibl. Nat., Gr. 35; XIII. Jh.
548 Paris, Bibl. Nat., Gr. 36; XIV./XV. Jh.
549 Paris, Bibl. Nat., Gr. 57; XI. Jh.
560 Paris, Bibl. Nat., Gr. 151; XIII. Jh. Cat.
561 Paris, Bibl. Nat., Gr. 152; XIII. Jh. Cat.
563 Paris, Bibl. Nat., Gr. 154; XII. Jh. Cat.
571 Paris, Bibl. Nat., Gr. 172; XVI. Jh. Cat.
574 Paris, Bibl. Nat., Gr. 176; XVI. Jh. Cat. Nur Kap. 1–2 wurden kollationiert; die Hs. gehört zur *C*-Gruppe und weist keine Besonderheiten auf.
601 Paris, Bibl. Nat., Gr. 2509; XV. Jh.
602 Paris, Bibl. Nat., Gr. 2511; XV. Jh.
609 Paris, Bibl. Nat., Suppl. gr. 500; XVI. Jh. Eccl. mit Scholien.
613 Patmos, *Ἰωάννου τοῦ θεολόγου* 209; XIII. Jh. Innerhalb der Kap. 4 und 5 ist der Text folgendermaßen umgestellt:
1_{1} — 4_{16c} 5_{14d} — $_{16a}$ 4_{16d} — 5_{14c} 5_{14d} — $_{16b}$ *και* 5_{16b} — Schluss.
5_{14d} — $_{16a}$ ist somit doppelt vorhanden und als 613^{I} resp. 613^{II} notiert.
631 Raudnitz, Lobkowitz'sche Bibl., VI. E. f. 19; XIV. Jh.
637 Rom, Bibl. Casan. 241; XI. Jh.
645 Rom, Bibl. Vat., Barber. gr. 388; XIII. Jh. Cat.
698 Rom, Bibl. Vat., Vat. gr. 1974; X./XI. Jh.
705 Athen, Nat. Bibl. (EBE), 2410; XIII./XIV. Jh. Cat. Inhalt: 1_{1} — 3_{12}.

706 Athen, Nat. Bibl. (EBE), 2641; geschrieben 914 (früher: Serres, Ἰωάννου τοῦ Προδρόμου 3).

728 Venedig, Bibl. Marc., Appendix I 13; XI./XII. Jh.

732 Venedig, Bibl. Marc., Gr. 21; X./XI. Jh. Cat.

754 Wien, Nat. Bibl., Theol. gr. 147; XI Jh. Inhalt: 1_1 — 4_8 Cat. Proc. in Eccl.; 4_9 —Schluss fortlaufender Bibeltext.

766^A Athos, Λαύρα, Γ 115 (355); XII. Jh. Inhalt: Die Hs. 766 überliefert den Text von Eccl. zweimal (zweikolumnig geschrieben): 766^A steht auf Bl. 216a–224b, 766^B steht auf Bl. 189b–197b. 766^A ist offenbar älter, wahrscheinlich der Rest eines beschädigten Codex, den man an 766 angebunden hat. Ein Blatt (2_{5b} παν — $_{24c}$ αγα) fehlt. Die zweite Kolumne von Bl. 224a (12_1 — $_5$), bes. 12_5, und das letzte Blatt (12_5 — Schluss), bes. 12_8 — $_{11}$, sind aufgrund von Beschädigungen teilweise nicht zu lesen.

766^B Athos, Λαύρα, Γ 115 (355); XII. Jh. Inhalt: siehe 766^A.

770 Athos, Λαύρα, Β 114 (234); XII. Jh. Inhalt: init libri — 1_{18b} προστιθη[σιν.

788 Tirnavos, Δημοτικὴ Βιβλιοθήκη 25; X. Jh. Cat.

795 Athos, Λαύρα, Γ 51 (291); XII./XIII. Jh.

797 Athen, Benaki-Museum, Echangeables 72; XIII./XIV. Jh.

798 Rom, Coll. Gr., 16; XIV. Jh. Cat.

3011 Rom, Vallic. gr. 67 (E 21); XIV. Jh.[1]

Die folgende, heute verschollene Hs. wurde von H.-P. kollationiert:

298 Ukraine, Codex Eugenii II; XII. Jh.

[1] Vgl. zu dieser Handschrift E. MARTINI, Catalogo di Manoscritti Greci esistenti nelle Biblioteche Italiane, Vol. 2 Catalogus codicum Graecorum qui in Bibliotheca Vallicellana Romae adservantur, Mailand 1902, 98–108.

3. Nicht kollationierte Handschriften

Die folgenden jüngeren Hss. wurden nicht kollationiert, da sie keinen wichtigen Text erwarten ließen:

122 Venedig, Bibl. Marc., Gr. 6; XV. Jh. Abschrift von 68.
348 Basel, Univ.-Bibl., A. VII. 6; XVI. Jh. Cat.
352 Berlin, Staatsbibl., Phill. 1411; geschrieben um 1540. Cat.
353 Berlin, Staatsbibl., Phill. 1412; geschrieben um 1540. Cat.
436 Madrid, Bibl. Nac. 4749; geschrieben 1556. Cat.
437 Madrid, Bibl. Nac. 4781; XVI. Jh. Cat.
462 Modena, Bibl. Est., Gr. 64; geschrieben 1505.
464 Modena, Bibl. Est., Gr. 155; geschr. 1550. Eccl. mit Randscholien.
485 München, Staatsbibl., Gr. 131; geschrieben 1549. Eccl. mit Catenenexzerpten.
486 München, Staatsbibl., Gr. 292 und 294; XVI. Jh. Cat.
632 Rom, Bibl. Angel., Gr. 113; XVI. Jh. Cat. Abschrift von 732.
720 Turin, Bibl. Naz. B. II. 8; geschrieben 1583. Cat.
753 Wien, Nat. Bibl., Theol. gr. 128; XIII./XIV. Jh. Enthält entgegen den Angaben bei Rahlfs (1914) lediglich Exzerpte aus Iob.
755 Wien, Nat. Bibl., Theol. gr. 199; XVI. Jh. Cat.
3007 Sinai, Cod. gr. 311; Geschrieben 1510. Cat. Abschrift von 299.
3012 Rom, Coll. Gr., 7; XV. Jh. Inhalt: 1_5 — 2_5 2_{11} — 5_7 (lückenhaft) Cat. Olymp. in Eccl.; 5_8 — Schluss alia Cat. (Mischtyp).
—— Berlin, Staatsbibl., Phill. 1422; XVI./XVII. Cat.
—— Berlin, Staatsbibl., Phill. 1484; XVII. Cat.
—— New Haven, Yale University Library, gr. 273; geschrieben 1583. Cat.
—— Rom, Bibl. Casanatense, 203 (G.III.9); XVI. Jh. (Cat. ab 3_{12} — Schluss). Abschrift von 295.
—— Rom, Bibl. Vat., Vat. gr. 1521; XVII. Jh. Cat.
—— Rom, Bibl. Vat., Ottob. gr. 112; XVI. Jh. (Cat. ab 3_{12} — Schluss). Abschrift von 295.

In folgender Hs. ist der Eccl.-Teil verbrannt:

442 Madrid, Bibl. de la Univ. Central, E. 1, no 10; XV./XVI. Jh. Vgl. N. Fernández Marcos, Un manuscrito complutense redivivo: Ms. griego 442 = Villa-Amil 22, Sefarad 65 (2005), 65–83.

4. Papyri und Fragmente

818 (A): Mailand, Univ. del S. Cuore, P. Med. Inv. 151; (B): Ann Arbor, Univ. Libr., P. Michigan, Inv. 27; Ende III. Jh. Fragmentarisch. Inhalt: (A): Eccl. $3_{17-18\ \ 21-22}$ (B): Eccl. $6_{3-5\ \ 8-11}$. Ausgaben: (A): *editio princeps* durch R. Roca-Puig, P. Med. Inv. n. 151 (Eccl. III, 17–18, 21–22), Aegyptus 32 (1952), 215–22 + Tafel mit Photographien von (A) + (B). S. 215–19 findet sich der Nachweis der Zugehörigkeit beider Fragmente zu einem Codex. Vgl. S. Daris, Papiri Milanesi, vol. 1, fasc. 2, Mailand 1966, Nr. 13 (im Anschluss an Roca-Puig). (B): P. Mich. III, Nr. 135, 8–9 (ed. H. A. Sanders).

870 Barcelona, Seminario de Papirologia, P. Inv. 225r (= PLit. Palau Rib. 3); IV./V. Jh. Inhalt: $1_{5\ \ 6cd\ \ 8\ \ 9c\ \ 10\ \ 11\ \ 15}$ 2_{15d} 1_{18b} 2_{14ab} $3_{11a\alpha}$ $3_{7b\beta\ \ 8ab\ \ 15ab}$ $4_{2\ \ 5\ \ 9\ \ 10}$ $7_{23b\ \ 24a}$ 8_{14bcde}. Die Verse sind in der Reihenfolge des Papyrus aufgeführt, wobei auffällt, dass 1_{18b} 2_{14ab} hinter 2_{15d} stehen. Der Anfang der Zeilen ist fast immer unleserlich. Dies betrifft $1_{5a\ \ 6c\ \ 8a\ \ 8c\ \ 9c\ \ 10a\ \ 10c\ \ 11b\ \ 11d\ \ 15a\ \ 18b}$ 3_{7b} $4_{2a\ \ 5a\ \ 6a\ \ 9a\ \ 10b}$ $7_{23b\ \ 24a\alpha}$ 8_{14bcd}. Ausgabe: J. O'Callaghan, Frammenti antologici dell' Ecclesiaste, del Cantico dei Cantici e dell' Ecclesiastico (P Palau Rib. Inv. 225r), Atti del XVII Congresso Internazionale di Papirologia 2, Napoli 1984, 357–65.

969 Florenz, Bibl. Laur., PSI 1297; VI./VII. Jh. Inhalt: 2_{17} 3_{11} $4_{1-3\ \ 17}$ $5_{1\ \ 4}$. Ausgabe: PSI 13, Nr. 1297, 12–16 (ed. G. Mercati).

992 Oxford, Sackler Library (früher Ashmolean Mus.), P. Oxyrhynchus XVII 2066; V./VI. Jh. Sehr fragmentarisch. Inhalt: 6_{6-8a} (recto) 6_{12bcde} — 7_{1} (verso). Wie 818 ist auch 992 stark zerstört; nur einzelne Wörter sind vollständig oder annähernd vollständig erhalten: 6_{6a} *και ει εζ[ησε … ε]* | *των* 6_{6b} *και αγα[θωσυνην ου]* | *κ ειδε[ν* 6_{6c} *μη ουκ* | *πορε[υεται* 6_{7a} *πας μο[χθος …]* | *εις σ[τομα* 6_{7b} *και γε η [ψυχη* 6_{8a} *οτι πε[ρισσεια …]* | *υπερ* 6_{12c} *αυτα* 7_{1a} *υπερ* 7_{1b} *θανατου*. Ausgabe: P. Oxy. XVII, Nr. 2066, 2–3 (ed. A. S. Hunt).

998 Hamburg, Staats- und Univ.-Bibl., P. bil. 1; um 300. Inhalt: Bl. 15–21 Eccl. (griech.), Bl. 22–28 Eccl. (kopt.).

5. Abschriften und Abkömmlinge

122 Venedig, Bibl. Marc., Gr. 6; XV. Jh. Abschrift von 68.

125[II] Moskau, Staatl. Hist. Mus. (GIM), Syn. Bibl., Gr. 30; XIV. Jh. Auf Bl. 265a–268a ist Eccl. (zum zweiten Mal, hier aber vollständig) nachträglich hinzugefügt. Eng verwandt mit 542.

149 Wien, Nat. Bibl., Theol. gr. 11; XI. Jh. Abschrift von 260 (zu Hs. 149 siehe ausführlich F. Albrecht, Psalmi Salomonis, 23–24). Benutzt lediglich in Eccl. 8_{13}.

752 Wien, Nat. Bibl., Theol. gr. 115; XVI Jh. Cat. Inhalt: 1_1 — 3_{12} fortlaufender Bibeltext. Ab 3_{12} Abschrift von 295.

II. Die alten Übersetzungen

1. Die altlateinische Übersetzung (La$^{94\ 95\ 160}$ Hi)

P.-M. Bogaert, „Caelorum ratio, ratio sub sole." L'emploi de ratio chez les traducteurs latins de la Bible et notamment chez saint Jérôme, in: Ratio. VII Colloquio internazionale del Lessico intellettuale europeo, Roma, 9–11 gennaio 1992 (LIE 61), Florenz 1994, 69–83.

W. W. Cannon, Jerome and Symmachus: Some Points in the Vulgate Translation of Koheleth, in: ZAW 4 (1927), 191–99.

P. J. Gentry, Propaedeutic to a Lexicon of the Three: The Priority of a New Critical Edition of Hexaplaric Fragments, in: AraSt 2.2 (2004), 145–74.

Ders., The Role of the "Three" in the Text History of the Septuagint: Aspects of Interdependence of the Old Greek and the Three in Ecclesiastes, in: AraSt 4.2 (2006), 153–92.

S. Leanza, Le tre versioni geronimiane dell'Ecclesiaste, in: ASEs 4 (1987), 87–108.

Ders., Il Traduttore è d'umor nero. Notazioni sulla Vulgata dell'Ecclesiaste, in: L. Holz/J.-C. Fredouille (Hgg.), De Tertullien aux Mozarabes. Mélanges offerts à Jacques Fontaine. Antiquité tardive et christianisme ancien (IIIe–VIe siècles), Paris 1992, 107–10.

M. Revilla, El Códice Ovetense de los Evangelios y la Biblia de Valvanera, in: La Cuidad de Dios 117 (1919), 393–399; 118 (1919), 23–28; 120 (1920), 48–55; 122 (1922), 190–210.

A. Vaccari, Recupero d'un lavoro critico di S. Girolamo, in: A. Vaccari, Scritti di Erudizione e di filologia II, SeL 67, Rom 1958, 83–146.

Folgende Quellen wurden für diese Ausgabe ausgewertet:

La[94] Escorial, Biblioteca de San Lorenzo 54. V. 35; geschrieben 1561. Ausgabe: M. Ángeles Márquez.[1] Randnoten.

La[95] Madrid, Academia de la Historia Aemil. 2–3; XII. Jh. Ausgabe: M. Ángeles Márquez. Randnoten.

La[160] Sankt Gallen, Stiftsbibliothek 11; VIII. Jh. Ausgabe: C. P. Caspari, Das Buch Hiob (1,1 — 38,16) in Hieronymus's Uebersetzung aus der alexandrinischen Version nach einer St. Gallener Handschrift saec. VIII, Christiania 1893. Digitalisate der Handschrift sind online verfügbar (www.stiftsbibliothek.ch).

Hi Hieronymus, Commentarius in Ecclesiasten [CCSL 72, 247–360].

1.1 Die altlateinischen Fragmente (La[94 95 160])

La[94 95]

Unverfälschte Belege zur Ecclesiastesversion der *Vetus Latina* sind selten. Codex 94 bezieht sich auf eine Kopie von Glossen aus der nun verlorenen Valvanera Bibel (X.–XI. Jh.), die sich in einer Vulgata-Inkunabel, erschienen 1478 in Venedig, fanden. Die gleichen Glossen stehen am Seitenrand einer zweibändigen *Vulgata*-Ausgabe aus dem XII. Jh. Dieser Texttyp kann nicht näher bestimmt werden, da die Glossen der *Vetus Latina*, die dem Seitenrand der genannten *Vulgata*-Ausgaben beigegeben sind, lediglich aus zwölf Versen bestehen.

La[160]

Gemäß Vaccari repräsentiert La[160] bereits die hexaplarische Rezension des Hieronymus. Ziegler führt zu Hiob aus, „Nur ihm (sc. Hieronymus) verdanken wir die getreueste Wiedergabe der hexaplarischen Rezension des Iob“ (Ziegler, *Iob*, 39.64). Offensichtlich überliefert La[160] auch die hexaplarische Rezension für das Hohelied. Für Ecclesiastes sind die Belege hingegen zu schwach, da lediglich 26 Ver-

[1] Der Herausgeber dankt herzlich M. Ángeles Márquez für die freundliche Bereitstellung des unpublizierten Manuskripts der Ausgabe.

se vorhanden sind. Im Unterschied zum kritischen Text schließt sich La^{160}, abgesehen von 7_{13} und 11_{4}, nicht der *O*-Gruppe an (3_{1}, 4_{10}, 7_{2a}, 7_{2b}).

Belegstellen, an denen sowohl hexaplarisches Material vorliegt als auch La^{160} bezeugt ist, sind selten. Ein solcher Fall ist 8_{2}. Dort stimmt La^{160} mit der *Vetus Latina* überein und widerspricht der hexaplarischen Rezension des Hieronymus (Ecclesiasteskommentar).

Dennoch zeigt La^{160} bereits die Art der Rezension, wie sie im Ecclesiasteskommentar zu finden ist, z.B. in Form von Korrekturen im Blick auf das Hebräische: In einer Reihe von Fällen ist La^{160} nützlich, um die *Vetus Latina* im Gegenüber zum revidierten Lemmatextes des Kommentars aufzuzeigen.

1.2 Der Ecclesiasteskommentar des Hieronymus (Hi)

Hieronymus hat bei weitem mehr Material überliefert als alle anderen Quellen zusammengenommen. Immerhin hat er den Text dreimal bearbeitet: (1) Die hexaplarische Rezension im Jahr 387, (2) den Lemmatext des Ecclesiasteskommentars im Jahr 388 und (3) die Übersetzung aus dem Hebräischen (*ex hebraica veritate* — später übernommen für die *Vulgata*) im Jahr 398.

Der Lemmatext des Ecclesiasteskommentars ist problematisch, da er einen Mischtext enthält: (1) sporadische und unsystematische Korrekturen der *Vetus Latina* durch Hieronymus, die auf dem Hebräischen Text basieren, (2) die Überlieferung der *Vetus Latina*, teils in Form der hexaplarischen Rezension, und (3) Korrekturen der *Vetus Latina* durch das Einbeziehen der Übersetzung der drei jüdischen Rezensionen. Es gilt daher zu bedenken, dass der Lemmatext, selbst wenn er ein guter Zeuge der *Vetus Latina* ist, stets als Mischtext betrachtet werden muss.

Das Siglum Hi bezieht sich auf das Lemma des Kommentars. Wenn der Text des Lemmas und das Zitat im Kommentar sich unterscheiden, wird dies stets durch die Verwendung von Hi^{lem} oder Hi^{com} angedeutet. Dagegen wird Hi^{LXX} verwendet, um Zitate der *Vetus Latina* zu bezeichnen, die Hieronymus im Kommentar verwendet hat. Im zweiten Apparat wird Hi verwendet, um auf explizite Zitate der drei jüdischen Rezensionen im Kommentar hinzuweisen.

Zur Charakteristik des Lemmatextes lässt sich Folgendes sagen: Erstens beinhaltet der Lemmatext spontane und unsystematische Korrekturen, die auf dem hebräischen Text des Hieronymus basieren. Zweitens birgt das Lemma des Ecclesiasteskommentars viele hermeneutische und stilistische Verbesserungen von La. Drittens korrigiert Hieronymus den Text von La basierend auf der Übersetzung der drei jüdischen Rezensionen, gewöhnlicherweise auf Grundlage von Symmachus. Cannon führt 56 Fälle an, in welchen Hieronymus die Wiedergabe von Symmachus für die *Vulgata*-Version des Buches Ecclesiastes übernimmt. In einer nicht publizierten Studie erhöht J. Ziegler diese Zahl auf 61. Viele dieser Fälle finden sich bereits im Lemmatext des Kommentars.

Hieronymus korrigierte regelmäßig die lateinische Übersetzung von *καί γε*, basierend auf Symmachus' Wiedergabe *ἀλλὰ καί*, in *sed et*. Für eine ausführliche Diskussion diesbezüglich siehe Gentry 2006.

1.3 Die indirekte altlateinische Überlieferung (Die lateinischen Kirchenschriftstellerzitate)

R. Gryson, Répertoire général des auteurs ecclésiastiques latins de l'antiquité et du haut Moyen Âge. 5e édition mise à jour du *Verzeichnis der Sigel für Kirchenschriftsteller* commencé par Bonifatius Fischer, continué par Hermann Josef Frede. 2 Bde. Freiburg i.B. 2007.

Die einzigen relevanten Zeugen für die LXX (abgesehen von Hieronymus, s.o.) sind die folgenden: Ambrosius (20×); Cassiodor (8×); Rufinus (6×); Augustinus (5×) und Pseudo-Augustinus (4×). Darüber hinaus bieten 27 weitere Autoren gelegentliche Zitationen.

Aufgrund ihrer Häufigkeit sollen die Zitate bei Ambrosius und Cassiodor im Folgenden textgeschichtlich charakterisiert werden:

Amb

Die Zitate des Ambrosius enthalten in den nachgenannten 16 Fällen weder hexaplarische Lesarten noch deuten sie auf eine Revision in Richtung der Vulgata (**𝔙**) hin: 2_{6b}, 4_{4c} (*ἀνδρός*), 4_{13b}, 5_{3a}, 5_{11a} (*τοῦ δούλου*), 5_{11b} (*εἰ*), 5_{11b} (*καὶ εἰ*), 5_{15c}, 6_{5b}, 6_{12c}, 7_{6a}, 7_{25a} (*ἐκύκλωσα — καρδία μου*), 7_{25c} (*ἀφροσύνην*), 9_{7a} (*δεῦρο φάγε*), und 9_{7c} (*ἤδη*). Von diesen 16 Zitaten stimmt Amb in den folgenden fünf Fällen nicht mit anderen griechischen Zeugen überein: 5_{3a}, 5_{11b} (*εἰ*), 5_{11b} (*καὶ εἰ*), 7_{25a} (*ἐκύκλωσα — καρδία μου*), und 9_{7a} (*δεῦρο φάγε*). Die verbleibenden elf Fälle stimmen überein mit *L* (4×), *C′* (5×), *cII* (5×), *d* (5×) und *k* (5×).

In 4_{10a} stimmt Amb mit 𝔇 überein. Da auch die *L*-Gruppe übereinstimmt, dürfte keine Revision in Richtung 𝔇 vorliegen. Dies mag Zufall sein. Doch für die folgende Lesart in 4_{10a} teilen Amb und *L* eine spezifische Lesart (+ *ο ετερος*). Der einzige *O*-Zeuge für diese beiden Lesarten ist 411. Dies ist eine Handschrift, die nur teilweise zur *O*-Gruppe zählt. Daher ist nicht auszuschließen, dass Amb (und 𝔇) die *Vetus Latina* bewahrt haben, da auch *L* – für die Nähe zu frühen lateinischen Varianten bekannt – diese Lesart überliefert.

Cassiod

Cassiodor liest zusammen mit *O* in 7_{17a} (*σκληρός* = Lemma) und mit 𝔇 in 7_{17b} (*ἵνα μή*). Der Text des Cassiodor unterscheidet sich nicht wesentlich von demjenigen des Ambrosius, doch lässt der Befund keine weiterreichenden Schlussfolgerungen zu.

Übersicht über die in dieser Ausgabe ausgewerteten lateinischen Kirchenschriftsteller

Die in runden Klammern gesetzten Abkürzungen stammen aus Gryson, Répertoire Général, wo alle näheren Angaben zu finden sind. In eckigen Klammern ist die benutzte Textausgabe notiert:

A-SS (A-SS)	= Acta vel Passiones vel Vitae Sanctorum
Helia (Helia)	= Vita S. Heliae [G. Antolín, Boletín de la R. Academia de la Historia 54 (1909) 122–28. 204–46. 265]
Amb (AM)	= Ambrosius von Mailand
Cain (Ca)	= De Cain et Abel [CSEL 32/1]
Ep (ep)	= Epistularum libri 1–10 [CSEL 82/1–3]
Exh virg (exh)	= Exhortatio virginitatis [F. Gori, Sancti Ambrosii episcopi Mediolanensis opera 14/2, Mailand/Rom 1989, 198–270]
Exam (ex)	= Exameron [CSEL 32/1]
Fide (fi)	= De fide ad Gratianum Augustum [CSEL 78]
Fuga (fu)	= De fuga saeculi [CSEL 32/2]
Isa (Is)	= De Isaac vel anima [CSEL 32/1]

Inst virg (inst)	=	De institutione virginis et S. Mariae virginitate perpetua ad Eusebium [F. GORI, Sancti Ambrosii episcopi Mediolanensis opera 14/2, Mailand/Rom 1989, 110–94]
Jac (Jac)	=	De Iacob et vita beata [CSEL 32/2]
Jb (Jb)	=	De interpellatione Job et David [CSEL 32/2]
Jul (Jul)	=	Contra Iulianum [PL 44, 641–874]
Luc (Lc)	=	Expositio Evangelii secundum Lucam [CCSL 14
Mort (mort)	=	De bono mortis [CSEL 32/1]
Nab (Nab)	=	De Nabuthae [CSEL 32/2]
Paenit (pae)	=	De paenitentia [CSEL 73]
Ps (Ps)	=	Explanatio XII psalmorum [CSEL 64]
Ps 118 (118 Ps)	=	Expositio de Psalmo CXVIII [CSEL 62]
Sat (Sat)	=	De excessu fratris Satyri [CSEL 73]
Tob (Tb)	=	De Tobia [CSEL 32/2]
Ambrst (AMst)	=	Ambrosiaster [CSEL 81/1–3]
Eph (Eph)	=	Commentarius in Epistulam ad Efesios
Rom (Rm)	=	Commentarius in Epistulam ad Romanos
Ques (q)	=	Quaestiones Vet. et Nov. Testamenti [CSEL 50,13–416]
An (AN)	=	Anonymus
Agap (Agap)	=	Epistula cuiusdam ad Agapium episcopam [W. GUNDLACH, Monumenta Germaniae Historica Epistolae 3 (1892) 685–86]
Fris (Fris)	=	Florilegium Frisingense [CCSL 108D]
Jb (Jb)	=	Commentarius in Iob [PG 17, 371–522]
Ps M (Ps M)	=	Psalter-Glossen in der Handschrift VL 307 [F. UNTERKIRCHER, Die Glossen des Psalters von Mondsee, Freiburg 1974]
Ps sen (Ps sen)	=	Glosa psalmorum ex traditione seniorum [H. BOESE, Anonymi glosa psalmorum ex traditione seniorum I (Ps 1–100). II (Ps 101–150), Freiburg 1992]
Scrip (scrip)	=	Testimonia divinae scripturae (et patrum) [CCSL 108D]
Apon (APO)	=	Ap(p)onius [CCSL 19]
Apr (APR)	=	Apringius, Bischof von Beja in Portugal (531–48), Tractatus in Apocalypsin [CCSL 107]
Aug (AU)	=	Augustinus
An (an)	=	De natura et origine animae [CSEL 60]
C D (ci)	=	De civitate Dei libri 22 [CCSL 47–48]
Conf (cf)	=	Confessionum libri 13 [CCSL 27]
Ep (ep)	=	Epistulae [CSEL 34/1–2; 44; 57–58]
Ep Div (ep Div)	=	Epistulae [CSEL 88]
Gen ad litt (Gn li)	=	De Genesi ad litteram libri 12 [CSEL 28/1]

Ioh Evang (Jo)	= In Iohannis Evangelium tractatus 124 [CCSL 36]
Lib (lib)	= De libero arbitrio libri 3 [CCSL 29]
Mus (mus)	= De musica libri 6 [PL 32, 1081-1194]
Par (Par)	= Contra epistulam Parmeniani libri 3 [CSEL 51]
Pel (Pel)	= Contra duas epistulas Pelagianorum libri 4 [CSEL 60]
Perf (perf)	= De perfectione iustitiae hominis [CSEL 42]
Ps (Ps)	= Enarrationes in Psalmos [CCSL 38–40]
Serm (s)	= Sermones 562 [Instrumenta Patristica 12, 23, G. MADEC, REA 38 (1992) 389-391]
Spe (spe)	= Liber qui appellatur Speculum [CSEL 12]
Spir (sp)	= De spiritu et littera liber [CSEL 60]
Trin (tri)	= De Trinitate libri 15 [CCSL 50–50A]
Bach (BACH)	= Bachiarius
Fid (fi)	= Libellus de fide [PL 20, 1019–1036]
Bas (BAS)	= Basilius der Große
Hom 1–2 (h 1–2)	= Homiliae De Gratiarum Actione et In Martyrem Julittam [PG 31, 217–261, D. AMAND, Revue Bénédictine 57 (1947), 61–81]
Bed (BED)	= Beda Venerabilis
Aed (aed)	= De templo libri 2 [CCSL 119A]
Cath (cath)	= In epistolas septem catholicas [CCSL 121]
Cant (Ct)	= In Cantica Canticorum libri 6 [CCSL 119B]
Hom (h)	= Homeliarum Evangelii libri 2 [CCSL 122]
Luc (Lc)	= In Lucae Evangelium expositio [CCSL 120]
Prv (Prv)	= In Proverbia Salomonis libri 3 [CCSL 119B]
Rat (rat)	= De temporum ratione [CCSL 123B]
Sam (Sam)	= In primam partem Samuelis libri 4 [CCSL 119]
Schem (sche)	= De schematibus et tropis [CCSL 123A, 142–171]
Tab (tab)	= De tabernaculo et vasis eius ac vestibus sacerdotum libri 3 [CCSL 119A]
BenA (BEN-A)	= Benedictus von Aniane [PL 103, 423–1380]
BrevGoth (Brev. Goth.)	= Brevarium Gothicum
Caes (CAE)	= Caesarius von Arles
Serm (s)	= Sermones [CCSL 103–104]
Can (CAN)	= Canones
Hib (Hib)	= Collectio canonum Hibernensis [H. WASSERSCHLEBEN, Die irische Kanonensammlung, Leipzig ²1885]
Cass (CAn)	= Johannes Cassianus Massiliensis
Co (co)	= Conlationes Patrum 24 [CSEL 13]

Inst (in)	= De institutis coenobiorum et de octo principalium vitiorum remediis libri 12 [CSEL 17]
Cassiod (CAr)	= Cassiodorus Senator
An (an)	= De anima [CCSL 96]
1 Cor (1 Cor)	= Expositio in Epistulas S. Pauli [PL 68, 413–686]
Hist (hist)	= Historia tripartita [CSEL 71]
Ps (Ps)	= Expositio Psalmorum [CCSL 97–98]
Rm (Rm)	= Expositio in Epistulas S. Pauli [PL 68, 413–686]
Chry (CHRY)	= Chrysostomus [Opera D. Ioannis Chrysostomi I–V, ed. J. Froben, Basel 1558]
Chrom (CHRO)	= Chromatius Aquileiensis
Matth (Mt)	= Tractatus in Matthaeum [CCSL 9, 371–447; 9A]
s (s)	= Sermones [CC9A; CC9A Supplementum]
ConcilLat (CO-Lat)	= Concilium Lateranense [R. Riedinger, Concilium Lateranense a. 649 celebratum, Berlin 1984]
Cyp (CY)	= Cyprianus von Karthago
Quir (te)	= Ad Quirinum (Testimoniorum libri 3) [CCSL 3]
EpiphSchol (EP-SC)	= Epiphanius Scholasticus
Cant (Ct)	= Übersetzung des Cant-Kommentars des Philo von Karpasia [PG 40]
Euch (EUCH)	= Eucherius, Bischof von Lyon
Form (int)	= Formulae spiritalis intellegentiae [CSEL 31; PL 50, 727–772]
Eugip (EUGI)	= Eugippius, Abt von Castellum Lucullanum bei Neapel
Reg (reg)	= Regula [CSEL 87]
Eus-G (EUS-G)	= Eusebius Gallicanus [CCSL 101; 101A; 101B]
Ser (s)	= Sermones extravagantes 9
Eust (EUST)	= Eustathius [E. Amand de Mendieta, S. Y. Rudberg, TU 66, Berlin 1958]
Fac (FAC)	= Facundus, Bischof von Hermiane
Def (def)	= Pro defensione trium capitulorum libri 12 [CCSL 90A]
Ferreol (FEol)	= Ferreolus, Bischof von Uzès [V. Desprez, La Regula Ferrioli: Texte Critique, Revue Mabillon 60 (1982), 117–148]
Fil (FIL)	= Filastrius von Brescia [CCSL 9]
Fris (AN Fris)	= Florilegium Frisingense [CCSL 108D]
Fulg (FU)	= Fulgentius von Ruspe
Ep (ep)	= Epistulae [CCSL 91; 91A]
Inc (inc)	= Ad Scarilem de incarnatione [CCSL 91]
GregM (GR-M)	= Gregorius Magnus
Dial (dia)	= Dialogorum libri 4 [SC 251; 260; 265]

Evang (ev)	=	Homiliae in Evangelia 40, libri 2 [PL 76, 1075–1312]
Ezech (Ez)	=	Homiliae in Hiezechihelem prophetam [CCSL 142]
Iob (Jb)	=	Moralium libri sive Expositio in librum Job [CCSL 143–143B]
Past (past)	=	Regula pastoralis [CCSL 141]
Rg (Rg)	=	In librum primum Regum expositionum libri 6 [CCSL 144]
Hes (HES)	=	Hesychius, Presbyter in Jerusalem
Lev (Lev)	=	Commentarius in Leviticum [PG 93, 787–1180]
Hi (HI)	=	Hieronymus
Ad Iovin (Jov)	=	Adversus Iovinianum libri 2 [PL 23, 211–338]
Alt (alt)	=	Altercatio Luciferiani et Orthodoxi [PL 23, 155–182]
Am (Am)	=	Commentariorum in Amos prophetam libri 3 [CCSL 76]
Did (Did)	=	Didymi Alexandrini liber de Spiritu Sancto [SC 386]
Ep (ep)	=	Epistulae [CSEL 54–55]
Eph (Eph)	=	Commentarii in epistulam ad Ephesios libri 3 [PL 26]
Ezech (Ez)	=	Commentariorum in Hiezechielem libri 14 [CCSL 75]
Gal (Gal)	=	Commentarii in epistulam ad Galatas libri 3 [PL 26]
H (h)	=	De diversis locis homiliae 10 [CCSL 78]
Is (Is)	=	Explanationum in Esaiam libri 18 [Vetus Latina. Aus der Geschichte der lateinischen Bibel 23, 27, 30, 35, 36; ed. R. Gryson et al.]
Joel (Jl)	=	Commentariorum in Ioelem prophetam ad Pammachium liber [CCSL 76]
Luc (Lc)	=	Origenis in Lucam homiliae [GCS 49 (35)]
Mal (Mal)	=	Commentariorum in Malachiam prophetam ad Minervium et Alexandrum liber [CCSL 76A]
Marc (Mc)	=	Tractatus 10 in Marci Evangelium [CCSL 78]
Matth (Mt)	=	Commentariorum in Matheum libri 4 [CCSL 77]
Mi (Mi)	=	Commentariorum in Michaeam prophetam libri 2 [CCSL 76]
Or in Ez hom (Ez h)	=	Origenis in Ezechielem homiliae 14 [GCS 33]
Or in Is hom (Is h)	=	Origenis in Isaiam homiliae 9 [GCS 33, 242–289]
Or in Jer hom (Jr h)	=	Origenis in Ieremiam homiliae 14 [SC 232; 238]
Pach (Pach)	=	Pachomiana [A. Boon, Pachomiana Latina, Löwen 1932]
Pel (Pel)	=	Dialogi contra Pelagianos libri 3 [CCSL 80]
Ps hom (Ps h)	=	In Psalmos homiliae 61 [CCSL 78]
Ruf (Ruf)	=	Epistula adversus Rufinum [CCSL 79]
Zach (Za)	=	Commentariorum in Zachariam prophetam ad Exsuperium Tolosanum episcopum libri 3 [CCSL 76A]

Hil (HIL)	= Hilarius von Poitiers
Ps (Ps)	= Tractatus super Psalmos [CSEL 22]
Isid (IS)	= Isidor von Sevilla
Dt (Dt)	= Quaestiones in Vetus Testamentum seu Mysticorum expositiones sacramentorum [PL 83,207-424;438-442]
Ex (Ex)	= Quaestiones in Vetus Testamentum seu Mysticorum expositiones sacramentorum [PL 83,207-424;438-442]
Jud (Jud)	= Quaestiones in Vetus Testamentum seu Mysticorum expositiones sacramentorum [PL 83,207–424]
Nat (na)	= De natura rerum [J. Fontaine, Isidore de Séville: Traité de la nature, Bordeaux 1960]
Sent (sent)	= Sententiarum (sc. Augustini, Gregorii Magni, al.) libri 3 [PL 83,537–738]
Syn (syn)	= Synonymorum de lamentationes animae peccatricis libri 2 [PL 83,827–868]
JohMax (JO-M)	= Johannes Maxentius
Aug (Aug)	= Capitula S. Augustini in urbem Romam transmissa [CCSL 85A,251–73]
Jul-T (JUL-T)	= Julianus, Erzbischof von Toledo
Ant (ant)	= Antikeimenon [PL 96,595–704]
Pro (pro)	= Prognosticorum futuri saeculi libri 3 [CCSL 115]
Lic (LIC)	= Licinianus, Bischof von Cartagena, Epistulae 3 [PL 72]
Lucif (LUC)	= Lucifer von Cagliari
Athan (Ath)	= De Athanasio libri 2 [CCSL 8]
Nil (NIL)	= Nilus Ancyranus
Tr (tr)	= De octo vitiis generalibus [eine anonyme alte lateinische Übersetzung; ed. E. Bigot, Palladii episcopi Helenopolitani de vita S. Johannis Chrysostomi dialogus…, Paris 1680]
Or (ORI)	= Origenes [GCS 38]
Matth (Mt)	= Matthäus-Kommentar; die in griechischer und lateinischer Bearbeitung erhaltenen Tomoi (mit Buch- und Abschnittszählung)
Matth (ser)	= Matthäus-Kommentar; die Übersetzung der Commentariorum series (mit Seitenangabe)
Pac (PAC)	= Pacianus von Barcelona
Ep (ep)	= Epistulae 2 ad Sympronianum contra Novatianos [SC 410]
PaulN (PAU-N)	= Pontius Meropius Paulinus von Nola
Ep (ep)	= Epistulae 51 [CSEL 29]

Pel (PEL)	=	Pelagius, Brite
1–2 Cor (1–2 Cor)	=	Expositiones XIII Epistularum S. Pauli [A. Souter, Pelagius's Expositions of Thirteen Epistles of St. Paul, II: Text and Apparatus Criticus, Cambridge 1926, Texts and Studies 9/2]
PetrChr (PET-C)	=	Petrus Chrysologus, Bischof von Ravenna
s (s)	=	Sermones [CCSL 24B]
Philipp (PHI)	=	Philippus Presbyter, Commentarius in Iob [PL 23; 26]
Pos (POS)	=	Possidius, Bischof von Calama
Vit (vi)	=	Vita S. Augustini [M. Pellegrino, Possidio Vita di S. Agos-tino, Alba 1955]
Pot (POT)	=	Potamius von Lissabon
Ep Ath (Ath)	=	Epistula ad Athanasium [A. Wilmart, RB 30 (1913), 280–82]
Ep subst (subst)	=	Epistula de substantia Patris et Filii et Spiritus Sancti [PL 1, 202–16]
PsAug (PS-AU)	=	Pseudo-Augustinus
Ful (Fu)	=	Libellus adversus Fulgentium Donatistam [C. Lambot, RB 58 (1948) 190–222]
Mir (mir)	=	De mirabilibus S. Scripturae [PL 35, 2149–2200]
Pal (Pal)	=	Florilegium im *Cod. Vatic. Palat. lat.* 556 [Graziano di S. Teresa, Ephemerides Carmeliticae 14 (1963) 210–41]
s (s)	=	Sermones supposititii [PL 39, 1735–2354]
SermCai (s Cai)	=	Sermones von A. B. Caillau ediert [PL 2, 1029–1123]
s erem (s erem)	=	Sermones ad fratres in eremo [PL 40, 1235–1358]
PsBas (PS-BAS)	=	Pseudo-Basilius
Adm (adm)	=	Admonitio ad filium spiritalem [P. Lehmann, Sitzungsberichte der Bayer. Akademie der Wiss., phil.-hist. Klasse 1955, Heft 7]
Is (Is)	=	Expositio super Ysaye prophete [Bibliotheca Casinensis IV, Monte Cassino 1880, pars 1, 302–5; pars 2, 391–434]
PsBed (PS-BED)	=	Pseudo-Beda
Prv (Prv)	=	In Proverbia Salomonis allegoricae interpretationis frag-menta [PL 91, 1051–66]
PsCaes *Virg*	=	Pseudo-Caesarius, S. Caesarii de decem virginibus [PL 67, 1161–63]
PsHi (PS-HI)	=	Pseudo-Hieronymus
Brev (bre)	=	Breviarum in Psalmos [PL 26, 821–1270]
1 Cor (1 Cor)	=	Commentarii in Epistolas S. Pauli [H. J. Frede, Ein neuer Paulustext und Kommentar II. Die Texte, Frei-

	burg 1974 = Vetus Latina. Aus der Geschichte der lateinischen Bibel 8]
Ep (ep)	= Epistulae [PL 30, 15–308]
Mc (Mc)	= Kommentar zu Marc [PL 30, 589–644]
PsIgn (PS-IGN)	= Pseudo-Ignatius [ed. F. X. Funk/F. Diekamp, Patres Apostolici, II, Tübingen, 1913]
PsMar (PS-MAR)	= Pseudo-Marius Victorinus
Scr (scr)	= De verbis scripturae [J. Wöhrer, 24. Jahresbericht des Privat-Gymnasiums der Zisterzienser in Wilhering, Wilhering 1927, 4–8]
PsMel (PS-MEL)	= Clavis Melitonis
P (P)	= recensio primitiva [I. B. Pitra, Analecta Sacra Spicilegio Solesmensi parata II (1884) 6–127]
V (V)	= recensio vulgata [I. B. Pitra, Spicilegium Solesmense II (1855) 1–519 (Cap. 1-8); III (1855) 1–307 (Cap. 9–13)]
PsPros (PROS)	= Pseudo-Prosper von Aquitanien
Dem (Dem)	= Epistula ad Demetriadem de vera humilitate [K. C. Krabbe, Epistula ad Demetriadem De Vera Humilitate, Washington 1965 = Patristic Studies 97]
Voc (voc)	= De vocatione omnium gentium [PL 51, 647–722]
PsRuf (PS-RUF)	= Pseudo-Rufinus
Fi (fi)	= Liber de fide [M. W. Miller, Rufini Presbyteri Liber De Fide, Washington 1964 = Patristic Studies 96]
PsVig (PS-VIG)	= Pseudo-Vigilius von Thapsus
Trin (tri)	= De trinitate libri 12 [Buch 1-9: CCSL 9; Buch 10–12 M. Simonetti, Pseudoathanasii de Trinitate ll. X–XII, Bologna 1956, vgl V. Bulhart, CCSL 9]
Reg (REG)	= Regulae monasticae
Mag (Mag)	= Regula Magistri [SC 105; 106]
Ruf (RUF)	= Rufinus
Cant (Ct)	= Commentarius Origenis in Cant. [GCS 8, 61–241]
Eus (Eus)	= Eusebii Historia Ecclesiastica [GCS 9,1–2]
Ex (Ex)	= Origenis in Ex homiliae 13 [GCS 6, 145–279]
GrN (Gr)	= Gregorii Nazianzeni orationes 9 [CSEL 46]
Jdc (Jdc)	= Origenis in librum Iudicum homiliae 9 [GCS 9]
Lev (Lv)	= Origenis in Leviticum homiliae 16 [GCS 6, 280–507]
Num (Nm)	= Origenis in librum Numeri homiliae 28 [GCS 7, 3–285]
Om S Bas (Bas)	= Omeliae S. Basilii [PG 31, 1723–1794]
Or princ (pri)	= Origenis libri 4 De principiis [GCS 22]
Pamph (Pa)	= Apologeticum Pamphili martyris pro Origene [PL 17,541–616]

Ps (Ps)	= Origenis homiliae 9 in Ps XXXVI–XXXVIII [E. Prinzivalli, Origene: Omelie sui Salmi. Homilae in psalmos XXXVI – XXXVII – XXXVIII, Florenz 1991]
Reg S Bas (reg)	= Regula S. Basilii ad monachos [CSEL 86]
Rom (Rm)	= Origenis Commentarius in Epistulam ad Romanos [Vetus Latina. Aus der Geschichte der lateinischen Bibel 16,33,34; ed. C. P. Hammond Bammel]
Salv (SALV)	= Salvianus, Presbyter in Marseille
Eccl (eccl)	= Ad ecclesiam libri 4 [SC 176]
SedScot (SED-S)	= Sedulius Scottus
Eph (Eph)	= Collectaneum in Apostolum [PL 103,9–270]
Misc (misc)	= Collectaneum miscellaneum [CCCM 67]
Rom (Rm)	= Collectaneum in Apostolum [H. J. Frede, H. Stanjek, Sedulii Scotti Collectaneum in Apostolum, 2 vol., Freiburg 1996-1997 = Vetus Latina. Aus der Geschichte der lateinischen Bibel 31–32]
Spec (PS-AU spe)	= Liber de divinis scripturis sive Speculum quod fertur S. Augustini [CSEL 12, 287–700]
Ta (TA)	= Taio, Bischof von Saragossa
Ecl (Ecl)	= Kommentar zu Ecclesiastes [A. C. Vega, España Sagrada 56, Madrid 1957, 353–72 [PLS 4, 1754–72]]
Sent (sent)	= Sententiarum libri 5 [PL 80, 727–990; 1,24–25 und 5,33–35; E. Anspach, Taionis et Isidori nova fragmenta et opera, Madrid 1930, 6–22 [PLS 4, 1670–78]]
Tyc (TY)	= Tyconius
Reg (reg)	= Liber regularum [F. C. Burkitt, The Book of Rules of Tyconius, Cambridge, 1894 (Texts and Studies 3,1 = SC 488)]

1.4 Zum Textcharakter der altlateinischen Übersetzung

Es ist eine Herausforderung, den Textcharakter der Übersetzungen zu beschreiben, welche durch die Zeugen der *Vetus Latina* belegt sind. Dem Stemma zufolge sind Chr, Dion und GregNys nahe Verwandte. In jeder einzelnen Passage, vorausgesetzt, dass man Belege für La hat und die Verfälschung durch Hieronymus und hexaplarische Quellen ausgeschlossen werden kann, lässt sich eine frühe Bezeugung für die ursprüngliche Version der griechischen Bibel finden. Das folgende Beispiel soll illustrieren, wie die *Vetus Latina* zu bewerten ist:

Beispiel zur Verwendung der *Vetus Latina* – Eccl. 12$_6$

Die Zeugen für 12$_6$ stammen aus folgenden Jahren:

387	Hi
392	Hi *Ps hom* (Übersetzung aus Origenes)
398	𝔙 (Bed; Ps-Mel; PsMoz)
404	Hi *Pach* (Übersetzung einer griech. Übersetzung der kopt. Texte)
417/18	Hi ep 140
VII./VIII. Jh.	PsHi *Brev* (abhängig von An Ps *sen*; Hil *Ps*; Hi *Ps* und *Ps h*, also als selbständiger Zeuge auszuscheiden)

Rekonstruktion der altlateinischen Übersetzung:

quoadusque evertatur funiculus argenti et conteratur monile auri et confringatur hydria ad fontem et convolvatur/involvetur rota super lacum

Der Text der *Vetus Latina* lässt sich aus Hi *Ep* 140, Hi *Ps hom* und Hi *Pach* rekonstruieren. Hieronymus zitiert in seinen Werken – außer in den Kommentaren – neben seiner Übersetzung *ex hebraica veritate* zumeist den Text nach der LXX.

In seiner hexaplarischen Rezension, die möglichst wörtlich sein sollte, hat er folgende Korrekturen vorgenommen: (1) *non pulsetur* statt *evertatur* (= σ′ [μὴ] κοπῆναι), (2) *impediatur* statt *convolvatur* (freie Interpretation: das Schöpfrad wird durch das zusammengerollte Seil ‚behindert'), (3) *in* statt *super* (ergibt sich aus dem Vorherigen): hier versucht Hieronymus, dem Text Sinn abzugewinnen.

Dieses Beispiel zeigt, auf welche Weise die altlateinischen Texte, deren Varianten meist innerlateinisch entstanden sind, an zahlreichen Stellen gelesen und bewertet werden müssen.

2. Die syrohexaplarische Übersetzung (Syh)

G. Mercati, Nuove Note di Letteratura Biblica e Christiana Antica, StT 95, Città del Vaticano 1941, 43–46.

W. Wright, A Catalogue of Syriac Manuscripts in the British Museum I, London 1870.

Die syrohexaplarische Übersetzung ist in einer Handschrift vollständig erhalten:

Syh = Mailand, Bibl. Ambros., C. 313. Inf.; VIII. Jh. „Codex Syro-Hexaplaris". Ausgaben: A. M. Ceriani (Hg.), Codex Syro-Hexaplaris Ambrosianus photolithographice, MSP 7, Mailand 1874; H. Middeldorpf (Hg.), Codex Syriaco-Hexaplaris Liber Quartus Regum e Codice Parisiensi, Iesaias, Duodecim Prophetae Minores, Proverbia, Iobus, Canticum, Threni, Ecclesiasticus e Codice Mediolanensi, Berlin 1835; I. A. I Barsoum, The Scattered Pearls: A History of Syriac Literature and Sciences, 2. Aufl. Piscataway 2003.

Syh (gr) = Wörter, die in griechischen Buchstaben am Rande der Syh stehen.

Die Syrohexapla ist eine auf Kopien der fünften Kolumne der Hexapla des Origenes basierende syrische Übersetzung. An den Seitenrändern dieser Gelehrtenübersetzung sind Notizen zum Text überliefert, die ausgewählte Lesarten von Theodotion, Aquila und Symmachus wiedergeben. Diese Übersetzung wurde im Jahr 617 n. Chr. von Paul von Tella, angefertigt, und zwar im Ennaton Kloster, das sich an der Küstenstraße, 14 Kilometer westlich von Alexandria befindet. Tella d'Mauzalath (zwischen Edessa und Mardin) war das Zentrum einer Diözese der syrisch-orthodoxen Kirche. Paul, Bischof von Tella, floh aufgrund der persischen Invasion, die von Khusraw II Parwez Hormezd angeführt wurde, vermutlich nach Alexandria. Trotzdem behauptet der Patriarch Aphram Barsoun in *The Scattered Pearls* (S. 39 und 313), dass Paul von Tella durch Patriarch Athanasius I. eingeladen wurde, um die Übersetzung im Antonius-Kloster anzufertigen.

Der *Codex Syro-Hexaplaris* entstand im syrischen Kloster der Nitrischen Wüste in Ägypten, das auch als Deir as-Suryan bekannt ist, und wurde in einer Handschrift verfasst, die ins späte VIII. oder frühe IX. Jh. n. Chr. datiert werden kann (s. Kolophon, f. 193v). Dieses Gebiet, das auch als Sketische Wüste (Wadi El-Natrun) bekannt ist, liegt 80–90 Kilometer südlich von Alexandria. Somit entstand diese Handschrift hinsichtlich Ort und Zeit unweit ihrer Quelle.

Zum Textcharakter der syrohexaplarischen Übersetzung

Unter den Minuskeln ist 542 am nächsten mit Syh verwandt. Überdies bewahrt Syh drei Lesarten, die sonst nur in 766 überliefert sind. Dies ist kaum verwunderlich, da 766 ein entfernter Deszendent sowohl von 542 als auch von Syh ist. Dem Stemma zufolge ist $766^{A\ B}$ sechs resp. sieben Generationen vom Archetyp entfernt, während Syh wiederum 20, und Hs. 542 sogar 34 Generationen vom Archetyp entfernt sind. Ebenso wie Syh stehen sowohl 542 als auch 766 in entfernter Verwandtschaft zur *O*-Gruppe.

3. Die christlich-palästinisch-aramäische Übersetzung (CPA)

C. Müller-Kessler/M. Sokoloff, A Corpus of Christian Palestianian Aramaic: Volume I, The Christian Palestinian Aramaic Old Testament and Apocrypha Version from the Early Period, Groningen 1997.

F. Schulthess, Christlich-palästinische Fragmente aus der Omayyaden-Moschee zu Damaskus, AGWG.PH 8/3, Berlin 1905.

Die christlich-palästinisch-aramäische Übersetzung ist in folgenden Fragmenten überliefert. Die Auflistung folgt Müller-Kessler/Sokoloff:

Damaskus, Frag. II, fol. 12/11r, Inhalt: 7 9b *ἐν κόλπῳ* — 12c 14a *ἐν ἡμέρᾳ ἀγαθωσύνης ζῆθι* 14b — 14e.

Damaskus, Frag. II, fol. 12/11v, Inhalt: 7 15a 7 16a *δίκαιος πολύ* — 16b *καὶ μή* 16b *περισσά* — 21c *ὅπως μή*.

Damaskus, Frag. II, fol. 13r, Inhalt: 7 22a *πλειστάκις* — 22b *καθόδους* 22c *ὅπως* — 23a *σοφίᾳ*.

Damaskus, Frag. VI r v, Inhalt recto: 11 2b *ὅτι οὐ γινώσκεις* — 8b *αὐτοῖς*. Inhalt verso: 11 8c *τὰς ἡμέρας* — 9b *καί* 1° 9b *σε* 1° — 10a *ἀπό* 1° 10a *σου* 1° — 10c *καί* 3° 10c *ματαιότης* — 12 2b *ἀστέρες*.

Zum Textcharakter von CPA

Frühere Ausgaben der Göttinger Septuaginta bezeichneten diese Tochterversion als Syro-Palästinische Version (Syp). Inzwischen wird der Begriff „christlich-palästinisches Aramäisch“ (CPA) bevorzugt.

Es sind etwa 20 Varianten im Apparat vermerkt: sechs davon sind Sonderlesarten, und weitere sechs werden mithin sogar nur mit Syh geteilt. Die Textbasis ist allerdings derart schmal, dass keine stichhaltigen Schlussfolgerungen möglich sind. Dennoch hat CPA als Tochterversion der LXX zu gelten.

4. Die koptischen Übersetzungen (Co)

Die koptischen Übersetzungen sind für diese Ausgabe von Prof. Janet A. Timbie (The Catholic University of America) kollationiert worden.

4.1 Die sahidische Übersetzung (Sa)

Die sahidische Übersetzung ist in zwei Handschriften fast vollständig erhalten:

Sa^{I} Rom, Bibl. Vat., Borgia copto 109 (24); X. Jh. Inhalt: 1_{1} — 9_{3} 10_{3} — 12_{14}. Ausgabe: A. Ciasca, Sacrorum Bibliorum fragmenta copto-sahidica Musei Borgiani II, Rom 1889, 195–214.

Sa^{II} Ann Arbor, Univ. of Michigan Library (Special Collections Library), Mich. Ms. 166; VI./VII. Jh. Inhalt: 1_{2*} — 12_{14*}. Ausgabe: L. A. Shier, Old Testament Texts on Vellum: Coptic Texts in the University of Michigan Collection, hg. W. H. Worrell, UMS.H 46, Ann Arbor 1942, 68–125.

Neben diesen Ausgaben wurden noch folgende Fragmente von Sa für die vorliegende Edition kollationiert:

Sa^{1} Wien, Nationalbibliothek, (Papyrus Erzherzog Rainer) 2 = K 9176; X./XI. Jh. Inhalt: 8_{9} — 9_{2}. Ausgabe: W. Till, Koptische Pergamente theologischen Inhalts I, MPSW 2, Wien 1934, 11–12, Nr. 7.

Sa^{2} London, BL, Or. 5984; VI./VII. Jh. Inhalt: 6_{6-10} $7_{2-8\ 28-29}$ $8_{1-5\ \ 8-17}$ 9_{3-6}. Ausgabe: H. Thompson, The Coptic (Sahidic) Version of Certain Books of the Old Testament from a Papyrus in the British Museum, Oxford 1908.

Sa^{3} Louvain, Universitätsbibliothek, Copt. Lov. 9; III./IV. Jh. Inhalt: 6_{12} 7_{1-2} $_{7-11}$ $_{15-18}$ $_{24-26}$. Ausgabe: L.Th. LEFORT, Les Manuscrits Coptes de l'Université de Louvain, Louvain 1940, 59–65.

Sa^{4} K 9879. XI. Jh. Inhalt: 7_{14d-25}. Ausgabe: C. WESSELY, Griechische und Koptische Texte theologischen Inhalts I, StPP 9, Leipzig 1909, 78–79, Nr. 27ab.

Sa^{5} Manchester, John Rylands Library, (Coptic Biblical Mss.) Suppl. 2; V./VI. Jh. Inhalt: 1_{7-16}. Ausgabe: W. C. TILL, Coptic Biblical Fragments in the John Rylands Library, in: BJRL 34 (1952), 432–458.

Sa^{6} Cairo, Coptic Museum of Cairo, Nr. 12761 = Mss. Section 6635; IV./V. Jh. Inhalt: 5_{10} — 6_{6} 6_{10} — 7_{1} 7_{4-9} 7_{12-15}. Ausgabe: N. BOSSON, Un Palimpseste du Musée Copte du Caire, in: Le Muséon 104 (1991), 5–37.

Sa^{7} Berlin, Staatlichen Museen P. Berol. 20987; IV./V. Jh. Inhalt: 7_{7-18}. Unediert. Kollationiert von J. Timbie.

Sa^{8} London, Privatsammlung; X. Jh. Inhalt: 2_{1-6} $_{8-11}$. Unediert. Kollationiert von J. Timbie. Text = Sa^{I}.

Zum Textcharakter der sahidischen Übersetzung

Jede Abweichung der koptischen Versionen vom griechischen Text wurde zunächst festgehalten. Viele dieser Varianten sind allerdings nicht im Apparat verzeichnet, weil sie erst im Prozess der Übersetzung entstanden sind, auf Übersetzungsfehlern beruhen oder keiner griechischen Variante zugeordnet werden können.

Die Texte der sahidischen-Übersetzung, egal ob sie vollständig oder fragmentarisch sind, repräsentieren unterschiedliche Übersetzungen, die zu verschiedenen Zeitpunkten angefertigt wurden und denen abweichende Vorgehensweisen bei der Übersetzung zugrunde liegen. Auch wenn Verallgemeinerungen immer problematisch sind, kann grundsätzlich festgehalten werden, dass die Übersetzungen mit fortschreitender Zeit in der Vorgehensweise der Übersetzung weniger formal/wörtlich und eher funktional/dynamisch werden.

Normalerweise werden Sa^{I} und Sa^{II} für Zeugen der früh in Ägypten durch B und 998 belegten Textform gehalten. Obwohl Sa^{I} später als Sa^II datiert wird, bestätigt Sa^I oft eine frühe ägyptische Texttradition, Sa^II hingegen eine spätere. In einigen wenigen Fällen allerdings unterstützt Sa^II die Zeugen der frühen ägyptischen Textform. Eine beschränkte Anzahl an Belegen verbindet Sa^I und Sa^II schließlich mit der Texttradition der Catenengruppen; üblicherweise, wenn die Zeugen dieser Gruppen gespalten sind.

4.2 Die fajumische Übersetzung (Fa)

Die fajumische Übersetzung ist in folgenden Hss. erhalten:

Fa¹ Hamburg, Papyrus Bil. 1; geschrieben 300. Der Text ist vollständig erhalten. Ausgabe: B. J. Diebner/R. Kasser, Hamburger Papyrus Bil. 1. Die alttestamentlichen Texte des Papyrus Bilinguis 1 der Staats-und Universitätsbibliothek Hamburg, Genf 1989.

Fa² Ann Arbor, Univ. of Michigan Library, P. Mich.inv. 3520; IV. Jh. Der Text ist vollständig erhalten. Ausgabe: H.-M. Schenke/R. Kasser, Papyrus Michigan 3520 und 6868(a). Ecclesiastes, Erster Johannesbrief und Zweiter Petrusbrief im fayumischen Dialekt, Berlin 2003.

Fa³ Ann Arbor, Univ. of Michigan Library, P. Mich.inv. 6868; VI./VII. Jh. Inhalt: 7_{19-22} $_{26-28}$ $8_3 — 9_{13}$. Ausgabe: H.-M. Schenke/R. Kasser, Papyrus Michigan 3520 und 6868(a). Ecclesiastes, Erster Johannesbrief und Zweiter Petrusbrief im fayumischen Dialekt, Berlin 2003.

Zum Textcharakter der fajumischen Übersetzung

Die Texte der fajumischen Übersetzung, egal ob sie vollständig oder fragmentarisch sind, repräsentieren unterschiedliche Übersetzungen, die zu verschiedenen Zeitpunkten angefertigt wurden und denen abweichende Vorgehensweisen bei der Übersetzung zugrunde liegen. Normalerweise ist die fajumische Übersetzung von der sahidischen Version abhängig. Darüber hinaus bleibt festzuhalten, dass in der Regel beide Versionen bezüglich der Wiedergabe von *καί* bei weitem weniger präzise sind als die bohairische Version.

In einigen Fällen teilen Fa^{1} (oder Fa$^{1\,2}$) und 998 Sonderlesarten (2$_{13b.15a}$ 3$_{21b}$ 11$_{3b}$). Dies ist nicht erstaunlich, da Fa^{1} und 998 Teil derselben Hs. sind. Nicht selten folgen Fa$^{1\,2}$ (2$_{6b}$ 3$_{20c}$, 7$_{11a}$, 7$_{14c}$, 7$_{23a}$, 10$_{13b}$, 11$_{9c}$), Fa$^{2\,3}$ (8$_{8c}$) oder nur Fa^{1} (4$_{16c}$, 6$_{11a}$, 7$_{7b}$, 7$_{14a}$, 7$_{14c}$, 10$_{19b}$, 11$_{3a}$) in ihrer Bezeugung der frühen ägytischen Textüberlieferung Sa zusammen mit B, 998 und weiteren verwandten Hss. Der fragmentarische Zeuge Fa^{3} ist freier und später; er folgt in der Bezeugung des ägyptischen Textes nicht immer Fa$^{1\,2}$.

Weitere Fälle, in denen Fa$^{1\,2}$ oder nur Fa^{1} den ägyptischen Text, manchmal unabhängig von Sa, unterstützen, sind zu finden in 2$_{8d.e}$ 3$_{11b}$ 4$_{1d}$ 5$_{3c.15c}$ 6$_{3c.6c.12b}$ 7$_{11a}$ 8$_{9b.15b}$ 10$_{1a.1b.13b.15a.19b}$ 11$_{7b.9d}$.

Letztendlich wurde der ägyptische Text anhand der hexaplarischen Quellen schon früh korrigiert, was durch die koptischen Versionen bestätigt wird.

5. Die äthiopische Übersetzung (Aeth)

M. A. Knibb, Translating the Bible: The Ethiopic Version of the Old Testament, Oxford 1999.

O. Löfgren, Rez. zu: S. A. B. Mercer, The Ethiopic Text of the Book of Ecclesiastes, in: MO 26–27 (1932–33), 334–45.

Der äthiopische Text wurde für diese Ausgabe von Prof. Jan Dochhorn (University of Durham) kollationiert. Seine Kollationen basieren auf folgender Edition:

Aeth — S.A.B. Mercer (Hg.), The Ethiopic Text of the Book of Ecclesiastes, London 1931.

Der Ausgabe von Mercer liegt eine Hs. des frühen XV. Jhs. zugrunde. Hinzu treten die Kollationen von rund 22 weiteren Hss., deren Varianten im Apparat jener Edition notiert sind. Kritiker fanden Mercers Edition nicht zufriedenstellend. Spezialisten für die antike äthiopische Version der Bibel beschreiben drei Stufen in der Anfertigung und in der Textüberlieferung der äthiopischen Version des alten Testaments: (1) eine Originalübersetzung aus dem V.–VI. Jh. n. Chr., die auf der griechischen Version basiert, (2) eine mittelalterliche Revision der Originalübersetzung, basierend auf arabischen Versionen, die ihrerseits auf syrischer Vorlage beruhen, und (3) eine Korrektur der Übersetzung aus dem XV.–XVI. Jh. n. Chr., die sich auf das Hebräische stützt.

Dochhorn hat Mercers Ausgabe für die vorliegende Edition kollationiert. Insbesondere ein Textzeuge Mercers, namentlich Hs. A2, folgt sehr häufig LXX. Hs. A2 ist daher ein wichtiger Zeuge für die Textgeschichte der Septuaginta. Die folgenden Sigla werden im Apparat verwendet:

$Aeth^{te}$	Lemmatext der Ausgabe von Mercer.
$Aeth^{A2}$	Hs. A2 der Ausgabe von Mercer.
$Aeth^{ap}$	Im Apparat notierte Hss. der Ausgabe von Mercer unter Ausschluss von Hs. A2.
$Aeth^{ap(A2)}$	Hs. A2 und andere im Apparat der Ausgabe von Mercer notierte Hss.

Zwar ist es nicht möglich, anhand von Mercers Ausgabe die Entwicklungsstufen der äthiopischen Version vollends nachzuvollziehen, doch zeigt die Kollation, dass die äthiopische Version von Ecclesiastes auf einer frühen Catenentradition zu basieren scheint, die von der hexaplarischen Gruppe abhängt, welche wiederum von der ägyptischen Form des Textes deriviert.

6. Die altgeorgische Übersetzung (Geo)

M. Van Esbroeck, Les Versions orientales de la Bible. Une Orientation Bibliographique, in: J. Krašovec (Hg.), Interpretation of the Bible. Section Two: Philological and Literary Sciences. The Slovenian Academy of Arts and Sciences. Sheffield, 1998, 465–80.

J. Krašovec (Hg.), Interpretation of the Bible. International Organization for the Study of the Old Testament. Congress Volume. Ljubljana 2007, Leiden 2010.

A. Kharanauli, Einführung in die georgische Psalterübersetzung. in: A. Aejmelaeus/U. Quast (Hgg.), Der Septuaginta-Psalter und seine Tochterübersetzungen, Symposium in Göttingen 1997, MSU 24, Göttingen 2000, 248–308.

Dies., Das Chanmeti-Fragment aus Jeremia – Fragen seiner Entstehung und seiner Übersetzungstechnik, in: OrChr 85 (2001), 204–36.

Dies., Ein Chanmeti-Fragment der georgischen Übersetzung von Esdra I (Fragen der Authentizität, Vorlage und Übersetzungstechnik), in: Le Muséon 116 (2003), 181–216.

Die altgeorgische Übersetzung ist für diese Ausgabe von Natia Dundua (Universität Frankfurt) kollationiert worden. Ihren Kollationen liegen folgende Hss. zugrunde:

Geo^O	Athos, *Ἰβήρων* georg. 1; geschrieben 978. „Oschki Bibel".
Geo^J	Jerusalem, Jer. 113; XIII./XIV. Jh.
Geo^S	Georgian National Center of Manuscripts, A 51; XVII./XVIII. Jh. „Mtzkheta-Bibel".
o.S.	Georgian National Center of Manuscripts, S 1349; XVIII. Jh.
o.S.	Georgian National Center of Manuscripts, A 1418; XVIII./XIX. Jh.
Geo	$= Geo^O + Geo^J + Geo^S$

Die früheste Quelle für die altgeorgische Tradition von Ecclesiastes ist die Oschki Bibel (978 n. Chr.). Drei der Textzeugen, namentlich O (Oschki), J (Jerusalem) und S (Mtzkheta), sind derselben Rezension zuzuordnen. Der Kopist von J glich sein Werk mit dem von O ab. Der Kopist von S folgt mehrheitlich O und J, korrigiert allerdings manchmal seinen Text nach der armenischen Bibel (d.i. Voskan Bibel, Amsterdam 1666), die wiederum – basierend auf der Vulgata – korrigiert wurde. An Stellen, an denen S nicht auf diese Weise korrigiert wurde, kann S als Kontrollinstanz verwendet werden, da klar ist, dass ihre georgische Vorlage älter war als jene Vorlage von O und J. Der Bearbeiter der Mtzkheta Bibel, Sulkhan Saba Orbeliani, folgte treu seinen Quellen und unternahm selbst keine Korrekturen. Daher repräsentieren O, J und S unzweifelhaft die erste Übersetzung. Das genaue Datum dieser Übersetzung ist nicht bekannt, aber J. Gippert hat Fragmente von Esra I und Jesaja paläographisch ins V.–VI. Jahrhundert n. Chr. datiert (vgl. J. GIPPERT u.a. [Hgg.], The Old Georgian Palimpsest Codex Vindobonensis georgicus 2, Bd. I, Turnhout 2007).

Im Apparat der Edition werden nur die Lesarten der Hss. O, J und S geboten und als Geo notiert. Es werden keine weiteren Quellen – wie beispielsweise die gedruckte Bibel des Prinzen Bakar, Moskau 1743 – zitiert, weil jene später, basierend auf der slawischen Bibel, revidiert wurden. Die Hss. des Georgian National Center of Manuscripts, A 1418 und S 1349, zeigen ebenfalls Anzeichen einer solchen Revision, und bleiben daher unberücksichtigt.

Zum Textcharakter der altgeorgischen Übersetzung

Die folgende Analyse basiert auf der Zusammenarbeit mit Natia Dundua. Sie führt zu folgendem Ergebnis: Die altgeorgische Übersetzung von Ecclesiastes ist eine wörtliche und repräsentiert alle Eigenheiten der griech. Morphologie und Syntax. Daneben ist die Übersetzung durch Harmonisierungen charakterisiert, die auf Paralleltexten innerhalb von Ecclesiastes beruhen. Ein erster Vergleich mit dem griech. Text ergibt etwa 183 abweichende Lesarten. Zunächst wurde außerdem ein Vergleich mit Arm vorgenommen. Die altgeorgische Version unterstützt an vielen Stellen zentrale Lesarten gegen Arm und überliefert im Allgemeinen keine Sonderlesarten. Dies führt zur Annahme, dass Geo auf griech. Vorlage basiert.

Insgesamt wurden 42 Varianten ausgewählt, die signifikante Abweichungen aufweisen. Einige der Varianten, die Geo mit den griech. Zeugen teilt, beruhen auf Parallelstelleneinfluss. Dies kann daher als Charakteristikum von Geo bezeichnet werden.

Besonders auffallend ist die Anzahl an Varianten, die Geo fast ausschließlich mit frühen Hss. der ägyptischen Gruppe wie 998, B und S teilt. Es gibt zehn Fälle, bei denen Geo mit 998 und B übereinstimmt; in acht Fällen besteht Übereinstimmung mit B-S; dreimal nur mit S; und einmal nur mit B. 13 davon sind nahezu einzigartige Übereinstimmungen. 18 von diesen Varianten werden von zahlreichen koptischen Zeugen unterstützt. Weitere acht Varianten, die weder durch 998, B oder S noch durch eine Kombination aus diesen belegt sind, werden durch einen oder mehrere koptische Zeugen gestützt, einige ausschließlich.

Die Vorlage von Geo ist eindeutig ein Abkömmling der frühen ägyptischen Textgruppe. Zudem sei angemerkt, dass es 15 Übereinstimmungen mit 357 gibt, d.h. mit einer von wahrscheinlich zwei Hss., die an der Spitze des Stemmas stehen; alle übrigen Zeugen, die sich an der Spitze des Stemmas befinden, sind hypothetische Vorfahren. Dies ist ein weiterer Beleg für die Frühdatierung der Vorlage von Geo. In ähnlicher Weise teilt Geo 28 Übereinstimmungen mit 336′, einem Handschriftenpaar, das vermutlich ein Abkömmling der frühen ägyptischen Gruppe ist.

7. Die armenische Übersetzung (Arm)

Die armenische Übersetzung ist für diese Ausgabe von Prof. Claude Cox (McMaster Divinity College, Hamilton, Ontario, Kanada) auf Grundlage der Zohrapian-Ausgabe unter Berücksichtigung weiterer Textzeugen kollationiert worden.

Arm H. Zohrapian (Hg.), Astuatsashunch' Matean Hin ew Nor Ktakaranats' (Scriptures of the Old and New Testaments). Venedig, 1805. Nachdruck: The Zohrab Bible. A Facsimile Reproduction of the 1805 Venetian Edition with an Introduction by Claude Cox (Classical Armenian Text Reprint Series; New York 1984). Nachdruck: Classical Armenian Bible, ed. Tigran A. Aivazian, London 2008.

Arm^{te} Zohrapian (teilweise anhand von London, BL, Oriental Ms. 8833, XVII. Jh., kontrolliert).

Arm^{ap} Apparat von Zohrapian (teilweise anhand von folgenden Hss. kontrolliert: Sinai, Katharinenkloster, Cod. Geo. Nr. 13 und Nr. 55; VIII./IX. Jh. Inhalt: 1_{13} — 2_{3} 2_{12} — $_{26}$ 3_{10} — $_{20}$ 4_{5} — 5_{7} 7_{16} — 8_{8} 12_{5} — $_{14}$;[1] Jerusalem, Armenisches Patriarchat, Cod. Nr. 1925; geschrieben 1269; Yerevan, Matenadaran, Cod. Nr. 1500; geschrieben vor 1282).

Zum Textcharakter der armenischen Übersetzung (Claude Cox)[2]

M. Abeghyan. Vark' Mashtots' (Life of Mashtots). Yerevan: Haypethrat, 1941.

C. Cox, Armenian Ecclesiastes: Arm 1 and Arm 2, Revue des Études Armeniennes 34 (2012).

Die historische Tradition (Koriwns *Leben des Hl. Mashtots*) behauptet, dass die armenische Übersetzung der Bibel gleich nach der Erfindung des Alphabets in Samosata, Syrien, ca. 406 n.Chr. angefertigt wurde. Es ist noch immer eine größtenteils ungeklärte Frage, bis zu

---

[1] Ausgabe: J. Gippert u.a. (Hgg.), The Caucasian Albanian Palimpsests of Mt. Sinai, Vol. 3 (The Armenian Layer, ed. J. Gippert), Monumenta Paleographica Medii Aevi. Series Ibero-Caucasica, Turnhout 2010.

[2] Dieser Abschnitt ist von Claude Cox verfasst worden.

welchem Grad die Übersetzer die Peshitta als Ausgangstext, entweder anstelle des Griechischen oder nebenher verwendet haben. Die erste Übersetzung gelangte nach dem Konzil von Ephesos (431 n. Chr.) nach Armenien und wurde dort überarbeitet oder überprüft („eingeführt"). Zwei Übersetzungstypen, ein früherer und ein späterer wurden für die Evangelien, die Chronikbücher, das Danielbuch und nun für Ecclesiastes identifiziert.

Für die meisten Bücher der altarmenischen Bibel existiert keine kritische Ausgabe, so dass die Göttinger Editionen die alte Edition von Zohrapian aus dem Jahr 1805 verwenden. Eine diplomatische Ausgabe, basierend auf Hs. Venedig 1508 (kurz: V1508), welche ins Jahr 1319 n.Chr. datiert. Im Apparat zitiert Zohrapian Lesarten von anderen, ihm in Venedig verfügbaren Hss. mit unpräzisen Kennzeichnungen wie z.B. „einige (Zeugen attestieren)". Der Wert von Zohrapians Ausgabe liegt darin, dass er den Text der zugrundeliegenden Hs. sowohl treu wiedergibt als auch die Varianten in seinem Apparat sorgfältig auswählt. Obwohl manchmal herabgesetzt durch die Behauptung, dass diese Hs. einen späteren Vulgärtext überliefere, sollten auch hier Generalisierungen unterbleiben. Für Ecclesiastes gibt Zohrapians Basishandschrift die frühe armenische Übersetzung wieder, die normalerweise mit Arm 1 bezeichnet wird. Weiterhin liefert sein ausführlicher Apparat einen großen Teil der Varianten der überarbeiteten Version von Arm 1, die gemeinhin als Arm 2 bezeichnet wird. Es ist die frühere Übersetzung (Arm 1), die für die Göttinger Ausgabe kollationiert wurde.

Der Ausgangstext von Arm 1 zu Ecclesiastes war eine Hs., die in der Nähe der Catenentradition, genauer in der Nähe von *cII*, anzusiedeln ist.

Der Vergleich von Arm mit dem griech.Text liefert etwa 108 abweichende Lesarten, die folgenden Textgruppen zuzuordnen sind: *O* 17×; *L* 20×; *C* 1×; *C′* 12×; *C″* 5×; *cII* 29×; *d* 18×; *k* 15×. Da *cII* zusammen mit den anderen *C*-Gruppen als *C″* zitiert wird, liegt die Anzahl an Übereinstimmungen bei 34. Arm ist weder ein hexaplarischer Text noch ist es ein überzeugender lukianischer Vertreter: Übereinstimmungen mit *O* und *L* können vom Textcharakter der *C*-Gruppe hergeleitet werden, die unter dem Einfluss jener Texttypen stand. Für 3_{19} und 12_{9} liefert Arm Übereinstimmungen mit der *O*-Gruppe, jedoch scheinen diese nur zufällig entstanden zu sein. Unter den Majuskelhandschriften steht Arm in nächster Verwandtschaft zu B und weist daneben oft Übereinstimmungen mit unklassifizierten Hss., besonders 336′ 547 443 und 542, auf. Das Armenische ist mit den Zeugen der *cII*-Gruppe enger verwandt als mit irgendeiner der einzelnen unklassifizierten Hss.

Arm 1 ist keine wortwörtliche Übersetzung. Dies erschwert die Kollation und lässt Arm 1 für die Textkritik weniger nützlich erscheinen als ihre überarbeitete Fassung (Arm 2). Die Wichtigkeit von Arm ist durch die Frühdatierung bedingt: Die griech. Hss., beispielsweise der *cII*-Gruppe, sind mittelalterlich oder jünger. Übereinstimmungen mit *cII* bedeuten, dass dieser Texttyp bereits im V. Jh. n. Chr. bekannt war. Lediglich die Hss. B S und die nur fragmentarisch erhaltenen Papyri 818 870 und 998 sind früher zu datieren.

Die Tochterversionen bewahren selten ursprüngliche Lesarten, die nicht anderweitig überliefert wurden. Trotzdem gibt es Stellen, zu denen eine Version relevante Lesarten bezeugt. So z.B. für *πονηρούς* anstelle von *πολλούς* in 7_{29}: Ersteres ist ansonsten nur aus patristischen Zitaten bekannt. Dass diese Lesart in Arm überliefert wurde, bedeutet, dass es zu einer früheren Zeit in einer griech. Hs. überliefert worden sein muss, nämlich im Ausgangstext von Arm 1.

Der Text von Zohrapians Ausgabe repräsentiert Arm 1. Das nur fragmentarisch erhaltene Sinai-Palimpsest, das von Gippert ediert und ins VIII.–IX. Jh. n. Chr. datiert worden ist, enthält denselben Texttyp wie V1508 und beinhaltet keine Lesarten, die einen anderen Ausgangstext voraussetzen. Es bestätigt daher die Verlässlichkeit der späteren venezianischen Handschrift V1508. Die Hss. Jerusalem 1925 (kurz: J1925) und Yerevan Matenadaran 1500 (kurz: M1500), die von großer Bedeutung hinsichtlich der Bewahrung eines frühen Texttyps für einige andere Bücher wie z.B. Hiob sind, bezeugen für Ecclesiastes den Typ Arm 2. Die Hs. London, BL, Oriental Ms. 8833 (XVII. Jh.), ein Zeuge für Arm 1, wurde gelegentlich herangezogen, um aufzuzeigen, dass Lesarten nicht allein in V1508 bewahrt wurden, sondern wahrscheinlich repräsentativ sind. Obwohl V1508 der kollationierte Text ist, wurden dennoch die ausführlichen Zitate von Arm 2 in Zohrapians Apparat berücksichtigt. Der Vergleich von Arm 2 mit Arm 1 erweist sich als ausschlaggebend für das Verständnis der Übersetzungstechnik von Arm 1. Wo erforderlich, wurden zudem J1925 und M1500 als Zeugen für Arm 2 konsultiert. Der Text der Zohrapian-Ausgabe, Hs. V1508, bietet im Fall von Ecclesiastes, wie gesagt, den Typ Arm 1.

Im Falle einer Version kann nicht davon ausgegangen werden, dass sie den Lemmatext bietet, wenn ihre Lesart nicht im Apparat vermerkt wird. Übersetzungstechnische Fragen machen eine solche Präzision unmöglich. Bei der Kollation von Arm betrifft dies beispielsweise die Frage, ob der Ausgangstext *σύν* liest, wenn es verwendet wurde, um die hebräische *nota accusativi* wiederzugeben. Das Problem spitzt sich durch die Verschmelzung von *σὺν πάντα* zu *σύμπαντα* in einigen Zeugen noch zu: Arm 1 unterscheidet nicht, da es das *σύν* im ersten Fall zu ignorieren scheint. Zweimal bietet Arm 1 die Verwendung von *σύν* als Präposition „mit" (7_{26}; 11_{7}). In unklaren Fällen ist Arm 1 nicht im Apparat notiert, was jedoch nicht heißen muss, dass Arm 1 das Lemma bezeugt.

8. Die arabische Übersetzung (Arab)

G. Graf, Geschichte der christlichen arabischen Literatur, StT 118, Città del Vaticano 1944, Bd. 1, 127–31.

Der arabische Texte ist für diese Ausgabe von Prof. Konrad Martin Heide (Universität Marburg) kollationiert worden. Seinen Kollationen liegt folgende Edition zugrunde:

Arab B. Walton, Biblia Sacra Polyglotta, London 1657 (Nachdruck: Akademische Druck- u. Verlagsanstalt Graz).

Der arabische Text der Pariser Polyglotte, der in der Londoner Polyglotte erneut abgedruckt ist, stammt aus der Hs. Paris, Bibl. Nat., Ar. 1 (geschrieben 1584–85). Laut Graf basiert die Hs. Tübingen, Universitätsbibliothek, Ma VI 225 (194) (XVI. Jh.) auf dem Septuagintatext. Die Kollation ausgewählter Stellen hat jedoch ergeben, dass diese Hs. von der Vulgata abhängig ist. Sie wurde daher nicht in den Apparat der vorliegenden Ausgabe aufgenommen.

Zum Textcharakter der arabischen Übersetzung

Etwa 44 Fälle wurden ausgewählt, die mehr oder weniger wichtige Varianten aufzeigen: 14 zeigen Übereinstimmung mit nur einer Gruppe, sechs mit zwei Gruppen, 15 mit drei Gruppen und neun mit mehr als drei Gruppen. Im Einzelnen verhält es sich wie folgt:
Übereinstimmungen mit einer Gruppe: fünf mit der ägyptischen Gruppe (998 B-S-68″ Co), zwei mit *O*, drei mit *L*, drei mit 766 und eine mit 248. Übereinstimmungen mit zwei Gruppen: zwei mit der ägyptischen Gruppe plus *O*, eine mit *O L*, eine mit *O C*, eine mit *L C* und eine mit *C* 248′. Übereinstimmungen mit drei Gruppen: eine mit der ägyptischen Gruppe plus *O d*, drei mit der ägyptischen Gruppe plus *C d*, zwei mit der ägyptischen Gruppe plus *L cII* und je eine mit den Kombinationen ägyptische Gruppe plus *d cII*, ägyptische Gruppe plus *d* 336′, *O L C*, *O L cII*, *O d* 248′, *L C d*, *L cII*, 248′, *L k* 248′, *cII k* 248′.

Diese Daten sind weniger verwirrend, als sie auf den ersten Blick scheinen mögen. Die lukianische Rezension basiert auf der hexaplarischen Rezension. Die *d*-Gruppe ist eine Weiterentwicklung des ägyptischen Textes und der Catenengruppe, 248′ beruht auf einer Überlieferung, die auf den früheren Texttraditionen, also auf der ägyptischen Gruppe, *O* und *L* basiert. Die arabische Übersetzung ist relativ spät zu datieren (Saadia Gaon, X. Jh.) und basiert auf einer gesicherten Texttradition, die ihre Wurzeln letztendlich in der ägyptischen Gruppe und in späteren Entwicklungen derselben, namentlich in der hexaplarischen und lukianischen Gruppe sowie in den Catenengruppen, hat. Dies erklärt verstreute Übereinstimmungen von Arab mit der ägyptischen Gruppe, *O*, *L*, *C* und 248′.

9. Die altkirchenslawische Übersetzung

L. Osinkina, The Textual History of Ecclesiastes in Church Slavonic, Diss., Oxford 2008.

Gemäß Osinkina wird der Text von Ecclesiastes in 33 kyrillischen Halbunzialhss. ostslawischer Herkunft bewahrt. Abgesehen von einer Pergamenths., handelt es sich um Papierhss. Bis auf vier (spätere) Hss. stammen alle aus dem XV.–XVI. Jh. Osinkina hat auch eine kirchenslawische Catene zu Ecclesiastes, Zitate von Ecclesiastes in kirchenslawischen Texten und Ecclesiastes in kroatisch-glagolitischen Breviarien untersucht.

Mit dem Fokus auf der Analyse der Hss., erstellte Osinkina ein *stemma codicum* und eine semikritische Ausgabe. Sie schlussfolgerte, dass alle Hss. auf eine einzige Urform zurückzuführen seien.

Da Osinkina keine griechische kritische Edition zur Verfügung stand, verglich sie die Resultate ihrer Studie mit dem Apparat der Holmes-Parsons Ausgabe. Sie fasst das Ergebnis ihrer Studie wie folgt zusammen: „The number of coincidences between the variant readings in the Church Slavonic text with the readings in Greek manuscripts is not large and is distributed more or less evenly. The coincidences with codex Vaticanus are six, with codex Alexandrinus five, with MS 23 also five, with MS 106 four, with MS 254 also four, with MSS 157, 253, 298, 299 two. However, no clear pattern emerges from these correspondences“ (S. 51).

Die Formulierungen von Osinkina leuchten dem Herausgeber nicht unmittelbar ein. Hs. 298 ist unabhängig und Hs. 299 ein unstetes Mitglied von *C*. Falls die übereinstimmenden Fälle aussagekräftige Varianten zum Text dieser Ausgabe böten, wäre erwiesen, dass der Text spät und vermischt ist. Da diese Tochterversion späten Ursprungs ist und die Belege unspezifisch sind, wurde sie für diese Edition nicht kollationiert.

III. Die indirekte griechische Überlieferung

J. ALLENBACH u.a. (Hgg.), Biblia Patristica: Index des Citations et Allusions Bibliques dans la Littérature Patristique, Paris:

1 (1975): Des origines à Clément d'Alexandrie et Tertullien.
2 (1977): Le troisième siècle (Origène excepté).
3 (1980): Origène.
4 (1987): Eusèbe de Césarée, Cyrille de Jérusalem, Épiphane de Salamine.
5 (1991): Basil de Césarée, Grégoire de Nazianze, Grégoire de Nysse, Amphiloque d'Iconium
6 (1995): Hilaire de Poitiers, Ambroise de Milan, Ambrosiaster
7 (2000): Didyme d'Alexandrie.

1. Die griechischen Eccl.-Kommentare (chronologisch)

1.1 Der Text des Origenes (Or)

Or Origenes. Ausgaben: S. LEANZA, L'esegesi di Origene al libro dell'Ecclesiaste, Reggio Calabria 1975, 10–20; S. LEANZA, Ancora sull'esegesi origeniana dell'Ecclesiaste, in: E. Livrea/ G.A. Privitera (Hgg.), Studi in onore di Anthos Ardizzoni, Rom 1978, 491–506.

Drei Hss. enthalten in Form von Scholien den Ecclesiasteskommentar des Origenes: 299, 645 und 733. Der Text der drei Hss. wurde für die Edition kollationiert. Deshalb steht das Siglum „Or" ohne weiteren Zusatz nur für Zitate in diesen Scholien. Eines der Scholien enthält auf f. 49b–51b der in Hs. 645 überlieferten Prokopcatene (= 645^{cat}) ein Zitat von Eccl. 5_1. Zu den Origeneszitaten bei den griech. Kirchenschriftstellern s.u. § 2.

1.2 Der Text des Dionysius von Alexandrien (Dion)

Dion Dionysius Alexandrinus. Ausgaben: L. FELTOE, *Λείψανα*. The Letters and Other Remains of Dionysius of Alexandria, Cambridge 1904; W.A. BIENERT, Neue Fragmente des Dionysius und des Petrus von Alexandrien aus Cod. Vatop. 236, Kl. 5 (1973), 308–13.

Die Briefe des Dionysius enthalten 25 Ecclesiasteszitate, die etwa 44 Verse umfassen. Das Siglum „Dion“ kommt ein Dutzend Mal im Apparat vor. Die nächsten Verwandten scheinen GregNy, Ol und die Vorfahren der Catenengruppe zu sein. Die meisten Varianten sind grammatischer oder stilistischer Natur; die allermeisten betreffen den Artikel.

1.3 Der Text des Gregor Thaumaturgos

Gregor Thaumaturgos war ein Schüler des Origenes, so dass seine Ecclesiastesparaphrase eine unserer ältesten Quellen ist (vgl. J. Jarick, Gregory Thaumaturgos' Paraphrase of Ecclesiastes, SCS 29, Atlanta 1990). Allerdings scheint es gewagt, diese als Quelle heranzuziehen; zum einen, da bislang keine kritische Ausgabe vorliegt, und zum anderen, da es sich um eine Paraphrase handelt. Daher wurde für die vorliegende Edition keine Kollation dieses Textes angefertigt.

1.4 Der Text des Euagrios Pontikos (Evag)

Evag-E Euagrios Pontikos. Augabe: P. Géhin, Évagre le Pontique: Scholies a l'Ecclésiaste, SC 397, Paris 1993.

Evag-P Euagrios Pontikos. Ausgabe: P. Géhin, Évagre le Pontique: Scholies aux Proverbes, SC 340, Paris 1987.

Zwei Fälle des Evag sind im Apparat zu 3_{14d} zu finden. Das einzige weitere, direkte Zitat, Evag-E 68, bietet 7_{25a} in einer Form, die dem Text der Ausgabe entspricht. Die Beweislage ist für eine Schlussfolgerung ungenügend, obwohl Géhin den Text von A als Lemma wählt, da er die Zitate von Evagrius als am nächsten verwandt zu A sieht.

1.5 Der Text des Didymos von Alexandrien (Did)

Did Didymus Alexandrinus, Kommentar zum Ecclesiastes (Tura-Papyrus). Ausgaben: Teil I.1 (Kap. 1 — 2_{14}) = G. Binder/L. Liesenborghs, PTA 25, Bonn 1979; Teil II (Kap. 3 — 4_{12}) = M. Gronewald, PTA 22, Bonn 1977; Teil III (Kap. 5 — 6) = J. Kramer, PTA 13, Bonn 1970; Teil IV (Kap. 7 — 8_{8}) = J. Kramer/B. Krebber, PTA 16, Bonn 1972; Teil V (Kap. 9_{8} — 10_{20}) = M. Gronewald, PTA 24, Bonn 1979; Teil VI (Kap. 11 — 12) = G. Binder/L. Liesenborghs,

PTA 9, Bonn 1969. Zitiert wird nach Papyrusseite und -zeile.

Didymos der Blinde (313–398) war Dekan der Theologischen Schule in Alexandria. Die Tura Papyri (VI.–VII. Jh.) haben seine Kommentare zu Eccl, Sach, Gen 1–17 und Ps 20–46 bewahrt. Wie zu erwarten, ist dieser patristische Autor ein wichtiger Zeuge für den frühen ägyptischen Text.

1.6 Der Text des Gregor von Nyssa (GregNy)

GregNy Gregorius Nyssenus V. Ausgabe: W. JAEGER, Gregorii Nysseni Opera, Leiden 1962.

Für Ecclesiastes decken die Homilien von Gregor von Nyssa nur den biblischen Text von 1_1 — 3_{13} ab. GregNy stimmt mit Ol überein und zeigt, wie frühzeitig innergriechische Textverderbnisse sowie grammatische und stilistische Verbesserungen in die Texttradition Eingang gefunden haben. Diese Verderbnisse und Verbesserungen werden oft mit *O*, *L* und *C* geteilt.

1.7 Der Text des Pseudo-Chrysostomos (PsChry)

PsChry Pseudo-Chrysostomus, Commentarius in Ecclesiasten [CCSG 4].

PsChry ist ein alter Zeuge, der Ähnlichkeiten mit der frühen ägyptischen Gruppe aufweist.

1.8 Der Text des Olympiodor von Alexandrien (Ol)

R. SINKEWICZ, Manuscript Listings for the Authors of the Patristic and Byzantine Periods, Greek Index Project Series 4, Toronto 1992.

Ol Commentarii in Ecclesiasten. Ausgaben: PG 93, 477–628 = Fronton du Duc (1624) e codd. Paris gr. 174, 175; T. BOLI, Olympiodor, Diakon von Alexandreia, Kommentar zum Ekklesiastes: Eine kritische Edition, Diss., Heidelberg 2004.

Früh bemerkten Ziegler und der Herausgeber in ihren Untersuchungen zu den patristischen Zeugen für Ecclesiastes, dass die Migne-Ausgabe auf den zwei unbrauchbarsten Hss. basiert. Ziegler begann, und der Herausgeber fuhr fort, die anderen Hss. dieser frühen Arbeit aus dem VI. Jh., die gegenüber Did oder GregNy lückenloser überliefert ist und hinsichtlich ihrer Vollständigkeit nur mit dem späteren Werk von Met verglichen werden kann, zu kollationieren. Einige Hss. wurden durch das Septuaginta-Unternehmen kollationiert. Als diese Kollationen bereits weit gediehen waren, erfuhr der Herausgeber über Dieter Hagedorn von Bolis Ausgabe.

Sinkewicz gibt eine Liste mit 21 Hss. des Ecclesiasteskommentars von Olympiodor. Frau Bolis Ausgabe beruht auf folgenden Hss., die von ihr mit griech. Buchstaben bezeichnet sind:

A Venedig, Bibl. Marc., Gr. 22; XII./XIII. Jh. Inhalt: Schluss von 12_2 an fehlt. Ra 733.
B Paris, Bibl. Nat., Gr. 174; X./XI. Jh. Ra 573.
Γ Paris, Bibl. Nat., Gr. 153; XI./XII. Jh. Ra 562.
Δ Florenz, Bibl. Laur., Plut. X 29; XIII. Jh. Inhalt: 6_{2e} *οὐκ* — 6_{12e} *ὀπίσω* fehlt. Ra 386.
E Genua, Durazzo – Giustiniani A.I.10; IX./X. Jh.
Z Venedig, Bibl. Marc., Gr. 23; X./XI. Jh. Inhalt: Am Schluss der Hs. ab f. 101b findet sich ein Florilegium, das u.a. eine Auswahl an Bibelstellen (zumeist aus Prov) enthält. Eccl. steht auf drei Seiten: 7_{6ab} auf f. 121a, 8_{1bc} auf f. 116b, 10_{14} auf f. 116b. Das Siglum bei Boli ist Ol^{Zflor}. Ra 734.
H Paris, Bibl. Nat., Gr. 175; XIV. Jh.
Θ Rom, Bibl. Vat., Ottob. Gr. 75; XVI./XVII. Jh.
I Athos, *Λαύρα* 278 (*Γ* 38); XIV. Jh.
K Athos, *Ἰβήρων* 614 (4734); XIII. Jh.

Hs. *Θ* erweist sich als Abschrift von Hs. *B* und bleibt unberücksichtigt. Folgende jüngere Hss. wurden von Boli nicht kollationiert, da sie keinen wichtigen Text erwarten ließen:

Athen, M. Loberdou, gr. 21; XIX. Jh.
Athos, Iberon, gr. 697; geschrieben 1533.
Berlin, Staatsbibl., Phillipps 1411; XVI. Jh.
Paris, Bibl. Nat., Suppl. gr. 1275; XV. Jh.
Rom, Bibl. Vallicelliana, gr. 51; XVII. Jh.

Es bestätigte sich der Verdacht, dass die folgende Handschrift im Feuer von 1671 vernichtet wurde, was Boli bereits befürchtet hatte:

Escorial, Real Bibl., gr. *Θ*.IV.24.

Folgende Hss. waren Boli nicht zugänglich:

Kharkov, Bibl. Kharkov. U., gr. 2, XII. Jh.
Meteora, M. Metam., gr. 593, XIV. Jh.
St. Petersburg, GPB Acad.Sp. 337, ohne Altersangabe.

Zwei Handschriften, die Sinkewicz auflistet, gehören nicht zur Olympiodor-Überlieferung:

299 Rom, Bibl. Vat., Vat. gr. 1694; geschrieben 1202. Cat. Inhalt: Kap. 1 — 7.[1]

342 Athen, Historische u. ethnologische Gesellschaft, 200; XIII. Jh. Inhalt: Es fehlt 7_{29} *πολλούς* — fin. Cat.[2]

Handhschriften aus der Liste von Sinkewicz, zu denen Boli keinen Zugang hatte:

M Moskau, Staatl. Hist. Mus. (GIM), Syn. Bibl., Gr. 15; geschrieben 1023.

N Rom, Coll. gr. 7; XV. Jh. Inhalt: 1_5 — 2_5 2_{11} — 5_7 Cat. Olymp. in Eccl.; 5_8 — fin lib alia Cat.[3]

Die vorliegende Ausgabe folgt Boli und verwendet das Siglum Ol für den Bibeltext des Olympiodorkommentars und, sofern vorhanden, für die Bibelzitate im Kommentar:

Ol = $\mathrm{Ol}^{\mathrm{lem}}$ (+ $\mathrm{Ol}^{\mathrm{com}}$)

Beruht der von Boli gebotene Text auf falscher Kollation, wurde dies stillschweigend korrigiert. *M* ist einer der frühesten Zeugen für Ol. Wenn der Text von *M* Boli widerspricht, so wird er als Ol^{M} zusam-

---

1 Hs. 3007 ist eine Abschrift von 299 und von Labate eingehend untersucht worden. Beide Hss. sind identisch und überliefern teilweise sowohl die Olympiodorcatene als auch die Polychroniuscatene; vgl. A. Labate, Nuove catene esegetiche sull'Ecclesiaste, in *ΑΝΤΙΔΩΡΟΝ*: Hommage à Maurits Geerard Bd. I, Wetteren 1984, 257–61).

2 Die Catenenabschnitte der Hs. 342 sind von Labate umfangreich beschrieben worden: Die Abschnitte stammen von Didymus, Gregor Agrigentius, Gregor von Nyssa und Olympiodor; vgl. A. Labate, a.a.O. (s. die vorangehende Anm.), 252–57.

3 Olympiodorhs. *N* ist in der vorliegenden Ausgabe nicht berücksichtigt, da diese Hs. spät zu datieren ist und keinen wichtigen Text erwarten lässt.

men mit den anderen verwandten Textzeugen geboten. Die übrigen Zeugen wären somit Ol^{-M}. Gelegentlich ist es notwendig, Hss. aus Bolis Apparat zu zitieren. Dies wird vermerkt als Ol^{ap} im Gegensatz zu Ol^{te}.

Der Bibeltext der Prokopausgabe (Catena in Ecclesiasten, CCSG 4) entspricht dem Bibeltext des Olympiodorkommentars. Dabei ist 1_2 nicht im Olympiodorkommentar enthalten. In Hs. 733 hat ein anderer Schreiber diesen Vers am Rand nachgetragen.

Ol repräsentiert einen frühen Beleg der Catenentradition, die sich vom ägyptischen Text und der *d*-Gruppe ableiten lässt.

1.9 Der Text des Metrophanes von Smyrna (Met)

P. Van Deun, La Chasse aux Trésors, La Découverte de Plusieurs Œuvres Inconnus de Métrophane de Smyrne (IXe – Xe Siècle), in: Byz. 78 (2008) 346–67.

Met — Metrophanes Smyrnensis. Georgische Übersetzung aus dem XIII. Jh., Ausgabe: G. H. Ettlinger/J. Noret, Pseudo-Gregorii Agrigentini seu Pseudo-Gregorii Nysseni Commentarius in Ecclesiasten, CCSG 56, Turnhout 2007.

Dieser Kommentar, früher Gregorius Agrigentinus zugeschrieben, wird in der neueren Forschung nun Metrophanes von Smyrna zugewiesen, der in der zweiten Hälfte des IX. Jhs. und zu Beginn des X. Jhs. wirkte. Die kritische Ausgabe von Gerard H. Ettlinger und Jacques Noret ist hervorragend. Met entstammt einem Teil der Texttradition, die der von Did ähnelt.

2. Die griechischen Kirchenschriftsteller (alphabetisch)

Die folgenden griech. Kirchenschriftsteller werden unter den angegebenen Abkürzungen im Apparat dieser Ausgabe zitiert. Nähere Auskünfte über die Textausgaben und Abhandlungen geben die Bände des Corpus Christianorum von M. Geerard, Clavis Patrum Graecorum I–V + Supplementum, Turnhout 1974–2003. In eckigen Klammern ist jeweils die vom Herausgeber benutzte Textausgabe vermerkt:

Ammon	=	The Letter of Ammon and Pachomian Monasticism [PTS 27]
Anast	=	Anastasius Sinaita [PG 89]
Antioch	=	Antiochus Monachus [PG 89, 1419–1856]
Anton	=	Antonius Melissa, Sententiae sive Loci communes [PG 136, 765–1244]
AntonM	=	Antonius Magnus Abbas, Epistulae 7 [PG 40,977–1000]
Ath	=	Athanasius I–IV [PG 25–28]
Bas	=	Basilius Magnus Caesariensis I–IV [PG 29–32]
Chr	=	Chrysostomus I–XVIII [PG 47–64]
Jb.Cat	=	Die älteren griechischen Catenen zum Buch Hiob [PTS 40; 48; 53; 59]. Zitiert nach Kapitel und Nummer.
Clem	=	Clemens Alexandrinus I–III [GCS 12; 15; 17]
Clim	=	Iohannes Climacus, Scala Paradisi [PG 88, 631–1164]
Constit	=	Constitutiones Apostolorum [SC 320; 329; 336]
Cos	=	Cosmas Indicopleustes, Topographia Christiana [PG 88; SC 141; 159; 197]
Cyr	=	Cyrillus Alexandrinus I–X [PG 68–77]
CyrHier	=	Cyrillus Hierosolymitanus [SC 126]
Dam	=	Iohannes Damascenus, Sacra Parallela [O. Wahl, Der Proverbien- und Kohelettext der Sacra Parallela, Forschung zur Bibel 51, Würzburg 1985]
Nativ M	=	Sermo in nativitatem beatae Mariae virginis [PTS 29]
Did	=	Didymus Alexandrinus
Gen	=	Commentarii in Genesim [SC 233; 244]. Zitiert wird nach Abschnittnummer.
Hiob	=	Kommentar zu Hiob (Tura-Papyrus) [Teil I (Kap. 1 — 4) = A. Henrichs, PTA 1, Bonn 1968; Teil II (Kap. 5_{1} — 6_{29}) = A. Henrichs, PTA 2, Bonn 1968; Teil III (Kap. 7_{20c} — 11) = U. Hagedorn/D. Hagedorn/L. Koenen, PTA 3, Bonn 1968]. Zitiert wird nach Papyrusseite u. zeile.
Ps	=	Psalmenkommentar (Tura-Papyrus) [Teil I (Ps 20 — 21) = L. Doutreleau, PTA 7, Bonn 1969; Teil II (Ps 22 — 26_{10}) = M. Gronewald, PTA 4, Bonn 1968; Teil III (Ps 29 — 34) = M. Gronewald, PTA 8, Bonn 1969; Teil IV (Ps 25 — 29) = M. Gronewald, PTA 6, Bonn 1969; Teil V (Ps 40 — 444) = M. Gronewald, PTA 12, Bonn 1970]. Zitiert wird nach Papyrusseite u. zeile.
Ps.CatA	=	Fragmenta e catenis in Psalmos [E. Mühlenberg, Psalmenkommentare aus der Katenenüberlieferung: Bd. I =

		PTS 15, Bd. II = PTS 16, Berlin/New York, 1974 u. 1977). Zitiert wird nach Scholionnummer.
Trin	=	De Trinitate [PG 39]
Za	=	Kommentar zu Sacharja (Tura-Papyrus) [SC 83–85]. Zitiert wird nach Papyrusseite u. zeile.
Epiph	=	Epiphanius I–III [GCS 25; 31; 37]
Eus	=	Eusebius Caesariensis IV VIII 1,2 [GCS 14; 43]
Ps	=	Commentarii in Psalmos [PG 23; 24,9–76; 30,81–104; vgl. auch C. Curti, Eusebiana I: Commentarii in Psalmos, Università di Catania, 1989]
Eustat	=	Eustathius Antiochenus [M. Spanneut, Recherches sur les écrits d'Eustathe d'Antioche avec une édition nouvelle des fragments dogmatiques et exégétiques, Lille 1948]
GregAc	=	Gregorius Acindynus [CCSG 31]
GregNa	=	Gregorius Nazianzenus I–IV [PG 35–38]
Disc	=	Theologica Ia [SC 284]
GregNy	=	Gregorius Nyssenus I–X [W. Jaeger, Gregorii Nysseni Opera, Berlin/Leiden 1921–67]
GregTh	=	Gregorius Thaumaturgos, Metaphrasis in Ecclesiasten [J. Jarick, Gregory Thaumaturgos' Paraphrase of Ecclesiastes, Atlanta 1990]
Herm	=	Pastor Hermae [U. H. J. Körtner/M. Leutzsch, Papiasfragmente, Hirt des Hermas (Schriften des Urchristentums 3), Darmstadt 1998]
Hipp	=	Hippolytus [GCS 1]
Is	=	Isaias Gazaeus [PG 40, 1105–1206]
Isid	=	Isidorus Pelusiota [PG 78]
Max	=	Maximus Confessor [PG 90–91]
Mel	=	Meletius Antiochenus
Hom	=	Homilia in Prov. 13:22 apud Epiphanium Haeres. 73, 29–33 [GCS 37,303–308]
Nil	=	Nilus Ancyranus [PG 79]
Ol	=	Olympiodorus, Commentarii in Ecclesiasten [Boli, s.o.]
Hiob	=	Kommentar zu Hiob [PTS 24]
Or	=	Origenes I–IV, V, VIII, IX, X, XII [GCS 2; 3; 6; 10; 22; 33; 49 (35); 40; 41.1; 41.2; 41.3; SC 132; 136; 147; 150 = GCS 2; 3; P. Glaue, Ein Bruchstück des Origenes über Genesis 1,28 (P. Bibl. univ. Giss. 17): Mitteilungen aus der Papyrussammlung der Gießener Universitätsbibliothek 11 (Schriften der Hessischen Hochschulen), Universität Gießen 1928]

Cant	= Libri X in Canticum cantorum [SC 375; 376]
Jb.Cat	= Die älteren griechischen Catenen zum Buch Hiob [U. HAGEDORN/D. HAGEDORN, PTS 40; 48; 53; 59]. Zitiert wird nach Kapitel und Nummer.
Phil	= Philocalia, 1–27 [SC 302; 226]
PetA	= Petrus Alexandrinus [PG 18, 467–522]
PhilC	= Philo Carpasianus [PG 40, 28–153]
Proc	= Procopius Gazaeus
CatP	= Catena in Ecclesiasten [CCSG 4]
Gen	= Commentarii in Genesim [PG 87]
Cant	= Commentarii in Cantica Canticorum [PG 87]
Isa	= Commentarii in Isaiam [PG 87]
Schol	= Scholia von Procopius Gazaeus [CCSG 4, Supplementum]
PsCaes	= Pseudo-Caesarius [PG 38]
PsGregNy	= Auctorum incertorum [H. HÖRNER, Gregorii Nysseni Opera. Supplementum, Leiden 1972]
Ser	= Serapion Thmuitanus [PG 40]
Sev	= Severianus Gabalensis [PG 56, 429–516]
Soz	= Sozomenus [GCS 50]
Syn	= Synopsis Scripturae Sacrae, Liber Ecclesiastes [PG 28, 347–350]
Theog	= Theognosti Thesaurus [CCSG 5]
Tht	= Theodoretus Cyrensis I–V [PG 80–84]
Vic-P	= Victorinus Poetovionensis, zitiert bei: Hi^{com} 289,221, s. dort.

IV. Die Druckausgaben (chronologisch)

Besonders wichtig sind die drei ältesten Druckausgaben Aldina (Ald), Complutensis (Compl) und Sixtina (Sixt), da in ihnen Lesarten heute verschollener oder zerstörter Hss. überliefert sein können.

Diese drei Editionen sind für die vorliegende Ausgabe vollständig kollationiert worden. Die Prinzipien, nach denen ihre Referenzierung erfolgt, werden nachstehend erläutert:

1. Aldina (Ald)

Ald wurde im Jahre 1518 herausgegeben. Ihr Text beruht auf der Kollation verschiedener Hss. Für Ecclesiastes stützt er sich größtenteils auf Hs. 68. Ald wird im Apparat daher nur zitiert, wenn ihr Text von 68 abweicht.

2. Complutensis (Compl)

S. O'Connell, From Most Ancient Sources, The Nature and Text Critical Use of the Greek Old Testament Text of the Complutensian Polyglot Bible, OBO 215, Fribourg/Göttingen 2006.

A. Rahlfs, Verzeichnis der griechischen Handschriften des Alten Testaments, MSU 2, Berlin 1914.

Grundlage der 1520 in Alcalá erschienenen Compl bildet Hs. 248 (vgl. Rahlfs, Verzeichnis, 250). Ecclesiastes ist aber nicht einfach nach 248 abgedruckt, sondern nach einer oder mehreren Hss. der *C′*-Gruppe korrigiert. Compl wird im Apparat nur dann zitiert, wenn ihr Text von 248 abweicht.

3. Sixtina (Sixt)

Die 1586/87 in Rom erschienene *Editio Sixtina* zeigt in Ecclesiastes von allen drei alten Druckausgaben die engste Abhängigkeit von einer einzelnen Handschrift. Sie bietet weitestgehend den Text von *Codex Vaticanus* (B). Bietet B Korrekturen, dann folgt Sixt entweder B* oder B^c. Deshalb wird Sixt im Apparat nur dann notiert, wenn ihr Text von B abweicht und B nicht korrigiert worden ist.

4. Grabe (Gra)

J. E. Grabe (Hg.), Septuaginta Interpretum tomus ultimus, Oxford 1709.

Johannes Ernst Grabes Ausgabe stellt einen eklektischen Text auf der Grundlage von Hs. A dar. Diese Ausgabe wurde für den Apparat nicht kollationiert. Lediglich einige von Grabes Konjekturen sind notiert.

5. Holmes-Parsons (H.-P.)

R. Holmes/J. Parsons (Hgg.), Vetus Testamentum Graecum cum variis lectionibus, tom. III, Oxford 1823.

Bd. III dieses gewaltigen Werkes wurde 1823 unter der Herausgeberschaft von Robert Holmes veröffentlicht. Es sollte eine vollständige Kollation aller verfügbaren Hss., sämtlicher Tochterübersetzungen und der patristischen Lesarten bieten. Der abgedruckte Text, nach dem dieses umfangreiche Material von einer Vielzahl von Gelehrten kollationiert wurde, war der der Sixtina. Der bleibende Wert jener Ausgabe besteht darin, dass einige Hss. die jetzt verloren sind, von H.-P. kollationiert worden sind. Einige Lesarten von Hs. 298, einer heute verschollenen Hs., werden im Apparat der vorliegenden Ausgabe zitiert. Die bereits von H.-P. benutzte Hs. 159 wurde auf der Grundlage neuer Photographien, die mit der Hilfe Yuri Zozulyas aus Moskau beschafft werden konnten, erneut kollationiert. Allerdings befindet sich diese Hs. inzwischen in einem stark beschädigten Zustand, so dass im Falle der beschädigten Teile die Kollation von H.-P. zugrunde gelegt werden musste.

6. Rahlfs (Ra)

A. Rahlfs (Hg.), Septuaginta id est Vetus Testamentum Graece iuxta LXX interpretes, Vol. I: Leges et historiae, Vol. II: Libri poetici et prophetici, Stuttgart 1935 (Editio altera quam recognovit et emendavit R. Hanhart, Stuttgart 2006).

Diese Handausgabe von Alfred Rahlfs enthält das ganze griechische Alte Testament. Der Text beruht im Wesentlichen auf einem Vergleich der drei Majuskeln A B und S.

Rahlfs verwendet die Syrohexapla als Zeugin für *O* und wertet den Bibeltext im Ecclesiasteskommentar des Hieronymus irrtümlicherweise als mit der *Vetus Latina* identisch. So gibt es einige Stellen, an denen Rahlfs eine Lesart des Hieronymus entgegen der griech. Handschriftentradition für ursprünglich erachtet.

B Die Textgeschichte[1]

I. Die hexaplarische Rezension

1. Die Zeugen der hexaplarischen Rezension

O = V-253-475-637 Hi Syh (S^c 411)

Die Hauptvertreter der *O*-Gruppe sind V-253-475-637; die Gruppenzugehörigkeit ist durch Bindestrich gekennzeichnet. Die Gruppe ist hinsichtlich der Wiedergabe des hexaplarischen Textes (s.u.) nicht immer einheitlich.

Hi ist klar mit der *O*-Gruppe verwandt. Es gibt 60 Übereinstimmungen mit *O*, 18 davon sind singuläre Übereinstimmungen. Problematisch ist die Frage, inwieweit Hi die *Vetus Latina* vertritt und inwieweit er seine altlateinische Vorlage für den Lemmatext seines Kommentars angepasst hat.

Die Syrohexapla (Syh) überliefert zwar auch einen hexaplarischen Text, ist allerdings nur ein entfernter Verwandter dieser Gruppe. Syh stimmt mit mindestens einer Hs. der *O*-Gruppe in 107 Fällen überein, wobei in 61 dieser Fälle die *O*-Gruppe einheitlich ist. Siehe den Abschnitt zur Syh für die Eigentümlichkeiten dieses Zeugen. S^c stimmt mit der *O*-Gruppe in etwa 50 Fällen überein und widerspricht der *O*-Gruppe in etwa elf Fällen.

---

[1] Vgl. hierzu ausführlich die separat erscheinende Darstellung des Herausgebers in *Text History of the Greek Ecclesiastes* (THGE).

2. Die kritischen Zeichen des Origenes

Die kritischen (aristarchischen) Zeichen, die Origenes in der Hexapla verwendet hat, wurden am besten von der Syrohexapla bewahrt, obwohl der Text der Syh kein naher Verwandter der *O*-Gruppe ist. Außer der Syh werden die kritischen Zeichen lediglich von zwei weiteren griechischen Zeugen bestätigt: V und 788. V hat nur Asteriske; dies zweimal. Die Hs. 788 bezeugt Asteriske in drei Fällen – von denen zwei die Quelle benennen – und Obeli in zwei weiteren Fällen. Im Gegensatz dazu hat die Syh in zehn Fällen Asteriske, von denen sieben die Quelle benennen. Zweimal werden Wörter mit einem Obelus markiert und in nicht weniger als vier Fällen werden sie mit einem Zeichen, das Lemnisk genannt wird, gekennzeichnet. Alle Fälle der kritischen Zeichen werden in THGE behandelt.

3. Die Eigenart der hexaplarischen Rezension

Die Hss. der *O*-Gruppe weichen in ihrem Zeugnis oft voneinander ab. Zuerst mögen diejenigen Fälle betrachtet werden, in denen die *O*-Gruppe geeint ist:

2_{3d}	*κρατῆσαι*] *κρατειν O*-S^{c} (-*τιν*)
4_{13c}	*προσέχειν*] *φυλαξασθαι O*-411
4_{17a}	*ἐν ᾧ ἐὰν πορεύῃ*] *εν τω πορευεσθαι O*-S^{c}-411
5_{11a}	*τοῦ δούλου* (servi Amb Nab 6,29 Syh^{txt}) = *hā 'ebed*] *του δουλευοντος O* Hi (operanti) (*σ' θ' ὁμοίως τοῖς ο'* Syh^{mg} = *τοῦ δουλεύοντος*) = 𝔐 (*hā'ōbēd*) 𝔙
5_{16b}	*θυμῷ*] *παροξυσμω O* Hi Dam: ex Deut $29_{28(27)}$ Ier $39(32)_{37}$
6_{5b}	*ἀνάπαυσις τούτῳ ὑπὲρ τοῦτον*] + *ουδε* (*και ουκ d*$^{-357}$) *επειραθη διαφορας ετερου* (*εταιρου* 754) *πραγματος προς ετερον O d*$^{-357}$ 547^{mg} = *σ'*
6_{7b}	*πληρωθήσεται*] *εμπλησθησεται O*-411 539; *πλησθησεται* 390 613 Dam Ol^{A}
7_{11b}	*θεωροῦσι(ν)*] *ορωσι(ν) O*-411 613 Did^{com} 208,17
7_{16b}	*ἐκπλαγῇς*] *εκκλινης O* (-*κλεινης* V) Antioch 1576 Sa^{13}
9_{3e}	*νεκρούς*] *τεθνεωτας O*-411: sim 9_{5b}
11_{3b}	*ἐκχέουσιν*] *εκχεει* (*χεει* V) *O*$^{-V}$-411
11_{6c}	*στοιχήσει*] *ευθετει O*$^{-475}$ Hi; *ευθυ* 475; *ευθετησει L* = *α'*

Einige dieser Varianten beinhalten in Form der jüdischen Rezensionen die Korrektur des Textes im Blick auf das Hebräische. Weitere Varianten sind grammatische und stilistische Verbesserungen des Textes.

Die folgende Übersicht soll eine annähernde Vorstellung der Fälle liefern, in denen der Zeuge der hexaplarischen Lesart nur von drei oder zwei Hss. der Gruppe unterstützt wird:

O^{-V} (= 253-475-637)	1 14.15; 2 1.3(bis).7.10.20.26; 3 6.8(bis).11(bis).17; 4 4.5(bis).12.13.15.17; 5 3.6.7.10(ter).17; 6 2.3(bis).10.11; 7 14.18.26; 8 2(bis).5.11.12(bis).15.16(bis); 9 1(bis).4.5.10.12(bis).14.18; 10 1.2(bis).3.8.10.11.12.14.20; 11 3.6.8
O^{-253} (= V-475-637)	1 8.10.16; 2 3.12.21.24; 3 10; 4 8.16; 5 7; 7 11.13; 9 5; 10 5.10; 12 2.7.13
O^{-475} (= V-253-637)	2 12; 6 7; 9 1; 10 19; 11 6
O^{-637} (= V-253-475)	1 10.11; 2 14.22.24; 3 11.19; 4 4.17; 5 1.7.10.18; 6 5; 7 15; 8 10.11.15; 9 7.9.14; 10 20; 12 1.2.5(bis).9(bis).10.11
$O^{-V\ 253}$ (= 475-637)	1 17.18.20; 2 13; 3 19.20; 4 16; 5 6.10; 6 5.7
$O^{-V\ 475}$ (= 253-637)	8 17
$O^{-V\ 637}$ (= 253-475)	7 2; 8 1; 11 10
$O^{-253\ 475}$ (= V-637)	7 23
$O^{-475\ 637}$ (= V-253)	5 12; 6 4; 7 2.21; 12 1(bis).13
$O^{-253\ 637}$ (= V-475)	1 7; 2 8.13; 8 17

Zusammenfassend lässt sich sagen, dass man der ältesten erreichbaren Textform sehr nahekommt, wenn man vom Zeugnis der *O*-Gruppe Folgendes in Abzug bringt: Die hexaplarischen Zusätze, die auf den jüdischen Rezensionen beruhenden Korrekturen im Blick auf das Hebräische sowie die grammatischen und stilistischen Verbesserungen des Textes. Insofern ist das Zeugnis der *O*-Gruppe fundamental wichtig. Alle Sonderlesarten der *O*-Gruppe werden daher ausgewiesen.

II. Der ägyptische Texttyp

1. Die Zeugen des ägyptischen Textes

B-S-68-534-613-998 Fa Sa
68'' = 68-534-602-613
68' = 68-534
68' = 68-613
534' = 534-613

Mit den vorgenannten Zeugen nur entfernt verwandt sind die folgenden *codices mixti*:

336' = 336-728
766 = 766^A-766^B

Die wichtigsten Majuskeln sind B, S und A. Die Hs. C gehört zur selben Gruppe wie A, V gehört zur *O*-Gruppe und 3010 ist nur fragmentarisch erhalten, so dass eine präzise Zuordnung nicht möglich ist.

Die folgende Tabelle zeigt die Anzahl an grammatisch-stilistischen Verbesserungen, Auslassungen, Zusätzen und Umstellungen für B, S, A:

	gram.-stil.	om	add	tr
B	42	16	41	2
S	31	29	24	7
A	76			
B S A	6			
B S	17	11	8	
B A	5			

Wenn nun alle Abweichungen vom Text der Edition zusammengenommen werden, stimmen B-S in 53 Fällen überein und A stimmt mit B-S in zwölf Fällen, mit B in vier und mit S in 34 Fällen überein. Das genealogische Stemma legt nahe, dass A ein Ableger unter anderem von S ist und dass S folglich näher zum Hauptstamm gehört als A. Daher ist S zwischen B und A anzusiedeln. Dennoch enthält der Text von A zahlreiche Verbesserungen, die eigentümlich sind, und es lassen sich darüber hinaus Verunreinigungen oder Einflüsse anderer Texttypen finden, was in B und S nicht der Fall ist.

Anhand dieser Daten wird deutlich, dass B und S derselben Texttradition angehören, wohingegen A zu einem anderen Ableger gehört. Die Daten zeigen, dass B-S (sowie verwandte Hss.) eine Überarbeitung repräsentieren; nach der *O*-Gruppe ist dies die am frühesten bezeugte Überarbeitung. Anhand von 998 lässt sich dieser Texttyp um 300 n. Chr. ansetzen.

Die Handschriftenpaare 336′ und 766 repräsentieren kleinere eigenständige Überarbeitungen, obwohl sie ihre Wurzeln in der ägyptischen Gruppe haben. Das Paar 336′ stimmt mit der ägyptischen Gruppe in etwa 92 Fällen überein und weicht in 133 Fällen ab. Für 766 sind 50 Übereinstimmungen mit B und etwa 171 Abweichungen belegt. Diese Handschriftenpaare weisen ebenfalls Einflüsse von anderen Gruppen sowie viele unabhängige Verbesserungen im Text auf.

2. Die Heimat des ägyptischen Textes

Die ägyptische Herkunft von 998 ist gewiss. Erstens bietet die Hs. sowohl den koptischen als auch den griechischen Text von Ecclesiastes. Zweitens sind aufgrund der engen Beziehungen zwischen 998 Fa Sa einerseits und B-S andererseits beide Gruppen klar voneinander unterschieden, wobei die Gruppe um 998 als frühe ägyptische Textform gelten kann.

3. Kurze Charakteristik des ägyptischen Textes

Der ägyptische Texttyp zeichnet sich durch eine sorgfältige Bearbeitung des Textes aus, die darauf abzielt, den Text zu verbessern. Da der griechische Übersetzer besonderen Wert auf formale Entsprechung gelegt hat, verstößt seine Übersetzung oftmals gegen die Regeln griechischer Grammatik und gegen guten griechischen Stil. Zum Beispiel:

1_{13e} *τοῖς υἱοῖς τοῦ ἀνθρώπου*] *τοις υιοις των ανθρωπων* B-S
Der griech. Übersetzer gibt לבני האדם entsprechend dem Numerus der Substantive im Hebräischen wieder, wohingegen B-S eine Verbesserung bieten, indem sie den impliziten Plural von אדם mit dem Numerus von בני abstimmen.

9_{16c} *λόγοι αὐτοῦ*] pr *οι* B-68''-998(vid) et codd mixt
Der griech. Übersetzer gibt דבריו mit *λόγοι αὐτοῦ* wieder, weil er der Lautbildung des hebräischen Textes folgt, sogar wenn diese gegen die griech. Syntax verstößt. Daher war es selbstverständlich für die griech. Schreiber, die sich für den frühen ägyptischen Text verantwortlich zeichneten, den Artikel vor *λόγοι* zu ergänzen; zumal dann, wenn das Substantiv durch ein Possessivpronomen bestimmt wird.

7_{1b} *καὶ ἡμέρα τοῦ θανάτου ὑπὲρ ἡμέραν γεννήσεως αὐτοῦ*] om *αὐτοῦ* S*-68′-998 et codd mixti
Obwohl der hebr. Text das Pronomen bietet, und auch der griech. Übersetzer es deshalb in seinen Text aufnimmt, wäre der griech. Text ohne das Pronomen glatter.

Zusätzlich zur Tatsache, dass die frühe ägyptische Gruppe viele Änderungen, Korrekturen und Verbesserungen aufweist, die zur Kategorie der innergriechischen Varianten gehören, beinhaltet sie ebenfalls Korrekturen im Blick auf das Hebräische, die auf die Hexapla des Origenes zurückgehen. Beispiele dafür sind: $2_{9c.18b}$; 3_{10b}; 9_{9d}; 10_{19b}, wobei 9_{9d} das bemerkenswerteste Beispiel ist:

9_{9d} *πάσας τὰς ἡμέρας ματαιότητός σου*] *πασαι ημεραι ημεραι* (> 534) *ατμου σου* B*-534-998 = *α′*

Man darf sich nicht täuschen lassen, oder gar die ältesten Hss. zum Ideal erheben: Der frühe ägyptische Text ist ein sorgfältig edierter und revidierter Text, der verfasst wurde, um die Grammatik und den Stil des Griechischen zu verbessern sowie den Text an das Hebräische anzunähern. Der frühe ägyptische Text zeugt vom Einfluss des Origenes, und viele spätere Texttypen sind wiederum ihrerseits vom frühen ägyptischen Text abhängig. Es ist möglich, dass dieser ägyptische Texttyp die sog. Hesychianische Rezension im Sinne der von Hieronymus erwähnten *trifaria varietas* repräsentiert.[1]

---

[1] Vgl. R. Weber/R. Gryson (Hgg.), Biblia Sacra Iuxta Vulgatam Versionem, Stuttgart [5]2007, 546, 9–12. – Zur Hesychianischen Rezension vgl. F. Albrecht, Die alexandrinische Überlieferung und die Rezension des Hesych von Alexandrien in den Prophetenbüchern der Septuaginta, in S. Kreuzer u.a.

Zur weiteren Diskussion rezensioneller Bearbeitungsspuren in B vgl. P. J. Gentry, Special Problems in the Septuagint Text History of Ecclesiastes, in: M.K. Peters (Hg.), XIII Congress of the International Organization for Septuagint and Cognate Studies. Ljubljana 2007, Leiden 2008, 137–57.

III. Der A-Text

1. Die Zeugen des A-Textes

A-C-155-252-296-548-549
296′ = 296-548

Die Zeugen des A-Textes sind lose miteinander verwandt; dennoch ist die Verwandtschaft offensichtlich, so dass die Zugehörigkeit zu einer gemeinsamen Texttradition postuliert werden kann.

2. Kurze Charakteristik des A-Textes

In der Beschreibung der ägyptischen Gruppe wurde A kurz dargestellt. Diese Hs. ist etwa ein Jahrhundert nach B und S verfasst worden und weist nicht nur weitere Bearbeitungen und Verbesserungen des Textes auf, sondern auch Einflüsse anderer Teile der Texttradition.

Die folgende Tabelle zeigt die Übereinstimmungen und Unterschiede zwischen A und jeder der vier Hss., die ihre Wurzeln in A als Vorläuferin haben:

(Hgg.): Die Septuaginta. Orte und Intentionen (WUNT 361), Tübingen 2016, 337–62.

		A ≠ omnes	45
A = C	44	A ≠ C	43
A = 155	27	A ≠ 155	55
A = 252	49	A ≠ 252	43
A = 296′	49	A ≠ 296′	45
A = 549	50	A ≠ 549	44

Diese Daten helfen, die Hss. in der Kategorie der *codices mixti* als diejenigen zu identifizieren, die lose zu jenem Teil der Tradition gehören, der von A repräsentiert wird. Während A C 155 252 und 549 allesamt Abkömmlinge eines hypothetischen Vorläufers sind und nur von einem einzigen Ableger derivieren, stammen die Hss. 296 und 548 hingegen von einem hypothetischen Vorfahren ab, der mit jenem Ableger zwar verwandt, aber nicht identisch ist. Ein Beispiel mag die Wichtigkeit dieser Beobachtung illustrieren:

2 10b *οὐκ ἀφεῖλον*] *ουχ υφειλον* A *L*^(-125)^ 68' 248′ 252 296′ 311 339 543 549 698 706 788 = Gra Ra

Obwohl die Gründe nicht bekannt sind, warum Grabe und Rahlfs *ουχ υφειλον* als Lemma für ihre Edition gewählt haben, ist auf den ersten Blick die Anzahl der Hss., die dies unterstützen, beeindruckend. Das Stemma der Hss. zeigt allerdings, dass lediglich 252 und 549 direkt mit A verwandt sind, während 248′ und 296′ weiter entfernte Verwandte sind. Die Bezeugung ist also in stemmatischer Hinsicht nicht homogen. Es könnte sogar sein, dass A hier von der lukianischen Rezension beeinflusst ist.

IV. Die lukianische Rezension[1]

M. M. Dickie, An Analysis of the Lucianic Recension of the Greek Ecclesiastes, Diss. Southern Baptist Theological Seminary, Louisville 2013.

J. Ziegler, Hat Lukian den griechischen Sirach rezensiert?, in: Bib. 40 (1959), 210–29.

[1] M. Dickie hat unter Leitung des Herausgebers die Recherche und einen Großteil der Schreibarbeit für dieses Kapitel geleistet.

1. Die Heimat des lukianischen Textes

Die lukianische Rezension ist das Werk Lukians (ca. 240–312 n. Chr.), Presbyter von Antiochia, der, obwohl in Samosata geboren, nicht verwechselt werden darf mit Lukian von Samosata (125–180 n. Chr.), dem berühmten Rhetoriker und Satiriker. Wie Theodoret von Antiochia hatte auch er Zugang zur Hexapla des Origenes.

2. Die Zeugen der lukianischen Rezension

L = 106-125-130-261-545 (443 Antioch Chr Tht)
125′ = 125-261

Die in Klammern gesetzten Zeugen repräsentieren die lukianische Rezension mit Einschränkungen. Die genannten Kirchenschriftsteller liegen lediglich in Zitaten vor, 443 steht nur zum Teil unter lukianischem Einfluss.

3. Die Eigenart der lukianischen Rezension[1]

Zuerst wird eine Zusammenfassung der Charakteristika der lukianischen Rezension gegeben, gefolgt von einer detaillierteren Analyse. Die Hauptzeugen der lukianischen Rezension in Ecclesiastes sind die Hss. 106-125-130-261-545. Dieselben Handschriften – mit Ausnahme von 545 – bilden im Sirachbuch eine Untergruppe der lukianischen Rezension. Im Unterschied etwa zu den Königebüchern ist die lukianische Rezension in Ecclesiastes schlechter bezeugt, obwohl sie trotzdem überliefert wurde. 261 bewahrt die Charakteristika der Rezension besser als die anderen Zeugen, z.B.:

5 11a *τοῦ δούλου*] *τω δουλω* 261 Antioch Chr Tht

---

[1] Eine kurze Charakterisierung der einzelnen Zeugen findet sich in THGE.

Dieses Beispiel zeigt auch die Ähnlichkeiten, die *L* mit den antiochenischen Vätern hat, besonders mit Chrysostomos und Antiochus Monachus, wie die beiden nachfolgenden Beispiele illustrieren:

2_{7c} *ποιμνίου* Ol Syh] *-νιων* V *L* 443 Chr
7_{17a} *πολύ*] *πολλα L* 728 Antioch

Die antiochenischen Väter haben wahrscheinlich lukianische Lesarten entgegen *L* erhalten, besonders dann wenn es grammatische/stilistische Änderungen in Übereinstimmung mit *O* sind:

1_{8d} *ἀπὸ ἀκροάσεως*] *του ακουσαι* O^{-253} (*ακουειν* Chr)

Der Einfluss von *O* ist ein bekanntes Charakteristikum der lukianischen Rezension. In Ecclesiastes zeigt *L* Übereinstimmungen mit *O*:

7_{7b} *τὴν καρδίαν εὐτονίας*] *την ευτονιαν της καρδιας O*-411 $L^{(-125)}$ et codd mixti
7_{12c} *τὸν παρ' αὐτῆς*] *τον εχοντα αυτην* S^c *O*-411 $L^{(-125)}$ 613

So wie in Sirach bewahrt *L* gelegentlich kleine Veränderungen gegenüber *O*, um den Text zu verbessern:

8_{9c} *ὃ πεποίηται*] *το* (> $L^{(-125)}$) *πεποιημενον O*-411 $L^{(-125)}$ 542 766 Chr

Hauptsächlich unterscheidet sich *L* von anderen Zeugen durch grammatische und stilistische Verbesserungen. Diese Verbesserungen beinhalten (1) Dubletten, (2) Hinzufügungen des Artikels, besonders bei Substantiven, die durch Genetiv oder substantivierte Partizipien modifiziert sind, (3) Hinzufügungen von Pronomina und (4) Hinzufügungen von Konjunktionen, wie die folgenden Beispiele illustrieren:

10_{11a} *ἐν οὐ ψιθυρισμῷ*] + *απουσης επωδης L* ↓
App II: σ′ (α′ 248′) ἀπούσης ἐπῳδῆς 248′ 252
3_{18a} *καρδίᾳ*] pr *τη* 540 *L*
4_{1e} *παρακαλῶν*] pr *ο L C''* *k* (46^s) codd mixti et Antioch Chr
10_{20a} *ἐν συνειδήσει*] pr *συ* C 798 L^{-261} 125^{II}-542 et codd mixti
2_{2a} *τῷ*] + *δε L*

Andere grammatische und stilistische Verbesserungen beinhalten (1) die Verwendung von Simplexformen für zusammengesetzte Verben und umgekehrt, (2) Änderungen im Kasus und/oder im Numerus, und (3) lexematische Änderungen:

6 4a πορεύεται] διαπορευεται *L* 298
3 21a υἱῶν] υιω L^{-130}
12 5e αἰῶνος] αιωνων *L*
4 8b οὐκ ἔστιν 2°] ουκ υπαρχει $L^{(-125')}$
7 28b ἄνθρωπον] ανδρα *L* 443

Wie in Sirach sind Umstellungen selten:

4 9b αὐτοῖς et μισθός tr $L^{-(125)\ 130}$

Auslassungen sind kein Merkmal der lukianischen Rezension. Auslassungen mehrerer Wörter in *L* sind meistens Fehler. Einige der Auslassungen sind nur schwer klassifizierbar, weil nicht klar ist, ob und inwiefern die Auslassung eine Verbesserung darstellt. Trotzdem sind einige der Auslassungen grammatische Verbesserungen:

2 15c ἐμοὶ συναντήσεταί μοι 998] om μοι S^c *O*-411 *L* C'' 754 et codd mixti
3 21b εἰς ἄνω] om εις *L* C'^{-571^c} 248′ 443

Zusätzlich zu diesen Charakteristika gibt es viele Ersetzungen von Wörtern und morphologische Änderungen bei den Verba (Tempus, Genus verbi, Numerus, Person), die zu einem stilsicheren Text beitragen. Attizismen gehören zwar in Ecclesiastes nicht zur besonderen Eigenart von *L*, doch bedenke man:

10 12b καταποντίσουσιν S A *O*-411 252 260 et codd mixti] -ποντιοῦσιν B C 998 *L* C'' *d* *k* codd mixti Rahlfs

4. Die antiochenischen Kirchenschriftsteller

Die antiochenischen Väter haben Ecclesiastes nicht systematisch kommentiert. Dennoch haben sie einzelne Abschnitte in Homilien und Traktaten berücksichtigt. Chrysostomos (Chr) gilt seiner reichlichen Zitate wegen generell als der wichtigste Zeuge der antiochenischen Väter.[1] Für Ecclesiastes gibt es allerdings mehr Zitate von Antiochus Monachus (Antioch). Die Zitate müssen aus drei Gründen mit großer Sorgfalt geprüft werden: (1) das Zitat kann eine freie Wiedergabe sein, und somit von vornherein nicht in Betracht kommen,

[1] Vgl. J: ZIEGLER, Hat Lukian den griechischen Sirach rezensiert?, 213.

(2) der Autor kann den gleichen Abschnitt zweimal zitieren und jedes Mal anders wiedergeben (z.B. 4_{12} *ταχέως*] *ταχυ* Chr IX 385; > Chr XV 720), und (3) die Zitate können eine Variante bewahrt haben, die ein Fehler des Kopisten ist.

Johannes Chrysostomus († 407)

Ziegler stellt drei Kriterien auf, die notwendig sind, um mit einiger Sicherheit bestimmen zu können, ob Chr lukianische Lesarten bewahrt oder nicht: (1) Chr stimmt mit *L* und *O* überein, (2) Chr teilt eine grammatisch oder stilistisch bedingte Variante mit *L* und (3) Chr stimmt ohne Unterstützung von *L* mit dem Korrektor des *Codex Sinaiticus*, ein Zeuge für *O*, überein (S^c).[1] Zusätzlich zu diesen Kriterien erwähnt Ziegler zwei weitere Faktoren, die eine Verbindung zur lukianischen Rezension andeuten können: (1) Chr stimmt mit *O* und *Vetus Latina* (La) gegen *L* überein und (2) Chr stimmt mit *L* und La überein und bewahrt eine proto-lukianische Lesart. Gibt es zwischen Chr und *L*, *O* oder La keine Berührungspunkte, so kann Chr dennoch die lukianische Rezension repräsentieren. In solchen Fällen ist Gewissheit nicht zu erlangen.[2]

Die Belege in THGE zeigen, dass Chr lukianische Lesarten bewahrt. Die 42 Stellen, an denen Chr der vorliegenden kritischen Ausgabe und *L* widerspricht, umfassen vermutlich auch Varianten, die *L* versehentlich nicht bewahrt. Insgesamt entsteht der Eindruck, dass die lukianische Rezension von Chr besser als von *L* bewahrt wird.

Antiochus Monachus

Antiochus überliefert ca. 150 Varianten. Er bezeugt viele Sonderlesarten, wobei wahrscheinlich ist, dass es sich um freie Zitate handelt, da die griechischen Hss. diese Lesarten nicht stützen. Wenn Antiochus mit *L* übereinstimmt, werden die meisten Lesarten auch von

---

1 In seinem Artikel verwendet Ziegler Swetes Abkürzung (S^{ca}) für den Korrektor des *Cod. Sinaiticus* (vgl. J. ZIEGLER, Hat Lukian den griechischen Sirach rezensiert?, 217). Für Ecclesiastes wird dieses Kriterium erweitert, um alle Zeugnisse der *O*-Gruppe einzubeziehen.

2 Vgl. J. ZIEGLER, Hat Lukian den griechischen Sirach rezensiert?, 213–18.

anderen Textgruppen unterstützt. Antiochus widerspricht *L* selten (siebenmal) in Übereinstimmung mit dem kritischen Text. In diesen Fällen unterstützt die Hs. 443 viermal die Lesarten des kritischen Textes und des Antiochus. Übereinstimmungen mit einzelnen Hss. von *L* sind selten. Die bekannteste ist 5_{11} (*τοῦ δούλου*] *τω δουλω* 261 Antioch Chr Tht = 𝕾). Es gibt einige Übereinstimmungen mit *O* sowie Überlieferungen von hexaplarischen Lesarten. Man kann daher vermuten, dass Antiochus die lukianische Rezension im Unterschied zu den Hss. der *L*-Gruppe bewahrt hat. Gewiss ist dies allerdings nicht. In gleicher Weise sind zahlreiche stilistische und grammatische Verbesserungen vorhanden, die ebenfalls nicht mit Sicherheit als lukianisch bezeichnet werden können. Viele der Varianten sind Sonderlesarten oder werden von Zeugen wie B-68″-S-998 bestätigt, was besonders in der zweiten Hälfte des Buches der Fall ist.

Als Zeuge widersetzt sich Antiochus einer Klassifikation wegen seiner vielen Sonderlesarten, divergenten Doppelzitate und freien Zitate. Trotzdem bewahrt Antiochus lukianische Varianten, insbesondere bei Übereinstimmung mit *L* und *O*.

V. Der Catenentext

1. Die Gruppen und Zeugen des Catenentextes

C = 139-147-159-299-390-415-503-504-522-540-560-563-571-574-732-798
cI = 157-425-601-609-797
cII = 260-295(ab 3_{12})-371-561-752(ab 3_{12})
157′ = 157-797
C′′ = *C* + *cI* + *cII*
C′ = *C* + *cI*

2. Kurze Charakteristik des Catenentextes

A. Labate, Catena Hauniensis in Ecclesiasten, CCSG 24, Löwen 1992.

S. Leanza, Procopii Gazaei Catena in Ecclesiasten necnon Pseudochrysostomi Commentarius in eundem Ecclesiasten, CCSG 4, Löwen 1978.

Ders., Procopii Gazaei Catena in Ecclesiasten, Supplementum, Un nuovo testimone della catena sull'Ecclesiaste di Procopio di Gaza, il cod. Vindob. theol. gr. 147, CCSG 4 Suppl., Löwen 1983.

S. Lucà, Anonymus in Ecclesiasten Commentarius qui dicitur Catena Trium Patrum, CCSG 11, Löwen 1983.

FS Ardizzoni = E. Livrea/G. A. Privitera (Hgg.), Studi in onore di Anthos Ardizzoni, Rom 1978.

M. Faulhaber, Hohelied-, Proverbien- und Prediger-Catenen, in: ThSLG 4, Wien 1902.

G. Karo/I. Lietzmann, Catenarum graecarum catalogus, in: NGWG.PH, Berlin 1902, 1–66. 299–350. 559–620. Auch separat erschienen mit durchlaufender Seitenzählung 1–180 neben der Originalzählung.

A. Labate, La catena sull'Ecclesiaste del cod. Barb. gr. 388, in: Aug. 19 (1979), 333–39.

Ders., L'apporto della catena Hauniense sull'Ecclesiaste per il testo delle versioni greche di Simmaco e della LXX, in: RivBib 35 (1987), 57–61.

Ders., Le catene sull'Ecclesiaste del cod. Collegio gr. 16, in: A. Di Benedetto Zimbone/F. Rizzo Nervo (Hgg.), *Κανίσκιν*. Studi in onore di Giuseppe Spadaro, Medioevo Romanzo e Orientale 12, Rubbettino 2002, 183–94.

Ders., L'esegesi di Evagrio al libro dell'Ecclesiaste, in: FS Ardizzoni, 483–90.

Ders., Nuovi codici della catena sull'Ecclesiaste di Policronio, in: Aug. 18 (1978), 551–53.

Ders., Sulla catena all'Ecclesiaste di Policronio, in: StPatr 18/2 (1989), 21–35.

S. Leanza, Ancora sull'esegesi origeniana dell'Ecclesiaste, in: FS Ardizzoni, 491–506.

Ders., Il commentario sull'Ecclesiaste di Dionigi Alessandrino, Scritti in onore di Salvatore Pugliatti V, Mailand 1978, 397–429.

Ders., La catena all'Ecclesiaste di Procopio di Gaza del Cod. Marc. gr. 22 (ff. 67v–83r), in: K. Treu (Hg.), Studia codicologica, TU 124, Berlin 1977, 279–89.

Ders., Le catene esegetiche sull'Ecclesiaste, in: Aug. 17 (1977), 545–52.

Ders., L'Esegesi di Origene al Libro dell'Ecclesiaste, Reggio Calabria 1975, 10–20.

Ders., Sul Commentario all'Ecclesiaste di Didimo Alessandrino, in: StPatr 17/1 (1982), 300–16.

S. Lucà, L'esegesi di Nilo di Ancira sul libro dell'Ecclesiaste, in: Sileno 3 (1977), 13–39.

DERS., La catena dei 3 Padri sull'Ecclesiaste, in: FS Ardizzoni, 555–82.

DERS., Gli scolii sull'Ecclesiaste del Valliceliano gr. E 21, in: Aug. 19 (1979), 287–96.

A. RAHLFS, Verzeichnis der griechischen Handschriften des Alten Testaments, MSU 2, Berlin 1914.

Catenenhandschriften sind solche, die normalerweise den biblischen Text und einen zugehörigen Kommentar bieten, welcher entweder um den Bibeltext herum angeordnet ist oder im Anschluss an einzelne Abschnitte des Bibeltextes steht.

Der Begriff Catenengruppe wird in der Göttinger Septuaginta für den Texttyp des biblischen Textes der Catenenhandschriften verwendet. In einer Catenenhandschrift müssen der Texttyp des Bibeltextes und die Texttradition der Catene selbst nicht zwangsläufig übereinstimmen. Normalerweise allerdings, wenn der Bibeltext der Catene zum selben Texttyp gehört, ist auch die Texttradition der Catene dieselbe.

C = 139-147-159-299-390-415-503-504-522-540-560-563-571-574-732-798

C bezeichnet die Hauptgruppe der Hss., deren Bibeltext den Catenentexttyp bezeugt. Diese 16 Hss. überliefern allesamt die Catene des Polychronius. Anzumerken bleibt, dass Hs. 299 oft von der Hauptgruppe abweicht. Zudem gibt es Fälle, bei denen die Hauptgruppe nicht homogen ist.

cI = 157-425-601-609-797

Diese fünf Hss. bilden eine Gruppe, die als *cI* bezeichnet wird. Sie sind zwar keine Catenenhandschriften, belegen aber gewöhnlich dennoch den Catenentext.

cII = 260-295(ab 3_{12})-371-561-752(ab 3_{12})

Das Siglum *cII* wird in der vorliegenden Ausgabe für Untergruppen der Catenentradition verwendet, die mit der Hauptgruppe verwandt sind, obwohl sie einen anderen Platz in der Texttradition einnehmen. Hs. 260 ist die Zeugin für die sog. *Catena Hauniensis* und 295-371-561 gelten als Zeugen für die sog. *Catena Trium Patrum*. Es gibt mehr Übereinstimmungen zwischen *cII* und 260 im Apparat als Unterschiede, daher wurde 260 der Gruppe *cII* angegliedert.

VI. Die *d*-Gruppe

d = 254-342(fin 7_{29})-357(fin 12_{11c} *οἳ παρά*)-754
254′ = 254-754

Diese vier Hss. bilden eine Gruppe, die als *d* bezeichnet wird. Unter ihren Varianten ist 7_{15a} hervorzuheben: Dort liest *d* gegen $\mathfrak{M}$ *ἐν ἡμέραις νεότητός μου* in Abhängigkeit von 11_{9b} und 12_{1b} *ἐν ἡμέραις νεότητός σου*.

VII. Die *k*-Gruppe

k = 46-337-631
46′ = 46-631

Diese drei Hss. bilden eine Gruppe, die als *k* bezeichnet wird und ein Abkömmling der frühen ägyptischen Gruppe ist.

VIII. Die *codices mixti*

161-248-411

Das Handschriftenpaar 248′

248′ = 161-248

Für das Hohelied hält Reinhart Ceulemans die Hs. 161 für eine Kopie von 248. Seine Gründe dafür sind, wie er dem Herausgeber persönlich mitteilte, folgende: „(1) 161 und 248 sind sich sehr ähnlich, was zeigt, dass sie verwandt sind; (2) 161 beinhaltet dieselben Informationen wie 248, mit zusätzlichen Fehlern (z.B. Sigla, welche in 161 falsch sind, aber in 248 korrekt; Auslassungen von Informationen, die in 248 ordnungsgemäß wiedergegeben wurden); (3) 248 auf der anderen Seite hat keine einmaligen Lesarten (d.h. Fehler die nicht auch in 161 gefunden werden können). Dies zeigt auf, dass 161 eine Kopie von 248 ist. Das Seitenlayout bestätigt dies: in 161 wurde Platz ausgespart für die hexaplarischen und anderen Lesarten, welche in 248 in den Seitenrändern und zwischen die Zeilen des Haupttextes geschrieben wurden. In 161 wurde zudem alles von derselben Hand verfasst, wohingegen in 248 die hexaplarischen und die anderen Lesarten später hinzugefügt wurden (entweder durch den ursprünglichen Schreiber oder einen anderen)."

Der Befund für Ecclesiastes ist komplizierter und nicht beweiskräftig. Es gibt Fehler in 248, aber nicht in 161. Es gibt hexaplarische Lesarten in 161, aber nicht in 248. Die Hs. 248 scheint die Anmerkungen für die Randlesarten besser platziert zu haben als 161. Es gibt Stellen, an denen 248 mit dem Korrektor von 161 übereinstimmt. Ohne gründliche Analyse scheint es besser, das Zeugnis beider Hss. im Apparat zu belassen. Trotzdem wird das Handschriftenpaar mit 248′ bezeichnet, so dass die Verbindung von 248 zu Compl ersichtlich bleibt.

411

411 ist eine späte Hs., deren Schreiber eine Hs. der hexaplarischen Gruppe verwendete, um seine Vorlage zu korrigieren. Die folgende Tabelle fasst das Verhältnis von 411 zu anderen Zeugen zusammen:

411	=	*O* (184)
		L (152)
		C′ (147)
		cII (193)
		d (120)
		k (133)

Obwohl 411 mit *cII* öfter übereinstimmt als mit *O*, teilt 411 insgesamt 21 Varianten mit *O* allein und nur eine mit *cII* allein.

IX. Fragmentarische Zeugen ohne eindeutige Gruppenzugehörigkeit

Einige Hss. sind entweder so fragmentarisch oder ihr verbleibender und leserlicher Textbestand ist derart gering, dass sie nicht sachgemäß klassifiziert oder einer bestimmten Texttradition zugeordnet werden können. Der Befund erlaubt keine sinnvolle genealogische Einordnung in die Geschichte der Texttradition. Zu diesen Hss. zählen die fragmentarischen Papyri (818 870 969 992) und die Palimpsestmajuskel 3010.

X. Die jüngeren griechischen Übersetzer

A. M. Ceriani (Hg.), Codex Syro-Hexaplaris Ambrosianus photolithographice editus, MSP 7, Mailand 1874.

P. J. Gentry, Hexaplaric Materials in Ecclesiastes and the Rôle of the Syro-Hexapla, in: AraSt 1 (2003), 5–28.

Ders., Propaedeutic to a Lexicon of the Three: The Priority of a New Critical Edition of Hexaplaric Fragments, in: AraSt 2/2 (2004), 145–74.

Ders., The Relationship of Aquila and Theodotion to the Old Greek of Ecclesiastes in the Marginal Notes of the Syro-Hexapla, in: AraSt 2/1 (2004), 63–84.

Ders., The Role of the „Three" in the Text History of the Septuagint: II. Aspects of Interdependence of the Old Greek and the Three in Ecclesiastes, in: AraSt 4/2 (2006), 153–92.

K. Hyvärinen, Die Übersetzung von Aquila, ConBOT 10, Lund 1977.

J. Jarick, Aquila's Koheleth, in: Textus 15 (1990), 131–39.

P. S. Marshall, A Critical Edition of the Hexaplaric Fragments of Ecclesiastes, Diss. Southern Baptist Theological Seminary, Louisville 2007.

J. D. Meade/P. J. Gentry, Evaluating Evaluations.

Y. Y. Yi, Translation Technique of the Greek Ecclesiastes, Diss. Southern Baptist Theological Seminary, Louisville 2005.

1. Einführende Bemerkungen

Die griechische Übersetzung von Ecclesiastes ist Teil der Septuaginta (LXX). Hinsichtlich der Übersetzungstechnik zeichnet sich die Übersetzung jenes Buches durch eine sehr starke formale Äquivalenz aus. In der Tat wird diskutiert, ob Aquila der Übersetzer war.[1] Die Scholiasten, welche für die Kennzeichnung der abweichenden Lesarten der LXX verantwortlich sind, haben nicht nur eine ordentliche Anzahl an Lesarten von Symmachus, dessen Übersetzungen mehr den Anforderungen der Zielsprache entsprechen, sondern auch von Aquila und Theodotion bewahrt, deren Übersetzungen regelrecht hölzern sind. Es gilt zu beachten, dass etwa die Hälfte der Randnotizen, die Theodotion betreffen, konstatieren, dass ihr Text der gleiche sei wie derjenige der fünften Kolumne der Hexapla.

Die Arbeiten mit dem Ziel eines erneuten Sammelns, Kollationierens und Analysierens des Materials für den zweiten Apparat der vorliegenden Ausgabe sowie Vorbereitungen der Edition für das Hexapla Projekt/Institut wurden als aufeinander abgestimmte Arbeitsprozesse durchgeführt. Neben den Kollationen, die das Septuaginta-Unternehmen angefertigt hat, beendete Phillip Marshall im Jahr 2007 am Southern Baptist Theological Seminary eine Doktorarbeit, die einen bedeutenden ersten Schritt in Richtung der Ausgabe für das Hexapla Projekt bildete.[2] Marshalls Analyse und kritische Ausgabe sind aufgrund des erneuten Studiums des Materials im Ecclesiasteskommentar des Hieronymus und in der Syrohexapla wichtig. Trotzdem hat die Forschung seit jener Studie erhebliche Fortschritte gemacht: Im Jahr 2010 wurde eine äußerst wichtige Hs. von Reinhart Ceulemans entdeckt, namentlich Hs. 788, welche etwa so viel Text bewahrt wie alle anderen Quellen zusammengenommen (rund 200 – oft längere – Lesarten). Dank Ceulemans konnte dieses Material in die vorliegende Ausgabe einbezogen werden.[3] Eine separate Edition jener hexapla-

---

1 Vgl. J. Jarick, Aquila's Koheleth, sowie P.J. Gentry, The Relationship of Aquila and Theodotion, 63–84.

2 P.S. Marshall, A Critical Edition of the Hexaplaric Fragments.

3 Die entsprechenden Daten wurden dem Herausgeber am 2.5.2013 von Ceulemans übermittelt.

rischen Randnoten ist von Ceulemans in Aussicht gestellt. Sie soll in den Abhandlungen der Akademie der Wissenschaften zu Göttingen erscheinen. Die folgenden Beschreibungen des hexaplarischen Materials basieren auf der eigenen Forschungsarbeit des Herausgebers.

2. Die Zeugen der jüngeren griechischen Übersetzungen

Das hexaplarische Material ist aus dreierlei Art von Quellen gewonnen: (1) Randnotizen in Hss., die den biblischen Text von Ecclesiastes überliefern, (2) Zitate von Kirchenvätern, deren Text in den vorhandenen Kommentaren und exegetischen Arbeiten oder in den verschiedenen Catenentraditionen, die auszugsweise diese Kommentare und exegetischen Arbeiten überliefern, erhalten ist, und (3) Randnotizen der Syrohexapla, einer Übersetzung der fünften Kolumne der Hexapla, mit Übersetzungen vieler Lesarten der *Drei*.

(1) Die Randnoten in den griechischen Bibelhandschriften

Die folgenden Hss. sind die Hauptquellen für die Lesarten der drei jüdischen Rezensenten und der dazugehörigen hexaplarischen Randnoten in griechischer Sprache:

161 Moskau, Russisches Staatsarchiv für alte Dokumente, Fonds 1607, Inv. 1.7 (*olim* Dresden, Sächsische Landesbibl., A. 170); XIV. Jh.
248 Rom, Bibl. Vat., Vat. gr. 346; XIII. Jh.
252 Florenz, Bibl. Laur., Plut. VIII 27; X. Jh.
336 Athos, *Ἰβήρων* 555; XIV. Jh.
411 Jerusalem, Patr.-Bibl., *Τάφου* 370; XVI. Jh. Mitte.
539 Paris, Bibl. Nat., Coisl. 193; XI. Jh. Enthält Eccl.-Exzerpte mit hexaplarischen Lesarten und dazugehörige Catenenexzerpte.
788 Tirnavos, *Δημοτικὴ Βιβλιοθήκη* 25; X. Jh. Cat.

Die meisten Randlesarten sind in den Hss. 161, 248, 252 und 788 überliefert. Die Hss. 161 und 248 bewahren jeweils 318 und 328 Lesarten. Diese beiden Hss. sind in ihrer Texttradition eng verwandt. Darauf weist nicht nur die Übereinstimmung sowohl in der Anzahl als auch im Inhalt der Randnoten hin, sondern auch die Tatsache, dass in beiden Hss. ein identisches System zur Kennzeichnung der Randnoten angewandt wird. Genau dieselben Hinweise und Zeichen sind in 161 und 248 verwendet worden, obwohl sich Format und Seitennummerierung unterscheiden. 248 ist etwa ein Jahrhundert älter als 161 und enthält zudem mehr Noten. Da sich sowohl in Hss. mit Randnoten als auch in Catenenhss. die Tendenz beobachten lässt, dass die Anzahl an Lesarten im Zuge des fortlaufenden Kopierprozesses über die Jahrhunderte hinweg eher abnimmt, scheint 248 ein früher Zeuge dieser Tradition zu sein. Hs. 248 bietet zehn Lesarten mehr als 161. Eine Analyse, welche die genaue Art und Weise der Beziehung dieser beiden Hss. aufzeigen könnte, steht indes noch aus. Zu bezweifeln ist, dass 161 schlechterdings eine direkte Kopie von 248 ist, da die Platzierung und Spationierung der Indices in 161 sorgfältiger ist.

Hs. 252 bewahrt 208 Lesarten der *Drei*. Davon sind 147 in den Hss. 161 und 248 zu finden, weitere fünf in Hs. 248 dort, wo Hs. 161 keine Lesart bietet. In etwa 24 Fällen ist Hs. 252 der einzige Zeuge der Lesart, und 16 weitere Lesarten, welche die Hss. 161 und 248 nicht bieten, teilt jene mit 539, Hi oder Syh. Für die übrigen 60 Fälle bewahrt Hs. 252 längere Lesarten, von welchen andere Zeugen, wie etwa 161 und 248, nur Teile überliefern.

Hs. 539 ist eigenartig. Sie bietet lediglich Auszüge des biblischen Textes, gefolgt von hexaplarischen Lesarten ohne Zuordnung, denen wiederum Scholien und Auszüge patristischer Kommentare folgen. Obwohl eine Mehrzahl der von 539 bewahrten Lesarten auch von 161 und 248 überliefert wird, lassen sich einige Lesarten darüber hinaus nur in 252 oder in der Syh nachweisen. Einmal ist 539 der einzige Zeuge. In zehn Fällen bewahrt 539 nur teilweise den von 161, 248 und anderen Quellen überlieferten Text. Hs. 539 könnte tatsächlich die früheste Form der komplexen und vielfältigen Catenentradition repräsentieren, die in Resten für Ecclesiastes bewahrt ist.[1]

Eine lange Note im Umfang von 21 Wörtern, die Symmachus zugeschrieben wird, ist einzig von Hs. 336 inmitten von Scholien des Evagrius von Pontus bewahrt. Paul Géhin beschreibt die Note in seiner Publikation zu den Scholien des Evagrius, ohne ihren Text wie-

[1] Diese Anregung verdankt der Herausgeber einer Unterhaltung mit D. Fraenkel im Göttinger Septuaginta-Unternehmen im Juni 2008.

derzugeben: „ce manuscrit offre un premier choix de scholies aux folios 246–249 et un second choix aux folios 259v–261. Les deux séries, complémentaires, transmettent d'une façon assez négligée un total de 17 scholies (pour certaines d'une façon incomplète). Dans la première série une leçon hexaplaire portant Eccl. 5,19 est intercalée entre les scholies 44 et 45".[1]

Hs. 411 stammt zwar aus dem XVI. Jh., und normalerweise werden Hss. nach 1500 für die Göttinger Edition nicht verwendet; da diese Hs. aber Lesarten mit der *O*-Gruppe teilt, die nur von vier Quellen bezeugt werden, ist sie dennoch berücksichtigt.

(2) Patristische Quellen

Von all den patristischen Kommentaren zu Ecclesiastes sind vier auf Griechisch und einer auf Latein erhalten.[2] Drei von diesen enthalten Lesarten der *Drei* und bilden zusammen mit Scholien einer vierten Quelle die Materialbasis. Der Kommentar des Olympiodor aus dem VI. Jh. bewahrt sechs Lesarten.[3] Ein Kommentar, der zunächst Gregor Agrigentinus zugewiesen wurde, nun jedoch Metrophanes von Smyrna (IX.–X. Jh.) zugeschrieben wird, beinhaltet drei Lesarten.[4] Eine Symmachuslesart wurde überdies, wie bereits erwähnt, in einer Scholie des Kirchenvaters Evagrius von Pontus bewahrt, der im IV. Jh. lebte (s.o. mit Anm. 1). Von diesen zehn Lesarten sind nur drei bei Olympiodor bezeugte Lesarten nicht auch anderweitig überliefert.

---

1 P. Géhin, Évagre le Pontique: Scholies à l'Ecclésiaste, SC 397, Paris 1993, 29–30.

2 Ferner existiert ein bislang noch unidentifizierter Kommentar zu Ecclesiastes in Hs. 475 – unbearbeitet und unpubliziert.

3 T. Boli, Olympiodor, Diakon von Alexandria, Kommentar zum Ekklesiastes. Eine kritische Edition, Diss., Heidelberg 2004.

4 G. H. Ettlinger/J. Noret (Hgg.), Pseudo-Gregorii Agrigentini seu Pseudo-Gregorii Nysseni Commentarius in Ecclesiasten, CCSG 56, Turnhout 2007. Zur Zuschreibung zu Metrophanes von Smyrna siehe P. Van Deun, La Chasse aux Trésors: La Découvert de Plusieurs Œuvres Inconnues de Métrophane de Smyrne (IXe – Xe Siècle), in: Byz. 78 (2008), 346–67. Für diesen Hinweis dankt der Herausgeber Reinhart Ceulemans.

Auf Latein ist ein kompletter Kommentar des Hieronymus zu Ecclesiastes erhalten.[1] Hieronymus äußert in seinen Psalmenkommentaren und in seinem Brief an Titus explizit, dass er nach Caesarea fuhr und dort die Hexapla des Origenes konsultierte.[2] Er machte sich ausführliche Notizen, die er nicht nur für seinen Kommentar zu Ecclesiastes verwendete, sondern auch für die spätere Übersetzung der Vulgata. Vielleicht standen ihm sogar Kopien von hexaplarischen Texten in seiner Bibliothek in Bethlehem zur Verfügung. Sein direkter Zugang zur Hexapla und deren Verwendung wird im Kommentar zu Ecclesiastes deutlich, da er oft eine oder mehrere jüdische Rezensionen erwähnt und berücksichtigt. Auf diese Weise sind etwa 65 hexaplarische Lesarten bewahrt. Die Analyse zeigt, dass die Lesarten des Hieronymus unabhängig von der griechischen Handschriftentradition stehen. Mehr als die Hälfte jener Lesarten sind auch in den oben genannten griechischen Hss. überliefert. In etwa zwölf Fällen aber bewahrt Hieronymus den kompletten Text, wohingegen die griechischen Hss. den Text nur noch fragmentarisch belegen. In vier Fällen ist der einzige weitere Zeuge die Syrohexapla. In ungefähr 17 Fällen ist Hieronymus die einzige Quelle, und in neun Fällen gibt er den Text nicht auf Latein, sondern auf Griechisch wieder.[3] Daher bleiben nur einige Lesarten übrig, die einer Rückübersetzung aus dem Lateinischen bedürfen. Dies gestaltet sich allerdings schwieriger als im Fall der Rückübersetzungen aus der Syrohexapla, da es den eigentümlichen Sprachstil des Hieronymus zu berücksichtigen gilt.

Eine weitere Gattung patristischer Quellen sind die Catenenhandschriften. Dabei wurden zu ein und derselben Bibelstelle jeweils Auszüge aus Kirchenväterkommentaren zusammengestellt. Diese Kommentare sind entweder um den biblischen Text herum angeordnet oder blockweise zwischen die zitierten Bibelverse eingeschoben.

---

1 M. Adriaen (Hg.), S. Hieronymi Presbyteri Commentarius in Ecclesiasten, CCSL 72, Turnhout 1959.

2 Hieronymus, *Commentariolus in Psalmos* I,4, und *Epist. ad Tit.* ad II,9 (PL 26, 734).

3 Hieronymus gibt im Ganzen 16 Mal Lesarten auf Griechisch wieder. Davon ist in sieben Fällen die Lesart auch von anderen Quellen bestätigt, und nur in neun Fällen ist Hieronymus die einzig überliefernde Quelle.

Die Catenentraditionen zu Ecclesiastes sind komplex, so dass nachfolgend nur eine kurze Darstellung gegeben werden kann. Im Wesentlichen gibt es fünf zu unterscheidende Traditionen: (1) ein anonymes Werk, das bekannt ist unter dem Namen *Catena Trium Patrum*,[1] (2) die *Catena Hauniensis*,[2] (3) die Olympiodorcatene,[3] (4) die Prokopcatene,[4] und (5) die Polychroniuscatene. Zudem gibt es Hss., die eine Mischung dieser Grundtypen darstellen. Erfreulicherweise wurde die Catenentradition bereits von Labate, Leanza und Lucá ausgiebig analysiert. Der einzige noch nicht in einer kritischen Edition vorliegende Haupttyp ist die Polychroniuscatene. Für die vorliegende Ausgabe wurde sie durch die Auswertung folgender Zeugen untersucht und berücksichtigt:

139 Mailand, Bibl. Ambr., A 148 inf.; X./XI. Jh. Cat.
159 Moskau, Russ. Staatsarchiv für alte Dokumente, Fonds 1607, Inv. 1.22 (früher Dresden, Sächs. Landesbibl., A. 107); XII. Jh. Cat.
522 Cambridge, Trinity Coll., B. 7. 3; XIII. Jh. Enthält Eccl. nebst Catenenexzerpten.
560 Paris, Bibl. Nat., Gr. 151; XIII. Jh. Cat.

Die Olympiodorcatene bietet nichts, was nicht schon in den verfügbaren Kommentaren zu finden wäre. Gleichermaßen ist das Material der Polychroniuscatene dem Kommentar Olympiodors entnommen. Trotzdem wurden alle Quellen sorgfältig nach hexaplarischem Material durchsucht.

---

1 S. Lucà (Hg.), Anonymus in Ecclesiasten Commentarius, qui dicitur Catena Trium Patrum, CCSG 11, Turnhout 1983.

2 A. Labate (Hg.), Catena Hauniensis in Ecclesiasten, CCSG 24, Turnhout 1992.

3 A. Labate, Nuove catene esegetiche sull'Ecclesiaste, in: *Ἀντίδωρον*. Hulde an Dr. Maurits Geerard bij de voltooiing van de Clavis Patrum Graecorum, I, Wetteren 1984, 241–63.

4 S. Leanza (Hg.), Procopii Gazaei Catena in Ecclesiasten, necnon Pseudochrysostomi Commentarius in eundem Ecclesiasten, CCSG 4, Turnhout 1978.

(3) Die Syrohexapla (Syh)

Die einzige Quelle für die Syrohexapla ist der *Codex Ambrosianus* in Mailand aus dem VIII. Jh., der in einer Faksimile-Ausgabe von Ceriani vorliegt.[1] Andernorts hat der Herausgeber bei der Beschreibung dieser Quelle bereits angemerkt, dass sie unterschiedliches Material bietet, das für hexaplarische Studien in Gänze wichtig ist.[2] Erstens ist es der Text selbst, der Worte beinhaltet, die in zehn Fällen mit einem Asterisk markiert sind, wobei in acht Fällen die Quelle dazu erwähnt wird. Nur zwei weitere Zeugen, namentlich V und 788 (s.o. S. 52), bewahren überhaupt Asteriske für Ecclesiastes, und zwar zweimal V, wenngleich in beiden Fällen irrtümlicherweise, und dreimal 788. Jeweils zweimal werden Wörter im Text von Syh und 788 mit einem Obelus markiert. Zudem findet sich viermal in der Syh ein kursiver Obelus oder Lemnisk. Zweitens gibt es Anmerkungen in Form von Randnoten, die mindestens sechs verschiedene Arten von Informationen liefern: (1) einige Randnoten bieten Varianten, (2) viele erwähnen Lesarten der jüdischen Rezensenten Aquila, Symmachus und Theodotion, (3) 15 Anmerkungen liefern griechische Belege, um bei Übersetzungsschwierigkeiten den ursprünglichen Begriff zu bieten, (4) sieben Anmerkungen geben erklärende Glossen, welche sich von den hexaplarischen Anmerkungen dadurch unterscheiden, dass sie umkreist sind, (5) längere Scholien finden sich an den oberen und unteren Seitenrändern mit dazugehörigen Indices, welche die Zuordnung zum Text gewähren, und (6) acht der längeren Scholien beinhalten sieben Zitate aus dem Ecclesiasteskommentar des Olympiodor und ein Zitat des Evagrius.

---

1 A.M. Ceriani (Hg.), Codex Syro-Hexaplaris Ambrosianus. Wissenschaftlich unzuverlässig ist die Vorläuferedition von H. Middeldorpf, Codex Syriaco-Hexaplaris, Pars I, Berlin 1835 pace W. Strothmann, Konkordanz des Syrischen Koheletbuches nach der Peshitta und der Syrohexapla, GOF.S 4, Wiesbaden 1973, iv.

2 Siehe die folgenden Studien zur Syrohexapla (*Codex Ambrosianus*) des Buches Ecclesiastes: P. J. Gentry, Hexaplaric Materials; Ders., The Relationship of Aquila and Theodotion; Ders., Propaedeutic to a Lexicon of the Three; Ders., The Role of the „Three", und P. S. Marshall, A Critical Edition.

Die Syh bewahrt im Ganzen 250 Randbemerkungen. Die Beziehung der Randnoten in Syh zu den anderen Quellen ist von großem Interesse und nimmt sich wie folgt aus, wobei die Angaben zur Häufigkeit jeweils grob überschlagen sind:

Kombination	*Häufigkeit*
161 248 252 539 Syh	39
161 248 252 Syh	16
161 248 Syh	14
252 Syh	8
Gesamt	77
V Syh	1
Syh = einziger Zeuge	103

In 23 Fällen bewahrt Syh eine längere Lesart, die andere Zeugen nur auszugsweise bieten, und in 35 Fällen bewahrt Syh den Teil einer längeren Lesart, der auch in anderen Zeugen zu finden ist. Diese Daten bekräftigen die vom Herausgeber bereits andernorts geäußerte Vermutung, dass die Randnoten aus einer anderen Quelle stammen als der Text selbst. Diese Quelle ist vergleichbar mit den Catenentexttraditionen. Ungefähr 60% der Anmerkungen, die jene Quelle überliefert, gehen auf den Archetyp der griechischen Zeugen zurück, während 40% unabhängig von dieser Tradition sind. Die Tatsache, dass die längeren Anmerkungen am oberen und unteren Rand Evagrius und Olympiodor zitieren, zeigt ebenfalls, dass diejenigen, die die Syh angefertigt haben, Material unterschiedlicher Quellen zusammengetragen haben.

3. Vergleich zwischen der jüngeren Forschung und den Quellen, die Field verwendet

Die Quellen, die für die vorliegende Ausgabe herangezogen worden sind, können nun mit den Quellen verglichen werden, die Field 1875 für seine Hexapla-Ausgabe verwendet hat. Zuerst listet Field die Quellen auf, die von Montfaucon stammen:

Codex Regius, num. 1890	(= Ra 560)
Codex Regius, num. 19902	(= Ra 562)

Codex Regius, num. 2435 (= Ra 561)
Codex Regius, num. 2436 (= Ra 563)
Hieronymi Commentarius in Ecclesiasten
Lesarten bei Drusius und in der ‚römischen‘ Edition

Die Hss. 560 und 563 gehören zur Polychroniuscatene, Hs. 561 zur *Catena Trium Patrum*. Hs. 562 ist eine Zeugin des Olympiodorkommentars. Montfaucons Quellen für die griechischen Randnotizen sind spärlich. Field fügt Montfaucons Liste die Hss. 161, 248 und 252 hinzu, wie sie in der Ausgabe von Holmes-Parsons kollationiert und publiziert sind. Das Auctarium bei Field erwähnt „Mat" als weitere Quelle. Dahinter verbirgt sich die Kollation der Randlesarten von Hs. 161 durch G.L. Spohn aus dem Jahr 1785. Spohn verwendet das Siglum „Mat", weil sich die Hs. zum damaligen Zeitpunkt im Besitz von Professor Matthaei in Leipzig befand.[1] Im Jahr 1788 verkaufte Matthaei diese Hs. an die Bibliothek in Dresden. Matthaei war auch derjenige, der 161 zusammen mit 159 und 160 für die Edition von Holmes-Parsons kollationierte. Daher führt Field irrtümlicherweise den Beleg für 161 doppelt auf.

Über Field hinaus sind für die vorliegende Ausgabe die Hss. 336, 411 und 539 hinzugezogen worden. Zudem wurde eine erneute Untersuchung der Kommentare und Catenen vorgenommen. Die Analyse des Olympiodorkommentars basiert auf mehr als einem Dutzend Hss., die Analyse der Polychroniuscatene auf 16 Hss., die etwa drei bis vier Jahrhunderte älter sind als diejenigen, welche bislang verwendet wurden. Die erneute Kollation von 161, 248 und 252 durch das Septuaginta-Unternehmen hat Fehler in der Ausgabe von Holmes-Parsons offenbart. Field verwendete die Ausgabe von Middeldorpf für die Syh, da die Faksimile-Ausgabe von Ceriani erst ein Jahr vor der Publikation seiner Hexapla-Ausgabe erschien. Die Analyse der Syh durch Marshall und den Herausgeber basiert also im Vergleich zu Field auf einer verbesserten Quellenlage.

Obwohl die Fülle an hexaplarischem Material für Ecclesiastes sowohl quantitativ (mehr als verdoppelt gegenüber Field) als auch qualitativ gewachsen und im Vergleich mit anderen Büchern wahrlich er-

[1] Zu Matthaei vgl. P. Gentry u. F. Albrecht, Amazing History.

giebig ist, ist die Anzahl an Belegen für die *Drei* im Falle des Buches Ecclesiastes leider noch immer begrenzt.

4. Zum Textcharakter der jüngeren griechischen Übersetzungen

Für Ecclesiastes existieren schätzungsweise 130 Lesarten, die von Theodotion stammen, 215 von Aquila und 380 von Symmachus. Dies entspricht der Erwartung, da die ursprüngliche Übersetzung zur *καίγε*-Textgruppe gehört, aber vermutlich nicht von Theodotion selbst stammt.[1] Da die Übersetzung Theodotion sehr ähnlich ist, gibt es nur wenige Lesarten, die sich stark von Theodotion unterscheiden, während die Unterschiede zu Aquila und Symmachus größer ausfallen. Zusätzlich gibt es 50 Lesarten, die Aquila und Theodotion gemein haben, nur zwei, bei denen Theodotion und Symmachus übereinstimmen, und keine Übereinstimmung zwischen Aquila und Symmachus. Für jede jüdische Rezension sei im Folgenden ein Beispiel gegeben:

Theodotion

In 5_{10c} gibt die *Vetus Graeca* (‚Old Greek‘) כִּי אִם־רְאִית עֵינָיו (K = רְאִיַּת, Q = רְאוּת oder רְאוֹת) mit *ὅτι ἀρχὴ τοῦ ὁρᾶν ὀφθαλμοῖς αὐτοῦ* wieder; (אם als אֵם deutend, vgl. Ez 21_{26}). Eine Randbemerkung in Syh, die *ϑ′* zugeordnet wird, liest ܐܠܐ ܐܢ ܕܠܡܚܙܐ ܒ̈ܥܝܢܐ ܕܝܠܗ = *εἰ μὴ τοῦ ὁρᾶν ὀφθαλμοῖς αὐτοῦ*. Theodotion korrigiert also die ursprüngliche Übersetzung in die heute geläufige Lesart. Tatsächlich lesen fast die Hälfte aller Anmerkungen, die Theodotion zugeordnet werden, *ϑ′ ὁμοίως τοῖς ο′*, was besagt, dass Theodotion denselben Text wie die fünfte Kolumne der Hexapla bezeugt.[2] Dies bestätigt auch, dass die *Vetus Graeca* (‚Old Greek‘) zur *καίγε* Gruppe gehört.

---

1 Y. Y. Yi, Translation Technique.

2 Vgl. P. J. Gentry, Hexaplaric Materials.

Aquila

Schon 1871 schlug Heinrich Grätz vor, dass die ursprüngliche Übersetzung des Buches Ecclesiastes von Aquila stamme. Dies könne am besten an der Übersetzung von את + direktes Objekt mit *σύν* + Akkusativ im Griechischen (z.B. 2₁₇ 3₁₀ 11₁₇bis et passim)[1] beobachtet werden. Wie aber ist die Tatsache zu erklären, dass es für dieses Buch sogar mehr Lesarten gibt, die Aquila zugeschrieben werden, als solche, die Theodotion zugeschrieben werden? Einige Forscher vertreten die Ansicht, dass Aquila zwei Versionen erstellte: Eine ursprüngliche Übersetzung und eine spätere Überarbeitung – die Quelle der Randnoten, die Aquila zugeschrieben werden. Andere Forscher wie etwa Barthélemy glaubten nicht, dass die Randnoten, die Aquila zugeschrieben werden, ihm auch wirklich zuzuordnen sind.[2] Diese Mutmaßungen sind kaum befriedigend, da der Charakter der Randnoten – wie Hyvärinen und Jarick aufzuzeigen vermochten – besser zum System und zur Übersetzungstechnik Aquilas passt.[3] Den Hss. 161, 248 und 788 zufolge übersetzt Aquila in 4₈c *πεϱασμός* anstelle von *τέλος*. Dies ist charakteristisch, da Aquila einem eigenen System folgt, dem nach Formen der gleichen Wurzel im Griechischen – ohne Rücksicht auf den Kontext – Formen der gleichen Wurzel im Hebräischen entsprechen.

Symmachus

In 1₉a hat die *Vetus Graeca* (‚Old Greek') *τί τὸ γεγονός; αὐτὸ τὸ γενησόμενον* für מה־שהיה הוא שיהיה, was Symmachus in *τὸ πϱοόν, αὐτό ἐστι τὸ ἐσόμενον* überarbeitet. Auf den ersten Blick sind die Verbesserungen im Einklang mit den Kriterien des späteren hellenistischen Griechisch erkennbar. Viele der Lesarten des Symmachus wurden nur auf Latein durch Hieronymus bewahrt, der bekanntlich eine Vorliebe für Symmachus besaß und ihn sowohl für schwierige Stellen im Hebräischen als auch für seine Übersetzung der Vulgata heranzog.

---

1 Vgl. P. J. GENTRY, Hexaplaric Materials.

2 BARTHÉLEMY, Les Devanciers d'Aquila, 31–32.

3 K. HYVÄRINEN, Die Übersetzung von Aquila, 88–99, und J. JARICK, Aquila's Koheleth.

5. Der textkritische Wert für die Hebräische Bibel

R. Gordis, Ecclesiastes 1:17. Its Text and Interpretation, in: JBL 56 (1937), 323–30.

Ein Beispiel für die Wichtigkeit des hexaplarischen Materials für Ecclesiastes zeigt sich anhand der *crux criticorum* in 1 17. Bis zur Entdeckung der Hs. 788 belegten all unsere griechischen Zeugen *παραβολάς* als Wiedergabe von 𝔐 הוֹלֵלוֹת. Schon im Jahr 1937 schlug Gordis vor, dass die ursprüngliche Übersetzung *παραφοράς* lautete, was jetzt von Hs. 788sup lin bestätigt und in die vorliegende Ausgabe als ursprüngliche Lesart aufgenommen wird. Dennoch ist das Problem im Text der griechischen Texttradition auch ein Problem der hebräischen Tradition. Der Herausgeber von BHQ schlug הוֹלֵלוּת als zu bevorzugenden Text im Hebräischen vor; John Meade und der Herausgeber argumentierten indes, dass die genaue Analyse der griechischen und hebräischen Tradition 𝔐 unterstützt.

1 Für eine vollständige Diskussion siehe J. D. Meade/P. J. Gentry, Evaluating Evaluations.

XI. Die hebräische Texttradition

P. J. Gentry, Ecclesiastes, in: A. Pietersma/B.G. Wright III (Hgg.), The New English Translation of the Septuagint, Oxford 2007.

A. Schenker u.a. (Hgg.), Biblia Hebraica Quinta. Fasc. 18: General Introduction and Megilloth, Stuttgart 2004.

Y. Y. Yi, Translation Technique of the Greek Ecclesiastes, Diss. Southern Baptist Theological Seminary, Louisville 2007.

1. Der Masoretische Text (𝔐)

Die hebräische Vorlage, die von den griechischen Übersetzern verwendet wurde, war beinahe identisch mit dem heutigen Masoretischen Text. Diese Einschätzung beruht nicht nur auf eigenen gründlichen Studien, sondern ist auch Yi zu verdanken. Zum Leidwesen von Y.A.P. Goldman, dem Herausgeber von Kohelet für die BHQ, stand 2004 noch keine kritische Edition der Septuaginta zur Verfügung. Trotzdem hatte Goldman zusätzlich zu Rahlfs' *Handausgabe* Zugang zu den Göttinger Kollationsheften für Ecclesiastes sowie zu unpubliziertem Material zu Ecclesiastes für D. Barthélemys *Critique Textuelle de l'Ancien Testament*. In Goldmans Apparat ist in 59 Fällen ein anderer Text als „original" ausgewiesen. Davon betreffen 47 Fälle G = Septuaginta (fünfmal G*). Goldman verwendet das Siglum G*, um anzuzeigen, dass es zu dieser Stelle eine Abweichung in der Texttradition des griechischen Kohelet gibt, doch hält Goldman an diesen fünf Stellen G* zugleich für ursprünglich. Von den insgesamt 59 Fällen liegt nur in etwa zehn Fällen ein anderer Konsonantentext zugrunde. Einige dieser Unterschiede beruhen auf der Verwechslung von *beth* und *kaph*, *daleth* und *resh*, *waw* und *yodh*. Umgekehrt wird das Siglum G* in 48 Fällen von Goldman verwendet, um auf die Bevorzugung des ursprünglichen Septuagintatextes hinzuweisen. Von diesen Fällen stimmen 21 mit der vorliegenden Ausgabe überein, während 27 abweichen. Diese Daten zeigen, dass Goldman unnötigerweise die Unterschiede zwischen der Septuagintavorlage und 𝔐 hervorhebt.

2. Die Handschriften vom Toten Meer (𝔔)

É. Puech, Un nouveau fragment du manuscrit^{b} de l'Ecclésiaste (4QQohélet^{b} ou 4Q110), in: RdQ 76 (2000), 617–21.

E. Ulrich (Hg.), Qumran Cave 4: XI. Psalms to Chronicles, DJD 16, Oxford 2000.

Der Text von 𝔔 ist nur sehr fragmentarisch erhalten:

4QQoh^{a} = 4Q109

Col. I: Fragment 1 i	Qoh 5_{13-17}
Col. I: Fragment 2	Qoh $6_{1?}$
Col. II: Fragmente 1 ii, 3–6 i	Qoh $6_{3-8.12}$ — 7_{6}
Col. III: Fragmente 1 iii, 6 ii, 7	Qoh $7_{7-10.19-20}$

4QQoh^{b} = 4Q110, 4Q468-1

Fragmente 1–3	Qoh 1_{8-16}

Der Apparat der vorliegenden Ausgabe gestattet keine Schlussfolgerungen *e silentio*. Die relevanten Belege werden anhand des Siglums 𝔔 zur linken und rechten Seite der eckigen Klammern geboten; dies betrifft:

1_{15} *ἐπικοσμηθῆναι*] לגתקן 𝔐; לגבור 𝔔?
5_{14} *καθώς* 𝔐] כיא 𝔔
5_{15} *καί γε* 𝔐] absc Fa^{1}; om *καί* Sa^{I} 𝔔
6_{3} *ὑπὲρ αὐτὸν τὸ ἔκτρωμα* 𝔐] *ὑπὲρ αὐτόν* post *ἔκτρωμα* tr Co 𝔔
6_{4} *ἦλθεν* 𝔐] בה 𝔔
6_{4} *πορεύεται* = ילך 𝔐] הלך 𝔔^{sup}
6_{6} *καὶ εἰ* = וְאִלּוּ 𝔐 𝔊] ואם לוא 𝔔
6_{8} *ὅ τι* = (*ὅτι*) 𝔖] כמה 𝔔 (sed hab כי מה 𝔐)
7_{4} *ἐν οἴκῳ* = 𝔐] בית 𝔔
7_{5} *ἐπιτίμησιν* = 𝔐] גערות 𝔔
7_{5} *ὑπὲρ ἄνδρα ἀκούοντα* = מאיש שמע 𝔐] טוב]למע 𝔔*; טוב ל]שמע 𝔔^{c}: ex 7_{5a}
7_{6} *καί γε* = 𝔐^{mss}] גם 𝔐^{mss} 𝔔
7_{7} *απολλυει* = 𝔐] ויע]וה 𝔔
7_{19} *βοηθήσει*= 𝔔] confortabit Hi$^{lem\ et\ com}$ 309,305^{te} 309,322^{ap} = 𝔐

Im Apparat der BHQ bevorzugt Goldmann die Lesung von 𝔔 an Stelle von 𝔐 nur für הלך in 6_{4}. Dies würde der Vorlage der LXX widersprechen.

3. Die Peshitta (𝕾)

G. W. ANDERSON, Canonical and Non-Canonical, in: CHB 1, Cambridge 1970, 113–59.

E. BECK (Hg.), Des Heiligen Ephraem des Syrers Sermones, 1. CSCO.S 130, Löwen 1970.

K. DEPPE (Hg.), Kohelet in der syrischen Dichtung: 3 Gedichte über des Kohelet-Buch von Afrēm, Jakob von Sarug und Johannes von Mossul, Wiesbaden 1975.

A.A. DI LELLA/J. A. EMERTON/D.J. LANE (Hgg.), The Old Testament in Syriac according to the Peshiṭta Version. Part II. Fasc. 5. Proverbs, Wisdom of Solomon, Ecclesiastes, Song of Songs, Leiden 1979.

G. JANICHS, Animadversiones criticae in versionem syriacum Peschitthonianam librorum Koheleth et Ruth, Leipzig 1869.

A.S. KAMENETZKY, Die P'shita of Kohelet textkritisch und in ihrem Verhältnis zu dem massoretischen Text, der Septuaginta und den andern alten griechischen Versionen, in: ZAW 24 (1904), 181–239.

D.J. LANE, "Lilies that Fester..." The Peshitta Text of Qoheleth, in: VT 29 (1979), 481–90.

A. SCHOORS, The Peshitta of Koheleth and Its Relation to the Septuagint, in: C. Laga u.a. (Hgg.), After Chalcedon. Studies in Theology and Church History, Löwen 1985, 347–57.

M. WEITZMAN, Peshitta, Septuagint and Targum, in: R. Lavenant (Hg.), VI Symposium Syriacum 1992: University of Cambridge, Faculty of Divinity, 30 August–2 September, 1992, Rom 1994, 51–84.

In der Vergangenheit wurde die syrische Peshitta mitunter als „Tochterversion“ der Septuaginta bezeichnet (so Anderson). Übereinstimmungen zwischen der Peshitta und der Septuaginta wurden im Sinne eines Abhängigkeitsverhältnisses der Peshitta von der Septuaginta verstanden. Die aktuelle Forschung, insbesondere von Jerome Lund und Michael Weitzman, hat zu einer veränderten Sichtweise geführt: Als allgemeine Regel gilt nun, dass die Peshitta unabhängig von der Septuaginta ist. Eindeutige Kriterien wurden von Weitzman erarbeitet, der aufzeigt, dass Übereinstimmung nicht automatisch Abhängigkeit bedeutet. Andere Faktoren wie Polygenese im Übersetzungsprozess, gemeinsamer Zugang zu Auslegungstraditionen des Antiken Judentums und gemeinsame Vorlagen vermögen Übereinstimmungen neben der direkten Abhängigkeit gleichermaßen zu erklären. Nur wenn sich Faktoren wie diese als mögliche Ursache für die Übereinstimmung von Peshitta und LXX ausschließen lassen, kann eine Abhängigkeit von der LXX als klar bewiesen gelten. Eine sorgfältige Analyse zeigt, dass die Peshitta zu Kohelet nur in einer sporadischen und unsystematischen Weise vom griechischen Ecclesiastes abhängig ist. Klare Fälle von Abhängigkeit würden die Peshitta zu einem frühen Zeugen für die Textgeschichte des griechischen Ecclesiastes machen.[1]

4. Das Fragment der Kairoer Geniza (𝕶)

D. S. Blondheim, Échos du Judéo-Hellénisme, in: REJ (1924), 1–14. Neudruck: Les Parlers judéo-romans et la Vetus Latina, Paris 1925.

N. de Lange, A Greek Translation of Kohelet (Ecclesiastes), in: Ders., Greek Jewish Texts from the Cairo Genizah, TSAJ 51, Tübingen 1996, 71–78. 354–57.

Ders., Two Genizah Fragments in Hebrew and Greek, in: J.A. Emerton/S.C. Reif (Hgg.), Interpreting the Hebrew Bible: Essays in Honour of E. I. J. Rosenthal, Cambridge 1982, 64–75.

N. Fernández Marcos, Some Thoughts on the Later Judaeo-Greek Biblical Tradition, in: Bulletin of Judaeo-Greek Studies 2 (1988), 14–15.

P.J. Gentry, The Greek Genizah Fragment of Ecclesiastes and its Relation to Earlier Greek Versions, in: J. K. Aitken/T.V. Evans (Hgg.), Biblical Greek in Context. Biblical Tools and Studies, Löwen 2015.

Der Text von 𝕶 (Cambridge University Library T-S Misc.28.74 = FGP C127731, C127732) wurde zuerst von Blondheim im Jahr 1924 publiziert und später zweimal mit griech. Transkription, Analyse und Kommentaren von N. de Lange in den Jahren 1982 und 1996 neu herausgegeben. Die digitalen Bilder des Fragments sind abrufbar auf der Webseite der Kairoer Geniza (Cambridge University Digital Library). Für die vorliegende Ausgabe wurde eine sorgfältige Neuanalyse unternommen.[2]

Das Fragment beinhaltet eine Übersetzung von Kohelet ins Griechische, allerdings in hebräischer Schrift, transkribiert nach dem System des tiberianischen Hebräisch. Die Übersetzung basiert auf dem hebräischen Text, der – unter dem Einfluss der Septuaginta – in spätbyzantinisches oder mittelalterliches Griechisch übersetzt wurde.

---

1 Vgl. die ausführliche Darstellung in THGE.

2 Vgl. die ausführliche Darstellung in THGE.

Verbindungen zwischen der Übersetzung der Kairoer Geniza und der Texttradition der Septuaginta sind spärlich und problematisch. Der Herausgeber hat einen Fall in 𝔎 gefunden, der durch möglichen Einfluss der *Drei* entstanden sein könnte. So lässt sich lediglich festhalten, dass die Übersetzung aus dem Hebräischen erfolgte. Der Übersetzer wusste von der Septuagintatradition und war von ihr beeinflusst. Er nahm bestimmte Eigentümlichkeiten der Septuaginta-Übersetzung auf und entwickelte den Ansatz, der von der *καίγε*-Rezension bekannt ist, weiter. Es ist nur geringfügiger Einfluss von Aquila zu beobachten, und die Übersetzungstechnik ist nicht so ausgefeilt oder systematisch wie die des Aquila. Das Griechisch ist nicht gehoben, sondern volkstümlich, und insgesamt schwer zu datieren.

Da der Text aus der Kairoer Geniza stammt und das Griechische in hebräischer Schrift wiedergegeben ist, könnte man geneigt sein, anzunehmen, dass der Text jüdisch sei. Die Übersetzung wurde direkt aus dem Hebräischen angefertigt, doch stark von der Septuaginta beeinflusst. Der Übersetzer folgt nicht nur der Septuaginta-Übersetzung, sondern erweitert und perfektioniert die anhand der *Vetus Graeca* (‚Old Greek') zu beobachtende Übersetzungstechnik. Der starke Einfluss der LXX und der nur geringfügige Einfluss der *Drei* mag überraschen. Die vorliegende Übersetzung ist anscheinend die einer jüdischen Gemeinde, die die hebräischen Schriften auf Griechisch las.

5. Die Vulgata (𝔙)

A. Gasquet u.a. (Hgg.), Biblia sacra iuxta Latinam Vulgatam versionem ad codicum fidem, iussu Pii pp. XI, cura et studio monachorum Sancti Benedicti Commissionis pontificiae a Pio pp. X institutae sodalium, Rom 1926–95.

R. Weber u.a. (Hgg.), Biblia Sacra iuxta Vulgatem Versionem. Stuttgart [4]1994.

Für die Vulgata ist die römische Ausgabe der Benediktiner Gemeinde von San Girolamo in Rom die hauptsächliche Textgrundlage. Ecclesiastes wurde 1957 als Teil von Band 11 (Sprüche, Kohelet, Hoheslied) publiziert. Die Stuttgarter Ausgabe von R. Weber ist ebenfalls hinzugezogen worden.

Die lateinische Vulgata wurde direkt aus dem Hebräischen übersetzt und ist ein recht guter Zeuge für den proto-masoretischen Text. Es gibt Stellen, an denen Hieronymus von der Septuaginta beeinflusst wurde, aber in noch größerem Ausmaß wurde er von Symmachus beeinflusst.[1]

6. Übersetzungstechnische Erwägungen

Die Septuginta-Übersetzung von Ecclesiastes ist durch extreme formale Entsprechung charakterisiert, die so weit geht, dass sogar angenommen worden ist, es handele sich um das Werk des jüdischen Rezensenten Aquila. Während die Identität des Übersetzers in der jüngsten Forschung noch immer unbestimmt ist, offenbart der Charakter der Übersetzung, dass sie zwar tatsächlich mit Aquilas Übersetzung vergleichbare Charakteristika aufweist, aber auch andere Merkmale, die mit Sicherheit nicht von Aquila stammen.

Der Übersetzer sieht seine Aufgabe vornehmlich darin, den hebräischen Text im Griechischen derart getreu wiederzugeben, dass eine quantitative Übereinstimmung mit dem Hebräischen entsteht. Daraus resultiert ein schwer zu lesender Text, der für den hellenistisch-griechischen Muttersprachler, der nicht um die hebräische Vorlage wusste, oder gar auf sie zurückzugreifen vermochte, zuweilen geradezu unverständlich angemutet haben muss. Der Versuch des Übersetzers, seine Übersetzung der Quellsprache und dem Quelltext anzugleichen, hat lexikalische wie syntaktische Entscheidungen im Griechischen beeinflusst. Die Wahl desselben Lexems im Griechischen für jedes Vorkommen desselben Lexems im Hebräischen, ohne Rücksicht auf die möglichen kontextuellen Bedeutungsunterschiede, führt in hohem Maße zu Stereotypen. Dennoch sind einige Lehnübersetzungen oder eigenständige Übersetzungen zu finden. Wie bei Aquila ist die Beständigkeit und Einheitlichkeit der hebräisch-griechischen Entsprechungen äußerst rigide. Im Unterschied zu Aquila findet

---

[1] Vgl. oben II.1 Die altlateinische Übersetzung.

sich weder eine Zusammenstellung hebräisch-griechischer Entsprechungen, die zu einem solch hohen Grad verfeinert und spezialisiert wurden, dass unterschiedliche Entsprechungen für jedes hebräische Lexem verwendet werden, noch versucht der Übersetzer, das hebräische Wurzelsystem durch die Bildung von Entsprechungen eines einzigen griechischen Wortstamms zu repräsentieren, der für Nomina und Verba verwendet wird, die von derselben hebräischen Wurzel abstammen. Deutlicher noch als bei lexikalischen Entsprechungen ist der Versuch zu erkennen, das Griechische und das Hebräische in ihrer morpho-syntaktischen Struktur in Einklang zu bringen; auch dort, wo die Ergebnisse hölzern und geradezu absurd wirken.

Ein offensichtliches und herausstechendes Beispiel dafür ist die Wiedergabe von את mit *σύν*.[1] Ein solches *σύν* mit Dativ, das in 9$_{11}$ (*σύν πᾶσιν αὐτοῖς*) auftritt, ist normal. Jenes allerdings, das mit Genetiv (9$_{15}$) oder Akkusativ (rel) verwendet wird, um das direkte Objekt zu markieren, widerspricht der griechischen Grammatik. Dieses Merkmal des Übersetzers sei weiter veranschaulicht:

In 2$_{1}$ wird וראה בטוב mit *καὶ ἰδὲ ἐν ἀγαθῷ* wiedergegeben. Das Verb, das hier von ב gefolgt wird, ist idiomatisch und trägt den Bedeutungsgehalt von „genießen". Der griechische Übersetzer von Kohelet gibt ראה strikt mit *εἶδον* wieder und ב mit *ἐν*. Doch im vorliegenden Kontext ergibt „sehen im Guten" keinen Sinn im Griechischen.

Ferner kontrastiert eine Konstruktion von Artikel + *πᾶς* + Substantiv die Gesamtheit im Unterschied zu einem Teil.[2] Dennoch wird in 3$_{17}$ כי־עת לכל־חפץ mit *ὅτι καιρὸς τῷ παντὶ πράγματι* (vgl. 3$_{1}$ 4$_{8.16}$) wiedergegeben. Der Artikel *τῷ* ist verwendet, um ל zu repräsentieren; dies verursacht Verständnisschwierigkeiten für den griechischen Leser und verzerrt die Bedeutung des Hebräischen, obwohl das Anliegen des Übersetzers doch eigentlich darin besteht, das Hebräische formal zu repräsentieren.

Andere Fälle mögen zwar lesbar und verständlich sein, aber doch ziemlich umständlich. Beispielsweise ist festzustellen, dass הרעה in

---

1 Vgl. 1$_{14}$; 2$_{12.17.18}$; 3$_{10.11(bis).17(bis)}$; 4$_{1.2.3.4(bis).15}$; 5$_{3.6}$; 7$_{14.15.18.26.29}$; 8$_{8.9.15.17(bis)}$; 9$_{1(bis).15}$; 10$_{19.20}$; 11$_{5.7}$; 12$_{9.14}$.

2 Vgl. F. Blass/A. Debrunner, Grammatik des neutestamentlichen Griechisch. Bearbeitet von F. Rehkopf, Göttingen [18]2001, § 275.

12_{1} mit *ἕως ὅτου μὴ ἔθλωσιν ἡμέραι τῆς κακίας* wiedergegeben wird. Mit der Negation *μή* ist der Ausdruck umständlich, aber im Griechischen nicht gänzlich unvorstellbar. An anderer Stelle ist der rigide Ansatz des Übersetzers geschickter bewerkstelligt. Hebräisch וגם (1_{11}; 3_{13}; 5_{15}; $6_{3.7}$; $7_{6.18}$; 8_{17}; $9_{3.11(\text{ter})}$; 10_{3}; 11_{2}) oder גם (1_{17}; $2_{1.7.8.14.15(\text{bis}).19.21.23(\text{bis}).24.26}$; 3_{11}; $4_{4.8(\text{ter}).11.14.16(\text{bis})}$; $5_{9.16.18}$; $6_{5.9}$; $7_{14.21.22(\text{bis})}$; $8_{10.12.14.16}$; $9_{1(\text{bis}).6(\text{ter}).12.13}$; 10_{20}; 12_{5}) ist immer mit *καίγε* wiedergegeben; abgesehen von einer Doppelübersetzung in 7_{22b}, wo die Entsprechung einfach *καί* ist. Trotzdem dürfte die Entsprechung וגם/גם = *καίγε*, die den Geist des griechischen Übersetzers offenbart, nicht von ihm selbst stammen. An dieser Stelle erweitert und bewahrt er die *καίγε*-Tradition. Daher gehört der griechische Übersetzer von Ecclesiastes klar zu den Übersetzern der *καίγε*-Tradition.

C Zur Herstellung des ältesten erreichbaren Eccl.-Textes[1]

Rahlfs' programmatische Aussage im Zusammenhang seiner Genesisausgabe gilt auch für Ecclesiastes: „In der Herstellung des Textes bin ich nicht einer einzelnen Hs. gefolgt, sondern habe jedesmal diejenige Lesart aufgenommen, welche mir nach dem Gesamtstande der handschriftlichen Überlieferung und unter Vergleichung des hebräischen Textes als die beste erschien."[2] In der Tat gilt dieser Grundsatz für die meisten kritischen Ausgaben, da in der Regel keine Hs. durchgehend die beste Form des Textes bewahrt; jede Hs. enthält Schreibfehler und überliefert den ursprünglichen Text nicht perfekt. Textkritiker müssen einer eklektischen Methode folgen, um die frühestmögliche Textform herzustellen.

Der Unterschied zwischen der kritischen Ausgabe eines klassischen Textes und der eines Septuagintatextes besteht in zwei Punkten: (1) Der Text der Septuaginta ist eine Übersetzung und (2) der Text der Septuaginta ist für Juden wie für Christen ein heiliger Text. Die Tatsache, dass der Text eine Übersetzung ist, eröffnet *ipso facto* zwei verschiedene Ansätze für das Textstudium: (1) ein Ansatz zielt darauf ab, die durch den Übersetzer beabsichtigte Bedeutung zu bestimmen, und (2) ein weiterer zielt darauf ab, diejenige Bedeutung zu bestimmen, die ihr von den verschiedenen Gemeinschaften beigemessen wurde, die diese Übersetzung im Laufe des historischen Überlieferungsprozesses gelesen und genutzt haben. Der kanonische Charakter des Textes beeinflusst beide Ansätze des Textstudiums. Sowohl für Übersetzer als auch für Tradenten war der zu kopierende Text das Wort Gottes.

---

1 Vgl. die ausführliche Fassung dieses Abschnitts mit zahlreichen Beispielen in THGE sowie P. J. Gentry, The Distinctive Aims of the Göttingen Apparatus: Examples from Ecclesiastes – An Edition in Preparation, in: R.G. Kratz/B. Neuschäfer (Hgg.), Die Göttinger Septuaginta. Ein editorisches Jahrhundertprojekt, AAWG N.F. 22 (= MSU 30), 73–105.

2 A. Rahlfs (Hg.), Genesis. Septuaginta Societatis Scientiarum Gottingensis auctoritate, Stuttgart 1926, 34.

Der griechische Text von Ecclesiastes entstand als Übersetzung eines hebräischen Originals an einem bestimmten Ort zu einer bestimmten Zeit. Die Handlung des Übersetzens schafft die Vorstellung eines „Originaltextes" und bestätigt die genealogische Methode der Textkritik, deren grundlegende Prinzipien Paul Maas in seiner *Textkritik* (1950) aufgestellt hat.

Als ersten Schritt gilt es, die allgemeinen Fehler, die von Kopisten und Schreibern verursacht wurden, zu eliminieren, d.h. unbewusste und unbeabsichtigte Fehler im Gegensatz zu beabsichtigten Änderungen des Textes. Häufige Seh- und Hörfehler werden im Abschnitt „Grammatica et Orthographica" aufgelistet. Für das Buch Ecclesiastes wurden solche Fehler im Zuge der Kollation zunächst nicht systematisch erfasst; die Kollation der Hss. begann im Jahr 1929. Eine vollständige und vorbildliche Behandlung der allgemeinen Fehler wurde etwa von Udo Quast in seiner Ruthausgabe oder von Felix Albrecht in seiner Ausgabe der *Psalmen Salomos* gegeben. Man möge diesbezüglich auch „A Note on Scribal Error" von J. W. Wevers konsultieren.

Als zweiter Schritt sind *wichtige Varianten* zu beachten. Übereinstimmungen zwischen Hss. deuten für den Fall von wichtigen Varianten normalerweise eine genealogische Verwandtschaft an. Daher beginnt die Textkritikerin resp. der Textkritiker mit langen Listen von Übereinstimmungen bezüglich wichtiger Varianten. Man beginnt mit der Abweichung vom ursprünglichen Text, die offensichtlich ist, und definiert Familien und Gruppen. Später kann das Wissen um die genealogischen Beziehungen und um die Überlieferungsgeschichte angewandt werden, um bei schwierigeren Entscheidungsfindungen, die auf gestreuter Varianz beruhen, den Originaltext zu bestimmten. Wichtige Varianten bedeuten normalerweise Änderungen, die von den Schreibern beabsichtigt waren, wenngleich unbeabsichtigte Fehler, wie die Auslassung von längeren Abschnitten aufgrund von *Parablepsis* manchmal auch verwendet werden können, um Abhängigkeiten aufzuzeigen.

Der Übersetzer von Ecclesiastes war einem Übersetzungsansatz verpflichtet, der auf extremer formaler Entsprechung zwischen der Quell- und Zielsprache beruht. Gemäß den grammatischen Regeln des Hebräischen steht nur das letzte Substantiv in einem Abhängigkeitsverhältnis (Genetiv) mit Artikel. Die griechische Grammatik hingegen artikuliert sowohl das *nomen regens* als auch das *nomen rectum* – oder keines von beiden. Der griechische Übersetzer von Ecclesiastes folgt nun aber den Regeln des hebräischen Ausgangstextes. Deshalb nahmen spätere griechische Kopisten, die keinen Zugang mehr zum Ausgangstext des Übersetzers hatten, viele grammatisch-stilistische Verbesserungen vor. Manchmal kämpfte ein Schreiber so stark mit dem Sinn einer ihm schwer, oder gar unverständlichen Übersetzung, dass er anstelle einer wörtlichen Übersetzung eine kontextuelle Umschreibung vornahm, um die Übersetzung zu glätten. Dieses Phänomen mag als „innergriechische" Verfälschung bezeichnet werden.

Zusätzlich änderten Kopisten den Text bewusst aus exegetischen, historischen oder theologischen Gründen. Änderungen im Text wurden auch vollzogen, weil Kopisten, deren Muttersprache byzantinisches Griechisch war, das hellenistische Griechisch der Übersetzung an grammatische und lexikalische Entwicklungen im späteren Griechischen anpassten. Im überlieferungsgeschichtlichen Prozess des Textes hatten die Kopisten normalerweise keinen Zugang zu den Ausgangstexten, auf deren Grundlage Ecclesiastes übersetzt worden war. Gelehrte wie Origenes oder Hieronymus, die solchen Zugang hatten, beeinflussten den nachfolgenden Überlieferungsprozess. Andere Tradenten, die des Hebräischen nicht mächtig waren, verwendeten aber dennoch die Übersetzungen der jüdischen Rezensenten, Theodotion, Aquila und Symmachus, deren Übersetzungen mittels der Hexapla zugänglich waren, um den Text im Blick auf das Hebräische zu korrigieren.

Um auf Grundlage der vorhandenen Überlieferung die früheste Form des Textes zu erreichen, ist es notwendig, die Prinzipien der Textkritik und die Übersetzungstechnik des griechischen Übersetzers verstanden zu haben.

D Die Anlage der Textedition

B. Neuschäfer, Die kritische Edition des griechischen Alten Testaments – Anspruch und Aufgabe des Göttinger Septuaginta-Unternehmens, in: JAWG 2004, Göttingen 2005, 129–39.

C. Schäfer, Benutzerhandbuch zur Göttinger Septuaginta. Band 1: Die Edition des Pentateuch von John William Wevers, Göttingen 2012, 25–45 (= Textgrundlage der folgenden Abschnitte II–IV).

I. Der kritische Text

Bei dem in dieser Ausgabe vorgelegten kritisch rekonstruierten Text handelt es sich um den aufgrund des gegenwärtigen Forschungsstandes ermittelten, ältesten erreichbaren Septuagintatext.[1] Das editorische Selbstverständnis des Herausgebers ist oben in Abschnitt C „Zur Herstellung des ältesten erreichbaren Eccl.-Textes" dargelegt.

II. Die Kopfleiste

In der sog. Kopfleiste – zwischen dem kritischen Text und dem ersten Apparat stehend – werden alle auf der jeweiligen Seite der Ausgabe verwendeten handschriftlichen Zeugen und Übersetzungen aufgelistet. Die Reihenfolge der Auflistung wird auch in den Apparaten beibehalten (Entschlüsselung unter „III. Der erste Apparat [App I]):

A C 818 870 969 992 3010 *O* B-S-68''-998 *L C''* *d k* al verss

Die Kopfleiste ermöglicht dem Benutzer durch Vergleich mit den in den Apparaten genannten Zeugen Rückschlüsse auf die jeweilige positive Zeugenlage, also die den kritischen Text stützenden Zeugen.

---

1 Vgl. J. W. Wevers (Hg.), Genesis, Septuaginta. Vetus Testamentum Graecum auctoritate Academiae Scientiarum Gottingensis editum, Bd. I, Göttingen 1974, 63.

Ist der Text eines Zeugen nur *fragmentarisch* erhalten, so wird der entsprechende Zeuge in Klammern gesetzt:

A C (818) *O* B-S-68′′-998 *L C′′ d k* al verss

Beginnt der Text eines Zeugen auf der betreffenden Seite, so folgt auf die (in Klammern gesetzte) Handschriftensigel ein kurzer waagerechter Strich:

A C (969-) *O* B-S-68′′-998 *L C′′ d k* al verss

Endet der Text eines Zeugen auf der betreffenden Seite, so geht der (in Klammern gesetzten) Handschriftensigel ein kurzer waagerechter Strich voran:

A C (-870) *O* B-S-68′′-998 *L C′′ d k* al verss

Fehlt in einer Hs. ein Textstück aus *äußeren* Gründen (z.B. wegen Blattverlusts), wird diese Hs. im Anschluss an ihre jeweilige Gruppe mit dem Minuszeichen versehen und hochgestellt notiert. Lässt z.B. Hs. 125 den Text wegen Blattverlusts aus, erscheint die Notierung „L^{-125}“. Dies bedeutet, dass die gesamte *L*-Gruppe außer Hs. 125, die zu *L* gehört, den fraglichen Text bietet:

A C O B-S-68′′-998 L^{-125} *C′′ d k* al verss

Welche Stellen die auf diese Weise markierten Hss. im Detail auslassen, ist den oben in Abschnitt A „Die Textzeugen“ gebotenen Handschriftenbeschreibungen zu entnehmen. Zu beachten ist, dass das Fehlen von 299 und 342 nach 7_{29} sowie das Fehlen von 705 nach 3_{12} und von 770 nach 1_{18} in der Kopfleiste nicht eigens vermerkt ist.

Die Abkürzung al (*alia manuscripta*) steht sowohl für die *codices mixti*, also die griechischen Hss., die keiner Textgruppe zugeordnet werden können, als auch für die Hss., die zu bruchstückhaft erhalten sind, als dass sie eine Klassifizierung erlauben (vgl. dazu oben die Abschnitte B VIII/IX).

Die Abkürzung verss (*versiones*) bezeichnet all diejenigen Tochterversionen, die den Text vollständig überliefern. Nur fragmentarisch erhaltene Übersetzungen, wie z.B. CPA, werden am Ende der Kopfleiste eigens aufgeführt.

III. Der erste Apparat (App I)

Im ersten, sog. Septuaginta-Apparat (App I), sind die Abweichungen vom kritischen Text, die im Griechischen in irgendeiner Weise Sinn ergeben, vollständig aufgenommen. Dabei geht es dem Herausgeber mehr um die vollständige Dokumentation als um die konsequente Auswahl wirklicher Varianten. Die *Aufgabe des ersten Apparates* besteht also darin, „vor allem die Textgeschichte des Buches so genau und so sinnvoll wie möglich darzustellen“.[1] Somit werden in App I auch die Fälle verzeichnet, in denen Abweichungen im Wortlaut aus bloßen Schreiberversehen resultieren und in irgendeiner (!) sinnvollen Gestalt dann weiter überliefert wurden.

Bei *Eigennamen* werden, da deren Transkription einen gesonderten Forschungsgegenstand darstellt, in App I sämtliche Varianten inklusive orthographischer Varianzen aufgeführt.

Grundsätzlich sind die Varianten in App I stets ohne Akzente notiert, der Lemmatext ist hingegen immer akzentuiert, was beim Lesen des ersten Apparates auf den ersten Blick den kritischen Text von Varianten unterscheiden lässt.

Gewöhnlich ist den Varianten der Abschnitt des rekonstruierten Textes, auf den sie sich beziehen, als Lemma vorangestellt, meist abgetrennt durch eine geschlossene eckige Klammer „]“. In eindeutigen Fällen können die Varianten allerdings auch ohne Lemma-Angabe notiert sein. Weichen Hss. innerhalb der Bezeugung einer Variante voneinander ab, so sind diese Abweichungen als Untervarianten im Apparat mitnotiert. Dabei wird die Untervariante mit Angabe der sie überliefernden Hs. in runde Klammern gesetzt. Diese Hs. erscheint noch ein zweites Mal in der Gesamtauflistung der Zeugen für die Variante.

Sofern es dem Herausgeber nötig schien, *positive Zeugen* über die Kopfleiste hinaus in Bezug auf bestimmte Varianten anzuführen (z.B. wegen des leichteren Überblicks über die Zeugenlage oder ihrer Bedeutung für die Textkritik), werden diese links von der eckigen

---

[1] J. W. Wevers/U. Quast (Hgg.), Exodus, Septuaginta. Vetus Testamentum Graecum auctoritate Academiae Scientiarum Gottingensis editum, Bd. II,1, Göttingen 1991, 446.

Klammer aufgeführt, während rechts von der eckigen Klammer die *negativen Zeugen* (für die jeweiligen Varianten) stehen.

Die *Reihenfolge des Lemmas* gestaltet sich innerhalb des Apparates folgendermaßen: Im Anschluss an den Lemmatext folgen zuerst längere, dann kürzere Satzelemente und schließlich einzelne Wörter.

Die jeweiligen Zeugen für eine Variante werden immer in folgender Reihenfolge geboten:

A C 818 870 969 992 3010 *O* B-S-68′′-998 *L* *C′′* *d* *k* al verss patres

a) die Majuskeln A und C in alphabetischer Reihenfolge;
b) die Papyri nebst Hs. 3010 in numerischer Anordnung;
c) die Zeugen der hexaplarischen Rezension (*O*);
d) die Zeugen des ägyptischen Texttyps (B-S-68′′-998);
e) die Zeugen der lukianischen Rezension (*L*);
f) die Zeugen des Catenentextes (*C′′*);
g) die Zeugen der Textfamilien *d* und *k*;
h) die *codices mixti* (al);
i) die alten Übersetzungen (verss) in der Reihenfolge La (La$^{94\ 95\ 160}$ Hi) Syh CPA Co (Fa Sa) Aeth Geo Arm Arab;
j) die patristische Bezeugung (patres):
   – griech. Eccl.-Kommentare (Dion Evag Did GregNy PsChry Ol Me),
   – griech. Kirchenschriftsteller in alphabetischer Reihenfolge, lat. Kirchenschriftsteller in alphabetischer Reihenfolge;
k) mit Doppelpunkt (:) oder Gleichheitszeichen (=) abgetrennt:
   – Druckausgaben,
   – formale Übereinstimmung mit der hebräischen Texttradition (**𝔐 𝔔 𝔖 𝔙**),
   – kommentierende Hinweise des Herausgebers.

Kirchenschriftsteller sind im Apparat nach ihren Ausgaben zitiert, wobei die jeweilige Referenzstelle zumeist hinter dem Kürzel des Kirchenschriftstellers angegeben ist (vgl. oben die Abschnitte A II-1-3 und A III). Zahlen, die sich hinter einem Kirchenschriftstellerkürzel finden, stehen deshalb – entsprechend der vorgegebenen Reihenfolge der Zeugen – nie (!) für Minuskelhandschriften.

IV. Der zweite Apparat (App II)

Im zweiten, sog. Hexapla-Apparat, sind Lesarten notiert, die nicht der eigentlichen Septuaginta-Tradition zugerechnet werden, sondern – üblicherweise in Form von Randnoten in den Hss. – Material der jüngeren griech. Übersetzer tradieren. Die dem zweiten Apparat zugrunde liegende Theorie sowie die hierfür ausgewerteten Quellen sind oben in Abschnitt B X ausführlich erläutert.

Die Lesarten in App II und der kritische Text selbst sind mit Akzenten und Spiritus versehen. Dieses Vorgehen dient vor allem zur Verdeutlichung, dass das in App II zitierte Material eben keine Zusammenstellung von Varianten aus der Septuaginta-Tradition ist, „sondern vielmehr eine solche von Lesarten aus anderen Traditionen, vornehmlich der Drei, die die Textgestalt der LXX beeinflußt haben können“.[1]

Lesarten der jüngeren griech. Übersetzer, die aus den Kommentartexten der Catenenhss. stammen, werden mit einem hochgestellten „com“ gekennzeichnet. Ließ sich der Kommentartext einem bestimmten Kirchenschriftsteller zuweisen, ist zusätzlich der Name angegeben. Lesarten innerhalb der Catene, die nicht in einem Kommentar stehen, werden mit einem hochgestellten „cat“ gekennzeichnet.[2]

Angemerkt werden sollte, dass sich Zitate aus Hss. im ersten Apparat, sofern es nicht anders notiert ist, immer auf den Text beziehen, im zweiten Apparat immer auf die Randlesarten.

V. Die Kolometrie und Stichometrie der Ausgabe

Kolometrie und Stichometrie beziehen sich, besonders in der Poesie, auf die Texteinteilung in Kola oder Zeilen. Joseph Ziegler, der die Vorarbeiten für diese Edition leistete, folgte im Wesentlichen der Kolometrie von Rahlfs' Text. Trotzdem wurde die Kolometrie dieser

---

[1] J. W. Wevers (Hg.), Genesis, Septuaginta. Vetus Testamentum Graecum auctoritate Academiae Scientiarum Gottingensis editum, Bd. I, Göttingen 1974, 60.

[2] Vgl. hierzu die Grafik in Schäfer, Benutzerhandbuch 1, 42.

Ausgabe so korrigiert, dass sie nun *Codex Alexandrinus* folgt, da es in Ecclesiastes Belege dafür gibt, dass es sich bei der Stichometrie der Hs. A um eine alte Tradition handelt. So folgt z.B. die Kolometrie in A bei 8_{17} der Akzentuierung in 𝔐, während die Stichometrie von Rahlfs dies nicht tut.

Um die Stichometrie nun in Übereinstimmung mit A zu bringen und gleichzeitig ein kolometrisches System anzuwenden, das nicht im Widerspruch zur traditionellen Texteinteilung, wie sie Rahlfs bietet, steht, wurden Zeilen im kolometrischen System von A, die zur vorherigen Zeile gehören, in dieser Ausgabe eingerückt. Dies behält die Zeileneinteilung von Rahlfs bei und erlaubt es der Leserin und dem Leser, die Tradition von A zu studieren. An den folgenden Stellen war dies allerdings nicht möglich, so dass die Einteilung der Zeilen im Text geändert wurde:

Handausgabe (1935/2006)		*Die vorliegende Ausgabe*
2_{13ab}	→	2_{13a-c}
2_{14cd}	→	2_{14cd}
2_{24bc}	→	2_{24bc}
2_{26a-g}	→	2_{26a-f}
3_{1b-2a}	→	3_{1b-2a}
3_{11c-d}	→	3_{11c-d}
3_{16a-d}	→	3_{16a-c}
$3_{18c-d-19a}$	→	$3_{18c-e-19a}$
3_{22a-d}	→	3_{22a-e}
5_{8ab}	→	5_{8ab}
8_{15d-f}	→	8_{15ef}
8_{17b-f}	→	8_{17b-e}

Dadurch dass der Kolometrie von *Codex Alexandrinus* gefolgt wird, kann die Leserin und der Leser, die und der an der Rezeptionsgeschichte des Textes interessiert ist, auf einfache Weise verfolgen, wie der Text zu einer früheren Zeit aufgefasst wurde.

E Grammatica et Orthographica

Falsche Initialen

1$_{10b}$ *ἤδη*] *αδη* 336
3$_{12b}$ *εἰ*] *τι* 336
5$_{1a}$ *μή*] *η* 336
5$_{3a}$ *καθώς*] *αθως αν* 336
5$_{3b}$ *μή*] *εη* 336
5$_{7a}$ *Ἐάν*] *Καν* 336
5$_{12b}$ *πλοῦτον φυλασσόμενον*] pr *ο* 336
5$_{17d}$ *ἐν π. μ. αὐτοῦ*] pr *ο* 336
7$_{11a}$ *ἀγαθή*] *γαθη* 311
8$_{10e}$ *καί* 5°] *αι* 336
9$_{2f}$ *ὡς*] *τως* 336
11$_{1a}$ *ἀπόστειλον*] pr *ο* 336
11$_{5c}$ *οὕτως*] *τουτως* 336

Majuskelfehler

Θ → C **5**$_{2}$ *πλήθει*] *πλησει* 155 — **9**$_{2}$ *θυσιάζοντι* 1° 2°] *συσιαζοντι* 336′
11$_{3}$ *πληρωθῶσιν*] *πληρωσωσιν* 155
O → Θ **11**$_{9}$ *ὁράσει*] *θρασει* 68
Π → T **6**$_{3}$ *εἶπα*] *ειτα* 602 — **7**$_{23}$ *εἶπα*] *ειτα* 125-261-545 390
T → Π **8**$_{5}$ *ἐντολήν*] *ενποληv* V.

Wechsel der Vokale: Thack. 6$_{2-47}$

ε → *α*: Thack. 6$_{6}$

4$_{10}$ *ἐγεῖραι*] *αγ.* 415.

α ↔ *η*: Thack. 6$_{7-8}$

3$_{5}$ *περιλήμψεως*] *-λαμψ.* 357 — **7**$_{3}$ *ἀγαθυνθήσεται*] *ηγ.* 698 — **7**$_{10}$ *ἐπηρώτησας*] *-τασας* 998 — **9**$_{2}$ *συνάντημα*] *-ταμα* 998 — **9**$_{7}$ *ἀγαθῇ*] *-θα* V — **10**$_{4}$ *μεγάλας*] *-λης* 125 698 — **10**$_{8}$ *δήξεται*] *δαξ.* 698 — **11**$_{6}$ *στοιχήσει*] *στοχασει* Dam^{ap} — **12**$_{6}$ *πηγήν*] *παγην* 795.

α ↔ ο: Thack. 6₉

2₇ *γενομένους*] *γεναμ.* Did — **3₁₄** *ἀφελεῖν*] *οφ.* 336 — **4₁₂** *ἀπορραγήσεται*] *απαρρ.* 754 — **9₉** *ματαιότητος*] *-τας* *k* — **12₅** *θάμβος*] *θομβος* V — **12₆** *συντροχάσῃ*] *-χοσει* 797 Hipp^A

αι → α: Thack. 6₁₀

10₈ *καθαιροῦντα*] *καθαρ.* 562 571^c; *καθαρουνται* 125′ Ald — **10₁₉** *εὐφραίνει*] *ευφρανει* V.

αι ↔ ε: Thack. 6₁₁; vgl. Thack. 5 (S. 69)

αι → ε:

καιρός (40 mal in Eccl)] *κερος* 998 (30 mal), C (4 mal), A (2 mal) — *ματαιότης* (36 mal in Eccl)] *ματεοτης* 998 (5 mal) —— **1₆** *περεύεται*] *-τε* C — **1₇** *περεύονται*] *-τε* 998 — **1₁₀** *καινόν*] *κενον* V-253 336′ 548 998 — **1₁₃** *περισπᾶσθαι*] *-σθε* 998 — **1₁₇** *προαίρεσις*] *διεραισις* 998 — **2₇** *παιδίσκας*] *πεδ.* 998 — **2₁₂** *ἐπελεύσεται*] *-τε* A — **2₁₆** *ἀποθανεῖται*] *-νιτε* 998 — **2₂₀** *ἀποτάξασθαι*] *-σθε* 998 — **2₂₂** *προαιρέσει*] *προερεσι* 998 — **2₂₆** *προσθεῖναι*] *-θινε* 998 — **3₂** *ἐκτῖλαι* Did Ol^lc Dam^ap] *-λε* 645(*εκτειλε*) 998 — **3₃** *ἀποκτεῖναι*] *-κτινε* 998 — **3₈** *μισῆσαι*] *-σε* 998 — **3₁₃** *πίεται*] *-τε* 261 — **3₁₄** 87 *ἔσται*] *εστε* 998 — **3₂₁b** *ἀναβαίνει*] *-βενει* 998; *-βεννει* 336 — **3₂₁d** *καταβαίνει*] *-βενει* 998; *-βεννει* 336 — **4₄** *ἑταίρου*] *ετερου*, siehe App. Vgl. Walters S. 59f — **4₁₀** *ἐγεῖραι*] *-ρε* 998 Ol^Z — **4₁₂** *ἐπικραταιωθῇ*] *-τεωθη* 998 — **4₁₆** *εὐφρανθήσονται*] *-τε* 998 — **5₁** *ἐξενέγκαι*] *-γκε* 795 Dam^ap — **5₁₃** *ἀπολεῖται*] *-λιτε* 998 — **7₁** *ἔλαιον*] *ελεον* A O B-S-68 *k* alii — **7₁₀** *αἱ πρότεραι*] *ε προτ.* 998 — **7₁₃** *κοσμῆσαι*] *-σε* 601 — **7₁₅** *ἡμέραις*] *-ρες* 425* — **7₂₆** *ἐξαιρεθήσεται*] *εξερεθ.* A C 299 542 637 Did^lem; *εξεραιθ.* Did^com Ol^Z — **7₂₆** *συλλημφθήσεται*] *-τε* 998^c — **8₁** *ἀναισής*] *ανεσης* 411 560 637 998 — **8₁₁** *ποιῆσαι*] *-σε* 998 — **8₁₇** *ζητῆσαι*] *σε* 998 — **8₁₂** *ἔσται*] *εστε* S^c — **9₈** *ἔλαιον*] *ελεον* V 261-545 alii — **10₁** *ἐλαίου*] *ελεου* Did — **10₈** *καθαιροῦντα*] *καθερ.* S 998; *καθεροντα* 336 — **10₉** *ἐξαίρων*] *εξερων* Did — **10₁₆** *οὐαί*] *ουε* Did — **10₁₇** *αἰσχυνθήσονται*] *εσχ.* 411* 645* 998 — **11₉** *Εὐφραίνου*] *-φρενου* S 998.

ε → αι:

1₁₁ *ἐσχάτην*] *αισχ.* 443* 645 — **2₁₀** *ἐγένετο*] *εγεναιτο* 998 — **2₁₁** *χεῖρες*] *χειραις* 645* — **5₁** *ταχυνέτω* S A alii (*ταχυνατω* B alii)] *ταχυναιτω* V — **5₁** *σπεῦδε*] *-δαι* V* Dam^ap — **7₁₀** *ἡμέραι*] *ημαιραι* 609* — **7₂₁** *σε*] *σαι* 998 — **7₂₅** *κατασκέψασθαι*] *-σκαιψασθαι* Did — **9₇** *φαγε*] *φαγαι* 261 — **9₁₈** *ἀπολέσαι*] *-λαισει* Did — **10₁₆** *ἐσθίουσιν*] *αισθ.* V — **11₃** *ὑετοῦ*] *υαιτου* 998 — **11₃** *ἐκχέουσιν*] *εκχαιουσιν* Did — **12₂** *ἀστέρες*] *-ραις* 139* 357* — **12₃a** *φύλακες*] *-καις* 560

— $\mathbf{12}_{3b}$ *ἄνδρες*] *-ραις* 609 — $\mathbf{12}_{4}$ *θυγατέρες*] *-ραις* 139* 411 425* 443* 543 545 601-609-797* 998 Hipp^{A} — $\mathbf{12}_{11}$ *ποιμένος*] *ποιμαινος* 795 — $\mathbf{12}_{13b}$ *φύλασσε*] *φυλασσαι* 359.

ε ↔ *η*: Thack. $6_{14\text{-}17}$

$\mathbf{1}_{8}$ *δυνήσεται*] *-σηται* 728[1] — $\mathbf{2}_{14d}$ *συναντήσεται*] *-σηται* 299; *-σεως* 125 — $\mathbf{3}_{19b}$ *συνάντημα*] *-τεμα* 601^{c} — $\mathbf{7}_{13}$ 253 503 645 728 — $\mathbf{7}_{26}$ *ἐξαιρεθήσεται*] *εξαιρηθ.* 728 — $\mathbf{7}_{27}$ *εἶπεν*] *ειπην* 534 — $\mathbf{11}_{6}$ *ἀφέτω*] *αφητω* *k* 534 542 602 613 766^{A} — $\mathbf{11}_{8}$ *ζήσεται*] *ζησηται* 260 Ol^{ΔΙΜ}.

ε ↔ *ι*

$\mathbf{2}_{16}$ *ἐπελήσθη*] *επιλ.* 296 698 — $\mathbf{4}_{1}$ *ἐπέστρεψα*] *επιστρ.* A Ald — $\mathbf{6}_{10}$ *τι*] *τε* V — $\mathbf{9}_{12}$ *ἐπιπέσῃ*] *επεπεση* 543.

ε ↔ *ει*: Thack. $6_{18\text{-}19}$

$\mathbf{4}_{1}$ *γενομένας*] *γειν.* S^{c} V — $\mathbf{7}_{22}$ *πλειστάκις*] *πλεστ.* 130 — $\mathbf{7}_{27}$ *εἶπεν*] *ειπειν* C — $\mathbf{8}_{11}$ *γινομένη* (*γεν.* *L*)] *γεινομενη* S V 998.

η ↔ *ει*: Thack. $6_{20\text{-}21}$

η → *ει*:

$\mathbf{3}_{6}$ $\mathbf{7}_{25}$ *ζητῆσαι*] *ζητεισαι* 797 — $\mathbf{3}_{16}$ *εὐσεβής*] *-βεις* 560 — $\mathbf{4}_{10}$ *ᾗ*] *ει* 261 637 728 — $\mathbf{5}_{2}$ *πλήθει*] *πλειθει* 130 — $\mathbf{5}_{3b}$ *χρονίσῃς*] *-νησεις* 795 — $\mathbf{5}_{6a}$ *ἐν πλήθει*] *εν πληθη* 560 — $\mathbf{7}_{15}$ *ἀσεβής*] *-βεις* 252* 299 357 534 — $\mathbf{7}_{21}$ *μὴ θῇς*] *μη θεις* *L*$^{-106\ 130}$ 795 — $\mathbf{7}_{24}$ *ἦν*] *ειν* 645* — $\mathbf{8}_{1}$ *ἀναιδής*] *-δεις* 795 — $\mathbf{8}_{3}$ *πορεύσῃ*] *-σει* 728 — $\mathbf{11}_{5}$ *γνώσῃ*] *-σει* 261 336′ 371 543 571* 602 609 631 637 PsChr Ol^{Z} Dam^{ap} — $\mathbf{12}_{4}$ *ταπεινωθήσονται*] *-θεις.* 253.

ει → *η*:

$\mathbf{1}_{3}$ *μοχθεῖ*] *μοχθη* V 734[2] — $\mathbf{1}_{5}$ *δύνει*] *δυνη* 732 797 — $\mathbf{1}_{6}$ *ἐπιστρέφει*] *-φη* 560 — $\mathbf{1}_{10}$ *λαλήσει*] *-ση* 106-130 443 — $\mathbf{1}_{18}$ *ἐν πλήθει*] *εν πληθη* 299 443* 548 609[3] — $\mathbf{2}_{7b}$ *οἰκογενεῖς*] *οικογενης* 601* — $\mathbf{2}_{16}$ *ἀποθανεῖται*] *-νηται* V 155 — $\mathbf{2}_{24}$ *δείξει*] *δειξη* *k* 147 336 357 543 562 571 GregNy^{ap} Dam^{ap} — $\mathbf{2}_{26}$ *προσθεῖναι*] *-θηναι*

---

1 Ebenso $\mathbf{6}_{10}$ 728 Ol^{Z}.

2 Ebenso $\mathbf{2}_{22}$ 296′ 299 357 543 560 601* 637 795 797^{c}, $\mathbf{3}_{9}$ 254* 296* 443* 534, $\mathbf{5}_{15}$ 390 766^{B}.

3 Ebenso $\mathbf{5}_{2b}$ 253, $\mathbf{5}_{6}$ 560, $\mathbf{5}_{9}$ 253 371 560, $\mathbf{11}_{1}$ 253 336.

139-560-571 157-797* 252 261 296′ 336 357 534 539 543 645^{c} 706 754 795 Greg-Ny^{ap} Ol^{Z} Dam^{ap} Anton^{ap}[1] — **3**15 *ζητήσει*] -*ση* 797 — **3**17 *κρινεῖ*] *κρινη* 797^{c} — **4**10 *ἐγείρει* S A alii (*εγερει* B alii)] *εγειρη* *cII*$^{-561}$ 261 390 — **5**14b *ἐπιστρέψει*] -*ψη* 543 — **5**16a *πένθει*] -*θη* 560 — **6**2b *ἐπιθυμήσει*] *επιθυμηση* 706 — **7**19 *βοηθήσει*] -*ση* 571 733 766^{A} 797^{c} (-*θειση* 797*) — **7**22 *πλειστάκις*] *πληστ.* 560 601 637 706; *πληστακης* 609 — **7**22 *κακώσει*] -*ση* 157 — **8**3 *ποιήσει*] -*ση* 542 562 601 637 Ol^{I} Dam^{ap} — **8**13 *τῷ ἀσεβεῖ*] *τω ασεβη* 795[2] — **8**17 *εὑρήσει*] -*ση* 425 637 Met — **9**9c *δοθείσας*] -*θησας* 254* 548 560 706 997 — **9**9f *μοχθεῖς*] -*θης* 296′ 336′ 359 — **9**17 *ἐν ἀναπαύσει*] *εν αναπαυση* 68 795 — **9**18 *ἀπολέσει*] -*ση* 125 645 — **10**4 *καταπαύσει*] -*ση* 371 443 548 602 609 797^{c} — **10**9 *κινδυνεύσει*] -*ση* 795 Ol^{Z} — **10**20a *συνειδήσει*] -*ση* 637 795 797 Ald; *συνηδησει* C — **10**20c *πετεινόν*] *πετηνον* 254 — **11**3 *πεσεῖται*] *πεσηται* 637 — **11**4 *θερίσει*] -*ση* 637 Did^{com} (-*σι* Did^{lem}) — **11**6 *στοιχήσει*] -*ση* S — **11**9 *περιπάτει*] -*τη* 359 560.

η ↔ *ι*: Thack. 6₂₃

κτῆσις–κτίσις. Siehe App. zu **2**7c; vgl. Walters S. 219f.
ἐκτησάμην–ἐκτισάμην. Siehe App. zu **2**7a; vgl. Walters S. 220–25.

η → *ι*:

214 *συνάντημα*] -*τιμα* 253 299 543 548 795[3] — **2**14 *συναντήσεται*] -*τισεται* 543 — **4**2 *ἤδη*] *ιδη* V — **5**11 *πλουτῆσαι*] -*τισαι* *k* 106-261 357 443 534 637 645 — **6**2 *ἐπιθυμήσει*] -*μισει* 637 — **7**5 *ἐπιτίμησιν*] -*μισιν* 390 — **7**6 *λέβητα*] *λευιτα* 631* (*λευητα*^{c}) — **7**10a *εἴπῃς*] *ειπις* 560 — **7**10c *ἐπηρώτησας*] *επιρ.* 299 — **8**17 *εὑρήσει*] *ευρισει* 296′ — **9**8 *ὑστερησάτω*] -*ρισατω* 261 — **9**12 *ἀμφιβλήστρῳ*] -*βλιστρω* 253 — **10**6 *καθήσονται*] *καθισ.* C^{p} *cII* *k* alii — **11**6 *ἀφήτω*] *αφιτω* A — **11**8 *ἔτη*] *ετι* 734[4] — **12**6 *πηγήν*] *πιγην* V.

ι → *η*:

26 *ποτίσαι*] *ποτησαι* 296′ 336 357 543 560 706 — **2**15 *ἐσοφισάμην*] *εσοφησ.* V-253 311 357 443* 543[5] — **2**17 *ἐμίσησα*] *εμησ.* 357 601[6] — **3**7 *μισῆσαι*] *μης.* 252 560

---

[1] Ebenso **3**14 139-571*-732 261 296*′ 336′ 337 339 411 539 543 706 795 797 Ol^{Z}* Ald.

[2] Ebenso **9**2 139* 637 706 732 795.

[3] Ebenso **2**15 645, **3**19a 543 795, **3**19b 795, **3**19c 601 795, **9**2 253 357, **9**3 253 357 548 560 645.

[4] Ebenso **12**1 125-261-545*.

[5] Ebenso **2**19 V 543.

[6] Ebenso **2**18 560 601 609.

609 — **4**4c *ανδϱι*] *ανδϱη* 155 — **5**3 *χϱονίσῃς*] *-νησης* 543 706 733 — **5**3b *χϱονίσῃς*] *-νησεις* 795 — **7**5 *ἐπιτίμησιν*] *επιτημ.* C; *επιστημ.* 698 — **7**7 *πεϱιφέϱει*] *πεϱηφεϱι.* V* (*πεϱιφεϱι*^{c}) — **7**12 *σκιά*] *σκηα* 645 — **8**10 *ἀντίϱϱησις*] *αντηϱϱ.* 253 560 734; *αντηϱισις* 357 — **9**10 *δύναμις*] *-μης* V — **9**16 *δύναμιν*] *-μην* 601 — **10**11 *ψιθυϱισμῷ*] *ψηθ.* *k* 125 637 — **10**16 *πόλις*] *πολης* V — **11**4 *θεϱίσει*] *θεϱησει* 253 296´ 336´ 415 543 706 795 — **11**9 *γνωθι*] *-θη* 253 357 — **12**1 *κτίσαντος*] *κτησ.* 359 543 Compl — **12**6 *συνθλιβῇ*] *-θληβη* 543 — **12**9 *ἐξιχνιάσεται*] *εξηχ.* A 795.

ι ↔ *ει*: Thack. 6 24-26

ι → *ει*:

114 *πϱοαίϱεσις*] *-σεις* A C V[1] — **2**1 *ἰδού*] *ειδου̣* 998 — **2**7 *κτῆσις*] *-σεις* A V 562 GregNy^{ap}; *κτισεις* 125 — **2**12 *τίς*] *τεις* V — **2**17 *ἐμίσησα*] *εμ̣εισασα* S 411*-637[2] — **2**18 *γινομένῳ*] *γειν.* S[3] — **2**18 *ἀφίω*] *αφειω* 157 734 788 — **2**21 *γίνεται*] *γείν.* S V — **3**2 *ἐκτῖλαι*] *εκτειλαι* *O* B-68-S A C 139-299-732 248 296´ 311 339 357 425 542 543 547 706 728 734 788 GregNy^{ap} Dam^{te}; *εκτειλε* 645 = Ald; *εκτειλλαι* Ol^{ΑΓΘ} — **3**13b *ἴδῃ*] *εισῃ* 562 734 Did GregNy^{ap} — **3**18 *λαλιᾶς*] *λαλειας* A V 706 998 — **3**18 *διακϱινεῖ*] *-κϱεινι* 998 — **4**10 *ἑνί*] *ενει* V — **5**1 *παϱαγίνεται*] *παϱαγειν.* S V — **5**7 *ἴδῃς*] *ειδης* A V 443* Met — **5**11 *ἀφίων*] *αφειων* V 296´ 734 — **6**6 *χιλίων*] *χειλ.* B* Did — **6**12 *σκιᾷ*] *σκεια* Did — **7**3 *κακίᾳ*] *κακεια* 998[4] — **7**13 *ἴδε*] *ειδε* *k* 706 998 Did[5] — **7**14 *ζῆθι*] *ζηθει* A V-637 Did — **7**16 17 *γ̣ίνου*] *γεινου* S V — **7**22 *πλειστάκις*] *-κεις* 998; *πλιστακεις* A V — **7**27 A C 357 545* 706 728 766 Did PsChr — **7**28 *χιλίων*] *χειλεων* Did — **7**29 706 728 Did — **8**1 *μισηθήσεται*] *μεις.* S V Did — **8**5 *γινώσκει*] *γειν.* S V — **8**12 *γινώσκω*] *γειν.* S — **8**16 *νυκτί*] *νυκτει* V — **9**1 *μῖσος*] *μεισας* S 637[6] — **9**5 *γινώσκοντες*] *γειν.* V — **9**8 *ἱμάτια*] *ειματια* V — **9**11 *γινώσκουσιν*] *γειν.* V — **9**12 *παγίδι*] *-δει* S V — **9**14 *μικϱά*] *μεικϱα* S — **10**4 *ἴαμα*] *ειαμα* 998 — **10**9 *σχίζων*] *σχειζων* Did — **10**18 *δόκωσις*] *-σιες* A — **11**2 6 *γινώσκεις*] *γειν.* V — **11**5 *γινώσκων*] *γειν.* V — **11**5 *γαστϱί*] *γαστϱει* V — **11**9 *γνῶθι*] *γνωθει* A — **12**5 *ἀκϱίς*] *ακϱεις* V.

---

1 Ebenso **1**17 **2**26 **4**4 **4**16 **6**9 V, **2**11 A, **2**17 A V.

2 Ebenso **2**18 637.

3 Ebenso **8**11 S V 998.

4 Ebenso **7**15 609.

5 Ebenso **7**14b 1° 706 (om 253-637 *k* alii Ra.) **7**14b 2° 443 706 Did.

6 Ebenso **9**5 637.

ει → ι:

13 *μοχθεῖ*] *-θι* 998[1] — **1**5 *ἀνατέλλει*] *-λλι* 998 — **1**8 *λαλεῖν*] *λαλιν* C Did — **1**19 *ἄξει*] *αξι* C 261 998 Did[2] — **2**12 *ἰδεῖν*] *ιδιν* V 603 — **2**21 *δώσει*] *-σι* 998[3] — **3**2 *τεκεῖν*] *τεκιν* Did — **3**2 *ἀποθανεῖν*] *-νιν* S — **3**3 *οἰκοδομεῖν*] *-μιν* Did^{com} — **3**5 *βαλεῖν*] *βαλιν* Did — **3**6 *ἐκβαλεῖν*] *-λιν* A — **3**7 *λαλεῖν*] *λαλιν* Did — **3**14 *ἀφελεῖν*] *-λιν* 998 — **3**15 *ζητήσει*] *-σι* Did — **3**17 *κρινει*] *κρινι* S V Did — **3**18 *διακρινεῖ*] *-νι* S; *-κρεινι* 998 — **3**20 *ἐπιστρέφει*] *-φι* S Did — **4**13 *προσέχειν*] *-χιν* 998 — **5**14 *ἐπιστρέψει*] *-ψι* Did — **4**10a *ἐγερεῖ*] *-ρι* 155 336 342 357 534 548 Did — **5**14 *ἥκει*] *ηκι* Did — **5**17 *φαγεῖν*] *φαγιν* 998[4] — **6**2d *ἐπιθυμήσει* (*επιθυμει* A Dam)] *-μησι* 998; *-θυμι* Did — **6**2e *ἐξουσιάσει*] *-σι* Did^{lem} — **6**12 *ἀπαγγελεῖ*] *απαγγελλι* 998[5]; *απαγγελι* Did — **8**4 *ποιήσεις*] *-σις* S Did — **8**7 *ἀναγγελεῖ*] *-γγελι* Did; *-γγε*]*λλι* 998[6] — **7**7 *περιφέρει*] *-ρι* V^{c} (*περηφερι* V*) 998 Did — **7**12 *ζωοποιήσει*] *-σι* Did — **7**19 *βοηθήσει*] *-σι* Did — **7**20 *ποιήσει*] *-σι* Did — **7**24 *εὑρήσει*] *-σι* Did — **7**27 *εὑρεῖν*] *ευριν* 998 Did[7] — **8**4 *ἐρεῖ*] *ερι* Did — **8**13 *μακρυνεῖ*] *-νι* 998 — **8**16 *ἰδεῖν*] *ειδιν* 998* (*ιδιν* 998^{c}) — **9**4 *κοινωνεῖ*] *κυνωνι* 998 — **9**9 *μοχθεῖς*] *-θις* V 998 — **9**18 *ἀπολέσει*] *-σι* 998 — **10**3 *ὑστερήσει*] *-σι* 998 Dam — **10**4 *καταπαύσει*] *-σι* Did — **10**9 *κινδυνεύσει*] *-σι* Did — **10**10 *δυναμώσει*] *-σι* 998 Did — **10**14 *πληθύνει*] *-νι* Did — **10**15 *κακώσει*] *-σι* Did — **10**20 *ἀποίσει*] *-σι* Did; *απεισι* 766 — **11**4a *σπερει*] *-ρι* 998 Did^{lem} — **11**4b *θερίσει*] *-σι* Did^{lem} (*-ση*^{com}) — **11**7 *βλέπειν*] *-πιν* A 998 Did — **11**9 *περιπάτει*] *-τι* Did^{lem} — **12**1 *ἐρεῖς*] *ερις* A 998 Did^{lem}.

Nomina mit der Endung *-ία -εια*: Thack. 626

512 *ἀρρωστία*] *-στεια* B* Dam^{ap} [8] — **7**7 *συκοφαντία*] *-τεια* A — **10**18bα *ἀργία*] *αργεια* B*-S A C V 296′ 336′ 390 540 542 549 734 797 GregNy^{ap} — **10**18bβ *οἰκία*] *οικεια* C 130* 336 337 Dam^{ap} — **12**6 *ὑδρία*] *υδρεια* B* 296′ 542 Hipp^{A}.

ει → ι:

13 *περισσεία*] *περισσια* A C V 998; *περισια* 336 — **1**7a *χείμαρροι*] *χιμ.* B* A V 998[9] — **2**1 *πειράσω*] *πιρ.* S V 998 — **2**5 *παραδείσους*] *διδους* S A V 609 998 Co —

---

1 Ebenso **5**15.

2 Ebenso **3**22 **12**14 998.

3 Ebenso **6**2a 998 Did^{lem}, **7**2 998 Did.

4 Ebenso **8**15 S.

5 Ebenso **10**20 998.

6 Ebenso **10**14 *ἀναγγελεῖ* (*απαγγελει* C alii)] *αναγγελλι* 998; *απαγγελι* Did.

7 Ebenso **8**17c **8**17h A 998; **12**10 S A.

8 Ebenso **5**15 B*, **5**16 B* 357 631, **6**2 B* Ald; *-σθεια* 998 **5**12 15 16 (**6**2 998 zerstört).

9 Ebenso **1**7c B* A 998.

2$_{10}$ *ἀφεῖλον*] *αφιλον* S Did — **2**$_{11}$ *περισσεία*] *περισσια* A 645 — **2**$_{13a}$ *περισσεία*] *περισσια* S 645 998 — **2**$_{13b}$ *περισσεία*] *περισσια* 998 — **2**$_{14}$ *σκότει*] *σκοτι* S A V 998 GregNy^{ap} [1] — **2**$_{16}$ *ἀποθανεῖται*] *-νιται* S; *-νιτε* 998 — **2**$_{20}$ *προσθεῖναι*] *-θινε* 998 — **2**$_{21}$ *γνώσει*] *γνωσι* 443* 998 — **2**$_{21}$ *ἀνδρείᾳ*] *ανδρια* S C V-411 155 299 336 342 357 547 562 609 754 795 797 GregNy^{Jr} — **2**$_{24}$ *χειρός*] *χιρος* 998 — **2**$_{24}$ *δείξει*] *διξει* S A C; *διξη* V — **3**$_{3}$ *ἀποκτεῖναι*] *-κτιναι* S; *-κτινε* 998 — **3**$_{8}$ *εἰρήνης*] *ιρ.* S — **3**$_{9}$ *περισσεία*] *περισσια* C Did — **3**$_{16bc\ 17a}$ et **11**$_{3}$ *ἐκεῖ*] *εκι* Did[2] — **3**$_{18}$ *δεῖξαι*] *διξαι* S V 998 Did — **4**$_{4}$ *ἀνδρείαν*] *ανδριαν* S A V-411 155 254 336′ 342 357 534 539 548 609 698 706 766^{A} Did — **4**$_{5}$ *χεῖρας*] *χιρας* S*[3] — **4**$_{8c}$ *περασμός* (*πειρασμός* A alii)] *πιρασμος* V — **4**$_{8h}$ *περισπασμός* (*πειρασμός* 155 503)] *πιρασμος* A V — **4**$_{10}$ *ἐγεῖραι*] *εγιραι* S* — **4**$_{16}$ *περασμός*] *πειρασμος* O^{-253} (*πιρ.* V) $L^{-(125)\ 130}$ 425-797-*cII* alii — **5**$_{2}$ *πειρασμοῖς*] *πιρ.* S V 998 — **5**$_{8}$ *περισσεία*] *περισσια* A S C 998 — **5**$_{10}$ *ἀνδρείᾳ*] *ανδρια* A C V-411 S^{c}; *ανδρι* S* 254′-357 371 411 698; *ανδριαν k* — **5**$_{13}$ *ἐκεῖνος*] *εκινος* Did — **5**$_{13}$ *περισπασμῷ* (*πειρασμῷ* C)] *πιρ.* S — **5**$_{13}$ *ἀπολεῖται*] *-λιται* S; *-λιτε* 998 — **5**$_{15}$ *περισσεία*] *περισσια* 998 Did — **6**$_{4}$ S A C V 157* 998 Did — **6**$_{8}$ *περισσεία*] *περισσια* S C 998 — **7**$_{7}$ *εὐγενείας*] *-νιας* C 534 — **7**$_{11}$ *περισσεία*] *περισσια* S C 998 Did — **7**$_{12}$ *περισσεία*] *περισσια* S C 998 Did — **7**$_{19}$ *πόλει*] *πολι* Did — **7**$_{22}$ *πλειστάκις*] *πλισταкις* B* Did; *πλιστακεις* A V — **7**$_{23}$ *ἐπείρασα*] *επιρ.* S V 998 Did — **8**$_{16}$ *περισπασμόν*] *πιρασμον* A — **9**$_{1}$ *εἰδώς*] *ιδως* A — **9**$_{3}$ *περιφέρεια*] *-ρια* C 390 542 548 563 637 Ol^{Z} — **9**$_{10}$ et **11**$_{6}$ *χείρ*] *χιρ* A 998 — **9**$_{17}$ *ἀναπαύσει*] *-σι* 998 Did — **10**$_{8}$ *ἐμπεσεῖται*] *-σιται* Did^{lem} 300,23 — **10**$_{10}$ *περισσεία*] *περισσια* S C 139* 534 998 Did — **10**$_{10}$ *ἀνδρείου*] *ανδριου* S A C V-411 548 645 706 Did — **10**$_{11}$ *περισσεία*] *περισσια* C 248* 534; *περισια* 998 Did — **10**$_{12}$ *χείλη*] *χιλη* S 998 Did — **10**$_{13}$ *περιφέρεια*] *-ρια* C V 542 998 Did; *-φορια* 357 — **10**$_{16}$ *ταπεινῷ*] *ταπινω* S A V 998 Did — **10**$_{17}$ *δυνάμει*] *-μι* V 998 — **10**$_{18}$ *χειρῶν*] *χιρων* S 998 — **10**$_{18}$ *ταπεινωθήσεται*] *ταπιν.* S C Did; *ταπινωθησονται* V — **10**$_{19}$ *ταπεινώσει*] *ταπιν* S* 998 Did — **10**$_{20}$ *συνειδήσει*] *-σι* 68 139* 443* Did; *συνιδησι* S 998 — **10**$_{20}$ *πετεινόν*] *πετινον* S V 998 Did — **11**$_{1}$ *πλήθει*] *πληθι* 601 609 998 Did — **11**$_{1}$ *ἀπόστειλον*] *-στιλον* S V 998 — **11**$_{3}$ *πεσεῖται*] *πεσιται* 998 — **11**$_{6}$ *σπεῖρον*] *σπιρον* 998 534 (*σπιρων*) Did^{lem} — **11**$_{9d}$ *ὁράσει*] *-σι* 998 Did — **11**$_{9e}$ *κρίσει*] *κρισι* 998 Did[4] — **12**$_{4}$ *κλείσουσιν*] *κλισ.* A C 998 Did — **12**$_{4}$ *ἀσθενείᾳ*] *-νια* V 998 Did Compl — **12**$_{4}$ *ταπεινωθήσονται*] *ταπιν.* S A V 998 Did — **12**$_{10}$ *ἀληθείας*] *-θιας* S.

---

1 Ebenso **5**$_{16}$ S C 998 Did.

2 Ebenso **3**$_{18}$ S Did.

3 Ebenso **7**$_{26}$ S 998.

4 Ebenso **12**$_{14}$ S.

ε ↔ ο: Thack. 6 27. Siehe zudem Majuskelfehler

44 *ζῆλος*] *ζηλες* 728 — **97** *δεῦρο*] *δευρε* 998 (*δευρου* corr ex *δευρε*) — **1013** *περιφέρεια*] *-φορια* 357 — **125** *ἀνθέμιον*] *ανθομοιον* 125′.

ο ↔ ω: Thack. 6 28-31

Der Schreiber der Minuskel 609 hat eine besondere Vorliebe für *ω*. So schreibt er an allen Stellen *ὑπὸ των ηλιον* (32 mal), *των αιωνα* (für *τὸν αἰῶνα* 14 216 311 14 96, *περισσων* (für *περισσόν*) 215 611 129 12, *περισπασμων* (für *περισπασμόν*) 113 226 310.

Wenn mehrere Minuskeln *ω* statt *ο* haben, dann ist 609 gewöhnlich dabei. Der umgekehrte Fall (*ω* → ο) ist selten: 113 17 *ἔδωκα*] *εδοκα* 609, 226 *ἔδωκεν*] *εδοκεν* 609, 76 *γέλως*] *γελος* 609.

ο → *ω*:

16 *νότον*] *νωτον* 425 Ol^{Z} — **16** *τὸ πνεῦμα*] *τω πν.* 560 645 — **18** *ἔγκοποι*] *εγκωποι* 68* 248 Compl — **19** *ὑπὸ τὸν*] *των* Ol^{l} — **19** *γεγονός*] *-νως* 253 261 504* 609 — **113** *τὸν οὐρ.*] *των* 248* 560 609 — **21** *δεῦρο*] *δευρω* 299 357 443* 548 609 645 — **218c** *τῷ γενησομένῳ*] *-σω.* 252* — **312** *ἀγαθόν*] *-θων* 645 609 — **313** *δόμα*] *δωμα* 261 357 548 609 Ol^{A}* — **315** *διωκόμενον*] *διοκωμενον* 571*; *διωκωμενον* 571^{c} — **316** *τόπον*] *τοπων* 645 — **320** *χοός*] *χωος* 543 998 — **41** *δάκρυον*] *-ων* V 503 — **42** *ἀποθανόντας*] *-νωτας* 645 — **413** *ἄφρονα*] *αφρωνα* 998 — **415** *εἶδον*] *ιδων* 998 — **417** *δόμα*] *δωμα* 390 543* 548 609 797* — **417d** *κακόν*] *κακων* 534 — **51** *λόγον*] *λογων* 560 — **52** *ἐνύπνιον*] *-νιων* 766 — **513** *ἀπολεῖται*] *απωλ.* 261 706 Ol^{AZ} — **516** *χόλῳ*] *χωλω* 311 (*k* Ol^{E} Sa^{l}) — **517** *ἀριθμόν*] *-μων* 68* 337 443 504* 543 609 — **518** *δόμα*] *δωμα* 543 548 609 797 — **68** *ἄφρονα*] *αφρωνα* 998 — **611b** *περισσον*] *-σων* 609 795 — **612** *ἀριθμόν*] *-μων* 248* 252 261-545 411 503* 645 797 — **75** *ἀκούοντα*] *ακουωντα* 998^{c} — **77** *εὐτονίας*] *εὐτωνίας* 543 — **710** *τὸ ἀντέχεσθαι*] *τω αντ.* 261 637 — **711** *κληροδοσίας*] *κληρωδ.* 337 — **712** *ζεοποιήσει*] *ζοωπ.* 68 Ald — **719** *ἐξουσιάζοντας*] *-ζωντας* V — **722** *καθόδους*] *καθωδους* 254 — **723** *σοφισθήσομαι*] *-σωμαι* 609 — **726a** *πικρότερον*] *πικρωτερον* 645 — **85** *πονηρόν*] *-ρων* 609 645* — **85** *ἐντολήν*] *εντωλην* 601 — **811** *ἐπληροφορήθη*] *-ρωφ.* 254* 571 Ol^{Z} — **92** *τὸν ὅρκον*] *των ορκον* 609 Ald; *των ορκων* Dam^{ap} 68 — **94** *λέοντα*] *λεωντα* 261 — **97** *δεῦρο*] *δευρω* 261 — **918** *ἀπολέσει*] *απωλ.* 248* 261 540 571 609 797* Ol^{Z} — **106** *ἐδόθη*] *εδωθη* 253 357 425 609 795 — **107** *ὀρύσσων*] *ωρυσσων* 261 — **1012** *ἄφρονος*] *αφρωνος* 998 — **1017** *φάγονται*] *φαγωνται* 46′ 147^{c} 766^{A} 797 Dam^{ap} — **1020** *λόγον*] *λογων* 295 — **1020b** *πλούσιον*] *-σιων* 766^{B} 795 — **1020c** *πετεινόν*] *-νων* 797 — **112** *δός*] *δως* 336 543 797* — **116** *τοῦτο ἢ τοῦτο*] *τουτω η τουτω* 311 — **116** *σπεῖρον*] *-ρων* 261 637 534 (*σπιρων*) Ol^{E} — **119** *ἄμωμος*] *αμωμως* 254-754 Antioch 1485 — **125** *ἀγορᾷ*] *αγωρα* Hipp^{A} — **125** *ὄψονται*] *οψωνται* 543 — **125f** *κοπτόμενοι*] *κοπτωμενοι* 475.

ω → ο:

16c *κυκλῶν*] *-λον* 254 — **1**13e *ἔδωκεν*] *εδοκεν* 252 — **2**6 *βλαστῶντα*] *βλαστοντα* 296′ 560 609 — **2**15 *ἄφρων*] *αφρον* 125 — **4**1 *συκοφαντουμένων*] *-νον* 253 609 — **4**5 *ἄφρων*] *αφρον* 609 — **4**8 *ἀγαθωσύνης*] *-θοσ*. O^{-V} 68 261 296′ 299 311 357 390 425 534 543 545 560 645 706 766^{B} 795 Did Met Ol — **5**5 *μὴ δῷς*] *μη δος* 253 311 601-609 795 Met Dam^{ap} — **5**10 *ἀγαθωσύνης*] *-θοσ*. 261 357 411 415 425 543 548 549 560 631 766^{B} 795 Did Met^{ap} Ol — **5**11 *ἀφίων*] *αφιον* 766^{B} — **5**17 *ἀγαθωσύνην*] *-θοσ*. 46^{s}-631* 261 253 296′ 299 339 357 534 543 549 560 637 645 795 Ol — **6**2 *ὑστερῶν*] *-ρον* 336 357 547 609 766 Dam^{ap} — **6**3 *ἀγαθωσύνης*] *-θοσ*. 261 253 299 357 425 534 543 631 637 645 Did Ol — **6**6 *ἀγαθωσύνην*] *-θοσ*. 248* 252 254-357 261 296′ 299 543 609 637 645 Did Ol — **7**10 *ἐπηρώτησας*] *-ροτησας* 503 797 — **7**11 *θεωροῦσιν*] *θεορουσι* 543 609 — **7**14 *ἀγαθωσύνης*] *-θοσ*. 248* 253 261 299 337 357 390 425^{c} 534 543 548 645 631 637 Did — **7**15 *μένων*] *μενον* 560 — **7**17 *ἐν τούτῳ*] *εν τουτο* 299 560 — **7**21 *ὅπως*] *οπος* 609 — **8**7 *γινώσκων*] *-κον* 125^{II} 296′ 357 645 998 — **8**8 *κωλῦσαι*] *κολυσαι* 645 998 — **8**16 *βλέπων*] *βλεβον* 155 — **9**8 *ὑστερησάτω*] *-το* 390 549 — **9**18 *ἀγαθωσύνην*] *-θοσ*. 540-560-570 248* 253 261 348 357 534 601 602 637 645 Did — **10**3 *ἄφρων*] *αφρον* 371 609 — **10**9 *ἐξαίρων*] *εξαιρον* 797* (c pr m) — **10**16 *νεώτερος*] *νεοτερος* 336 359 571* — **10**18 *δόκωσις*] *δωκ*. 411 560 — **10**20 *κοιτώνων*] *κοιτονων* 311 — **11**1 *ἡμερῶν*] *-ρων* 998(c pr m) — **11**5 *ὡς*] *ος* V 295 — **12**14 *παρεωραμένῳ*] *παρεορ*. 543 Ol.

ο → *υ*: Thack. 6₃₂

724 *βάθος*] *βαθυς* 998.

ου ↔ *ο*: Thack. 6₃₃

26 *ποτίσαι*] *πουτισαι* 609 — **3**12 *οὖν*] *ον* V — **4**1 *συκοφαντουμένων*] *-τομενων* Dam — **4**3 *ἀγαθός*] *-θους* 295 415 504 — **7**2 *τέλος*] *τελους* 534c — **10**9a *ἐξαίρων*] *εξαιρουντα* Dam^{te}; *εξαιροντα* Dam^{ap} — **10**17 *υἱός*] *υιους* 534.

ου ↔ *ω*: Thack. 6₃₃₋₃₄

26 *βλαστῶντα*] *-τούντα* 795 Ol^{l} — **3**21 *ἀνθρώπου*] *ανωου* (overlined) 998 — **9**11 *κούφοις*] *κωφοις* 359 — **12**4 *κλείσουσεν*] *κλεισωσιν* 542 766 Met^{ap}.

υ ↔ *οι*: Thack. 6₄₁₍I–II₎

411 *κοιμηθῶσιν*] *κυμηθωσι* 998 — **5**11 *γλυκύς*] *-κοις* 357 — **5**11 *πολύ*] *πολλοι* 336 — **9**4 *κοινωνεῖ*] *κυνωνι* 998 — **9**9 *σύ*] *σοι* 548 563 571* Did — **11**6 *στοιχήσει*] *στυχ*. 998 — **12**6 *σχοινίον*] *σχυνιον* 998.

υ ↔ *ι*: Thack. 6 42-44

61b *πολλή*] *πολι* (für *πολυ*) 609 — **125** *ἀμύγδαλον*] *αμιγδ.* 425 543 548 795^{c} — **125** *χρυσίου*] *χρισιου* 411 — **1212** *βιβλία*] *βυβλια* 998.

υ – *η*: Thack. 6 46(II)

69 *ψυχῇ*] *ψηχης* 766^{A} — **73** *ἀγαθυνθήσεται*] *αγαθηνθησ.* 571; *ἀγαθὴν θήσεται* Ald — **1011** *ψιθυρισμῷ*] *ψιθηρ.* 609.

ε → *υ*: Thack. 6 46(III)

77 *περιφέρει*] -*φυρει* 357.

ευ → *ε*: Thack. 6 46(IV)

21 *εὐφροσύνῃ*] *εφρ.* 548 — **210** *εὐφράντῃ*] *εφρ.* 539 — **416** *εὐφραιθήσονται*] *εφρ.* 411 — **53** *εὔξῃ*] *εξη* 261 — **514** *πορευθῇ*] *πορεθη* 548 — **1210** *εὑρεῖν*] *ερειν* 795.

Weitere Vertauschungen (bei Thack. nicht notiert; s. Iob S. 176)

ῃ → *οι*: **313** *ἴδῃ*] *ιδοι* GregNy^{ap} Met^{ap} — **55** *μη εἴπῃς*] *ειποις* 338 — **710** *εἴπῃς*] *ειποις* 425* — **83** (*ἐὰν*) *θελήσῃ*] -*σοι* 296′ — **912** (*ὅταν*) *ἐπιπέσῃ*] -*σοι* 543 766^{A}.

η → *οι*: **712** *αὐτῆς*] *αυτοις* 609.

η → *ο*: **78** *ἀρχήν*] *αρχον* 357.

ο → *οι*: **31** *χρόνος*] *χρονοις* V GregNy^{ap} — **51** *ὀλίγοι*] *οιλιγοι* 645 — **119** *ἄμωμος*] -*μοις* 766.

ο → *ι*: **63** *τό*] *τι* 548 — **727** *εὗρον*] *ευριν* Did.

ω → *η*: **516** *χόλῳ*] *χολη* 797.

οι → *ω*: **16b** *κυκλοῖ*] *κυκλω* V.

ει → *υ*: **124** *κλείσουσι*] *κλυς.* 411.

ει → *οι*: **13** *μοχθεῖ*] *μοχθοι* 125 — **410** *εἷς*] *οις* 609 — **121** *ἐρεῖς*] *εροις* 645.

οι → *ει*: **49** *οἷς*] *είς* 338 Dam^{ap} — **1020** *ἀποίσει*] *απεισι* 766.

οι – *ι*: **1018** *ποιοῦσιν*] *πιουσιν* 563.

ι – *οι*: **113** *ἐκχέουσιν*] -*σοιν* 155.

οι – *ο*: **1020** *ἀποίσει*] *αποσει* 339 698 Hipp^{B} — **116** *στοιχήσει*] *στοχασει* Dam^{ap}; *στοχάσθαι* Dam^{te}.

ευ – *αυ*: **515** *ἀπελεύσεται*] -*λαυσ.* 295.

ου – *οι*: **722** *ἑτέρους*] -*ροις* 766^{B} — **109** *λίθους*] *λιθοις* Did.

οι – *ου*: **106** *μεγάλοις*] -*λους* 296′; -*λου* 545^{c}.

ου – *α*: **27** *δούλους*] -*λας* 299.

ω – *α*: **72** *γέλωτα*] *γελατα* V.

ει – *αι*: **712** *ζωοποιήσει*] -*σαι* 609 — **83** *ποιήσει* Dam^{ap}] -*σαι* 766 Dam^{te}; *ποιησῃ* Dam^{ap} — **116** *στοιχήσει*] -*σαι* 260 *σου – σοι*:

9$_{10b}$ *σου*] *σοι k* 106 766^{B} Dam.

Seltsame Vertauschung: *ας* → *αι*, *ς* → *ι*:

12$_{4}$ *θύρας*] *θυραι* S* 645

Kontraktion/Synkope: Thack. 6$_{49-50}$

α / *α* fin: **1**$_{8}$ *ἀκροάσεως*] *κροασεως* C — **3**$_{11}$ *καρδίᾳ*] -*δι* 253 — **4**$_{15}$ *νεανίσκου*] *νενισκου* 998 — **9**$_{3}$ *περιφέρεια*] -*φερει* 261-545 — **10**$_{3}$ *περιφέρεια*] -*φερει* 295 359 549 609 — **10**$_{20}$ *βασιλέα*] *βασιλε* 998 — **11**$_{6}$ *ἐάν*] *εν* 155.

ε / *ε* fin: **2**$_{16}$ *ἐπελήσθη*] *επλησθη* V 157 252 311 443 GregNy^{ap} — **2**$_{16}$ *ἐπελήσθησαν*] *επλησθησαν* 797 — **3**$_{19}$ *ἐπερίσσευσεν* Dam^{ap}] *περιεσσευσεν* Ol^{Z} Ol Dam^{ap}; *περιεσευσεν* 336′ Dam^{te}; *περισσευσεν* Ald — **4**$_{7}$ *ἐγώ*] *γω* S* — **4**$_{10}$ *ἐγερεῖ*] *γερει* V* — **4**$_{14}$ *ἐξελεύσεται*] *εξλευσεται* 155 — **7**$_{10}$ et **12**$_{9}$ *ἐγένετο*] *εγεντο* 998 — **12**$_{13}$ *ἄκουε*] *ακου* 637.

η: **2**$_{17}$ *ζωήν*] *ζων* 998 — **8**$_{3}$ *πονηρῷ*] *πονρω* 797.

ι: **10**$_{11}$ *ὄφις*] *οφς* 998.

ο: **11**$_{5}$ *ὁδός*] *δος* 998 — **11**$_{5b}$ *ὡς ὀστᾶ*] *ωστα* 475.

ον: **8**$_{16}$ *πεποιημένον*] -*μεν* 998.

πο: **8**$_{12}$ et **8**$_{13}$ *ἀπό*] *α⟨πο⟩* 998.

ω: **10**$_{16}$ *ἐν πρωίᾳ* (*πρωιας* C alii)] *πριας* 797.

Konsonantenwechsel: Thack. 7$_{1-21}$

γ → *κ*: **3**$_{17}$ *ἔγνων*] *εκνων* A.

κ → *χ*: **4**$_{6}$ *δρακῶν*] *δραχων* Did
12$_{5}$ *διασκεδασθῇ*] *διασχεδ.* Did$^{lem\ et\ com}$ 358,9.23 Ol^{AIK}.

τ ↔ *θ*: **5**$_{12}$ *ἀρρωστία*] -*σθεια* 998 ebenso **5**$_{15}$ (-*σθεια* 998) 516.
12$_{4}$ *στρουθίου*] *στρουτιου* 998.

δ → *θ*: **5**$_{14}$ *οὐδέν*] *ουθεν* 336′.

μ → *ν*: **2**$_{6}$ *κολυμβήθρας*] *κολυνβ.* Did
2$_{9}$ *ἔμπροσθεν*] *ενπρ.* A 68 Did.
4$_{8d}$ *ἐμπίπλαται*] *ενπιπλαται* A; *ενπιμπλαται* Did$^{lem\ et\ com}$ 122,4 123,6 123,15

π → *φ*: **7**$_{9}$ *κόλπῳ*] *κολφω* 998.

λ → *ρ*: **3**$_{14}$ *ἀφελεῖν*] *ἀφερεῖν* 609 Ald — **7**$_{11}$ *κληροδοσίας*] *κρηροδ.* 560.

ρ → *ν*: **5**$_{15}$ *παρεγένετο*] *πανεγενετο k*
6$_{9}$ *ὅραμα* (*ὀφθαλμῶν*)] *ονομα* (sic) 252 637.

ξ → *ζ*: **8**$_{2}$ *φύλαξον*] *φύλαζον* 130
10$_{18b}$ *στάξει*] *σταζει* C 390-415 Did^{com} 310,21 (Did^{lem} deest) Antioch 1548 GregNy VI 110^{ap}; *σταζη* 534; *σταζξη* 609.

Weitere Vertauschungen (bei Thack. nicht notiert):

π → *σ*:	**12**$_{5}$ *κάππαρις*] *κασπαρις* 542.
λ → *ϑ*:	**3**$_{5}$ *περιλήψεως*] *περιϑληπσεως* 698.
σ → *δ*:	**4**$_{17}$ *εἰσίν*] *ειδεν* 728.
σ → *τ*:	**7**$_{10}$ *ἐπηρώτησας*] -*τητας* 411.
ν → *σ*:	**7**$_{25}$ *γνῶναι*] *γνωσαι* 147.
σ → *ν*:	**12**$_{4}$ *κλείσουσιν*] *κλεινουσιν* V.
β → *υ*:	**7**$_{6a}$ *λέβητα*] *λευητα* 68 253* (vid) 261 425 560 631^{c} (*λευιτα* 631*) 795.
σ → *ζ*:	**10**$_{5}$ *ἐξουσιάζοντος*] *εξουζιαζ*. 155*.
δ → *ρ*:	**10**$_{11}$ *ἐπᾴδοντι*] *επαροντι* 357.
δ → *γ*:	**10**$_{11}$ *ἐπᾴδοντι*] *επαγοντι* 754.
ϑ → *λ*:	**10**$_{15}$ *μόχϑος*] *μοχλος* 336′.
κ → *ν*:	**11**$_{5}$ *οὐκ*] *ουν* V.
π → *μ*:	**12**$_{5}$ *κάππαρις*] *καμπαρις* $Hipp^{A}$.
δ → *π*:	**12**$_{5}$ *διασκεδασϑῇ*] *διασκεπασϑη* 706 795.

Einschiebung von Konsonanten: Thack. 7$_{22-27}$ (s. Iob S. 180)

γ:	**6**$_{10}$ *ἐγένετο*] *γεγενετο* 390.
ν:	**1**$_{2b}$ *μα⟨ν⟩ταιότης* S — **10**$_{18}$ *ἐν ἀργίᾳ*] *εν ναρκια* 998.
π:	**5**$_{7}$ *κρίματος*] *κριμαπτος* S*.
σ:	**1**$_{7}$ *ἐμπιπλαμένη*] *λασμενη* 411 548 571^{c} Ald; *εμπεπλησμενη* Ol^{A} — **7**$_{5}$ *ἐπιτίμησιν*] *επιστημησιν* 698 — **7**$_{11}$ *κληροδοσίας*] *σκληρ*. 548 — **11**$_{1}$ *ἐσχάτην*] *εσχαστην* 870 — **11**$_{4}$ *νεφέλαις οὐ*] *νεφ. σου* 995.
τ:	**12**$_{12}$ *κόπωσις*] *κοπτωσις* 534.

Auslassung von Konsonanten: Thack. 7$_{28-36}$

⟨*ν*⟩: Thack. 7$_{32}$	**4**$_{1}$ *συκοφαντου⟨ν⟩των* 68 411 — **12**$_{1}$ *μ⟨ν⟩ησϑητι* 411
⟨*γ*⟩: Thack. 7$_{33}$	**3**$_{15}$ ⟨*γ*⟩*εγονεν* A — **5**$_{11a}$ ⟨*γ*⟩*λυκυς* 139
⟨*ϑ*⟩: Thack. 7$_{34}$	**8**$_{16}$ *οφ⟨ϑ⟩αλμοις* 534 Ol*I**
⟨*μ*⟩: Thack. 7$_{36}$	**1**$_{7}$ *ἐμπιμπλαμένη* B 157 254 443* 766^{A} 998 Did Ol Dam^{pt}] *εμπιπλαμενη* vel sim rel — **3**$_{5}$ *περιλήμψεως* B-S V-637 155 795 998 Did $GregNy^{ap}$ Ra.] -*ληψεως* rel — **5**$_{14}$ *λήμψεται* B-S A C V-637 998(vid) Did] *ληψεται* rel — **7**$_{26}$ *συλλημφϑήσεται* B-S, *συνλημφϑήσεται* A V-637 Did PsChr] *συλληφϑησεται* rel.
⟨*ρ*⟩: Thack. 7$_{35}$	**9**$_{12}$ *αμφιβληστ⟨ρ⟩ω* 545* — **11**$_{6}$ *χει⟨ρ⟩* 155
⟨*σ*⟩:	**9**$_{12}$ *αμφιβλη⟨σ⟩τρω* 252 998 — **8**$_{15}$ *συμπροσέσται*] -*προεσται* 46-337; *συνπροεσται* 631 698
⟨*τ*⟩: Thack. 7$_{34}$	**6**$_{3}$ ⟨*τ*⟩*αφη* S

Manchmal fehlt ν am Schluss:

Vielleicht war es in der Vorlage nur durch einen Strich angedeutet, der leicht übersehen werden konnte (s. Iob S. 183): **1**$_{6}$ *βορρα⟨ν⟩* A — **1**$_{7a}$ *θαλασσα⟨ν⟩* 601 — **3**$_{12}$ *εγνω⟨ν⟩* 766 — **3**$_{21}$ *υιω⟨ν⟩* L^{-130} — **9**$_{2}$ *υιω⟨ν⟩* 766^{B} — **5**$_{2}$ *λογω⟨ν⟩* 602 613, ebenso **5**$_{6}$ 155 — **5**$_{17}$ **9**$_{18}$ *αγαθωσυνη⟨ν⟩* V — **6**$_{4a}$ *ἐν σκότει* 1°] *εσκοτει* 601 — **8**$_{14c}$ *τω⟨ν⟩ ασεβων* 336 — **8**$_{14e}$ *των δικαιω⟨ν⟩* 336 — **9**$_{1}$ *αγαπη⟨ν⟩* S Ol^{ΔIM} = Ald — **9**$_{17}$ *κραυγη⟨ν⟩* V — **10**$_{1}$ *δοξα⟨ν⟩* 68 — **2**$_{18}$ *ὅν*] *ο⟨ν⟩* 637.

Manchmal fehlt ς am Schluss:

4$_{1}$ *ἰσχύς*] *ισχυ⟨ς⟩* S^{c} — **4**$_{15}$ *συμπαντα⟨ς⟩* 357 998 — **5**$_{17}$ *μερι⟨ς⟩* 159 — **7**$_{7}$ *εὐτονία⟨ς⟩* Ol^{A} — **7**$_{22}$ *πολλα⟨ς⟩* S* 645 766 — **7**$_{26}$ *χειρα⟨ς⟩* 543 — **10**$_{1}$ *σοφία⟨ς⟩* 637 — **12**$_{1}$ *ἡμεραι⟨ς⟩* 260 — **12**$_{4}$ *φωνη⟨ς⟩* A — **12**$_{10b}$ *λογου⟨ς⟩* V, ebenso **12**$_{10c}$ 336′ — **7**$_{12}$ *αὐτῆς*] *αυτη⟨ς⟩* 534

προς – προ: Thack. 7$_{34}$ (s. Iob S. 182)

1$_{16}$ *προ⟨σ⟩εθηκα* S 548 — **8**$_{15}$ *συνπρο⟨σ⟩εσται* 631 698

Attische Form mit *γ* bei *γίνομαι* und *γινώσκω*: Thack. 7$_{32}$.

2$_{22a}$ *γίνεται*] *γιγνεται* 788 — **8**$_{5}$ *γινώσκει*] *γιγνωσκει* Did — **8**$_{5}$ *γινώσκων*] *γιγνωσκων* Did — **9**$_{11}$ *γινώσκουσιν*] *γιγνωσκουσιν* 698 795 797 Did — **11**$_{2}$ *γινώσκεις*] *γιγνωσκεις* Did — **11**$_{5}$ *γινώσκων*] *γιγνωσκων* Did — **11**$_{6}$ *γινώσκεις*] *γιγνωσκις* (sic) Did

Wechsel zwischen Doppel- und Einzelkonsonanz: Thack. 7$_{37-42}$

νν ↔ *ν*: **1**$_{11d}$ *γενησομένων*] *γεννησομενων* 534 — **2**$_{7}$ *οἰκογενεῖς*] -*γεννεις* 299^{c} — **3**$_{21b}$ *ἀναβαίνει*] *αναβεννει* 336 — **3**$_{21d}$ *καταβαίνει*] *καταβεννει* 336 — **5**$_{4}$ *ἀποδοῦναι*] -*δουνναι* 797 — **5**$_{13}$ *ἐγέννησεν*] *εγενησεν* 411 548 Ald — **6**$_{3}$ *γεννήσῃ*] *γενησῃ* 371* 411 766^{A}; *γενησει* 299 — **7**$_{1}$ *γενέσεως*] *γεννεσεως* 795 797^{c} — **7**$_{26}$ *ἁμαρτάνων*] -*ταννων* V; -*ταννον* 357 — **8**$_{14b}$ *φθάνει*] *φθαννει* A C 248* 336′ 534^{c} 706 PsChr; *φθαννι* 998; *φθαννη* 155; *φ⟨θαν⟩νεις* 870 — **8**$_{14d}$ *φθάνει*] *φθαννει* A C 248* 534 706 728 870 PsChr; *φθαννι* 998; *φθαννη* 155 — **9**$_{2}$ *ἁμαρτάνων*] -*ταννων* V — **11**$_{10}$ *ἄνοια*] *αννοια* 311.

λλ – *λ*: **1**$_{6}$ *ἀνατέλλων*] -*τελων* 338 563* 571 728 — **3**$_{2}$ *ἐκτῖλαι*] -*τιλλαι* *k* 342^{c} 540 GregNy^{SE*} 795 Ol^{I*} Dam^{ap} (*εκτειλλαι* Ol^{ΔΓΘ}); -*τειλλαι* Ol^{A} Proc — **5**$_{11}$ *πολύ*] *πολλυ* 549; *πολλοι* 336 — **5**$_{13}$ *ἀπολεῖται*] -*λλ*- 504 — **7**$_{7}$ *ἀπολλύει*] *απολυει* *cII* *k* 311 503 571 609 645 797 Ol^{I}; *απολυσι* 68 534 547 602 — **7**$_{15}$ *ἀπολλύμενος*] *απολυμ.* 797* — **7**$_{17}$ *πολύ*] *πολλυ* 336 357; *πολλα* *L* 728 Antioch — **7**$_{19}$ *πόλει*] *πολλει* V — **9**$_{18}$ *πολλήν*] *πολην* 795 — **11**$_{8}$ *πολλά*] *πολα* 609.

ρρ ↔ *ρ*: **1**6b *βορρᾶν*] *βοραν* 147* 311 543* 548* 571* 601* 766[A] — **1**7a *χείμαρροι*] *χειμαροι* 338 548* — **1**7c *χείμαρροι*] *χειμαροι* 147 338 548* — **4**12 *ἀπορραγήσεται*] *αποραγ.* 130* 698 — **5**8 *περισσεία*] *περρισεια* V — **5**12 *ἀρρωστία*] *αρωστια* 609 645 — **5**15 *ἀρρωστία*] *αροστια* 336 — **5**16 *ἀρρωστία*] *αρωστια* 336 — **6**2 *ἀρρωστία*] *αρωστια* 645 998 — **8**11 *ἀντίρρησις*] *αντιρησις* 68 411 998; *αντιρησεις* S; *αντηρισις* 357 — **11**3 *βορρᾷ*] *βορα* 311.

σσ ↔ *σ*: **1**3 *περισσεία*] *περισια* 336 — **2**5 *παραδείσους*] -*δεισσους* 299 311 543 795 — **2**11 *περισσεία*] *περισεια* 609 — **2**12 *ὀπίσω*] *οπισσω* 7979 — **2**13a *περισσεία*] *περισεια* 609 — **2**13b *περισσεία*] *περισεια* 147* — **2**15 *περισσεύματος*] *περισευματος* 425 508 706 — **3**19 *ἐπερίσσευσεν*] -*ρισευσεν* 248* 601; *περιεσευσεν* 336′ Dam. — **5**8 *περισσεία*] *περρισεια* V; *περισεια* 609 — **5**15 *περισσεία*] *περισεια* 261 609 — **6**8 *περισσεία*] *περισεια* 601 — **7**11 *περισσεία*] *περισεια* 601 — **7**12 *περισσεία*] *περισεια* 415 — **10**10 *περισσεία*] *περισεια* 609 — **10**11 *περισσεία*] *περισια* 534 — **12**12 *φύλασσε*] *φυλασε* 411.

κκ – *κ*: **1**12 *Ἐκκλησιαστής*] *Ἐκλ.* 548* 609, ebenso 548 **7**27 **12**8 9 10
126 *λάκκον*] *λακον* 609.

ππ – *π*: **12**5 *κάππαρις*] *καπαρις* V 125′ 311 338 534 543* 571* 601 Hipp[B]

σσ – *ττ*: **5**12 *φυλασσόμενον*] -*λαττομ.* Did
1213 *φύλασσε*] *φυλαττε* 311 415 504 Antioch.

τ – *ττ*: **4**12 *ἔντριτον*] *εντριττον* 795.

οὐκ – *οὐχ*: Thack. 83(3) **6**5a *οὐκ εἶδεν*] *ουχ ειδεν* Did[lem et com] 174,27 172,2 175,4
66 *οὐκ εἶδεν*] *ουχ ειδεν* V.

οὐχ – *οὐκ*: Thack. 98(VI) **7**28a *οὐχ εὗρον*] *ουκ ευρον* 698 998* Gra.
728c *οὐχ εὗρον*] *ουκ ευρον* Ald.

Verlust der Aspiration (Psilosis) Thack. 86-8 (siehe Iob S. 187)

720 *οὐχ ἁμαρτήσεται*] *ουκ αμ.* C 534 542 Did Ald — **7**28a *οὐχ εὗρον*] *ουκ ευρον* 698 998* Gra. — **7**28c *οὐχ εὗρον*] *ουκ ευρον* Ald — **8**17 *οὐχ εὑρήσει*] *ουκ ευρ.* 336′ Siehe App. zu 728a 28c 817.

Worttrennung (Haplographie bei gleichen Schluss- und Anfangskonsonanten): Thack. 91-2 (siehe Iob S. 187)

⟨*ς*⟩ – *σ*: **11**9 *καρδίας σου*] *καρδια σου* 252* 534.

εἰ⟨*ς*⟩ – *σ*: **6**7 *εἰς στόμα*] *ειστομα* 336 548 549.

ς – ⟨*σ*⟩: **2**15 *Ὡς συνάντημα*] *ω συναντ.* 357 766[B] — **7**12 *ὡς σκία*] *ως κια* 998 — **10**16 *βασιλεύς σου*] *βασιλευσ ου* 147* 548 560 609 795 797.

ν – ⟨ν⟩: **816** ἐν νυκτί] ενυκτι 534* 609 698.

Assimilation von Konsonanten: Thack. 94

εν – εγ: **115** ἐν γαστρί] εγγαστρι 139 359 534 698 Ol^{Z}.

εν – εμ: **224 514 815** ἐν μόχθῳ] εμ μ. 998 — **322** ἐν ποιήμασιν] εμπ. 998 — **56** ἐν πλήθει] εμπληθει 998 — **63** ἐν ματαιότητι] εμ ματ. 998.

Komposita mit ἐν und σύν: Thack. 96

ἐμ – ἐν: **17** ἐμπιπλαμένη] ενπιπλ. C — **110** ἔμπροσθεν] ενπροσθεν C[1] — **48** ἐμπίπλαται] ενπιπλ. A; ενπιμπλ. Did — **63** ἐμπλησθήσεται] ενπλ. Did — **511** ἐμπλησθέντι] ενπλ. PsChr; ενπλησμονη 253-637 (εμπλησμονη V) — **108** ἐμπεσεῖται] ενπεσ. PsChr; ενπιπτει Did^{com}.

συλλ – συνλ: **726** συλλημφθήσεται B-S 336^{c} Ra. 698] συνλημφθ. A V-637 Did PsChr.

συμ – συν: **815** συμπροσέσται] συνπρ. S A C *O* 155 157 336 338; συνπροεσται 631 698.

Ny am Wortende: Thack. 97 (siehe Iob S. 188)

Manchmal ist ein „irrational final ν" (Thack. S. 135) angehängt:

611 ματαιοτητα⟨ν⟩ 443* — **78** εσχατη⟨ν⟩ 357 — **718** χειρα⟨ν⟩ 337 — **88** ασεβεια⟨ν⟩ 261 — **91** καρδια⟨ν⟩ 534, ebenso **93** 103 766 Ald — **96** αγαπη⟨ν⟩ 534 734* — **117** γλυκυ⟨ν⟩ 357 — **317** ασεβη⟨ν⟩ S V 139 548 — **210** ευφρανθη⟨ν⟩ 299 548, ηυφρανθη⟨ν⟩ 503 — **610** εγνωσθη⟨ν⟩ *k* 543* Ol^{Z} — **724** εμακρυνθη⟨ν⟩ 46′ 542 Ol^{A} — **811** εμπληροφορηθη⟨ν⟩ 261* — **91** εδωκα⟨ν⟩ V — **727** τουτο⟨ν⟩ 998 — **115** ου⟨ν⟩ 359 — **814** η⟨ν⟩ 357 571* 998.

Sigma am Wortende: Thack. 99 (siehe Iob S. 189)

Manchmal ist ein „irrationales" ς am Schluss angehängt (wie das „irrationale" ν, siehe oben):

⟨ς⟩ fin: **47** επεστρεψα⟨ς⟩ 253
712 ζωοποιησει⟨ς⟩ 296′
91 εδωκα⟨ς⟩ 261*

οὕτως – οὕτω: **319** οὕτως ὁ θάνατος] ουτω θανατος *cII* 415 — **515** οὕτως (καί)] ουτω *k* 311 706 754 Ol Dam — **76** οὕτως γέλως omnes — **810** οὕτως εποιησαν omnes — **912** οὕτως (ουτω V 754)

[1] Ebenso **116** Did **27** 534 Did **29** A 68 Did.

κρατηθήσονται *O*-411 S^{c} alii — **115** οὕτως (ουτω Anast) οὐ γνώσῃ.

η – ης: **518** εὐφροσύνῃ] -νης 296′.

Ausfall einzelner Silben: Thack. 6$_{49-50}$ (siehe Iob S. 177)

⟨ην⟩ **91** αγαπ⟨ην⟩ 261.

⟨ον⟩ **19** πεποιημεν⟨ον⟩ 998

87 εσομεν⟨ον⟩ 998.

⟨τα⟩ **26** βλαστων⟨τα⟩ Met.

⟨το⟩ **811** του⟨του⟩ 336* 534.

Ny am Wortende: Thack. 9$_{2}$

α – α⟨ν⟩ **417** πόδα] ποδαν 411* 548 998. Cf. Thack. 10$_{12}$ (S. 146).

ει – ει⟨ν⟩ **13a** περισσεία] περεσσειν 601

84 λαλεῖ] λαλειν 698.

ῳ – ω⟨ν⟩ **83** πονηρῷ] -ρων 609.

ῷ – ω⟨ν⟩ **912** κακῷ] κακων 609 728 766 Dam.

ῳ – ω⟨ν⟩/ο⟨ν⟩ **92c** τῷ ἀγαθῷ] των αγαθον 609.

92c τῷ κακῷ] των κακον 609*; των κακων 609^{c}.

92d τῷ καθαρῷ] των καθαρων 609.

92d τῷ ἀκαθάρτῳ] των ακαθαρτων 609.

Elision, Krasis, Hiatus: Thack. 9$_{10-12}$

107a ἐφ' ἵππους] επι ιππους 475.

Konjunktiv und Indikativ: Thack. 15 (S. 193f) (siehe Iob S. 190)

η → ει: **410b** οταν πεσει 253 — **412** εαν επικραταιωθει 261 539* — **53** μη χρονησεις 795 — **55** μη ειπεις 299 — **55d** διαφθειρει 252 296′ 601 637 795 — **63a** εαν γεννησει *d*$^{-342}$ 125′ 253 295 296′ 336′ 443 601 698 795 — **79** μη σπευσεις 261 Dam^{ap} — **713** (ὃν ἂν ὁ θεὸς) διαστρέψῃ] -ψει V-637 S alii — **716** μηποτε εκπλαγεις 125 795 — **83** εαν θελησει B*-S-534 A C 248* 540* 543 795 Dam^{ap} — **817e** οσα αν μοχθησει 252 253^{mg} 540 609 645 728 Ol^{Z} 795 — **912** οταν επιπεσει 253 357 — **104** μη αφεις 125′ — **1010** εαν εκπεσει 125 336 357 543 706* 733* — **126b** συνθλιβει 539.

Falsches Augment

129c ἐξιχνιάσεται] εξεχν. 609.

Form des Temporalen Augments: Thack. 16 4–5

ει → ι: **1 14** *εἶδον*] *ιδον* A V 706 Ol^{Z} — **1 16** *εἶδεν*] *ιδεν* A V 336′ 706 Ol^{Z} Dam Gra. — **2 13** *εἶδον*] *ιδον* A V 157* 336′ 357 542 548 637 706 998 Gra. — **2 24** *εἶδον*] *ιδον* A V 336 357 443 542 562 706 Ol^{Z} 998 Gra. — **3 10** *εἶδον*] *ιδον* A C V 539* 706 Ol$^{\Gamma Z}$ GregNy^{ap} Gra — **3 16** *εἶδον*] *ιδον* A C V 336 339 443* 706 Ol^{Z} 998; *ιδων* 728 — **3 22** *εἶδον*] *ιδον* A 157* 248^{c} 336 339 357 548 766 Ol^{Z} 989 993; *ιδων* 155 728 — **4 1** *εἶδον*] *ιδον* A C V 157* 336 357 539 548 Ol^{Z} 998 Antioch; *ιδων* 728 — **4 3** *εἶδεν*] *ιδεν* S 998 Dam^{ap}; *ιδι* 728 — **4 4** *εἶδον*] *ιδον* B A V 157 336′ 357 539 542 706 998 (vid) Ol^{Z} — **4 7** *εἶδον*] *ιδον* B A V 157 336′ 339 443* 542 706 998 Ol^{Z} — **4 15** *εἶδον*] *ιδον* B A V 157 706 728 Ol^{Z}; *ιδων* 998 — **5 12** *εἶδον*] *ιδον* B A C V 261 336 539* 542 562 998(vid) Ol^{Z} Antioch Dam^{ap} — **5 17** *εἶδον*] *ιδον* B A 157* 261 336 539 562 Ol^{Z} 998 Did^{com} — **6 1** *εἶδον*] *ιδον* B* A V 157 336′ 539 998 Ol$^{\Gamma Z}$ Dam^{ap} — **6 5** *εἶδεν*] *ιδεν* V^{c}; *ιδον* 357 — **6 6** *εἶδεν*] *ιδεν* 336 — **6 15** *εἶδον*] *ιδον* A V 157* 336′ 998 Ol$^{\Gamma Z}$ — **8 9** *εἶδον*] *ιδον* A V 157 261 336′ 357 542 706 998 Ol$^{\Gamma Z}$ — **7 15** *εἶδον*] *ιδον* A V 157* 336′ 562 998 Ol$^{\Gamma Z}$ Gra. — **8 10** *εἶδον*] *ιδον* B A V 157 357 542 562 728 998 Ol^{Z} Dam — **8 17** *εἶδον*] *ιδον* B* A C V 336′ 357 542 998 Ol^{Z} Anast Dam^{ap} — **9 7** *εἶδεν*] *ιδεν* A V Ol^{Z}; *ιδε* 336′ Dam^{ap}; *ειδον* 252; *ιδον* B 534 998(vid) — **9 11** *εἶδον*] *ιδον* B-534 A C V 157 336′ 542 998 Ol$^{\Gamma Z}$ Antioch — **9 13** *εἶδον*] *ιδον* B* A C V 157 336′ 357 542 998 Ol$^{\Gamma Z}$ Dam^{ap} — **10 5** *εἶδον*] *ιδον* B* A C V 157* 542 728 998 Ol$^{\Gamma Z}$ — **10 7** *εἶδον*] *ιδον* B A V 157* 261 357 542 548 728 Did^{com} Ol$^{\Gamma Z}$ Dam.

ῳ → οι: **2 4** *ᾠκοδόμησα*] *οικ.* Ol^{Z} Did.

η → ε: **7 10** *ἐπηρώτησας*] *επερ.* C 139-147 542 543 728 Did Dam; *επερωτισας* 560

ι → οι: **5 17** *πιεῖν*] *ποιειν* 147 161 795 798; *πειν* 998.

οι → ι: **3 12** *ποιεῖν*] *πιειν* S*.

η → ει: **12 3** *ἤργησαν*] *ειργ.* 795.

„the older Att. *ηὐ*“ (Thack. S. 200):

2 10 *εὐφράνθη*] *ηυφρ. C′* 157′ 253 254-357 443 698 733 cf. Thack. 5 (S. 68). — **7 27 28a 28b 29** *εὗρον*] *ηυρον* 253. — **9 7** *εὐδόκησεν*] *ηυδ. d* 106-130-545 253 443 534 698 795 Met.

Verlust des temporalen Augments, *ω* → *ο*: Thack. 16$_{4}$ (s. Iob S. 191)

2$_{3}$ *ᾡδήγησεν*] *οδ.* 125′-545 357 645 728 (*οδηγηση*) 795 797 — **9**$_{6}$ *ἀπώλετο*] *απολετο* 411 609 — **12**$_{3}$ *ὠλιγώθησαν*] *ολ.* V-637 125′ 295 390 425 609 706 Ol^{ΓZ} 795 998 Hipp^{A} (*οληγ.* Hipp^{B}); *ολιγωθησονται* Met^{ap}.

Einfügung eines *σ* entgegen der attischen Praxis: Thack. 18$_{2}$

8$_{10}$ *ἐπῃνέθησαν*] *επηνεσθησαν* C.

βλαστᾶν – *βλαστοῦν*: Thack. 19$_{3}$.

6$_{6}$ *βλαστῶντα*] *-τουντα* 795 Ol^{I}.

ἀπολλύναι – *ἀπολλύειν*: Thack. 23$_{2}$ (S. 246).

7$_{7}$ *ἀπόλλυσι(ν)* (*απολυσι*)] *απολλυει*, siehe App.

Verwechslung von Nomen und Verbum

10$_{10c}$ *δυναμώσει*] *δυναμεωσει* 475.

Akzente

Die Göttinger Kollationen berücksichtigen in der Regel nicht die Unterschiede in der Akzentuation. Im folgenden Beispiel ist die Akzentuation aller Textzeugen exemplarisch berücksichtigt, um zu illustrieren, wie stark die Akzentuation schwanken kann:

2$_{12d}$ *αὐτήν*] *αὐτῇ* *O*$^{-253}$ *L* *C′*(571^{txt}) *d* 252 260 296 311 338 339 411 443 542 543 547 548^{c} 549 613 645 698 705 706 795 Ol^{ZIK} Met II.3,4 (sed hab Syh Syn = Gra Ra ↓); *αὐτή* *cII* Dion^{lem} 218 Did 47,25 GregNy 355,7 Ol^{ΔE}; *αὕτη* Ol^{ΑΒΓΗΘ}; *αυτη* S; *ἐν αὐτῇ* 571^{mg} = Ald: dittogr; *αυτον* 46′; *αυτα* 337; *αυτοις* 548* 766^{B}.

F Zeichen und Abkürzungen

-	Die zu einer Gruppe gehörenden Hss. werden durch „-“ untereinander verbunden, z. B. 71-74
*	bedeutet die ursprüngliche Lesart einer Hs.
^{c}	bedeutet spätere Korrekturen
^{c1}	bezeichnet den ersten Korrektor
^{c2}	bezeichnet den zweiten Korrektor
^{s}	bezeichnet den Ergänzer (suppletor) einer Hs. Einem ^{s} steht, wenn es nicht eigens vermerkt wird, kein * gegenüber
^{txt}	bezeichnet Textlesarten in Hss.
^{mg}	bezeichnet Randlesarten in Hss.
$^{sup\ lin}$	bezeichnet Lesarten, die zwischen den Zeilen stehen
^{te}	bezeichnet Lesarten, die im Text einer Ausgabe stehen
^{ap}	bezeichnet Lesarten (Varianten), die im Apparat der betreffenden Ausgabe verzeichnet sind
$\vert$	bedeutet Zeilenumbruch in den Hss.
$\Vert$	bedeutet Blattumbruch in den Hss.
α̣	Ein Punkt unter einem Buchstaben besagt, dass er in der Hs. nicht sicher zu lesen ist, z. B. α̣
+, add	bedeutet Zusätze
>, om	bedeutet Auslassungen
⌒	bedeutet Ausfall durch Homoioteleuton
(ν)	besagt, dass der eingeklammerte Buchstabe in verschiedenen Hss. fehlt, z. B. *εστι(ν)*
[ ]	bezeichnet gegen die Überlieferung zu tilgende Zeichen, Buchstaben und Worte oder nicht lesbare Teile einer Hs., die entweder offengelassen: [...] oder vermutungsweise ergänzt: [*ωσ*]*ει* werden. Die Zahl der Punkte entspricht der Zahl der nicht lesbaren Buchstaben
⟨ ⟩	bezeichnet gegen die Überlieferung hinzugefügte Zeichen, Buchstaben und Worte
↑	bezeichnet Hinweis auf App I
↓	bezeichnet Hinweis auf App II
𝔊, LXX	bedeutet den griechischen Text

absc	=	abscissus
al	=	alia manuscripta
app	=	apparatus
cf	=	confer
cod(d)	=	codex (-dices)
corr	=	correxit (-xerunt) correctura
corr pr m	=	correxit prima manus
del	=	delevit
dittogr	=	Dittographie
dubl	=	Dublette
ed	=	editio
eras	=	erasum
exc	=	excepto
fin	=	finis
fort	=	fortasse
gen	=	genetivus
gr	=	graecus
hab	=	habe(n)t (für positive Nennung; bedeutet immer: der Zeuge überliefert die Lesart des Lemmas)
haplogr	=	Haplographie
homoiot	=	Homoioteleuton
homoiar	=	Homoiarcton
ib	=	ibidem
inc	=	incertus
ind	=	index
init	=	initium
lat	=	latinus
leg	=	legendum
lib	=	libere (freie Übersetzung)
lin	=	linea(e)
lit	=	littera(e)
mend	=	mendose
n	=	nota
p	=	pagina
paenult	=	paenultimus
pers	=	persona
plur	=	pluralis, pluraliter
pr	=	praemittit (-mittunt)
praec	=	praecedens (bei Textverweisen innerhalb des Verses)
praef	=	praefatio
ras (3)	=	rasura (3 litterarum)
rel	=	reliqui
s ss	=	sequens, sequentes (bei Seitenabgaben: s = die folgende Seite, ss = die folgenden Seiten)
scr	=	scripsit
sec	=	secundum
sim	=	similiter (ähnliche Übersetzung, die auf eine Variante der LXX als Vorlage schließen lässt)
sing	=	singularis, singulariter
spat	=	spatium
sq	=	sequens (bei Textverweisen innerhalb des Verses)
sup ras	=	supra rasuram
superscr	=	superscripsit
tr	=	transponit (-nunt)
trah	=	trahit (-hunt)
ult	=	ultimus
v	=	versus
var lect	=	varia lectio
verss	=	versiones
vid	=	ut videtur

Rezensionen und Handschriften

Die Textzeugen werden in folgender Ordnung vorgelegt:

A C 818 870 969 992 3010 *O* B-S-68″-998 *L C″ d k* al verss patres

Der A-Text: A-C

Die hexaplarische Rezension:

O	=	V-253-475-637

Der ägyptische Texttyp: B-S-68″-998

68″	=	68-534-613
68′	=	68-534
68’	=	68-613
534′	=	534-613

Die lukianische Rezension:

L	=	106-125′-130-545
125′	=	125-261

Der Catenentext:

C	=	139-147-159-299(fin 7_{29})-390-415-503-504-522-540-560-563-571-574-732-798
cI	=	157′-425-601-609
		157′ = 157-797
cII	=	260-295(ab 3_{12})-371-561-752(ab 3_{12})
C″	=	*C* + *cI* + *cII*
C′	=	*C* + *cI*
C’	=	*C* + *cII*

Die Textfamilien *d* und *k*:

d	=	254′-342(fin 7_{29})-357
254′	=	254-754
k	=	46′-631
46′	=	46-631

Die codices mixti (al = alia manuscripta):

155 248″ 296′ 311 336′ 338 339 359 411 443 539 542 543 547 549 645 698 705(fin 3_{12}) 706 766 770(fin 1_{18}) 788 795 3011

248″	=	161-248-252
248′	=	161-248
296′	=	296-548
336′	=	336-728
766	=	766^{A}-766^{B}

Die Sekundärübersetzungen (verss = versiones)

La (La$^{94\ 95\ 160}$ Hi)	=	Altlateinische Übersetzung
Syh	=	Syrohexaplarische Übersetzung
CPA	=	Christlich-palästinisch-aramäische Übersetzung
Co	=	Koptische Übersetzung (Sa Fa)
Sa (Sa$^{I\ II\ 1\ 2\ 3\ 4\ 5\ 6}$)	=	Sahidische Übersetzung
Fa (Fa$^{1\ 2\ 3}$)	=	Fajumische Übersetzung
Aeth (Aeth$^{te\ A2\ ap\ ap(A2)}$)	=	Äthiopische Übersetzung
Geo (Geo$^{O\ J\ S}$)	=	Altgeorgische Übersetzung
Arm	=	Armenische Übersetzung
Arab	=	Arabische Übersetzung

Die indirekte Überlieferung (patres)

S. oben S. 45–48 (griech. Kirchenschriftsteller) u. S. 15–23 (lat. Kirchenschriftst.).

Der hebräische Text

𝔐	der masoretische Text
𝔎	der hebräische Text der Kairoer Geniza
𝔔	der biblische Text von Qumran
Q	bedeutet Qere
K	bedeutet Ketib

Die Übersetzungen aus dem hebräischen Text

𝔖	=	Peshitta
𝔗	=	Targum
𝔙	=	Vulgata

Die jüngeren griechischen Übersetzungen

α′	=	*Ἀκύλας* (Aquila)
σ′	=	*Σύμμαχος* (Symmachus)
ϑ′	=	*Θεοδοτίων* (Theodotion)
γρ′	=	*γράφεται*
οἱ λ′	=	*οἱ λοιποί* (die Anderen, gemeint sind *α′*, *σ′* und/oder *ϑ′*)
(*οἱ*) *ο′*	=	(*οἱ*) *ἑβδομήκοντα* (die Siebzig)
π′	=	*οἱ πάντες*

ἄλλος aut *ἄλλως* aut *ἄλλοι* aut *ἕτερος* = unbekannte Quelle(n)

Die Druckausgaben

Ald	=	Aldina (Venedig 1518)
Compl	=	Complutensis (Alcalá 1520, gedr. 1514–1517)
Sixt	=	Sixtina (Rom 1586/87)
Gra	=	Grabe (Oxford 1709)
H.-P.	=	Holmes-Parsons (Oxford 1827)
Ra	=	Rahlfs (Stuttgart 1935)

Bibliographische Abkürzungen[1]

AGWG.PH	=	Abhandlungen der Königlichen Gesellschaft der Wissenschaften zu Göttingen
AraSt	=	Aramaic Studies
ASEs	=	Annali di Storia dell'Esegesi
Aug.	=	Augustinianum
BHQ	=	Biblia Hebraica Quinta
Bib.	=	Biblica
BJRL	=	Bulletin of the John Rylands Library
Br.-M.	=	The Old Testament in Greek according to the text of Codex Vaticanus ed. by A.E. Brooke, N. McLean and H.St.J.Thackeray, Cambridge 1906–1940
Byz.	=	Byzantion
CBQ	=	Catholic Biblical Quarterly
CC	=	Corpus Christianorum
CCCM	=	Corpus Christianorum – Continuatio Mediaevalis
CCSG	=	Corpus Christianorum – Series Graeca
CCSL	=	Corpus Christianorum – Series Latina
CHB	=	Cambridge History of the Bible
ConBOT	=	Coniectanea biblica: Old Testament Series
CSCO	=	Corpus Scriptorum Christianorum Orientalium. Scriptores Syri
CSEL	=	Corpus Scriptorum Ecclesiasticorum Latinorum
DJD	=	Discoveries in the Judaean Desert
GCS	=	Die griechischen christlichen Schriftsteller der ersten (drei) Jahrhunderte
GOF.S	=	Göttinger Orientforschungen, Reihe 1, Syriaca

[1] Vgl. S. M. SCHWERTNER, IATG³ – Internationales Abkürzungsverzeichnis für Theologie und Grenzgebiete. Zeitschriften, Serien, Lexika, Quellenwerke mit bibliographischen Angaben, 3., überarbeitete und erweiterte Auflage, Berlin/Boston 2014.

H.-P.	=	Vetus Testamentum Graecum cum variis lectionibus, ed. R. Holmes et J. Parsons, tom. V, Oxonii 1827
JAWG	=	Jahrbuch der Akademie der Wissenschaften zu Göttingen
JBL	=	Journal of Biblical Literature
Kl.	=	Kleronomia
LIE	=	Lessico Intellettuale Europeo
MO	=	Monde Oriental
MPSW	=	Mitteilungen aus der Papyrussammlung der Nationalbibliothek in Wien
MSP	=	Monumenta Sacra et Profana
MSU	=	Mitteilungen des Septuaginta-Unternehmens
NGWG.PH	=	Nachrichten der Königlichen Gesellschaft der Wissenschaften zu Göttingen, Phil.-hist. Klasse
OBO	=	Orbis Biblicus et Orientalis
OrChr	=	Oriens Christianus
PG	=	Patrologiae cursus completus. Accurante J.-P. Migne. Series Graeca
PL	=	Patrologiae cursus completus. Accurante J.-P. Migne. Series Latina
PLS	=	Patrologiae cursus completus. Accurante J.-P. Migne. Series Latina. Supplementum
PSI	=	Pubblicazioni della Società Italiana
PTA	=	Papyrologische Texte und Abhandlungen
PTS	=	Patristische Texte und Studien
RdQ	=	Revue de Qumran
REJ	=	Revue des études juives
RivBib	=	Rivista Biblica
SC	=	Sources Chrétiennes
SeL	=	Storia e Letteratura
StPatr	=	Studia Patristica
StPP	=	Studien zur Palaeographie und Papyruskunde
StT	=	Studi e Testi
Thack.	=	H. J. Thackeray, A Grammar of the Old Testament in Greek according to the Septuagint, vol. I, Cambridge 1909
THGE	=	Text History of the Greek Ecclesiastes
ThSLG	=	Theologische Studien der Leo-Gesellschaft
TSAJ	=	Texte und Studien zum antiken Judentum
TU	=	Texte und Untersuchungen zur Geschichte der altchristlichen Literatur
UMS.H	=	University of Michigan Studies, Humanistic Series

VT	=	Vetus Testamentum
Walters	=	P. Walters, The Text of the Septuagint. Its Corruptions and Their Emendation. By the late Peter Walters (formerly Katz), Edited by D.W. Gooding, Cambridge 1973.
ZAW	=	Zeitschrift für die alttestamentliche Wissenschaft

Ausgewählte Sekundärliteratur[1]

Aitken, J. K., Phonological Phenomena in Greek Papyri and Inscriptions and Their Significance for the Septuagint, in: J. Corley/V. Skemp (Hgg.), Studies in the Greek Bible: Essays in Honor of Francis T. Gignac, S.J., CBQ Monograph Series 44, Washington 2008.

Albrecht, F., Codex Ephraemi Syri rescriptus. Neue Lesarten zum Septuagintatext des Koheletbuches, in ZAW 122 (2010), 272–79.

Barthélemy, Les Devanciers d'Aquila, Supplements to Vetus Testamentum 10, Leiden 1963.

Cannon, W. W., Jerome and Symmachus: Some Points in the Vulgate Translation of Koheleth, in: ZAW 4 (1927), 191–99.

De Waard, J., The Translator and Textual Criticism (with Particular Reference to Eccl 2,25), in: Bib. 60 (1979), 509–29.

Euringer, S., Der Masorahtext des Koheleth kritisch untersucht, Leipzig 1890.

Gentry, P. u. F. Albrecht, The Amazing History of MS Rahlfs 159 – Insights from Editing LXX Ecclesiastes, in JSCS 44 (2011), 31–50.

Géhin, P., Évagre le Pontique: Scholies a l'Ecclésiaste, SC 397, Paris 1993.

Ginsburg, C. D., The Writings, London 1926.

Hagedorn, U. u. D., Die Älteren griechischen Katenen zum Buch Hiob, Bd. I, Berlin 1994.

Klostermann, E., Analecta zur Septuaginta, Hexapla und Patristik, Leipzig 1895.

—— De libri Coheleth versione Alexandrina, Diss. Kiel, 1892.

Leanza, S., Le tre versioni geronimiane dell'Ecclesiaste, in: ASEs 4 (1987), 87–108.

McNeile, A. H., An Introduction to Ecclesiastes, London 1904.

Meade, J. D. u. P. J. Gentry, "Evaluating Evaluations: The Commentary of BHQ and the Problem of הוֹלֵלוֹת in Ecclesiastes 1:17, in: G. Bonney/R. Vicent (Hgg.), Sophia – Paideia: Sapienza e Educazione (Sir 1,27): Miscellanea di

1 Vgl. auch oben die jeweiligen Literaturangaben am Beginn der einzelnen Abschnitte.

Studi offerti in onore del prof. Don Mario Cimosa, Nuova Biblioteca di Scienze Religiose 34, Rom 2012, 197–217.

MERCATI, G., Nuove Note di Letteratura Biblica e Cristiana Antica, StT 95, Città del Vaticano 1941.

SALTERS, R. B., Notes on the History of the Interpretation of Koh 55, in: ZAW 90 (1978), 95–101.

—— The Book of Ecclesiastes: Studies in the Versions and the History of Exegesis, Diss. St. Andrews 1973.

STROTHMANN, W., Das syrische Fragment des Ecclesiastes-Kommentar von Theodor von Mopsuestia: Syrischer Text mit vollständigem Wörterverzeichnis, GOF.S 28, Wiesbaden 1988.

—— Kohelet-Kommentar des Johannes von Apamea: Syrischer Text mit vollständigem Wörterverzeichnis, GOF.S 30, Wiesbaden 1988.

—— Kohelet-Kommentar des Dionysius bar Ṣalibi: Auslegung des Septuaginta-Textes, GOF.S 31, Wiesbaden 1988.

—— Konkordanz des syrischen Koheletbuches nach der Peshitta und der Syrohexapla, GOF.S 4, Wiesbaden 1973.

—— Syrische Katenen aus dem Ecclesiastes-Kommentar des Theodor von Mopsuestia: Syrischer Text mit vollständigem Wörterverzeichnis, GOF.S 29, Wiesbaden 1988.

WEVERS, J. W., A Note on Scribal Error, in: Canadian Journal of Linguistics 17 (1972), 185–90.

ZIEGLER, J. Der Gebrauch des Artikels in der Septuaginta des Ecclesiastes, in: D. Fraenkel/U. Quast/J.W. Wevers (Hgg.), Studien zur Septuaginta – Robert Hanhart zu Ehren. Aus Anlaß seines 65. Geburtstages, MSU 20, Göttingen 1990, 83–120.

—— Die Wiedergabe der nota accusativi 'et, 'aet- mit *σύν*, in: O. Kaiser (Hg.), Lebendige Forschung im Alten Testament, ZAW Suppl. 100, Berlin 1988, 222–33.

—— Hat Lukian den griechischen Sirach rezensiert?, in: Bib. 40 (1959), 210–29.

Ausgabe des Textes

ΕΚΚΛΗΣΙΑΣΤΗΣ

1 1 *Ῥήματα Ἐκκλησιαστοῦ υἱοῦ Δαυὶδ*
βασιλέως Ἰσραὴλ ἐν Ἰερουσαλήμ.
2 *Ματαιότης ματαιοτήτων, εἶπεν ὁ Ἐκκλησιαστής,*
ματαιότης ματαιοτήτων, τὰ πάντα ματαιότης.

A C *O* B-S-68′′-998 *L* $C^{\prime\prime-295}$ *d k* $\text{al}^{-155\ 338\ 359}$ verss

Inscriptio: *εκκλησιαστης* A-C O^{-253} B-S-68′′ L^{-125} 139-147-159-299-560-797-260 d^{-342} 248′′ 296′ 311 296′ 336′ 411 443 542 549 706 770 788 795 Arm (post 1 1b tr); *ο εκκλησιαστης* 390 46′; *εκκλησιαστης βιβλιον εικοστον εβδομον* 125; *βιβλος γ̅ ο εκκλησιαστης* 339; *τιτλα του εκκλησιαστου* 766; *εκκλησιαζων σολομων θρηνει βιον* 547; *ο εκκλησιαστης φυσιολογισας* (*φυσιολογιας* 504; *φυσιολογιαι* 540) *απτομενος αποκαλυπτει του παροντος βιου το ματαιον* 415-504-540(post 1 1 fin tr)-798; *ο εκκλησιαστις φυσιολογιας απτομενος αποκαλυπτει του παροντος βιου του ματαιου* 601; *ο εκκλησιαστης φυσιολογιας απτομενος αποκαλυπτει του παροντος βιου το ματαιον· ο εκκλησιαστης* 337; *συν θω̅ αρχη του εκκλησιαστου σολομωντος υιου δα̅δ βασιλεως ιη̅λ εν ιερουσαλημ* 645; *ο εκκλησιαστης υιου του δαυιδ* Sa^{I}; inscriptio deest in 253 998 503-522-563-571-574-732-157-425-371-561 342 543 698 705

1,1 init — (2a) *Ἐκκλησιαστής*] inc C; > 299 | om *Ῥήματα — Ἰερουσαλήμ* 503 | *ῥήματα*] *ρημα* 296′ 311 | om *βασιλέως* — (2b) *ματαιότης* 2° Ol^{txt} (sed hab (2) $\text{Ol}^{A^{\text{mg}}}$) | *Ἰσραήλ*] sub ÷ Syh = 𝔐 | *ἐν*] *επι k* Met I.2,3,90s,101,109,117: cf (12b)
1,2 *Ματαιότης* ⌒ *ματαιότης* 1° V 125 252^{txt} 336′ 543 766 | *Ματαιότης ματαιοτήτων*] > 698; + *τα παντα* 261*: cf sq | *εἶπεν — ματαιοτήτων*] *omnia vanitas dixit Ecclesiastes* Amb *Fuga* 165,11 | *εἶπεν ὁ Ἐκκλησιαστής*] post fin tr 545 299 705 | om *ματαιότης ματαιοτήτων* 1° 545 411 705 $\text{Ol}^{A^{\text{mg}}}$ | om *ματαιοτης* 1° 631 | *ματαιότης* 2°] + *και προαιρεσις πνευματος* 299^{A} $299^{\text{B}^{\text{mg}}}$

1,1 *Ἐκκλησιαστοῦ*] *κωλέθ* 248′ **1,2** *Ματαιότης ματαιοτήτων*] *οἱ λ′* (*omnes* Hi) *ἀτμὸς ἀτμῶν* (*ἀτμίδων* sive *ἀτμῶν* Hi) 248′ Hi; *α′ θ′ ἀτμὸς ἀτμίδων* 788; *α′ θ′ ἀτμὸς ἀτμῶν* Syh; *σ′ ἀτμὸς* (*ἀτμοῦ* 539) *ἀτμοῦ* 539 (s nom) Syh (2b) comma] *α′ θ′ ἀτμὸς* (*ἀτμοῦ* 539) *ἀτμίδων τὰ πάντα ἀτμίς* 539 (s nom) Syh | *ματαιότης*] *ἀτμός* 161-248 (ind mend ad *πάντα*)

3 *τίς περισσεία τῷ ἀνθρώπῳ*
ἐν παντὶ μόχθῳ αὐτοῦ, ᾧ μοχθεῖ ὑπὸ τὸν ἥλιον;
4 *γενεὰ πορεύεται καὶ γενεὰ ἔρχεται,*
καὶ ἡ γῆ εἰς τὸν αἰῶνα ἕστηκεν.
5 *καὶ ἀνατέλλει ὁ ἥλιος καὶ δύνει ὁ ἥλιος*
καὶ εἰς τὸν τόπον αὐτοῦ ἕλκει·
6 *ἀνατέλλων αὐτὸς ἐκεῖ πορεύεται πρὸς νότον*
καὶ κυκλοῖ πρὸς βορρᾶν·

A C (870) *O* B-S-68′′-998 *L* $C^{\prime\prime-295}$ *d k* $al^{-155\ 359}$(338-) verss

1,3 *τίς*] *τι* 106 | *περισσεία*] + *εν* 299^{AC} 631^{s}; + *εν τω μοχθω* 46* | *ἀνθρώπῳ*] + *αυτου* 543 | om *αὐτοῦ* 752 543 Did 11,12 ↓ | *ᾧ*] pr *εν* S | *μοχθεῖ*] *μοχθων k*
1,5 om *καὶ* 1° — (6b) *βορρᾶν* $299^{B^{txt}}$ | om *καί* 1° C *L* 390-601-798^{c}-*cII* 342 411 547 645 Hi = 𝕾 𝔙: contra 𝔐 | *ἀνατέλλει*] *ανατελει* 68 125-130 415-571 311 338 728 La^{160} (sed hab Hi Amb *Ps 118* 12,22 Aug *Gen ad litt* 1,10 Chry V 746 PsMar *Scr* 5); *ανετειλεν* 542 Syh ↓ | *ἥλιος* 1° ⌒ 2° V 645 | om *ὁ ἥλιος* 2°] 475 125 La^{160} Sa^{I} PsCaes 964 Amb *Ps 118* 12,22 Chry V 746 = 𝔙 | *ἕλκει*] *ηκει* 766; + *εκει* 336′; + *και* 390-601 La^{160} Hi
1,6 om *ἀνατέλλων—βορρᾶν* 299* | *ἀνατέλλων/αὐτός*] tr B-998 *L* $C^{\prime(-299^{B^{txt}})}$ *d* 645 Sa^{I} Cos 10,33 (sed hab Cos 2,34 4,11 5,33 9,12) Amb *Ps 118* 12,22 Aug *Gen ad litt* 1,10 PsMar *Scr* 5 (sed hab La^{160}) = Ald | *ἀνατέλλων*] *ανατελων* 563*-571 338 728; *ανατελλοντος* 766^{B} | *αὐτὸς/ἐκεῖ*] tr *k* | *ἐκεῖ πορεύεται*] *εκπορευεται* $C^{\prime-299^{B^{txt}}\ 798^{c}}$ 543 549 698 Cos 5,33 = Ald | *νότον*] pr *τον* 411 | om *καί* 1° 998 | *κυκλοῖ* 1°] *κυκλω* V; *ελκει* 998: ex (5b) | *βορρᾶν*] *βορρα* A(|)

1,3 *τίς—ἀνθρώπῳ*] α′ σ′ *τί πλέον* (*πλέων* 161) *ἀνθρώπῳ* (> 788) 248′ 788 (s nom) | *μόχθῳ—μοχθεῖ*] α′ *κόπῳ* (*κόπον* 161) *ᾧ ἐκοπίασεν* 248′ **1,4** *εἰς—αἰῶνα*] σ′ *αἰώνιος* 248′ **1,5** *καὶ ἀνατέλλει*] α′ ܘܕܢܚ Syh (= *καὶ ἀνέτειλε*); σ′ ܘܕܢܚ Syh (= *καὶ ἀνατέλλει*) | *ἕλκει*] α′ *εἰσπνεῖ* 248′ Hi; ϑ′ σ′ *καταντῶν* 788 Hi **1,6** *πορεύεται* 1° — *πνεῦμα* 2°] σ′ *vadit ad meridiem, et circumit ad boream; perambulans vadit ventus, et per quae circumierat, revertitur ventus* Hi | *πορεύεται* 1°] σ′ *καταντᾷ* 248′

κυκλοῖ κυκλῶν, πορεύεται τὸ πνεῦμα,
καὶ ἐπὶ κύκλους αὐτοῦ ἐπιστρέφει τὸ πνεῦμα.
7 πάντες οἱ χείμαρροι, πορεύονται εἰς τὴν θάλασσαν,
καὶ ἡ θάλασσα οὐκ ἔσται ἐμπιμπλαμένη·
εἰς τόπον, οὗ οἱ χείμαρροι πορεύονται,
ἐκεῖ αὐτοὶ ἐπιστρέφουσιν τοῦ πορευθῆναι.
8 πάντες οἱ λόγοι ἔγκοποι·

A C (870) *O* B-S-68''-998 *L* C''^{-295} *d* *k* $al^{-155\ 359}$ verss

κυκλοῖ κυκλῶν πορεύεται] pr *και* 613 130 | *κυκλῶν*] *κυκλιων* 752; *κυκλοῦν* 299-cII^{-260} 705 788 Dam; *κυκλον* 254; *κυκλω* 311 547 766 | *πορεύεται* 2°] *εκπορευεται* 698 | *τὸ πνεῦμα* 1°] *προς νοτον* 998: ex (6a) | om *τό* 1° Compl | *πνεῦμα* 1° ⌒ 2° 548 | *κύκλους*] *κυκλοις* 390-574 | *αὐτοῦ*] *αυτων* 728; *αυτον* 336; > 752 | *ἐπιστρέφει* 870] *επιστρεφη* 560; *επιστρεφεται* 130* 159; *εκπορευει* 68 | om *τό* 2° 545
1,7 *πορεύονται* 1° ⌒ 2° 130 | *ἔσται*] *εστιν* *O* S-68'-998 *L* *C'*(299) 754 *k* 248'' 338 411 443 547 705 766^{B} 795 Hi Syh Arm Ol Bas I 84 Dam Amb *Exam* III 2,10 *Tob* 13,44 Eust 4,3,5 Nil *Tr* 3 = Sixt 𝔇 | *ἐμπιμπλαμένη*] *εμπιπλαμενη* A-C(*ενπιπ.*) *O* S-68' *L* $C''^{-157\ 571^{c}}$ d^{-254} *k* 248'' 296 311 336'(*εμπεπ.*) 338 339 543 547 549 645 698 705 706 766^{B} 770 788 795 Ol^{te} Met I.9,3 Nil 821 PsCaes 944 Proc *Gen* 73; *εμπιπλασμενη* 411 548 571^{c} = Ald; *πιμπλαμενη* 125^{II} Dam; *πιπλαμενη* 534 542 | *εἰς* 2°] *προς* V-475 788^{mg}(*οἱ ο'*) Hi (*ad*) = 𝔇 | *τόπον*] pr *τον* C 637 *L* *C''* 68 248' 296' 311 336' 338 411 443 542 543 547 549 645 698 705 766^{B} 788 795 Ol = Sixt | om *οὗ* B-534-998 | om *οἱ* 2° 563-571* | *αὐτοί*] litt *ι* sup ras 798; *αυτου* 534 | *ἐπιστρέφουσιν*] *-στρεψουσι(ν)* $C'^{-298\ 798^{c}}$(299^{B}; sed hab 299^{A}) Dam GregM *Ezech* 1,5,16 (sed hab Hi = $𝔇^{te}$) = $𝔇^{ap}$; *αποστρεφουσι(ν)* 252 754 | om *τοῦ* S
1,8 om *πάντες—ἔγκοποι* 645 | *ἔγκοποι*] pr *οι* 336': dittogr; pr *ουκ* 754

(*κυκλοῖ* 2° — *πνεῦμα* 1°] *σ' περιοδεύει κυκλῶν καὶ ὁδεύων ἄνεμος* 788 *κυκλοῖ κυκλῶν*] *α' κυκλῶν* (*κύκλου* 248' 539) *κύκλον* (*κύκλων* 539) 248' 539 (s nom) Syh; *θ' ὁμοίως τοῖς ο'* Syh | (*καὶ ἐπὶ κύκλους* — fin] ⟨*σ'*⟩ *καὶ δι' ὧν ἐκύκλευσεν ἀναστρέφει ὁ ἄνεμος* 788 **1,7** *πορεύονται* 1°] *σ' ἐμβάλλουσι* 788 | *οὐκ—ἐμπιμπλαμένη*] *σ' οὐ πλημμυρεῖ* 248' 252 788; *θ' ὁμοίως τοῖς ο'* Syh | *εἰς τόπον — ἐπιστρέφουσιν*] *σ' εἰς τὸν* (> 252) *τόπον ἀφ' οὗ οἱ ποταμοὶ πορεύονται, καὶ* (> 252 788 Syh) *ἐκεῖ αὐτοὶ ἀναστρέφουσιν* (*ἀποστρ.* 252) 248' 252 788 (s nom) Syh; *α' ὁμοίως τοῖς ο'* Syh **1,8** *ἔγκοποι*] *α' κοπιῶσιν* (*κόπτωσιν* 252) 248' 252; *σ' κοπώδεις* 248' 252 (s nom)

οὐ δυνήσεται ἀνὴρ τοῦ λαλεῖν,
καὶ οὐκ ἐμπλησθήσεται ὀφθαλμὸς τοῦ ὁρᾶν,
καὶ οὐ πληρωθήσεται οὖς ἀπὸ ἀκροάσεως.
9 *τί τὸ γεγονός; αὐτὸ τὸ γενησόμενον.*
καὶ τί τὸ πεποιημένον, αὐτὸ τὸ ποιηθησόμενον·
καὶ οὐκ ἔστιν πᾶν πρόσφατον ὑπὸ τὸν ἥλιον.

A C (870) *O* B-S-68′′-998 *L* $C^{\prime\prime-295}$ *d k* $al^{-155\ 359}$ verss

ἀνήρ] $\overline{ανος}$ 475 299^{B*} GregNy $294,4^{te}$ | *τοῦ* 1° ⌒ 2° 870 | (8c) et (8d) tr 998 | om *καί* 1° Hi $Fa^{1\ 2}$ Arm GregNy $294,11^{te}$ Dam Max II 853 = 𝔐 𝔙 *οὐκ ἐμπλησθήσεται*] *ου πλησθησεται* B-534′-998 298 *d* 336′ 645 Bas III 293 IV 1192 Chr XV 684; *ουκ εμπλησθησονται* 125 547; post *ὀφθαλμός* tr 147-159-503-560; absc Did 16,19 16,26 | *ὀφθαλμός*] pr *ο* 298 | om *καὶ* 2° — *ἀκροάσεως* $563\text{-}571^{txt}\text{-}797$ | *οὐ πληρωθήσεται*] *ουκ εμπλησθησεται* 637 S: ex (8c); *συμπληρωθησεται* 574 | *πληρωθήσεται* 870] litt *πληρω* sup ras C; *πλησθησεται* V-475 998 *L* 415 547 766 | *οὖς*] pr *το* 298-503-574 | *ἀπὸ ἀκροάσεως*] *του ακουσαι* (*ακουειν* Chr) O^{-253} Aeth Chr XV 684 PsVig *Trin* 1,7 Ruf *Ex* 11,6 (sed hab Hi Amb *Mort* 7,28 *Tob* 13,44 Eus-G *Ser* 9,13 Ruf *Om S Bas* 6 = 𝔙) ↓; om *ἀπό* 475
1,9 om *τί* 1° — *γενησόμενον* 534 | om *τό* 1° 645 | *γεγονός*] *γεγονως* 253 261 504*-609 411; *γενος* A 534 698 | *αὐτό* 1°] *αυτου* 534; *αυτω* 125 698 om *τό* 2° 540 | *γενησόμενον*] *γενηθησομενον* 299^{A} 705; *γεννησομενον* Ald om *καί* 1° 752 La^{160} (sed hab Hi)= 𝔙 | *τό* 3°] *τοτε* 261 | *πεποιημένον*] *ποιησομενον* S*; *πεπονημενον* 339 | om *αὐτὸ* 2° — *ἥλιον* 425^{txt}: homoiot *ποιηθησόμενον*] *ποιησομενον* 539; *ποθησομενον* 125′-545 | om *οὐκ ἔστιν* 645* | om *πᾶν* 299^{B}-540* | *ὑπὸ τὸν ἥλιον* 870] *απο του ηλιου* 601

οὐ δυνήσεται — λαλεῖν] σ′ *ἀδύνατόν* (*οὐ δυνατόν* 539) *ἔστιν ἄνθρωπον* (ܕܓܒܪܐ = *ἄνδρα* Syh) *ἐκνικῆσαι λέγοντα* (> Syh) 248′ 252 (s nom) 539 (s nom) 788 (s nom) Syh | *τοῦ ὁρᾶν*] *ὁρῶν* 788 | *ἀπὸ ἀκροάσεως*] *οἱ* ο′ *τοῦ ἀκοῦσαι* 252 **1,9** *τί — ποιηθησόμενον*] σ′ ܗܘ ܕܩܕܡ ܐܝܬܘܗܝ ܗܘܝܘ ܗܘ ܕܗܘܐ ܘܗܘ ܕܐܬܬܘܣܦ ܗܘܐ ܗܘ ܐܝܬܘܗܝ ܗܘ ܕܥܬܝܕ ܠܡܗܘܐ Syh^{I} (= *ὃ προάγον ἐστίν, αὐτὸ τὸ ἐσόμενον* (|) *καὶ ὃ προσεγένετο, αὐτό ἐστι τὸ μέλλον ἔσεσθαι*); θ′ *ὁμοίως τοῖς* ο′ Syh^{I} | *τί — γενησόμενον*] σ′ *τὸ προόν, αὐτό ἐστι τὸ ἐσόμενον* 788 | *τὸ γενησόμενον*] σ′ (α′ 252) *τὸ* (> 539) *ἐσόμενον* 248′ 252 539 (s nom) | *τὸ ποιηθησόμενον*] σ′ *τὸ μέλλον ἔσεσθαι* 248′ 252 539 (s nom) Syh^{II} | *πρόσφατον*] α′ σ′ *καινόν* 248′ 252

10 *ὃς λαλήσει καὶ ἐρεῖ Ἰδὲ τοῦτο καινόν ἐστιν,*
ἤδη γέγονεν ἐν τοῖς αἰῶσιν
τοῖς γενομένοις ἀπὸ ἔμπροσθεν ἡμῶν.
11 *οὐκ ἔστιν μνήμη τοῖς πρώτοις,*
καί γε τοῖς ἐσχάτοις γενομένοις
οὐκ ἔσται αὐτῶν μνήμη

A C 870 *O* B-S-68''-998 *L* C''^{-295} *d k* $al^{-155\ 359}$ verss

1,10 *ὅς*] *ὅ* V-475 798-*cII* 336′ 542 752 766^{A*} Did *Hiob* 57,10 Eus VIII 2,24 Cass *Co* 8,21 (sed hab Syh $Sa^{I\ II\ 5}$ Arm Aug *C D* 12,14 Ruf *Or princ* 3,5,3); *οσα* 998 GregNy $297{,}5^{ap}$; + *αν L* 443 | *ἰδέ*] *ειδε* 609 *k* 698; *ιδου* 299 705 752 GregNy $297{,}6^{ap}$ Met^{lem} I.12,4 Aug *C D* 12,14 Cass *Co* 8,21 Ruf *Or princ* 1,4,5 3,5,3 (sed hab Hi) = **𝔙**; *ηδη* 766 $Ol^{\Delta IKM}$: ex (10b); > 336′ $Fa^{1\ 2}$ Geo | *καινόν*] *κενον* O^{-637} 998 336′ 548 | *ἐστιν* 870 = **𝔐**] + *αυτο* O^{-253} S^{c} 547^{c} Syh (sub ꙍ; post (10b) *ἤδη* tr); + *αυτος* 613; > 299 705 752 | *ἤδη*] *ιδε* 357 Syh: ex (10a) | om *ἐν* A 342 338 645 Aug *C D* 12,14: haplogr | *αἰῶσιν*] *εωσι* 797 | *γενομένοις*] *γεγονοσιν* 752 GregNy 297,10; *γεγενημενοις* 298 Met I.12,6,54; *επερχομενοις* 637 Did *Hiob* 57,12 | *ἀπό* 443 (sup ras vid)] *εν τοις* 548; > *L* $C'^{-157\ 563\ 571\ 798^{c}}$(299) *d* 252 645 705 766 795 Dam | *ἡμῶν*] *υμων* 357; Met^{lem} I.12,6; > *αφ ημων* 797
1,11 *οὐκ* 1°] pr *και* 299^{B} | *ἔστιν*] *εσται* 797 342-754 338 645 : cf (11c) *πρώτοις*] *προσθεν* 766^{B} | om *γε* Ol^{com} (sed hab Hi Hi^{LXX} $Sa^{I\ 5}$) | *ἐσχάτοις*] *εσχατος* 357; *εσχατως* 766^{A}; + *τοις* 336′: dittogr | *γενομένοις* 870] *γενησομενοις O* 613 $C''^{-157'\ 298\ 299}$ 336′ 542 752 766 770^{c} Hi Hi^{LXX} Syh Arm Ol = Ald; *γινομενοις* 125 357 543; *γεννωμενοις* 547; + *απο εμπροσθεν ημων* 998 Co Geo: ex 10c; + *και* 766^{B} GregNy $297{,}17^{ap}$ | *ἔσται* 870] *εστιν* A-C O^{-637} *L* 609 *k* 443 548 766 Sa^{I} $Fa^{1\ 2}$ Arm (sed hab Hi Hi^{LXX} Syh Did 21,6 GregNy 297,17 21) = Compl: contra **𝔐**: cf (11a) | *αὐτῶν*] *αυτω* 705; *αυτοις* C *O* 68' *L* *C''* *k* 248'' 296′ 311 338 339 411 443 542 543 547 549 706 770 788 795 Hi Hi^{LXX} Syh Arab Did 21,6 Ol Ra. = **𝔐** | *μνήμη* 2°] pr *η* 998: cf 2 16a

---

1,10 *ὃς—ἡμῶν*] σ′ *Putasne est, qui possit dicere: Vide hoc novum est, iam factum est in saeculo, quod fuit ante nos* Hi | *ὃς λαλήσει καὶ ἐρεῖ*] σ′ *ἆρα ἔστιν τι ὃ ἐρεῖ τις* 248′ | *ἀπὸ ἔμπροσθεν ἡμῶν*] σ′ *πρὸ ἡμῶν* 248′

μετὰ τῶν γενησομένων εἰς τὴν ἐσχάτην.
12 *Ἐγὼ Ἐκκλησιαστὴς ἐγενόμην*
βασιλεὺς ἐπὶ Ἰσραὴλ ἐν Ἰερουσαλήμ·
13 *καὶ ἔδωκα τὴν καρδίαν μου τοῦ ἐκζητῆσαι*
καὶ τοῦ κατασκέψασθαι ἐν τῇ σοφίᾳ περὶ πάντων
τῶν γενομένων ὑπὸ τὸν οὐρανόν·
ὅτι περισπασμὸν πονηρὸν

A C (-870) *O* B-S-68′′-998 *L* $C^{\prime\prime-295}$ *d k* $\text{al}^{-155\ 359}$ verss

γενησομένων] *γεννησομενων* 534; *γενησωμεν* 336; *γενηθησομενων* A 870(vid) 797; *γενομενων* 299^{A} 705 752 GregNy 297,21; *γινομενων* 299^{B}: cf (13c) | om *τήν* 475
1,12 *ἐγώ*] + *δε* 698 | om *ἐπὶ Ἰσραήλ* 357 | *ἐπί*] > C $O^{-V\ 475}$ *L* $C^{\prime-571^{c}}$ *d k* 443 547 645 GregNy $299{,}11^{ap}$ Ol (sed hab Hi Syh $\text{Sa}^{I\ 5}$ Fa^{2} Arm = Ald) = 𝖁: contra 𝕸: cf (1b); absc Fa^{1} | *Ἰσραήλ*] *ῑλ̄η̄μ̄* 425: ex sq
1,13 om *τοῦ* 1° 357*-754 GregNy $300{,}12^{te}$ | *ἐκζητῆσαι*] *ζητησαι* 248* *κατασκέψασθαι*] *επισκεψασθαι* 766 GregNy $299{,}23^{ap}$ $300{,}2^{te}$; + *σκεψασθαι* 415(||)-504(||)-574(||) | om *ἐν* 1° 637 | *περὶ/πάντων*] tr 336; *παντων ερει* 728 | *περί*] *υπερ* S* | *γενομένων*] *γινομενων* B-534′ *L cII d k* 336′ 411 542 645 698 Hi Syh GregNy $299{,}24^{ap}$ $300{,}13^{ap}$ (sed hab Met I.14,4s,55s); *γεγενημενων* 766 GregNy $300{,}13^{ap}$ | *ὑπὸ τὸν οὐρανόν*] *εν τω ουρανω* 705 *ὑπό*] *επι* 337 | *τὸν οὐρανόν*] *των ουρανων* 698 | *οὐρανόν*] *ηλιον* *O* S^{c} *L* $C^{\prime-571^{c}\ 798^{c}}$ 161^{mg}-248^{mg}-252 339 443 543 547 549 788 GregNy 301,4 Ol Antioch 1469 (sed hab $\text{La}^{94\ 95}$ Hi Syh $\text{Sa}^{I\ 5}$ Fa^{1} Aeth^{ap} Geo Arm GregNy 299,24 300,3 300,13 Met I.14,5,56) = 𝕾 𝕿 𝖁: contra 𝕸: cf 31b | om *ὅτι* — (14b) *ἥλιον* L^{-130}: homoiot | om *πονηρόν* 998 Fa^{1} (sed hab Fa^{2}): homoiot

---

1,11 *μετὰ—ἐσχάτην*] *σ′ παρὰ τοῖς ἐσομένοις μετὰ ταῦτα* 248′; *α′ μο* (= *μοι*?) 248 (sine ind) | *εἰς—ἐσχάτην*] *σ′ μετὰ ταῦτα* 788 **1,13** *καὶ ἔδωκα τὴν καρδίαν μου*] *σ′ καὶ προεθέμην τῇ καρδ⟨ίᾳ⟩* 788 | *ἔδωκα*] *σ′ προεθέμην* 248′ | *κατασκέψασθαι*] *α′ ἐξερευνῆσαι* 248′ 252 539 (s nom) 788 (s nom) Syh; ⟨*σ*⟩ *διαθρῆσαι* 252 (s nom) 539 (s nom) | *ὅτι—ἀνθρώπου*] *σ′* ܥܢܝܢܐ ܗܘ ܒܝܫܐ ܗܘ ܕܝܗܒ ܐܠܗܐ ܠܒ̈ܢܝܐ ܕܐ̈ܢܫܐ Syh (= *τὴν ἀσχολίαν τὴν κακὴν ἣν ἔδωκεν ὁ θεὸς τοῖς υἱοῖς τῶν ἀνθρώπων*) Syh; *θ′ ὁμοίως τοῖς ο′* *περισπασμὸν—αὐτῷ*] *σ′ ἀσχολία κακὴ ἣν ἔδωκεν ὁ θεὸς τοῖς υἱοῖς τῶν ἀνθρώπων ἀσχολεῖσθαι περὶ αὐτήν* 788 | *περισπασμόν*] *α′ θ′ περισπασμόν* Hi; *σ′ ἀσχολίαν* 248′ 252 (s nom) 539 (s nom) Hi

ἔδωκεν ὁ θεὸς τοῖς υἱοῖς τοῦ ἀνθρώπου
τοῦ περισπᾶσθαι ἐν αὐτῷ.
14 *εἶδον σὺν πάντα τὰ ποιήματα*
τὰ πεποιημένα ὑπὸ τὸν ἥλιον,
καὶ ἰδοὺ τὰ πάντα ματαιότης καὶ προαίρεσις πνεύματος.
15 *διεστραμμένον οὐ δυνήσεται ἐπικοσμηθῆναι,*

A (-C) (870) *O* B-S-68′′-998 *L C*$^{\prime\prime\text{-}295}$ *d k* al$^{-155\ 359}$ verss

τοῦ ἀνθρώπου A-C^{s} 253 *k*$^{-631*}$ 252 339 543 549 788 Did^{com} 82,22s 156,9 Ol^{ap}] *των ανθρωπων* rel (*L*$^{-130}$ GregNy 301,7 Met I.15,1s,10 Dam = 𝔇): cf Hi^{com} 330,302-306 | om *τοῦ περισπᾶσθαι ἐν αὐτῷ* 798 | om *τοῦ* 4° *k* *περισπᾶσθαι*] -*σπασθηναι* S 609: cf 310b
1,14 *εἶδον*] *ειδεν* 371 705; *ιδων* 728; *ιδον* A V 706; pr *και* 299 | *σὺν πάντα* V B-S-998 Arm^{ap} Did 25,9 Gra. Ra.] *συμπαντα* A-C *O*$^{-V}$ 68′′ *C*′′ *d k* 248′′ 296′ 311 336′ 338 339 411 443 542 543 547 549 645 698 705 706 766 770 788 795 GregNy 303,3^{te} Ol Met I.16,2 Dam; *παντα* Syh Sa$^{I\ 5}$ Fa^{1}; omnia Fa^{2} | *τὰ ποιήματα τὰ πεποιημένα*] *τα ποιημενα* S* Geo | *τὰ ποιήματα*] post *πεποιημενα* tr 766; > 548 GregNy 303,3 | om *τά* 1° 795 | *τὰ πεποιημένα*] *την πεποιημενην k* | om *τά* 2° 766 | *ἥλιον*] *ουρανον* 798*(vid) 248^{mg} 795 Arm^{ap} | om *τὰ πάντα* 159 | om *τά* 3° 68 253-637 147-503-560-425^{c} 248 338 Dam: cf 211d 16d 17d 319g | *προαίρεσις*] *προαιρεσεις* A-C V | *πνεύματος* ⌒ (17c) 106^{txt}-125
1,15 *διεστραμμένον*] pr *και* 870(vid) *k* 609 Arab; + *παν* 336 | *δυνήσεται* 1° 870] *δυνησηται* 728; *δυνηθησεται* 797 547 PetA 473^{ap}; *δυναται* La$^{94\ 95}$ (sed hab Hi) Syh PetA 473te Aug *Par* 2,35; + *του* A *O* S^{c} 68′ *L*$^{(-106^{txt}\ 125)}$ 298-*cII k* 248′′ 296′ 311 338 339 411 539 542 543 547 549 705 706 766 770 788 795 Geo Did Ol Met I.17,2 Dam (sed hab GregNy 303,12 PetA 473 = Ald) | om *ἐπικοσμηθῆναι* — *δυνήσεται* 2° 106^{mg} 705: homoiot | *ἐπικοσμηθῆναι*] *κοσμηθηναι* A 253(litt *κοσμηθην* sup ras pr (vid) man) *L*$^{(-106\ 125)}$ *k* Sa^{I} Ol (sed hab GregNy 303,12 Met I.17,2 PetA 473 = Compl Ald);

τοῦ περισπᾶσθαι (*ἐν αὐτῷ*)] *σ′ τοῦ* (> 248′) *ἀσχολεῖσθαι* (+ *πρὸς αὐτήν* Syh) 248′ 252 (s nom) Syh (ܕܢܬܥܢܘܢ ܠܘܬܗ) **1,14** *εἶδον*—*ἥλιον*] *σ′ ἐθεώρησα πάσας τὰς πράξεις τὰς πρασσομένας ὑπὸ τὸν ἥλιον* 788 *ματαιότης καὶ προαίρεσις πνεύματος*] *α′ ἀτμὸς* (*ἀτμὶς* 252) *καὶ νομὴ ἀνέμου* 248′ 252 (s nom) | *προαίρεσις πνεύματος*] *α′ θ′ νομὴ ἀνέμου* (> Hi) 788 Hi(gr); *σ′ βόσκησις πνεύματος* (> Hi) 788 Hi(gr); *α′ σ′ θ′* ܪܥܝܐ ܕܪܘܚܐ Syh

καὶ ὑστέρημα οὐ δυνήσεται ἀριθμηθῆναι.
16 ἐλάλησα ἐγὼ ἐν καρδίᾳ μου τῷ λέγειν
Ἐγὼ ἰδοὺ ἐμεγαλύνθην
καὶ προσέθηκα σοφίαν ἐπὶ πᾶσιν,

A (-870) *O* B-S-68′′-998 *L* $C^{\prime\prime-295}$ *d k* $\mathrm{al}^{-155\ 359}$ verss

επικομισθηναι (*επηκ.* 534; *επισκ.* 252*; *επεισκ.* 252^{c}; *-μησθ.* 548) 534 754* 252 548 Dam; *επικοσμησθηναι* 336 754^{c}(*-μισθ.*): cf 7 13b
om *καὶ* — *ἀριθμηθῆναι* 425^{txt}-797^{txt} 357: homoiot | *καί*] pr *και υστερημα ου δυνησεται του επικοσμιθηναι* 543 | *ὑστέρημα*] *quod deest* $\mathrm{La}^{94\ 95}$ Hi^{com} 260,352 (sed hab *imminutio* Hi) | om *οὐ δυνήσεται* 2° 68(||) | *δυνήσεται* 2° 870(vid)] *δυνησηται* 728; *δυναται* $\mathrm{La}^{94\ 95}$ (sed hab Hi) Syh Did^{com} 26,30; + *του* A O^{-V} 68' $L^{(-106^{txt}\ 125)}$ 298-*cII k* 248′′ 296′ 311 336′ 338 339 411 443 539 542 543 547 549 645 698 706 766 770 788 795 Geo Did 25,28 GregNy 304,22 $305{,}9^{te}$ Ol Met I.17,3,12 Dam (sed hab GregNy^{lem} 304,7 GregNy^{com} $305{,}9^{ap}$ PetA 473 = Ald) | *ἀριθμηθῆναι*] *αναριθμηθηναι* 766^{B}
1,16 *ἐλάλησα*] pr *ας* 766 | om *ἐγώ* 998 338 | *ἐν καρδίᾳ μου*] *cum corde meo* Hi (sed hab 𝔙) = 𝔐 ↓ | *καρδίᾳ* V $C^{\prime-298\ 299\ 415\ 504\ 574}$ 443 Dion 212 Ol = Ald Sixt Ra.] pr *τη* rel (Sa^{I} $\mathrm{Fa}^{1\ 2}$ Did^{com} 27,28) | *μου* 1°] + *εν* O^{-253} $C^{\prime-298}$ 130 336 443 Syh Sa^{I} | *τῷ*] *του* S 68 248′ 338 766 Dion 212; *το* 613 549 728 *λέγειν*] *λαλησιν* 645 | *Ἐγώ*/*ἰδού*] tr V S-613 $L^{(-106^{txt}\ 125)}$ $C^{\prime-298\ 299\ 797}$ d^{-357} 336′ 338 411 645 766 770 Syh Sa^{I} Geo Ol: contra 𝔐; *Ἐγώ* post *ἐμεγαλύνθην* tr 797 GregNy $307{,}19^{te}$ $308{,}2^{te}$; om *Ἐγώ* 299 $\mathrm{Fa}^{1\ 2}$; om *ἰδού* 637 357 Arm^{te} | *ἐμεγαλύνθην*] *-θη* sup ras 798 | *προσέθηκα*] *προεθηκα* S 548 *σοφίαν* 1°] + *και γνωσιν* 543: ex (16e) (17a) | *ἐπί*] *εν* 357 GregNy 308,8

1,15 *ὑστέρημα οὐ δυνήσεται ἀριθμηθῆναι*] *σ′ ὑστέρημα* (> 539 Syh) *μὴ* (*ου* 539) *δυνάμενον* (*δύναται* 539) *ἀναπληρῶσαι* (*ανα* sup lin = c pr m 248) *ἀριθμόν* 248′ 539 (s nom) Syh; *ϑ′* ܘܒܨܝܪܬܐ ܠܐ ܡܫܟܚܝܢ ܠܡܬܡܢܝܘ ܒܡܢܝܢܐ Syh (= *καὶ τὰ ὑστεροῦντα οὐ δύνανται ἀριθμηθῆναι ψήφῳ* sive *ψηφισθῆναι*) | *ὑστέρημα*] *α′ ἐλάττωσις* 788 **1,16** *ἐλάλησα*—*λέγειν*] *α′* ܡܠܠܬ ܐܢܐ ܥܡ ܠܒܐ ܕܝܠܝ ܟܕ ܐܡܪ ܐܢܐ Syh (= *ἐλάλησα ἐγὼ μετὰ τῆς καρδίας μου, λέγων*) | *ἐν καρδίᾳ μου*] *α′ σ′ μετὰ τῆς διανοίας μου* 248′ | *καὶ προσέθηκα* — *πᾶσιν*] ⟨*σ*⟩ *καὶ ὑπερέβαλον σοφίᾳ πάντας* 788 | *καὶ προσέθηκα σοφίαν*] *σ′ καὶ ὑπερέβαλον σοφίᾳ* 248′ 252 | *ἐπὶ*—*ἐγένοντο*] ܥܠ ܟܠ ܗ̈ܢ ܕܗܘܐ Syh (s nom; Syh^{txt} = ܥܠ ܟܠܗܘܢ ܗܢܘܢ ܕܗܘܘ)

οἳ ἐγένοντο ἔμπροσθέν μου ἐν Ἰερουσαλήμ,
καὶ καρδία μου εἶδεν πολλά, σοφίαν καὶ γνῶσιν.
17 *καὶ ἔδωκα καρδίαν μου τοῦ γνῶναι σοφίαν καὶ γνῶσιν,*
παραφορὰς καὶ ἐπιστήμην ἔγνων,
ὅτι καί γε τοῦτ᾽ ἔστιν προαίρεσις πνεύματος·

A *O* B-S-68′′-998 *L* *C*$^{\prime\prime-295}$ *d* *k* al$^{-155\ 359}$ verss

οἳ ἐγένοντο] *τοις γενομενοις* *O* 161^{mg}-248^{mg} 411 GregNy 308,8 ↓ | *οἵ*] *οις* S 390-503 705 752 | *ἔμπροσθέν/μου*] tr 795 | om *μου* 2° 147-159-503-560 *καὶ* 2° — *γνῶσιν*] post (17a) *γνῶσιν* tr *C*$^{\prime-797}$ Arm; > 797 | om *καί* 2° 411 Fa^{1} GregNy 308,11 Dam | *καρδία*] *καρδιαν* S*; pr *η* 637 545 298 357 338 698 705 752 795 Co Dion 212 GregNy 308,11^{te} Clem II 37 | *εἶδεν*] *ιδεν* A V 336′ 706 Dam = Gra.; *οιδε* 106^{mg} 798; *ιδειν* 357(vid) | *πολλά*] *πολλην* 298-299 357 *k* 336′ 547 Hi Arm Dion^{lem} Ol; + *καιγε* V; + *και* Dam | om *καὶ γνῶσιν* 336′
1,17 *καὶ* 1° — *γνῶσιν*] sub ※ V 788 Syh ↓; post *ἔγνων* tr 475 766; > 253 68 *L*$^{-(106\ 125)\ 130}$ 298 *d*$^{-254}$ *k* 161^{txt}-248$^{\prime txt}$ 296′ 311 338 443 547 705 AGeo^{OJ} Dion 212 Ol Clem II 37↓ (= Compl): homoiot | *καρδίαν*] pr *την* V 130 798-*cII* 698 766 GregNy 308,14 | *γνῶναι*] *επιγνωναι* S 390 | om *σοφίαν καὶ γνῶσιν* 248′ | *παραφοράς* 788$^{sup\ lin}$ = Gord. 1937] *περιφοραν* Gra.; *παραβολην* *k* Sa^{I} Fa$^{1\,2}$; *παραβολας* rel (788* Geo = 𝕾): cf 2 12b 7 25d; pr *και* *L*$^{(-106^{txt}\ 125)}$ Sa^{I} | *ἐπιστήμην*] *επιστημας* 147-159-503-560 | *ἔγνων*] *γνων* 336; pr *ego* Sa^{I} Fa^{1} | *ὅτι*] pr *εγω* B-S-534′-998 *C*′′ *d* *k* 336′ 411 645 705 Sa^{I} Geo Ol = Ald; > 475 336′ | *καί γε*] post *τουτο* tr 106^{mg}; post *ἔστιν* tr 338; > *γε* 298 | *τοῦτ᾽* B] *τουτο* rel (Did 30,19 Clem II 37); post *ἔστιν* tr *C*$^{\prime-298}$ (sed hab Syh) | *ἔστιν*] > 298 *k*(46^{s}) Dion^{lem} 212 Ol (sed hab Did 30,19 Dion^{com} Clem II 37); + *και* 548 766^{B} | *προαίρεσις*] *προαιρεσιν* 631; *διεραισις* 998

1,17 *καὶ* 1° — *γνῶσιν*] *α′ οὐ κεῖται ἐν τῷ ἑβραϊκῷ* 252^{mg}; *α′ ϑ′* sub ※ 788 *παραφοράς*] *α′ πλάνας* 248′ 788 Hi (*errores*; cf 262,25) Syh (ܠܛܘܥܝܘܬܐ); *ϑ′ παραφοράς* 248′ 788 Syh (ܦ̈ܘܣܐ) | *ὅτι—πνεύματος*] *α′ ὅτι πρὸς τοῦτο ἔστιν νομή* (*νόημα* 161; *νηόμα* [sic] 248) *ἀνέμου* (*ἀνόμου* 248′) 248′ (s nom) 252 (sive *pastio venti* supra disservisse sufficiat Hi^{com} 261,389ss 259,328ss)

18 *ὅτι ἐν πλήθει σοφίας πλῆθος γνώσεως,*
καὶ ὁ προστιθεὶς γνῶσιν προσθήσει ἄλγημα.

2 1 *Εἶπον ἐγὼ ἐν καρδίᾳ μου*
Δεῦρο δὴ πειράσω σε ἐν εὐφροσύνῃ, καὶ ἰδὲ ἐν ἀγαθῷ·
καὶ ἰδοὺ καί γε τοῦτο ματαιότης.

A (870) *O* B-S-68′ʼ-998 *L* *C*′ʼ$^{-295}$ *d* *k* al$^{-155\ 359}$(-770) verss

1,18 *ἐν πλήθει*] *εμπλησθη* 147(-*θαι** vid); *εμπληθη* 534; *επλησθη*(-*θει* 601 254*) 601 254* 336′; *εμπλησθεις* 766^{B}; *ο εμπλησθεις* 766^{A} | *πλήθει*] *πληθη* 299 443* 548 752 | *πλῆθος*] *πληθη* 548: cf praec; *πλουτος* 543 *γνώσεως*] *συνεσεως* 766; *furoris* Hi (sed hab Hi *Pel* 2,5) = 𝕸 ↓ | om *ὁ* 503 | *προστιθείς*] *προτιθεις* (*προτηθεις* A) A 425*; *προστεθης* 336′; *προτεθεις* 147*^{vid}; *προστιθειν* 548; *προσθεις* S-998 645 705 752 GregNy 309,16^{ap} Antioch 1712 Ath IV 1501 (sed hab Dam GregNa I 481) *γνῶσιν*] *γνωσει* A; *γνωσεως πληθος* 503: ex (18a) | *προσθήσει* 870] *προσθηση* 574 (sed hab Syh GregNy 309,16); *προστιθησιν* (-*θη*[... 770) 637 613 *L* 298-299-797-*cII* *k* 336′ 338 411 443 542 547 766^{A} 770; *προστιθει* 766^{B}; *προτιθησιν* 475 | om *ἄλγημα* — fin libri 770(||)
2,1 om *εἶπον* — *ματαιότης* 139^{txt} | *εἶπον* (*ειπων* 548)] *ειπα* 338 GregNy 309,19; *ειπεν* 752* | *καρδίᾳ*] *τω νοι* 645; pr *τη* *O*$^{-V}$ 139^{mg}-147-159-298-503-560-798 Co GregNy 309,19 | *μου*] + *και εν τη καρδια μου* 645^{mg} *δεῦρο*] *δευρω* 299-609 357 443* 548 645 | *δή*] *εγω* 698; > 503 Sa^{I} Fa^{1} Dion^{lem} 213 GregNy 309,19^{ap} Ol^{ΑΓΖΜ} | *πειράσω σε*] *πειρασαι ως* 299 Dion^{lem} 213 | om *σε* 766 | om *ἐν εὐφροσύνῃ* 357 | *ἰδέ*] *ειδεν* 260; *ιδω* 766; *ιδον εγω* V | *ἀγαθῷ*] + *και ευφροσυνη* 357 | *καὶ ἰδού*] pr *και ειδον* 766^{A}; > 705 Fa^{1} Dion^{lem} 213 GregNy 309,20 Ol | *καί γε*] *γε* V 139^{mg}-147-159-299-503-560-563-571-798-*cI*$^{-425\ 601}$ 547* Fa^{1} (sed hab Sa^{I}); *γεγονε* 390-415-504-522-540-574-732-425-601 = Ald; > 645^{txt} 766^{A} | *τοῦτο*] *τουτω* 645*; > 253 | *ματαιότης*] *μακαριοτης και υστερημα ου δυνησεται αριθμηθηναι* 574: ex 1 15b

---

1,18 (*πλῆθος*) *γνώσεως*] *α′ θ′* ܕܚܡܬܐ Syh (= *πλῆθος θυμοῦ*); *σ′* ܗܝ ܪܒܐ Syh = *πολλὴ ὀργή*): cf *furoris* Hi | *ἄλγημα*] *α′ βάσανον* 248′ Syh **2,1** *δεῦρο* — *ἀγαθῷ*] *σ′ ἀπελθὼν περιχυθήσομαι ἐν εὐφροσύνῃ, καὶ ὄψομαι ἀγαθά* 788 | *ματαιότης*] *α′ ἀτμός* 248′ Syh

2 *τῷ γέλωτι εἶπα περιφορὰν*
καὶ τῇ εὐφροσύνῃ Τί τοῦτο ποιεῖς;
3 *καὶ κατεσκεψάμην εἰ ἡ καρδία μου*
ἑλκύσει ὡς οἶνον τὴν σάρκα μου
—καὶ καρδία μου ὡδήγησεν ἐν σοφίᾳ—

A *O* B-S-68′-998 *L* $C^{\prime\prime-295}$ *d k* $al^{-155\ 359}$ verss

2,2 *τῷ*] + *δε* 475 *L* | *εἶπα*] *ειπον* *O* 68*(vid) 147-159-298-299-425^{c2} cII^{cat} 547 698(-*πων*) Dion 214 GregNy 310,16^{te} Ol Dam; *ειπω* 797; *ειπε* 425^{c1} *k*(46^{s}) | *περιφοράν*] *παραφοραν* GregNy 310, 7^{ap} 16^{ap}: cf (12b); *κινησιν* B^{mg}; *circumlationem* $La^{94\ 95}$; *amentiam* Hi | *τῇ*] *τι* 766^{B} | *εὐφροσύνῃ*] *αφροσυνη* 253 443 GregNy 311,2^{ap} (sed hab *oblectationem* $La^{94\ 95}$; *iucunditati* Hi) | *Τί*/*τοῦτο*] tr 705 | om *Τί* *k* 728 | *ποιεῖς*] = 𝔖: contra 𝔐
2,3 om *καί* 1° 411 752 Hi Co GregNy 311,15 Ra. = 𝔐 𝔙 | *κατεσκεψάμην*] *εσκεψαμην* 752 GregNy 311,15; *κατεστρεψαμην* 705; + *τε τουτο* 261 | *εἰ ἡ*] *ἐν* *k* 336′ Hi Gra. Ra. = 𝔐 𝔙; absc 998 | *εἰ*] *επι* 357 795; > 548 Geo | om *ἡ* 795 | *ἑλκύσει*] *εκλυσει* $C^{-139^{mg}\ 299\ 798^{*}}$-$cI^{-425\ 797}$ = Ald; *ελκυση* 125′ 311 443; *ελκυσω* 545; *ελκυ* 547; *ελκυσαι* 998(*ελκυσε*) *k*(46^{s}); *του ελκυσαι* Hi (*ut traherem*) Ra. = 𝔐 ↓; *ελκυσειν* Gra. | *ὡς*] *ωσπερ* 766^{B}; *εις* 797 339 Gra. Ra. | *οἶνον*] *οινος* 443; + *νεον* V | om *μου* 2° 534 | om *καί* 2° 637 GregNy 312,7^{te} | *καρδία* 2°] *καρδιαν* 534; pr *η* O^{-253} *L* 298-299-*cII* 357 311 338^{c} 645 698 766 Dion GregNy 312,7 Ol^{AIKM} | *ὡδήγησε* (*ν*)] *οδηγησει* (*ωδ.* 336; -*ση* 728) 336′ | *ἐν*] pr *με* *O* S^{c} 68′-998 *L* $C^{\prime\prime-298}$ *d k* 248′ 296′ 311 336′ 338 411 443 542 547 645 706 766 795 Hi Sa^{I} $Fa^{1\ 2}$ Did 33,24 GregNy 312,8

2,2 *τῷ γέλωτι εἶπα περιφοράν*] *σ′* (+ *εἰς* 161 Syh) *τὸν γέλωτα εἶπον θόρυβον* 248′ 252 539 (s nom) Syh | *περιφοράν*] *α′ πλάνησιν* 248′ (-*σις* et ind mend ad *τί τοῦτο* 161) 539 (s nom) 788 (-*σις*) Hi (*α′*; cf 262,25) Syh = 𝔙 *errorem*; *σ′ θόρυβον* Hi; *θ′ περιφοράν* Hi Syh | *τί τοῦτο ποιεῖς*] *σ′ τί αὐτὴ ποιεῖς* 248′ | *ποιεῖς*] *σ′ θ′* ܥܒܕܐ Syh (= *ποιεῖ*) **2,3** *καὶ κατεσκεψάμην εἰ ἡ καρδία μου*] *σ′ καὶ* (> 252) *διενοήθην* (*ἐνοήθη* 161; *ἐνοήθην* 248) *ἐν τῇ καρδίᾳ μου* 248′ 252; *θ′* ܘܐܬܚܫܒܬ ܒܠܒܐ ܕܝܠܝ ܠܡܓܕ ܐܝܟ ܚܡܪܐ ܠܒܣܪܐ ܕܝܠܝ Syh (= *καὶ διενοήθην ἐν τῇ καρδίᾳ μου ἑλκύσαι ὡς οἶνον τὴν σάρκα μου*) | *ἑλκύσει*] *α′ ἑλκύσαι* Syh; *θ′ ἑλκύσαι* 248′ | *καὶ καρδία μου ὡδήγησεν ἐν σοφίᾳ*] *σ′ ἵνα τὴν καρδίαν μου μεταγάγω εἰς σοφίαν* 248′

καὶ τοῦ κρατῆσαι ἐπ᾽ ἀφροσύνῃ,
ἕως οὗ ἴδω ποῖον τὸ ἀγαθὸν τοῖς υἱοῖς τοῦ ἀνθρώπου,
ὃ ποιήσουσιν ὑπὸ τὸν ἥλιον
ἀριθμὸν ἡμερῶν ζωῆς αὐτῶν.
4 *ἐμεγάλυνα ποίημά μου,*
ᾠκοδόμησά μοι οἴκους,
ἐφύτευσά μοι ἀμπελῶνας,
5 *ἐποίησά μοι κήπους καὶ παραδείσους*

A *O* B-S-68″-998 *L* *C*$^{\prime\prime-295}$ *d k* al$^{-155\ 359}$ verss

τοῦ 1°] *τουτο* 443 | *κρατῆσαι*] *κρατειν* *O* S^{c}(-*τιν*) | *ἐπ᾽*] *εν* *O*$^{-V}$ 534 *cII* 336′ 411 Hi Aeth Arm = **𝔐 𝔙** | *ἀφροσύνῃ* Hi Gra. Ra.] *επιστημη* *O*$^{-V}$: cf 1 17b; *ευφροσυνην* 68* *C*$^{\prime-298\ 299\ 415\ 797}$(540 vid) = Ald Sixt; *ευφροσυνη* rel (Co Geo Arm Did 34,26 Dion^{lem} 215 Ol Met I.22,4,21s); absc 998 | om *οὗ* 125′ *k*(46^{s}) 336 543 705 | *ἴδω*] *ειδω* (*οιδω* 261) 637 261 299 443* 698 Dion^{lem} 215 Ol^{te} | *ποῖον*] *οποιον* 390; > 46^{s} | om *τό* 475 254* 338 | *τοῦ ἀνθρώπου*] *των ανθρωπων* *O*$^{-V\ 253}$ B-S-68″-998 *C*″ *d k* 248″ 336′ 338 411 443 542^{txt} 547 645(-*πον*) 705 752 766 Syh^{txt} Co Geo Arab Dion^{lem} 215 Did^{com} 35,2 Ol Met I.22,5: contra **𝔐** ↓ | *ὅ*] *και* *k*; > 336 | *ποιήσουσιν*] *ποιουσιν* 534 *C*$^{\prime-157\ 298\ 299\ 563\ 571\ 609\ 797}$ 705 = Ald; *ποιησωσιν* Did 34,29 35,4; *ποιησας αυτα* 766 | *ἀριθμόν*] *αριθμων* 125′ 159-522-574-797 357 549 766^{A} (sed hab 998 Syh); *αριθμοι* 296′; *εν αριθμω* *O* S^{c}-613$^{sup\ lin}$ *cII* 411 547 Arm; *numero* Hi = **𝔙** | *ἡμερῶν*] *ημερας* 766^{A}; > 637 752 | *αὐτῶν*] *αυτου* 534′ 299-371
2,4 *ἐμεγάλυνα*] -*λυνας* 545*; -*λυνε* 125; *μεγαλυνω* Did^{lem} 35,21 | *ποίημά μου*] *οικημα μου* 563-571^{txt} | *ᾠκοδόμησά*] *οικοδομησον* *k*; *οικοδομησαι* 637(*ωκ.*) | *μοι οἴκους*] *ποιημα μου* 299: ex (4a) | *μοι* 1°] *μου* 125-261* 560 254 46^{s} Ol^{M}; > 798* | *οἴκους*] *οικον* 336′ | om *μοι* 2° 252^{txt} = **𝔙** | *ἀμπελῶνας*] + *μου* 998*
2,5 *ἐποίησά μοι*] *εποιησαμην* 475 534; *εποιησαμεν* 545 | *μοι*] *σοι* 543; > 547 = **𝔙**

τὸ ἀγαθόν] *σ′ τὸ σύμφορον* 248′ | *τοῖς υἱοῖς τοῦ ἀνθρώπου*] *α′ σ′ τοῖς υἱοῖς τῶν ἀνθρώπων* Syh (ܠܒܢ̈ܝܗܘܢ ܕܒܢ̈ܝܢܫܐ); *θ′ τοῖς υἱοῖς τοῦ ἀνθρώπου* Syh (ܠܒܢ̈ܘܗܝ ܕܒܪܢܫܐ): cf Hi^{com} 330,302s; *τοῖς υἱοῖς τοῦ ἀνθρώπου* Syh (s nom; ܠܒܢ̈ܘܗܝ ܕܒܪܢܫܐ) **2,4** *ἐμεγάλυνα ποίημά μου*] *σ′ μεγάλα ἐποίησά μοι ἔργα* 248′ (s nom) 539 (s nom) Syh

καὶ ἐφύτευσα ἐν αὐτοῖς ξύλον πᾶν καρποῦ·
6 *ἐποίησά μοι κολυμβήθρας ὑδάτων*
τοῦ ποτίσαι ἀπ' αὐτῶν δρυμὸν βλαστῶντα ξύλα·
7 *ἐκτησάμην δούλους καὶ παιδίσκας,*
καὶ οἰκογενεῖς ἐγένοντό μοι,
καί γε κτῆσις βουκολίου καὶ ποιμνίου πολλὴ ἐγένετό μοι
ὑπὲρ πάντας τοὺς γενομένους

A *O* B-S-68′′-998 *L* *C*$^{\prime\prime-295}$ *d* *k* al$^{-155\ 359}$(-766) verss

om *καί* 2° 299 Hi: contra 𝔐 | *ἐφύτευσα*] + *μοι* 475 336′ Sa^{I} | *ξύλον*] *ξυλα* 545 46^{s} | *πᾶν καρποῦ* (*παγκαρπου* 260)] *παγκαρπον* 475 125′ 298-299-563-571* Syh(-*πων*) Ol^{te}; *παν καρπιμον* 795 Ol$^{\Delta IKM}$; *παν καρποφορον* V Hi Sa^{I}; om *πᾶν* 543; absc Fa^{2}
2,6 *ἐποίησά μοι*] *εποιησαμην* 534 798^{c} | *ἐποίησά*] -*σας* 68 Proc *Cant* 1580; -*σαν* 574 | om *μοι* 645 | *κολυμβήθρας*] -*θραν* *k* | *ποτίσαι*] *ποιησαι* 161^{mg}-248^{mg} Arm^{ap} Arab Dion Did^{lem} 37,15 Ol | *ἀπ' αὐτῶν*] *εν αυτοις* 161^{mg}-248^{mg} 443 705 752 | *ἀπ'*] *επ* Ald | *δρυμόν*] *δρυμων* 125′ 299-540*-571*-601 *k*(pr *των* 337) 411 539 645 | *βλαστῶντα ξύλα* inc 705 | *βλαστῶντα*] *βλαστοντα* 560-609 296′; *βλαστουντα* 795 Ol^{ap}; + *και* 645^{c} | *ξύλα*] *ξυλον* 613$^{sup\ lin}$ Hi; pr *τα* 298: dittog; > B-534-998 Sa^{I} Fa$^{1\,2}$ Geo Met II.1,6 Amb *Isa* 4,25 (sed hab Syh Did 37,15 Ol Gra. = 𝔐)
2,7 *ἐκτησάμην*] + *μοι* 766^{B} Sa^{I} Fa$^{1\,2}$ | *δούλους*] *δουλας* 299; *παιδας* 296^{txt}-548 | *καί* 1°] bis scr 543 | *παιδίσκας*] -*κους* 574; *παιδας* 645* | *οἰκογενεῖς*] *οικειαι εν οις* 336′(-*κιαι* 728); post *μοι* 1° tr *O*$^{-V}$ | *ἐγένοντό*] *εγενετο* 475 *μοι* 1° ⌒ 2° 336 | *κτῆσις*] *κτησι* 147*; *κτησεις* A V; *κτισις* 253-475 159-503*-574(bis scr) 443; *κτισεις* 125; + *και* 645 | *βουκολίου*] -*λιων* *L* *d* Fa^{1} Geo Met^{com} II.1,53 Chr IV 599 IX 683 (cf XVI 89 584); -*λειων* V | *καὶ ποιμνίου*] post *πολλή* tr 338; > 260^{txt}: homoiot | *ποιμνίου* Syh Ol] -*νιων* V *L* 443 Fa^{1} Geo Met^{com} II.1,53 Chr IV 599 IX 683 (cf XVI 89 584) *πολλή*] *πολλων* 125; *πολλα* 571*; *πολλης* 261-545; post *μοι* 2° tr 534′ 795 Dion^{lem} 216 GregNy 338,21 Ol; > S*-998 543 Chr IV 599 | *ἐγένετό*] -*νοντο* 998*(c pr m) 125′ 299 254(-*νοτο*) 443 645 698 728 | *μοι* 2°] + *εις* S* | *γενομένους*] *γινομενους* 336′

2,5 *πᾶν καρποῦ*] *α′ κάρπιμον* 252 788; *παντὸς κάρπου* 788 (mend ad 26a)
2,6 *κολυμβήθρας*] *α′ λίμνας* 248′ 252; *σ′ δεξαμενάς* 248′ 252 (s nom)
2,7 *βουκολίου καὶ ποιμνίου*] *ϑ′* ܕܒܩܪ̈ܐ ܘܕܥܢܐ Syh (= *βουκολίου καὶ ποιμνίου*); *σ′* ܘܒܩܪ̈ܐ Syh (= *καὶ βουκόλια*)

ἔμπροσθέν μου ἐν Ἰερουσαλήμ·
8 *συνήγαγόν μοι καί γε ἀργύριον καὶ χρυσίον*
καὶ περιουσιασμοὺς βασιλέων καὶ τῶν χωρῶν·
ἐποίησά μοι ᾄδοντας καὶ ᾀδούσας
καὶ ἐντρυφήματα υἱῶν τοῦ ἀνθρώπου
οἰνοχόον καὶ οἰνοχόας·

A *O* B-S-68″-998 *L* *C*′′$^{-295}$ *d* *k* al$^{-155\ 359\ 766}$ verss

om *ἔμπροσθέν μου* 766^{B} | om *ἐν* 504*
2,8 *συνήγαγόν*] pr *και* 534 | *μοι* 1°] *με* 125 548*^{vid}; > 338 Chr IV 599 (sed hab Chr IX 683) | om *καί γε* V Hi Sa^{I} Fa^{1} Aeth Geo Chr IV 599 Pot *Ep Ath*, *Ep subst* 20 = 𝔙: contra 𝔐 | *καί* 2°] + *γε* A B-68″-998 298-797 *d*$^{-754}$ 337 248″ 296′ 311 336′ 338 339 411 443 543 547 549 698 706 752 766^{B} 788 795 Geo Did 39,16 Dion^{lem} 216 GregNy 339,3^{te} 346,7^{te} Ol Met II.1,10 (sed hab Hi Syh Sa^{I} Fa^{1} Ra.) = Ald Compl Gra.: contra 𝔐 | *χρυσίον*] *χρυσιων* 645 | *περιουσιασμοὺς βασιλέων*] *περιουσιαν μοι βασιλειας* *k* *περιουσιασμούς*] -*μον* 125 Did^{com} 40,8 Pot *Ep Ath*, *Ep subst* 20 (sed hab Hi 𝔙) = 𝔐; -*μου* 336′; *περιουσιας μου* 357^{vid} 542 | *βασιλέων*] -*λεως* 106 574 | *χωρῶν*] *χορων* 560 645* 766^{B} | *ἐποίησα*] *εποιησαν* *k* 336′ 548 | *καί* 6° ⌒ (9a) *καί* 1° 631 | om *καί* 6° B-534-998 298 *d* | *ἐντρυφήματα*] *εντροφηματα* 475; *εντρυφη μετα* B*-S* 296 706 795 Aeth Arab; *εντρυφημα* 338; *εν τρυφηματι* Sa^{I} Fa^{1} (sed hab Hi (*delicias*) 𝔙) Ol^{BHΘ} Ruf *Cant* 94,25 (*in laetitia*) | *τοῦ ἀνθρώπου*] *του ιηλ ανθρωπου* 504*; *των ανθρωπων* V-475 798^{c}-*cII* *d*$^{-357}$ 411 766^{B} Sa^{I}: contra 𝔐; *ανθρωπων* B-998 298 357 296′ 311 336′ 706 795 Fa^{1} Geo Arab | *οἰνοχόον καὶ οἰνοχόας*] *οινοχοους και ουσας* 475 | *οἰνοχόον*] *οινοχοους* A *O* S^{c}-613 *L*$^{-125}$ 574-798^{c}-*cII* *d*$^{-357}$ *k*$^{(-631)}$ 296′ 311 336′ 411 443 547 645 698 705 752^{c} 706 766^{B} 795 La$^{94\ 95}$ Hi Sa^{I} Fa^{1} Geo Arm (sed hab Syh) Did^{lem} 40,25 41,18 Did^{com} 42,3 GregNy 347,6 Met II.1,12 Chr IV 599 IX 683 XVII 123 879 PsAug *SermCai* 94,2 Ruf *Cant* 94,25: contra 𝔐; *οινοχοω* 125 | *οἰνοχόας*] *οινοχοουσας* *O* *d*$^{-357}$ 336′ 788*(c pr m) Sa^{I} Fa^{1} Geo Arm (sed hab Syh) Chr IV 599 IX 683 XVII 123 879

2,8 *συνήγαγόν μοι*] *ἤθροισα ἐν αὐτῷ* (mend pro *ἐμαυτῷ*?) 248′ | *περιουσιασμούς*] *α′ οὐσίας σ′ πεκούλια* 248′ | *ἐντρυφήματα*] *α′ τρυφάς* 248′ 252; *σ′ σπατάλας* 248′ 252 788 | *οἰνοχόον καὶ οἰνοχόας*] *α′ κυλίκιον καὶ κυλίκια* (*κύλικας* 248′) 248′ Hi Syh; *σ′ mensarum species et appositiones* Hi; *θ′ ὁμοίως τοῖς ο′* Syh (= *οἰνοχόους καὶ οἰνοχοούσας*)

9 *καὶ ἐμεγαλύνθην καὶ προσέθηκα*
παρὰ πάντας τοὺς γενομένους
ἔμπροσθέν μου ἐν Ἰερουσαλήμ·
καί γε σοφία μου ἐστάθη μοι.
10 *καὶ πᾶν, ὃ ᾔτησαν οἱ ὀφθαλμοί μου,*
οὐκ ἀφεῖλον ἀπ᾽ αὐτῶν,
οὐκ ἀπεκώλυσα τὴν καρδίαν μου
ἀπὸ πάσης εὐφροσύνης,
ὅτι καρδία μου εὐφράνθη ἐν παντὶ μόχθῳ μου,

A *O* B-S-68′′-998 *L* *C*′′$^{-295}$ *d* *k* al$^{-155\ 359\ 766}$ verss

2,9 *καὶ ἐμεγαλύνθην*] post *προσέθηκα* tr 503 | om *καί* 1° 68 248′′ 338 543 549 | *ἐμεγαλύνθην*] *-θη* 545 *k* 547; pr *εντρυφηματα υιων του ανθρωπου* *k*: ex (8d) | *προσέθηκα*] *προεθηκα* 548; + *σοφιαν* *C*′$^{-147\ 159\ 298\ 503\ 560}$ GregNy 350,18^{ap} = Ald: cf 1 16c; + *σοφια* 147-159-503-560 | *παρά*] *υπερ* 698: ex (7d); > 645 | *ἔμπροσθέν*] pr *απο* B-534-998 798^{c} *cII* 336′ 411 (sed hab Syh) ↓: cf 1 10c | om *μου* 1° 298-574 Geo | *γε*] *η* 252 Did^{com} 43,10 13 18 21 *μου* 2°] *μοι* 547 Ol; > 298-601 Geo Dion^{lem} 216 Dion^{com} 217 218 | om *μοι* 547
2,10 *καί* 1° ⌒ (11a) *καί* 125 | om *καί* 1° 261-545 Theog VI 151 | om *πᾶν* 797 | *ᾔτησαν*] *επεθυμησαν* *O*$^{-V}$ 539 (sed hab Hi) = 𝔇 ↓ | *οὐκ ἀφεῖλον* (*-ιλον* S Did] *ουκ αφειλω* 336′ Geo; *ουκ απειχον* (*απει* 601) *C*′$^{-298\ 299\ 798^{c}}$; *ουχ* (*ουκ* 543 549) *υφειλον* A *L*$^{(-125)}$ 68′ 248′′ 296′ 311 339 543 549 698 706 788 (sed hab Dion^{lem} 216 Dion^{com} 217 Met II.2,2 Theog VI 151) = Gra. Ra.; absc 998 | *ἀπεκώλυσα*] *εκωλυσα* 336′ 547 Theog VI 151 | *τὴν καρδίαν*] *της καρδιας* 336′; *τους οφθαλμους* 698 | om (10d) 261 | om *πάσης* 754 *εὐφροσύνης*] + *μου* B-613-998 *L*$^{(-125)}$ *cII* *d* 296′ 311 443 706 795 (sed hab Hi Syh Sa^{I} Fa^{1}): contra 𝔐 | *ὅτι*] *και η* GregNy 351,9; + *η* 475 534^{c}-613 298 296′ 539 | om *μου* 3° 798* | *εὐφράνθη*] *εφ.* 539; *ηυφρανθη* 253 *C*′$^{-299\ 503\ 540}$ 254′ 443 698; *ευφρανθην* 475 299 548; *ηυφρανθην* 503; *ηυφρανθ* (sic) 540; *ευφρανθησεται* 766^{B}; *εσταθη μοι* *k* | *ἐν*] *επι* 797

2,9 *καὶ ἐμεγαλύνθην καὶ προσέθηκα*] *σ′ καὶ* (> 248′) *μεγέθει ὑπερέβαλον* 248′ 788 | *ἔμπροσθέν μου*] *σ′ ἀπὸ ἔμπροσθεν ἐμοῦ* 248′ **2,10** *ᾔτησαν*] *σ′ ἐπεθύμησαν* 248′ | (*ἐν παντὶ*) *μόχθῳ* (*μου*)] *σ′* (+ *ἐκ πάσης* 248′) *φιλοπονίας* (*φιλοπονισμῷ* 252; *φιλοπονίᾳ* 539) *μου* (> 252) 248′ 252 539 (s nom) Syh (s nom)

καὶ τοῦτο ἐγένετο μερίς μου
ἀπὸ παντὸς μόχθου μου.
11 *καὶ ἐπέβλεψα ἐγὼ ἐν πᾶσιν ποιήμασίν μου,*
οἷς ἐποίησαν αἱ χεῖρές μου,
καὶ ἐν μόχθῳ, ᾧ ἐμόχθησα τοῦ ποιεῖν,
καὶ ἰδοὺ τὰ πάντα ματαιότης καὶ προαίρεσις πνεύματος,
καὶ οὐκ ἔστιν περισσεία ὑπὸ τὸν ἥλιον.
12 *Καὶ ἐπέβλεψα ἐγὼ τοῦ ἰδεῖν σοφίαν*

A *O* B-S-68''-998 *L* C''^{-295} *d k* $al^{-155\ 359\ 766}$ verss

μερίς μου] *μερισμος* $C'^{-298\ 299\ 798^{c}}$ = Ald | *ἀπὸ παντὸς μόχθου μου*] om *ἀπό* $C'^{-298\ 571^{c}\ 798^{c}}$; *παντι μοχθω μ.* 998 609-797*: ex (10e); om *μου* 390 339 Met II.2,5
2,11 *ἐπέβλεψα*] *επεστρεψα* 357 $Sa^{I\ II}$ (sed hab Hi Fa^{1} Antioch 1469) = 𝔇 om *ἐγώ* 125 705 Geo | *ἐν* 1°] *επι* 998 139-147-159-298-503-560 766^{B} Aeth Geo: contra 𝔐; *ad* Hi = 𝔇 | *πᾶσιν*] pr *τοις* A V-475 S^{c} 534′ 609 *k* 698 766^{B} Did 45,3 GregNy 352,4 Ol | *ποιήμασιν*] pr *τοις* 298 | *ἐν* 2°] + *παντι* 411 GregNy 352,5 | *μόχθῳ*] + *μου* A Sa^{I} Fa^{1} Geo GregNy 352,6 | *ᾧ*] *ο* $O^{-V\ 475}$ 261-545 = Ald | *ἐμόχθησα*] *-θησαν* 571*-371* | *τοῦ*] *τουτο* 754 795; > 645 | *ποιεῖν*] *ποιησαι* *O L* 338 542 Met II.2,7 II.3,12 | *καὶ* 3° — *ματαιότης* bis scr 631: homoiar | om *τά* 159-390 645 Tht I 1883: cf 2 16d 17d 1 14c 3 19g *πάντα* bis scr S | *προαίρεσις*] *προαιρεσεις* A; *περισσεια* S: ex (11e) | om *καί* 5° 68(|) | *ἔστι(ν)*] *εσται* 601(*εστε*)-797
2,12 *ἐπέβλεψα*] *απεβλεψα* 571^{c} = Ald

2,11 *καὶ ἐν μόχθῳ ᾧ ἐμόχθησα τοῦ ποιεῖν*] *σ′ καὶ τὸν πόνον ὃν ἐπόνησα* (sic Morin; *ἐποίησα* 248′) *διαπρασσόμενος* 248′ | *τοῦ ποιεῖν*] *α′ ὁμοίως τοῖς ο′* Syh (= *τοῦ ποιῆσαι* ↑) | *καὶ ἰδοὺ* — *πνεύματος*] *σ′ καὶ ἐφάνη τὰ πάντα ἀτμὸς καὶ κάκωσις πνεύματος* 788 | *ματαιότης καὶ προαίρεσις πνεύματος*] *α′* (+ *θ′* Syh) *ἀτμὸς καὶ νομὴ ἀνέμου* 248′ 252 Syh | *ματαιότης*] *σ′ ἀτμός* 252

καὶ περιφορὰν καὶ ἀφροσύνην·
ὅτι τίς ὁ ἄνθρωπος, ὃς ἐπελεύσεται ὀπίσω τῆς βουλῆς
σὺν τὰ ὅσα ἐποίησαν αὐτήν;

A *O* B-S-68′′-998 *L* *C*′′$^{-295}$ *d* *k* al$^{-155\ 359\ 766}$ verss

περιφοράν 298 539] *παραφοραν* 253 B-613$^{sup\ lin}$-998 161^{mg}-248^{mg} GregNy 355,5^{te}(corr Jaeger; sed hab Co GregNy 355,5^{ap} Did^{lem} 46,15 Did^{com} 46,16 17 19) Ol^{com} (*περιφοράν … ἢ παραφοράν*): cf (2a) | om *καὶ ἀφροσύνην* 539^{lem} | *ἀφροσύνην*] *ευφροσυνην* V 415-609-371 337 161^{mg}-248^{mg} Hi Fa^{1} Geo (sed hab Syh Sa^{I} Arm Did 46,15 GregNy 355,3 Met II.3,3 = **𝔐 𝔙**): cf (3d) | *ὁ* *O* *C*′$^{-298\ 522\ 798}$ = **𝔐**] om rel | om *ὅς* A 130* 357 *k* 547 | *ἐπελεύσεται* 998] *ελευσεται* 68 *k* 248′′ 296′ 311 336′ 338 339 542 543 549 706 766^{B} 788 795 Dion^{lem} 218 Met II.3,3,34 (sed hab GregNy 355,6); *απελευσεται* S^{c}; *εισελευσεται* *O*$^{-475}$ ↓ | *ὀπίσω*] *επανω* 766^{B} | om (12d) 475 | *σὺν τὰ ὅσα*] om *σύν* A B-S*-534-998 357 705 752 Geo GregNy 355,6 Syn = Gra. Ra.: contra **𝔐** ↓; *συν τα οσα* aut *συν οσα* S^{c}(vid): cf praef; *συν οσα* V-253; *οσα* 298 645; *συν παντα οσα* 125 339 698; *συμπαντα οσα* (+ *συνουσα* 613) 613 *L*$^{-125}$ 299-*cII* *d*$^{-357}$ 411 547 Aeth Dion^{lem} 218; *συν τοις πασιν* *k*; *παντα οσα* *C*′$^{-298\ 299}$ = Ald; *συνες* (-*νεις* 795) *οσα* 766^{B} 795; *συνετα οσα* 296′ 311 | *ἐποίησαν*] -*σεν* *O* B-S-534′ *L* *C*′′(560 c pr m) *d*$^{-254\ 357}$ *k* 336′ 338 339 411 443 542 543 547 645 705 766^{B} 788 La$^{94\ 95}$ Geo Arm Dion^{lem} 218 Did 47,25 GregNy 355,7 Ol Met II.3,4 Syn (sed hab Syh) Ra. = **𝔐**^{mss}; absc 998 | *αὐτήν*] *αυτη* *O*$^{-253}$ S-613 *L* *C*′′(571^{txt}) *d* 252 296 311 338 339 411 443 542 543 547 548^{c} 549 645 698 705 706 795 Dion^{lem} 218 Did 47,25 GregNy 355,7 Ol Met II.3,4 (sed hab Syh Syn = Gra. Ra. ↓); *εν αυτη* 571^{mg} = Ald; *αυτον* 46′; *αυτα* 337; *αυτοις* 548* 766^{B}

2,12 *περιφοράν*] α′ ϑ′ *πλάνας* 252 Hi (α′; cf 262,25) Syh = **𝔙**; σ′ (+ α′ 248′) *πλάνην* 248′ (ind mend ad 2**11e** *περισσεία* 161) 539 (s nom) | *καὶ ἀφροσύνην*] α′ ܘܣܟܠܘ̈ܬܐ Syh (= *καὶ ἀφροσύνας*) | *ὅτι τίς ὁ ἄνθρωπος — βουλῆς*] σ′ (α′ 248′) *τί δὲ ὁ ἄνθρωπος ἵνα παρακολουθήσῃ βουλήν* (*βασιλεῖ* 252) 248′ 252 | *ὃς ἐπελεύσεται — αὐτήν*] ϑ′ ܗܘ ܕܐܬܐ ܒܬܪ ܡܠܟܐ ܥܡ ܗܠܝܢ ܟܠܗܝܢ ܕܥܒܕܘܗ̇ Syh (= *ὃς ἐλεύσεται ὀπίσω τοῦ βασιλέως σὺν τὰ ὅσα ἐποίησαν αὐτήν*) | *ὃς ἐπελεύσεται ὀπίσω τῆς βουλῆς*] α′ ܗܘ ܕܥܐܠ ܒܬܪ ܡܠܟܐ Syh (= *ὃς εἰσελεύσεται ὀπίσω τοῦ βασιλέως*) | *τῆς βουλῆς*] α′ ϑ′ *τοῦ* (> 252) *βασιλέως* 252 788: cf Hi = **𝔐 𝔙**

13 *καὶ εἶδον ἐγὼ ὅτι ἔστιν περισσεία*
τῇ σοφίᾳ ὑπὲρ τὴν ἀφροσύνην
ὡς περισσεία τοῦ φωτὸς ὑπὲρ τὸ σκότος·
14 *τοῦ σοφοῦ οἱ ὀφθαλμοὶ αὐτοῦ ἐν κεφαλῇ αὐτοῦ,*
καὶ ὁ ἄφρων ἐν σκότει πορεύεται.
καὶ ἔγνων καί γε ἐγὼ ὅτι συνάντημα ἓν
συναντήσεται τοῖς πᾶσιν αὐτοῖς.

A (870) *O* B-S-68′′-998 *L* *C*$^{\prime\prime-295}$ *d* *k* al$^{-155\ 359\ 766}$ verss

2,13 *εἶδον*] *ιδον* A V-475 998 157* 357 336′ 542 548 706 = Gra. | om *ἐγώ* 766^{B} | *ἔστιν*/*περισσεία*] tr S 298 645 Dion^{lem} 219 Ol | *ἔστιν* (sup ras 788)] *εσται* 797; > 766^{B} Anast 673 | *περισσεία* 1°] *περισσον* 543 549; post *τῇ σοφίᾳ* tr 443; ⌒ *περισσεία* 2° 125′-545 752 | *τῇ σοφίᾳ*] *της σοφια* 336′ *ὑπέρ* 1°] *παρα* Fa^{1} | *ὡς*] *ωσπερ* V 106-130: dittogr; *τις* 336 | *ὑπέρ* 2°] *παρα* 998 Fa^{1} = 𝕶 | *τὸ σκότος*] *του σκοτους* 357 339 549* 706 788
2,14 *οἱ*] pr *και* 797; > 415 | om *αὐτοῦ* 1° 870 *O*$^{-637}$ 534′ *C*$^{\prime-299\ 563\ 571}$-425-601 338 411 539 543 766^{B} Hi Sa^{I} Fa^{1} Geo Arm (sed hab 998 Syh) Dion^{lem} 219 Did^{lem} 48,19 Did^{com} 48,22 GregNy 357,1^{te} 358,11 360,17 Ol Met II.5,2,40 Anast 673 Ath IV 1512 Bas I 384 II 57 537 Chr IX 345 Did *Ps* 29,13 64,14 105,6 262,17 301,23 *Ps.CatA* 669a 1222 Proc *Isa* 2028 PsGregNy 67,10 = 𝕯: contra 𝕸 | *ἐν κεφαλῇ*] *επι κεφαλην* 357; *επι της κεφαλης* Bas II 537 Proc *Isa* 2028; *super caput* Aeth | *κεφαλῇ*] pr *τη* 797 342-754 337 336′ 338 788 Co Did^{com} 48,22 Ath IV 1512 Bas II 57 Chr IX 345 (sed hab Dion^{lem} 219 Did^{lem} 48,19 GregNy 357,1^{te} 358,11 360,17 Ol Met II.5,2,40 Did *Ps* 29,13 64,14 105,6 262,17 301,23 *Ps.CatA* 669a 1222 PsGregNy 67) | om *ὁ* 425 548: contra 𝕸 | *σκότει*] *αυτηι* 766^{B} | *πορεύεται*] *διαπορευεται* 475-637 543* 766^{B}; *πορευσεται* Syh | om *καὶ ἔγνων* *L*$^{-130}$ 425: haplogr | *ἔγνων*] + *γε* 613 | *καί γε*] > *cII* 411 Hi Fa^{1} Aeth Arm (sed hab Sa$^{I\ II}$) GregNy 361,14^{te} (sed hab GregNy 364,11) = 𝕯; om *γε* 637* 998 563-571 357; + *εν πνευματι* 147 | om *ὅτι* 543 | *συνάντημα*] + *μοι* 342 | om *ἕν* 998 357 Fa^{1} = 𝕶 | *πᾶσιν*] + *ανθρωποις* 411 | om *αὐτοῖς* 253

2,13 (*ὑπὲρ τὴν*) *ἀφροσύνην*] *σ′ ἀμαθίαν* 248′ (ind ad *σοφίᾳ* 248); *α′ θ′ ὁμοίως τοῖς ο′* Syh **2,14** *πορεύεται*] *θ′ πορεύεται* (sed hab *πορεύσεται* Syh^{txt} ↑) | *ὅτι συνάντημα* — *αὐτοῖς*] *σ′ ἀπάντημα τὸ αὐτὸ ὁμοίως ἓν ἀπαντήσει πᾶσιν αὐτοῖς* 252 | *ἕν*] sub ※ *σ′* 788

15 *καὶ εἶπα ἐγὼ ἐν καρδίᾳ μου*
Ὡς συνάντημα τοῦ ἄφρονος
καί γε ἐμοὶ συναντήσεταί μοι,
καὶ ἵνα τί ἐσοφισάμην;
ἐγὼ τότε περισσὸν ἐλάλησα ἐν καρδίᾳ μου,
ὅτι καί γε τοῦτο ματαιότης.

A (870) *O* B-S-68′′-998 *L* *C*$''^{-295}$ *d* *k* al$^{-155\ 359\ 766}$ verss

2,15 *εἶπα*] *ειπον* *O* 68 *C*′ *k* 248′ 296′ 311 338 339 543 547 549 698 706 788 795 GregNy 361,15 364,12 Met II.6,3,34,94 (sed hab Dion^{lem} 220) | *ἐν* 1°] *τη* 475 998 Fa^{1}; + *τη* 574 705 752 Sa^{I} | *Ὡς*] *εως* B-S; *ω* 357 766^{B}; > 795 *τοῦ ἄφρονος*] *τω αφρονι* *L*; *τους αφρονας* 645 | om *καί γε ἐμοί* 342 Dion^{lem} 220 Ol | *ἐμοί*] *εγω* 543 | *μοι*] *μου* 339; > *O* S^{c}-613 *L* *C*′′ 754 338 411 547 698 705 766^{B} 795 Hi Geo (sed hab Syh) GregNy 361,17 364,13 Met II.6,4,35,95 = Ald: contra 𝔐 | *ἐσοφισάμην*] *εφεισαμην* *k*: cf (19c); *εσοφισω με* 766^{B} | *ἐγώ* 2°] pr *και* 613 298 Hi^{lem} 269,271 Ol; > 574^{txt} Hi^{lem} 269,271 Geo | *τότε* = 𝔎] *το* 68 571^{c} 248′ 728; *τι* 336; *τουτο* 547^{mg} GregNy 364,19; > B-S*-534′-998 *C*$'^{-298\ 571^{c}}$ 443 547^{txt} 645 705 Hi^{lem} 269,271 Sa^{I} Geo Arm (sed hab Hi^{LXX} 269,285-289 Syh) Dion^{lem} 220 GregNy 361,17 Ol: contra 𝔐 | *περισσόν*] *πονηρον* 574^{txt}; > Hi^{lem} 269,271 (sed hab Hi^{LXX} 269,285-289); post *ελαλησα* tr 540 | *ἐν* 2°] + *τη* 475 Ol^{M} *ὅτι—ματαιότης*] *διοτι αφρων εκ περισσευματος λαλει* 534: homoiar (16a); + *διοτι* (> Aeth; + *ο* B-613-998 298 *d* Sa^{I}) *αφρων εκ* (+ *του* 613) *περισσευματος* (+ *καρδια* Geo) *λαλει* (+ [sub ⁓ Syh] *οτι* [*και ιδου* pro *οτι* Syh] *και γε τουτο ματαιοτης* *O* Syh) *O* B-613-998 298 *d* 336′ 542 766^{B} Syh Sa^{I} Aeth Geo Arab (sed hab Hi^{lem} 269,271s) = 𝔖: contra 𝔐; pr (*και* 299) *διοτι* (*οτι* Dion^{com} 221 GregNy 364,19; > Dam; + *ο* 390-574-601-*cII*) *αφρων* ($\overline{ανος}$ 547^{txt}) *εκ περισσευματος λαλει* (+ *οτι αφρων εκ περισσευματος λεγει* post fin 443) rel (Hi^{LXX} 269,285-289 Arm$^{te\ et\ ap}$ GregNy 361,18 364,19 Ol Met II.6,6s,102s II.7,7s Proc *CatP* 22,154 Dam) ↓ = Ra.: ex Matth 12$_{34}$ (par Luc 6$_{45}$) | om *ὅτι* 357 728 Dam

---

2,15 *μοι*] sub ※ *ϑ*′ 788 | *καὶ ἵνα τί ἐσοφισάμην*] *σ*′ *καὶ* (> 252) *εἰς τί μοι ἡ σοφία μου* 248′ 252 | *καὶ ἵνα τί*] *ϑ*′ *καὶ εἰς τί* 788 Syh; *α*′ *ὁμοίως τοῖς ο*′ Syh | *ὅτι*] pr (sub ÷ 788; *οὐ κεῖται παρ᾽ ἑβραίοις* 788^{mg}) *διότι ἄφρων ἐκ περισσεύματος λαλεῖ* 788

16 *ὅτι οὐκ ἔστιν μνήμη τοῦ σοφοῦ*
μετὰ τοῦ ἄφρονος εἰς τὸν αἰῶνα,
καθότι ἤδη ταῖς ἡμέραις ταῖς ἐρχομέναις
τὰ πάντα ἐπελήσθη·
καὶ πῶς ἀποθανεῖται ὁ σοφὸς μετὰ τοῦ ἄφρονος;
17 *καὶ ἐμίσησα σὺν τὴν ζωήν,*
ὅτι πονηρὸν ἐπ' ἐμὲ τὸ ποίημα

A (969) *O* B-S-68''-998 *L* C''^{-295} *d k* $al^{-359\ 766}$(155-) verss

2,16 *ὅτι*] *και L*; > *k* | *ἔστι(ν)*] *εστη* 705 | *μνήμη*] pr *η* S* C''^{-298} 645 GregNy 361,19 Ol = Ald Sixt | *ἄφρονος* 1° ∩ 2° 130 | om *τόν* A S-534' 299-415-504-540-574-732-157-425^{txt}-601 $L^{(-130)}$ *k* 248'' 296' 311 339 443 543 549 705 706 788 795 GregNy 361,20 364,21 365,19 | *καθότι*] *διοτι* 336' | *ἤδη*] *ecce* Hi Aeth; > 998*(c pr m) | *ταῖς ἡμέραις ταῖς ἐρχομέναις* = 𝔐] *ημεραις ταις ερχομεναις* d^{-357}; *ταις ερχομεναις* 797; *τ.* (> 357) *η. τ. επερχ.* A S^c(vid) 357 543 Hi Met II.7,4,31 (sed hab $GregNy^{com}$ 366,1) = Gra.; *αι* (+ *αι* 159) *ημεραι αι ερχομεναι* 534 $C'^{-298\ 299\ 560\ 797}$ 705 752 GregNy $361,20^{te}$ $366,3^{te}$ Ol = Ra.; *αι ημεραι διερχομεναι* (*-μενοι* 125'-545) $L^{(-130)}$ 443; *αι ημ. ερχομεναι* (*επερχ.* 299) B-S* 299-560 645 GregNy $361,20^{ap}$ $366,3^{ap}$; *ημεραι ερχονται* 998 Aeth; *αι η. ταις ερχομεναι* Ald (sic); pr *εν* 475 Syh; > Dion Proc *CatP* 23,168 | *τὰ πάντα*] *απαντα* 637 om *τά* 299 543: cf 1 14c | *ἐπελήσθη*] *επλησθη* V 563*-157-425 252 311 443 645 GregNy $361,21^{ap}$ $366,3^{ap}$ $GregNy^{com}$ 366,1; *επεπλησθη* 390; *επλησθησαν* 797 | om *καὶ πῶς* 475 | om *καί* 645 | *ἀποθανεῖται*] *-ν[ι]τε* 998; *-νηται* V 155 | om *ὁ* S-68 $C'^{-298\ 425*}$ 161 336' 645 | om *τοῦ* 3° 503
2,17 *ἐμίσησα σύν*] *εμησησας συ* 357 | *ἐμίσησα*] *-σησε k*; + *εγω* (sub ※ Syh) *L* 798-*cII* 547 Syh Ol: ex (18a) | *σὺν τὴν ζωήν*] *αυτην ζωην* 338*; *συν* (+ *εν* 125) *τη ζωη* V 125' 797;] *ζων μου* 998; + *μου* 125-261* Sa^I Geo Theog VI 155 = 𝔙 | *σύν*] *ουν* 969 788^{mg}; *συμπασαν* 798-cII^{-260*} 260^c 336' 411 795 Sa^I Aeth Geo; + *αυτην* 311; > 475 299-390(spatio relicto)-563-571 547 766^B Syh = Ald | *πονηρόν*] *πονηρα k*; post *ἐμέ* tr 125 | *ἐπ' ἐμέ*] *εμοι* 357 *ἐμέ*] *εμοι* 475 336' | *τό*] pr *και* 443

2,16 *μνήμη*] *σ'* ܥܘܗܕܢܐ Syh (= *μνημόσυνον* aut *ἀνάμνησις*); *α' θ' ὁμοίως τοῖς ο'* Syh **2,17** *σύν*] *σ' οὖν* 788 | *ὅτι πονηρὸν — ποίημα*] *σ' κακὸν γάρ μοι ἐφάνη τὸ ἔργον* 248' 788 | (*τὸ ποίημα*) *τὸ πεποιημένον*] *α' τὸ ποιούμενον* 248' 252; *σ' τὸ ἔργον τὸ γινόμενον* 248' 252

τὸ πεποιημένον ὑπὸ τὸν ἥλιον,
ὅτι τὰ πάντα ματαιότης καὶ προαίρεσις πνεύματος.
18 *καὶ ἐμίσησα ἐγὼ σὺν πάντα μόχθον μου,*
ὃν ἐγὼ μοχθῶ ὑπὸ τὸν ἥλιον,
ὅτι ἀφίω αὐτὸν τῷ ἀνθρώπῳ τῷ γενησομένῳ μετ᾽ ἐμέ·

A (C-) (969) (3010) *O* B-S-68′′-998 *L* $C^{\prime\prime-295}$ *d k* $\mathrm{al}^{-359\ 766}$ verss

ἥλιον ⌒ (18b) *ἥλιον* 106^{txt} | *τά*] > 475-637 B-68-998 $C^{\prime\prime-563}$ 342-754 155 252 296′ 311 336* 338 339 411 645 705 GregNy 362,7 (sed hab Dam GregNy 367,4 Met II.8,8 = Gra.) = Ald: cf 1 14c | *προαίρεσις*] *προαιρεσεις* A V; pr *η* 415
2,18 om *καί* 390 | *σὺν πάντα* A S-534-998 337 155 548 698 706 = Gra. Ra.] *συν παντι* 645; *παντα* 548 728 Sa^{I} Fa^{1} Theog VI 156; *συμπαν* 705; *συμπασαντα* 106^{mg}; *συμπαντα* *O* B-68’ $L^{(-106^{txt})}$ *C*′′ *d* 46′ 248′′ 296 311 336 338 339 411 443 542 547 549 752 766^{B} 788 GregNy 362,8 Ol Met II.8,10,32 Anton 1192 Dam = Ald: cf 4 4a; *παντα* aut *συμπαντα* Aeth | *μόχθον*] *μοχθρον* 571*; *των μοχθων* 609 Fa^{1} (sed hab Sa^{I}); pr *τον* V S-534′ $C^{-159\ 390\ 415\ 504\ 522\ 540\ 571^{c}\ 574\ 732}$-157 d^{-357} 252 336 542 547 698 705 GregNy 362,8 Ol Met II.8,10,32 Theog VI 156 (sed hab Anton 1192 Dam); pr *τουτον τον* 357; pr *τον* (> 390) *κοσμον και τον* 159-390-415-504-522-540-571^{c}-574-732-425-601 = Ald; absc Fa^{2} | *μου*] *τουτον* d^{-357}; > 357 548 | *ὅν*] *ο* 637 | om *ἐγώ* 548 766^{B} Geo = 𝔙 | *μοχθῶ*] *εμοχθησα* $C^{-139\ 147\ 159\ 299\ 503\ 560\ 563\ 571^{*}\ 798}$-425-601 548 766^{B} $La^{94\ 95}$ Arm (sed hab Hi Syh) = Ald: cf (19c) (20b) (22c) 5 15c; *κοπιω* *O* B-68′-998 d^{-357} 336′ ↓ | *ἀφίω*] *αφιημι* 797-*cII* Anton 1192: cf Thack 23,6; *αφικω* 411; + *εγω* 336′ Bas III 300 | om *τῷ* 1° 548 Anton 1192 | *τῷ γενησομένῳ* (*γενισω.* 155 698) = Gra.] …]*νω* 998; *τω γινομενω* B-S(*γειν.*)-68′ $C^{\prime-299\ 571^{c}\ 797}$ *d* 161^{mg}-252* 645^{c} 705 766^{B} Syh Arab (sed hab Aeth) GregNy $362,10^{te}$ $368,6^{ap}$ Ol (sed hab Met II.8,11,33 Dam) = Ra. ↓; *τω γενομενω* 475-637 299-571^{c}-797 443 645*(*γενω.*) GregNy $362,10^{ap}$ $368,6^{te}$; *το* (*τω* 336) *γενησομενον* (-*σω.* 336) 336′; om *γενησομένῳ* Anton 1192 Bas III 300 | *ἐμέ*] *εμου* C 443*

προαίρεσις πνεύματος (*praesumptio spiritus* Hi *Pel* 2)] α′ *pastio venti* Hi^{lem}: cf 1 17c **2,18** *ὃν ἐγὼ μοχθῶ*] α′ ϑ′ *ὃν κοπιῶ* 248′ (s nom; ind ad *ἐγώ* 161) Syh (ܕܠܐܝܬ ܐܢܐ); σ′ *ὁμοίως τοῖς* ο′ Syh | *τῷ γενησομένῳ μετ᾽ ἐμέ*] ϑ′ *τῷ* (> 248) *γινομένῳ μετ᾽ ἐμέ* (om *μετ᾽ ἐμέ* 248) 248 Syh (ܠܗܘ ܕܗܘܐ ܒܬܪܝ) ↑

19 *καὶ τίς οἶδεν εἰ σοφὸς ἔσται ἢ ἄφρων;*
καὶ ἐξουσιάσεται ἐν παντὶ μόχθῳ μου,
ᾧ ἐμόχθησα καὶ ᾧ ἐσοφισάμην ὑπὸ τὸν ἥλιον.
καί γε τοῦτο ματαιότης.
20 *καὶ ἐπέστρεψα ἐγὼ τοῦ ἀποτάξασθαι τὴν καρδίαν μου*
ἐπὶ παντὶ μόχθῳ, ᾧ ἐμόχθησα ὑπὸ τὸν ἥλιον,

A C (3010) *O* B-S-68''-998 *L C''*$^{-295}$ *d k* al$^{-359\ 766}$ verss

2,19 *τίς*] *τι* 155 | *οἶδεν*] *ειδεν* 475 125' 522-540-609 795 Anton 1192 | *εἰ*] *η* A S 357 336' 548 645* 705 752 788 = Gra. | *ἔσται*] *εστιν* 609 357 *k* 543 Fa$^{1\ 2}$ (sed hab Sa^{I}) = 𝕶 | *ἄφρων*] *αρχων* 631 | *καί* 2° 155 311 336' 338 645 GregNy 368,7^{ap} Hi Sa^{I} Syh = Ra. 𝕸] absc 998; + *η* V 357 548; + *ει* rel (GregNy 362,11 368,7^{te} Met II.8,12 Dam) | *ἐξουσιάσεται*] -*σιασει* 637^{txt} = 𝕶; *εξουσια εσεται* 728; -*σιαζεται* A B-S-68'-998 *C' d* 547 645 705 GregNy 362,11^{ap} 368,7^{ap} Ol Dam (sed hab Hi Aeth Arm Met II.8,13 = Gra. 𝕽) | om *ἐν* 797 336' | *μου*] *αυτου* 357; > V 139-147-159-390-503-560-798 Fa^{1} (sed hab Hi Syh Sa^{I}): contra 𝕸 | *ᾧ* 1°] *ο* 637; *η* 336; *ως* Ald; *in quo* Hi^{com} 270,321s ↓; > 797; + *εγω cII*$^{-260}$ 337 | om *καί* 3° 788 | *ᾧ* 2°] *ο* 637 357-754; *in quo* Hi$^{lem\ et\ com}$; *ως* 542 Dam; > B*-S* *L C''*$^{-260\ 298\ 797}$ *k* 155 336' 338 411 443^{c} 547* 548* 645 705 766^{B} GregNy 362,12 368,8 Ol Met II.8,13 (sed hab Syh Sa$^{I\ II}$ Fa$^{1\ 2}$ = Sixt) = Ald: contra 𝕸; absc 998 *ἐσοφισάμην*] *εσοφισθην* 336' | *καί γε*] *και* 998; + *επι* 46^{s}* | *τοῦτο/ματαιότης*] tr 260

2,20 *ἐπέστρεψα* = 𝕾] *υπεστρεψα* 574; et *ἐγώ* tr 540* | *ἀποτάξασθαι*] *αναταξ.* *C'*$^{-298\ 299\ 574}$ 411^{c} = Ald; *αντιταξ.* 574 | *τὴν καρδίαν* C B-68'-998 357 Sa^{I}] *τη καρδια* rel (Ald) | om (20b) 125 | *ἐπί*] *εν O* B-S-68''-998 106 298-299-571^{c}-797-*cII d* 336' 411 443 547 645 705 766^{B} 795 Hi Sa^{I} Fa^{1} (sed hab Syh) GregNy 363,1 Ol Met^{lem} II.9,3 = Ald: ex (19b); *προς* GregNy 369,8; pr *και* 155 | *παντί*] + *τω* A *O*$^{-V}$ 46' 252 296 311 336' 706 = Gra. Ra. 𝕸 | *μόχθῳ*] + *μου* B-S-68'' 298-299-*cII d* 336' 542 645 752 766^{B} Hi Syh Arm Sa^{I} GregNy 363,2 (sed hab GregNy 369,8 Met II.9,3,21) Ol Dam = Gra.: contra 𝕸; absc 998 | *ᾧ*] *ο* 357 548; > 336 | *ἐμόχθησα*] *μοχθω* V: ex (18b) | *ἥλιον* — (21a) *μόχ*]*θος* absc 563

2,19 *καὶ ἐξουσιάσεται*] *α' καὶ* (> 248') *κυριεύσει* 248' Syh; *θ' ὁμοίως τοῖς ο'* Syh (= *καὶ εἰ ἐξουσιάσεται* ↑) | *ᾧ* 1°] *σ' εἰς ὅν* 161 (s nom)-248 | *καὶ ᾧ ἐσοφισάμην*] *α' θ' ὁμοίως* Syh (= *καὶ ἐσοφισάμην* ↑) **2,20** *ἐπέστρεψα*] *σ' περιήχθην* 248' | *ἀποτάξασθαι*] *ἀποκαμεῖν* 248' (s nom)

21 *ὅτι ἔστιν ἄνθρωπος, ὅ τι μόχθος αὐτοῦ*
ἐν σοφίᾳ καὶ ἐν γνώσει καὶ ἐν ἀνδρείᾳ,
καὶ ἄνθρωπος, ᾧ οὐκ ἐμόχθησεν ἐν αὐτῷ,
δώσει αὐτῷ μερίδα αὐτοῦ.
καί γε τοῦτο ματαιότης καὶ πονηρία μεγάλη.
22 *ὅτι τί γίνεται τῷ ἀνθρώπῳ ἐν παντὶ μόχθῳ αὐτοῦ*
καὶ ἐν προαιρέσει καρδίας αὐτοῦ,

A C (3010) *O* B-S-68′’-998 *L* $C^{\prime\prime-295}$ *d k* $al^{-359\ 766}$ verss

2,21 *ὅτι*] ⌒ *ο τι* 798; *ω τι* 357; *τι* 296′; *τις* 125; + *ει* 338 | *ὅ τι*] *ητι* 357; *ου* Hi (*cui*) Sa^{I} Fa^{1} = Gra. Ra. ↓; > 795 Geo; absc 998 Fa^{2} | *μόχθος*] pr *ο* O^{-253} 534′ *L* 298-299-*cII* 338 698 766^{B} Ol^{te} | *αὐτοῦ* 1°] pr *επ* 548 | *ἐν* 2° ⌒ *ἐν* 3° *k* | om *ἐν* 2° 147-159-503-560 254-357 443 547 Hi Met^{com} II.9,22 II.10,9 = 𝔙: contra 𝔐 | *καί* 2° ⌒ *καί* 3° 299 | om *ἐν* 3° 147-609 Hi = 𝔙 *ἀνδρείᾳ*] *ανδρια* C V S 609-797 d^{-254} 155 336 411 547 548* 698 795 Ol^{M} = Compl Sixt (sed hab Ald Gra. Ra.); absc 998 | *καί* 3°] *οτι* 754; > 766^{B}; + *ο* 645 | *ᾧ*] *ος* *O* S^{c}-613 *L cII* 336′ 338 411 705 766^{B} 788 (*ως*) Hi Aeth Arm (sed hab Syh) GregNy $363,4^{te}$ $369,13^{ap}$ Met II.9,6,23 Dam = Gra. Ra. ↓; *ο* 645 Ol^{M*}; > A 795; absc 998 | om *οὐκ* 548 | *ἐμόχθησε(ν)*] *εμοχθησα* C *k*: ex (20b) | *ἐν αὐτῷ*] *εμαυτω* 357; *εν εαυτω* 299 752; *εαυτω* 336′; > $C^{\prime-299}$ Hi = Ald | *δώσει*] pr *καί* *L* 443: contra 𝔐 | *αὐτῷ* 2°] *αυτον* A-C 3010 155 252 296′ 339 543 549 706 Aeth ↓; *αυτου* 728; > 299 342 GregNy $369,14^{ap}$ Ol *μεγάλη* = 𝔙] *πολλη* 547 Hi ↓
2,22 *ὅτι τί* Hi (*quid enim*) = Gra. Ra.] > Compl; om *τί* rel (Sa^{I} Arm); absc $Fa^{1\,2}$ | *τῷ*] *εν* 342; pr *εν* B-68′; > 338; absc 998 | om *ἐν* 2° 547 Ol | *προαιρέσει*] pr *τη* S* 139-147-159-299-503-560-563-571*-798-$cI^{-425^{txt}\ 601}$ 645 705 752 GregNy $363,6^{te}$ 369,20 Met II.11,3 | *καρδίας*] *πνευματος* 998 (sed hab Hi) = 𝔙: cf 1 14c 1 17c 2 11d 2 17d 2 26g 4 4d 4 6c 4 16d 6 9b; > 705 752 | *αὐτοῦ* 2° ⌒ (23a) *αὐτοῦ* 415

2,21 *ὅτι — σοφίᾳ*] *ὅτι ἐκεῖνος ὄντως ἐστὶν ἄνθρωπος ὁ μοχθῶν ἐν σοφίᾳ* 788 | *ὅ τι*] *α′ σ′ οὗ* 788 | *ἀνδρείᾳ*] *σ′ γοργότητι* 248′ 252 (s nom) | *ᾧ οὐκ ἐμόχθησεν ἐν αὐτῷ*] *α′* ܗܘ ܕܠܐ ܠܐܐ ܒܗ̇ Syh (= *ὃς οὐ μοχθεῖ ἐν αὐτῇ*); *ϑ′ ὁμοίως τοῖς ο′* Syh | *ᾧ*] *ὅς* 248′ (s nom) | *δώσει αὐτῷ*] *π′* ܢܬܠܝܘܗܝ Syh (= *δώσει αὐτόν*) | *πονηρία*] *σ′ κάκωσις* cII^{cat} | *μεγάλη*] ⟨*σ*⟩ *πολλή* 248′ (s nom) ↑ **2,22** *ὅτι τί γίνεται*] *σ′ τί* (*ὅτι* 248′) *γὰρ περιγέγονεν* (*περισσὸν γέγονεν* 788) 248′ 788

ᾧ αὐτὸς μοχθεῖ ὑπὸ τὸν ἥλιον;
23 *ὅτι πᾶσαι αἱ ἡμέραι αὐτοῦ*
ἀλγημάτων καὶ θυμοῦ περισπασμὸς αὐτοῦ,
καί γε ἐν νυκτὶ οὐ κοιμᾶται ἡ καρδία αὐτοῦ.
καί γε τοῦτο ματαιότης ἐστίν.
24 *Οὐκ ἔστιν ἀγαθὸν ἐν ἀνθρώπῳ·*
ὃ φάγεται καὶ πίεται,

A C (3010) *O* B-S-68′′-998 *L*(-125) $C^{\prime\prime-295}$ *d k* $al^{-359\ 766}$ verss

ᾧ] *ο* 125′ 443^{c} 705 766^{B}; *ως* O^{-637} 504-522-540-574-732-425-601 548 752 = Ald; *η* 788; > S* | om *αὐτός* 998 | *μοχθεῖ*] *μοχθη* 637 299-560-601*-797^{c} 357 296′ 543 795; *εμοχθησεν* V: cf (18b); *μοχθω k* 443*
2,23 *αὐτοῦ* 1°] *εαυτου* 252* | *ἀλγημάτων*] *αλισγηματων k*; + *πληρη* 998 *θυμοῦ* — *αὐτοῦ* 2°] *περισπασμου* (*-μου* 545*) *και θυμου L* | *θυμοῦ*] + *και* Hi Syh | *περισπασμός*] *-μου* V 296′ | *αὐτοῦ* 2°] *αυτω* 475 $C^{\prime-299\ 609}$ Sa^{I} Aeth = Ald; *αυτων* 609; *εστιν* 252; > Hi Geo | *καί* 2° ⌒ *καί* 3° 342 161 706 | om *ἐν* 728 | om *ἐστίν* Hi GregNy 363,10 370,11
2,24 *Οὐκ ἔστιν* bis scr 68 | *Οὐκ*] pr *και* 298-*cII* Arm $Dion^{lem}$ 223 Ol: contra 𝔐; pr *οτι* 252^{mg} | *ἐν ἀνθρώπῳ*] pr *τω* C 613-998 $L^{(-125)}$ $C^{\prime\prime-298\ 540*}$($540^{c}$) 252 296′ 311 411 543 549 706 795 Syh^{txt} Co Met II.12,2 = Ald; om *εν* A B-68′ 298-540* *d k* 155 248′ 336′ 338 339 547 698 Hi Geo Ol Dam (sed hab Anast 593 GregNy 370,19) = Gra. (non Ra.) | *ο* B-S*-68′-998 542^{txt} 645 Syh^{txt} Sa^{I} $Fa^{1\ 2}$ Geo GregNy $363{,}22^{te}$ $370{,}20^{te}$ Ol^{EIKMN} = Gra. Ra.] *ος* A 357 339 788 GregNy $363{,}22^{ap}$; *πλην ο* $O^{-475\ 637}$ d^{-357} 411 766^{B} Syh^{mg} Arm Met II.12,2; *πλην η ο* 475; *πλην ος* 637 $L^{(-125)}$; *ει μη ος k* 443* Fa^{1} Dam; *πλην ει μη οσον* (*ο* S^{c}) S^{c}-613; *η* 728 752; > 336; *ει μη ο* rel (542^{mg}(*γρ*′) Hi $Dion^{lem}$ 223 GregNy $363{,}22^{ap}$ $370{,}20^{ap}$ Ol^{te} Anast 593 PsPros *Voc* 1) | *καί* 1°] + *ὅ* 475 B-S-68′-998 298-571^{c} *d* 248′ 339 766^{B} 788 Sa^{I} Fa^{1} (sed hab $Syh^{txt\ et\ mg}$ Geo Arm $Dion^{lem}$ 223 GregNy 363,22 370,20 Ol Met II.12,2 Anast 593 Dam = 𝔐) = Ra.; + *οσον* 613 | *πίεται* (24b) ⌒ (25) *πίεται* 261

2,23 *ἀλγημάτων καὶ θυμοῦ*] *α′ βάσανος καὶ θυμός* 248′ 252 | *θυμοῦ*] *μόχθου* 248′ (s nom) **2,24** *οὐκ* — *πίεται*] *σ′ οὐκ ἔστιν ἄμεινον ἐν ἀνθρώποις τοῦ φαγεῖν καὶ πιεῖν* 788; ܠܐ ܐܝܬܘܗܝ ܛܒܬܐ ܒܒܪܢܫܐ ܣܛܪ ܡܢ ܗܝ ܕܢܐܟܘܠ ܘܢܫܬܐ Syh (s nom; = *οὐκ ἔστιν ἀγαθὸν ἐν ἀνθρώπῳ πλὴν ὃ φάγεται καὶ ὃ πίεται*) | *ὃ φάγεται*] *σ′* ܕܠܡܐܟܠ Syh (= *φαγεῖν*); *θ′* ܗܝ ܕܐܟܠ (= *ὃ ἐσθίει*)

καὶ δείξει τῇ ψυχῇ αὐτοῦ ἀγαθὸν ἐν μόχθῳ αὐτοῦ.
καί γε τοῦτο εἶδον ἐγὼ ὅτι ἀπὸ χειρὸς τοῦ θεοῦ ἐστιν·
25 *ὅτι τίς φάγεται καὶ τίς πίεται πάρεξ αὐτοῦ;*
26 *ὅτι τῷ ἀνθρώπῳ τῷ ἀγαθῷ πρὸ προσώπου αὐτοῦ*

A C (3010) *O* B-S-68′′-998 L^{-125} $C^{\prime\prime-295}$ *d k* al^{-359}(766-) verss

καί 2° *O* $C^{\prime-298}$ *k* 336′ 338 542 645 705 752 766[B] Hi Syh Geo Arm[te] Dion[lem et com] 224 GregNy 363,22 370,20 Ol[te] Met II.12,2 Anast 593 Proc *CatP* 24,198 PsPros *Voc* 1 = Ald 𝔐] + *ος* $L^{(-125\ 261)}$ Dam[te]; + *ὅ* rel (Sa[I] Fa[1] Ol[EIKMN] = Ra.) ↓ | *δείξει τῇ*] *δειξεται η* 534 | *δείξει*] *δειξη* V(*διξη*) 147 571 357 *k* 336 543; *διδωσι* 766[B]; + *τι* V | om *τῇ* *k* | *ψυχῇ*] *καρδια* 547 | *ἐν* 2°] + *παντι* 342 443 795 Fa[1]: cf (19b) (20b) (22a) | *αὐτοῦ* 2°] + *και εν προαιρεσει καρδιας αυτου* 390: ex (22b) | *τοῦτο*] *τουτον* 571 *εἶδον*] *ιδον* A O^{-253} 998 357 336 443[c] 542 706 = Gra.; *ιδων* 443* 728 | om *ἐγώ* C Geo | *ἀπὸ χειρός*] *εκ χειρος* 475; *απεχει καιρος* 357 | *χειρός*] *χαρα* 68 La[94 95] (*gratia*) | om *τοῦ* V 645 766 Dion 224 Ol Dam[te]
2,25 *ὅτι*] ⌒ (26a) *ὅτι* 574 | *καί*] + *οτι* 766[B] | *τίς* 2°] > V $L^{(-125\ 261)}$ 147-609 *d* 338 La[94 95] Sa[I] Aeth Geo Dion[lem] 223 (sed hab Hi Syh) = 𝔙: contra 𝔐; absc 998 | *πίεται*] *φείσεται* Hi (*parcet*) Syh (sed hab La[94 95] (*bibit*) Dion[lem] 223 GregNy 364,2 370,22 Ol PsIgn 227,3) = Gra. Ra. ↓; absc 998 | *αὐτοῦ*] *αυτων* 766[B]
2,26 *ὅτι* 1°] + *και* 411 | *τῷ ἀνθρώπῳ τῷ ἀγαθῷ*] *τω αγαθω* $\overline{ανω}$ 998 | om *τῷ* 1° V*(c pr m) | *τῷ ἀγαθῷ* 1°] *το αγαθον* 261 540*-260 357 *k*(46[s]) 311 336′ 548 705 | *πρὸ προσώπου αὐτοῦ*] post *σοφίαν* tr *d* Sa[I] Anton 1076 *πρό* 1°] *απο* 443; *προς* 549; > 560*(|) 645 698 | *προσώπου* 1°] *προσωπω* O^{-V} 534 | *αὐτοῦ*] *του θεου* C: ex 26f

---

καὶ δείξει — αὐτοῦ 1°] α′ ܘܗܘ ܗܐ ܕܢܚܘܐ ܠܢܦܫܐ ܕܝܠܗ Syh (= *καὶ ὃ δείξει τῇ ψυχῇ αὐτοῦ*) | *ἐν μόχθῳ αὐτοῦ*] σ′ *ἀπὸ κόπου αὐτοῦ* 248′ **2,25** *τίς φάγεται καὶ τίς πίεται*] α′ *φείσεται* σ′ *ἀναλώσει* 248′ (ind ad *τίς* 1° 161; ind ad *φάγεται* 248); α′ σ′ ܗܟܘܬ ܢܚܘܣ (= *ὡσαύτως, φείσεται*) θ′ ܢܫܬܐ (= *πίεται*) Syh [i.e. α′ *τίς φάγεται καὶ τίς φείσεται;* σ′ *τίς ἀναλώσει καὶ τίς φείσεται;* θ′ *τίς φάγεται καὶ τίς πίεται*] **2,26** *τῷ ἀγαθῷ πρὸ προσώπου αὐτοῦ*] σ′ *τῷ* (> 248′) *ἀρέσκοντι αὐτῷ* 248′ 252 788

ἔδωκεν σοφίαν καὶ γνῶσιν καὶ εὐφροσύνην
καὶ τῷ ἁμαρτάνοντι ἔδωκεν περισπασμὸν
τοῦ προσθεῖναι καὶ τοῦ συναγαγεῖν
τοῦ δοῦναι τῷ ἀγαθῷ πρὸ προσώπου τοῦ θεοῦ
ὅτι καί γε τοῦτο ματαιότης καὶ προαίρεσις πνεύματος.

A C (3010) *O* B-S-68″-998 L^{-125} C''^{-295} *d k* al^{-359} verss

ἔδωκεν 1°] *εδοκε* 752; > $L^{(-125)}$ | *σοφίαν/γνῶσιν*] tr 298 | *καί* 1° ⌒ *καί* 3° 534 | *γνῶσιν/εὐφροσύνην*] tr 613 | *γνῶσιν*] + *και επιστημην* 299 ↓ *εὐφροσύνην*] *επιστημην* 3010 ↓ | *τῷ* 3°] pr *ἐν* 998 539 | *ἁμαρτάνοντι*] *αμαρτανειν τι* 728 | *ἔδωκε(ν)* 2°] *δεδωκεν* 357 | *περισπασμόν*] -*μων* 609 155; + *πονηρον* 475 338: ex 1 13d | *προσθεῖναι*] *πορευθηναι* 390-415-504-540-574-732-425-601; *περισπασθηναι* PsChr | om *τοῦ* 2° S $C''^{-260\,298}$(571*) 547 645 705 GregNy 364,5 372,13 | *συναγαγεῖν*] *συναγειν* 357 539 | om *τοῦ δοῦναι* — *θεοῦ* 547 Antioch 1472: homoiar | om *τοῦ δοῦναι* 797 | *τοῦ* 3°] *τω* 336; *το* 728 | *τῷ ἀγαθῷ* 2°] *το αγαθον* 299 *k* 311 336′ 706 | *πρὸ προσώπου* 2°] *προσωπον* 260* vid; *προσωπω* 357 645 698: haplogr | *προσώπου* 2°] *προσωπω* 357 | *τοῦ θεοῦ*] *αυτου* 475 788 | *προαίρεσις*] -*σεις* V

εὐφροσύνην] ⟨σ⟩ *ἐπιστήμην* (-*μη* 248′) 248′ (s nom) 252 (s nom; ind mend ad *ἔδωκεν*) 539 (s nom) | *περισπασμόν*] σ′ (α′ 252) *ἀσχολίαν* 248′ 252 (ind mend ad *τῷ ἁμαρτ.*) 539 (s nom) Syh (s nom; ܐܣܟܘܠܐ) | *τοῦ προσθεῖναι* — *θεοῦ*] σ′ *ἀθροῖσαι καὶ ἀποθέσθαι ἵνα δοθῇ ἐκείνῳ ᾧ ἀρέσει τῷ θεῷ* 248′ | *τοῦ προσθεῖναι καὶ τοῦ συναγαγεῖν*] α′ *τοῦ συλλέγειν καὶ τοῦ συναγαγεῖν* 248 Syh | *τοῦ προσθεῖναι*] α′ *τοῦ συλλέγειν* 161 252 | *ὅτι καί γε (τοῦτο)*] ⟨σ⟩ *ἀλλά* 788 | *προαίρεσις*] ⟨σ⟩ *βοσκήματι* 252 (ind mend ad 3 1b *πράγματι*; cf 1 14)

31 *Τοῖς πᾶσιν χρόνος,*
καὶ καιρὸς τῷ παντὶ πράγματι ὑπὸ τὸν οὐρανόν. (2) *καιρὸς*
τοῦ τεκεῖν
2 *καὶ καιρὸς τοῦ ἀποθανεῖν,*
καιρὸς τοῦ φυτεῦσαι καὶ καιρὸς τοῦ ἐκτῖλαι πεφυτευμένον,
3 *καιρὸς τοῦ ἀποκτεῖναι καὶ καιρὸς τοῦ ἰάσασθαι,*
καιρὸς τοῦ καθελεῖν καὶ καιρὸς τοῦ οἰκοδομῆσαι,
4 *καιρὸς τοῦ κλαῦσαι καὶ καιρὸς τοῦ γελάσαι,*
καιρὸς τοῦ κόψασθαι καὶ καιρὸς τοῦ ὀρχήσασθαι,

A C (3010) *O* B-S-68′ʾ-998 L^{-125} $C^{\prime\prime-295}$ *d k* al^{-359} verss

3,1 *χρόνος* 253 S* GregNy 374,18^{ap} PsChr Ra. = 𝔐] *χρονοις* V GregNy 372,21^{ap} 373,15^{ap}; pr *ο* rel (Ol Met III.1,2,26,49 III.2,1 Or X 11,16 Bas III 424 Cyr X 408); absc 998 Did^{lem} | om *καί* C 3010 534 Dam | *τῷ*] post *πράγματι* tr B*; > 68 Ol$^{\Delta IKM}$ Cyr V 649 VI 729 X 408 472 712 (sed hab Cyr VII 429) | *ὑπὸ τὸν οὐρανόν*] pr *τω* 252; > 390 Antioch 1712 Bas III 424 | *οὐρανόν*] *ηλιον* *O* S^{c} $C^{\prime\prime-390\ 574}$ 411 Syh Aeth (sed hab La^{160} Hi Sa^{I} Fa^{1} Amb *Ps 118* 19 Cass *Co* 21,12) Ol Dam An *Jb* 509 BrevGoth 218 Pel *1 Cor* 7,31 SedScot *Misc* 64,2 = Ald: contra 𝔐: cf 113c
3,2 *καιρός* 1°] pr *και* S* 545: dittogr | *καιρός* 3°] pr *και* *k* 705 752: dittogr om *τοῦ* 3° 543 | *φυτεῦσαι*] *φυτευειν* 998 357 PsChr | *ἐκτῖλαι*] *εκτειλαι* 788; *εντειλαι* 298 | *πεφυτευμένον* B-S*-68-998 3010] *πεφυτευμενα* V; pr *το* rel (Arm Did 86,7 GregNy 381,20 Ol Met III.2,7 Dam = Ald)
3,3 *καιρός* 1° ⌒ 2° 253 534 | *καιρός* 1° 998] pr *και* *k*(46^{c}) 705: dittogr *ἰάσασθαι*] *ιασθαι* 252 795 PsChr | *καιρός* 3°] pr *και* 752: dittogr | om *τοῦ* 3° 475 | om *καί* 2° 571* Fa^{1}: haplogr | *οἰκοδομῆσαι*] *οικοδομησασθαι* 548; *οικοδομειν* B-68ʾ-998(-*μιν*) 571^{c} *d* 336′ 443 766 Did^{com} 70,22 Ol Dam; + *καιρος πολεμου και καιρος ειρηνης* *k*: ex (8b)
3,4 *καιρός* 1°] pr *και* 998: dittogr | *γελάσαι*] *λαλησαι* 504^{txt}; pr *ορχησασθαι* 253*: ex (4b) | *καιρός* 3°] pr *και* 998: dittogr | *ὀρχήσασθαι*] + *τοις πασιν ο χρονος και καιρος τω παντι πραγματι υπο τον αυτον* 752

3,1 *τοῖς πᾶσιν χρόνος*] σ′ *παντὸς ὥρα* 248′ | *τῷ παντὶ πράγματι*] σ′ *πάσης χρείας* 248′ 788 **3,2** *ἐκτῖλαι*] σ′ *ἐκριζῶσαι* 248′

5 *καιρὸς τοῦ βαλεῖν λίθους καὶ καιρὸς τοῦ συναγαγεῖν λίθους,*
καιρὸς τοῦ περιλαβεῖν καὶ καιρὸς τοῦ μακρυνθῆναι ἀπὸ
περιλήμψεως,
6 *καιρὸς τοῦ ζητῆσαι καὶ καιρὸς τοῦ ἀπολέσαι,*
καιρὸς τοῦ φυλάξαι καὶ καιρὸς τοῦ ἐκβαλεῖν,
7 *καιρὸς τοῦ ῥῆξαι καὶ καιρὸς τοῦ ῥάψαι,*
καιρὸς τοῦ σιγᾶν καὶ καιρὸς τοῦ λαλεῖν,
8 *καιρὸς τοῦ φιλῆσαι καὶ καιρὸς τοῦ μισῆσαι,*
καιρὸς πολέμου καὶ καιρὸς εἰρήνης.

A C (870) (3010) *O* B-S-68′′-998 L^{-125} C''^{-295} *d k* al^{-359} verss

3,5 *καιρός* 1°] pr *και* 998: dittogr | om *τοῦ* 1° 338 | om *καί* 1° 560 Fa^{1}: haplogr | *συναγαγεῖν*] *συναγειν* 357; *σ̣υ̣ν̣λεγε̣ι̣ν̣* 998 | *καιρός* 3°] pr *και* 998: dittogr | *περιλαβεῖν*] *περιβαλειν* *k* 754 161 Ol^{I*} PsChr | om *καί* 2° 248*: haplogr | om *τοῦ* 4° 252 | om *ἀπό* 705 | *περιλήμψεως*] *περιληψεως* 253-475 68′′ *cII* 254′ *k* 161^{mg}-248^{mg} 296′ 311 336′ 339 411 443 542^{mg}(*ληψεως* 542^{txt}) 645 705 706 766 788 GregNy $397,19^{te}$ $399,9^{te}$ Ol Bas III 416 = Sixt: cf Mayser I 1 166-167, Thack 7,23; *περιλημματος* A-C(-*λεμματος*) $L^{(-125)}$ C'^{-298}(-*λημματος* 3010 798) 161^{txt}-248^{txt}-252 338 543 549 Met III.7,3,27 III.11,12 = Ald Compl; *περιλη* 342 547; *περιϑληψεως* 698
3,6 *καιρός* 1°] pr *και* 998: dittogr | *ζητῆσαι/ἀπολέσαι*] tr *O* = 𝕾 | om *καί* 1° 253: haplogr | *καιρός* 3°] pr *και* 998: dittogr; ⌒ (7a) *καιρός* 1° 357 | *φυλάξαι*] *εκφυλαξαι* 299; *φυλασσειν* (-*αττειν* 766) 766 GregNy 405,22 (sed hab GregNy 404,1); et *ἐκβαλεῖν* tr O^{-V} | om *τοῦ* 4° 601 | *ἐκβαλεῖν*] *εκβαλλειν* 609 766^{A} GregNy $405,23^{te}$ (sed hab GregNy 404,1)
3,7 *καιρός* 1°] pr *και* 998: dittogr; ⌒ *καιρός* 3° 705 766 | *ῥῆξαι*] *ριψαι* *k* *ῥάψαι*] *ραξαι* 795 | *καιρός* 3° ⌒ (8a) *καιρός* 1° 998 | om *τοῦ* 3° 296′ $Dion^{lem}$ 226 | *σιγᾶν/λαλεῖν*] tr 443 Dam | om *καί* 2° 503: haplogr *λαλεῖν*] *λαλησαι* 357(-*εισαι*) Chr IX 433
3,8 *καιρός* 1° ⌒ *καιρός* 3° 645 | *φιλῆσαι/μισῆσαι*] tr O^{-V} Ol^{A} | om *καί* 1° 261*(c pr m): haplogr | om *τοῦ* 2° 545 | om *καιρὸς* 3° — *εἰρήνης* *k* *καιρός* 3°] pr *και* 998: dittogr | *πολέμου*] et *εἰρήνης* tr O^{-V} 613 A-SS *Helia;* pr *του* S* | om *καί* 2° 798: haplogr | *καιρός* 4°] + *καί* 601*: dittogr

---

3,5 *βαλεῖν*] *ῥῖψαι* 248′ (s nom) **3,8** *φιλῆσαι*] α′ *ἀγαπᾶν* 248′

9 *τίς περισσεία τοῦ ποιοῦντος ἐν οἷς αὐτὸς μοχθεῖ;*
10 *εἶδον σὺν τὸν περισπασμόν, ὃν ἔδωκεν ὁ θεὸς*
τοῖς υἱοῖς τοῦ ἀνθρώπου τοῦ περισπᾶσθαι ἐν αὐτῷ.
11 *σὺν τὰ πάντα ἐποίησεν καλὰ ἐν καιρῷ αὐτοῦ*

A C (870) (969) (3010) *O* B-S-68′′-998 L^{-125} $C^{\prime\prime-295}$ *d k* al^{-359} verss

3,9 *τίς*] + *δε* 534′ | *ποιοῦντος*] *πονουντος* 754; *ποιησαι* 547 | *ἐν οἷς*] *εν αυτοις εν οις* 298; *εν αυτοις οις* Ol | *οἷς αὐτός*] inc 705; *αυτω* 766^{A}; *αυτω ω* 766^{B}; *μαθει αυτος* 795; *οις αυτο ο* 336; om *αὐτός* 155 Geo | *μοχθεῖ*] inc 705; *μοχθη* 534 254* 155 296* 443*; *μοχθοι* 545; pr *αν* 155
3,10 *εἶδον σύν*] *ειδοσιν* 261 | *εἶδον* 998] *ιδον* A-C V 539* 706 = Gra.; *ιδων* 336′ | *σὺν τὸν περισπασμόν*] *συμπερισπασμον* 545 | *σὺν τόν*] inc 705; *συνετον* 795: cf 7 29b 12 9b; *ουν τον* 637 299-601 Dion^{lem} 226 Ol; om *συν* 390 752 311 GregNy 437,21 | *σύν*] *συμ* 106; *συμπαντα* 534′-998 130 *cII d* 411 443 728 Geo Arab; *παντα* 161^{mg}-248^{mg} Antioch 1713 (sed hab Compl); *συμπαντα* aut *παντα* Aeth; + *παντα* V B-68 571^{c} 336 $\mathrm{Sa}^{I\,II}$ Did 82,20 *τόν*] *τω* 539^{c}; *και* 766 | *περισπασμόν*] *πειρασμον* A 337 539(*πηρ.*) | om *ὅν* 766 | *ἔδωκεν*] *δεδωκεν* $C^{\prime-147\ 298\ 390\ 571\ 574\ 601\ 609}$ | *τοῦ ἀνθρώπου*] *ανθρωπου* 261*; *των ανθρωπων* O^{-253} B-68′′-998 *C*′′ d^{-357} 155 161^{txt}-248^{txt} 296′ 311 336′ 338 411 539 547(om *των* |) 698 705 706 766 795 Syh Sa^{I} Fa^{2} Geo Arab GregNy 438,1 Ol Met III.12,3s Antioch 1713 ↓ | om *τοῦ περισπᾶσθαι ἐν αὐτῷ* 357 | *τοῦ περισπᾶσθαι*] *περισπασθηναι* S*: cf 1 13f
3,11 *σὺν τὰ πάντα* 443 Ra.] *συν παντα* C V 155 545 PsChr = Gra.; (+ *και* Did) *τα συν παντα* 870 Did 90,27; *τα συμπαντα* B-S*-68′′ $C^{\prime\prime-260*}$ 260^{c} *d* 296′ 311 411 645 705 706 795 Geo Arab Dion^{lem} 226 GregNy 438,2 440,2 Ol^{lem}; pr *οτι* 969; absc 998; *συμπαντα* rel (969 260*) | *ἐποίησεν*/*καλά* tr] 443 | *ἐποίησεν*] pr *α* A-C 870 O^{-637} B-S^{c}-68′′ $L^{-(125)\ 261}$ $C^{\prime\prime-797}$ *d* 248′′ 296′ 311 336′ 338 339 411 542 543 547 549 698 705 706 788 Arab Did 90,27 GregNy $438{,}2^{te}$ $440{,}2^{te}$ PsChr 74,47 Ol Met III.14,4 Cass *Co* 23,3,2 PsAug *s* 102,3 (sed hab Hi = Ra.); pr *ὅσα* 998 261; + *ο θεος cII* 339 411 766 Dam^{ap} Cass *Co* 23,3,2 PsAug *s* 102,3; + *ο κυριος* Dam^{te}; + *και ιδου* 357: ex Gen 1 31 | *καλὰ — αὐτοῦ*] *εν καιρω ειναι k* | *καλά*] *καλον* Syh^{txt} = 𝔐 ↓; *και* 543 | *ἐν καιρῷ*] *ενωπιον* S* | *αὐτοῦ*] *αυτ* 540-563; *αυτων* O^{-V} S^{c}

3,10 *τοῦ ἀνθρώπου*] *α′ θ′ τῶν ἀνθρώπων* (ܕܒܢ̈ܝܢܫܐ); *σ′ ὡς οἱ ο′* Syh
3,11 *καλὰ ἐν καιρῷ αὐτοῦ*] *σ′ καλὸν ἕκαστον ἐν καιρῷ ἰδίῳ* (*αὐτοῦ* 252) 248′ 252 (s nom) | *καλά*] *π′ ὡσαύτως* Syh (= *καλόν* ↑)

καί γε σὺν τὸν αἰῶνα ἔδωκεν ἐν καρδίᾳ αὐτῶν,
ὅπως μὴ εὕρῃ ὁ ἄνθρωπος τὸ ποίημα, ὃ ἐποίησεν ὁ θεός,
ἀπ' ἀρχῆς καὶ μέχρι τέλους.
12 *ἔγνων ὅτι οὐκ ἔστιν ἀγαθὸν ἐν αὐτοῖς*
εἰ μὴ τοῦ εὐφρανθῆναι καὶ τοῦ ποιεῖν ἀγαθὸν ἐν ζωῇ αὐτοῦ
13 *καί γε πᾶς ὁ ἄνθρωπος, ὃς φάγεται καὶ πίεται*
καὶ ἴδῃ ἀγαθὸν ἐν παντὶ μόχθῳ αὐτοῦ,

A C (969) (3010) *O* B-S-68''-998 *L*$^{-125}$ *C''*(295-) *d k* al^{-359}(-705) verss

147-159-298-299-503-560 411 443 543 549 766^{A} Syh^{mg} Sa^{I} Arab PsChr Ol Bas III 1605 Cyr X 712 Dam; absc 998
om *γε* Sa^{I} Fa^{1} = 𝖁 | *σύν* 2° Syh(litt graecis)] *συμ* 106-261; *συμπαντα* 969 B-68'' 130 571^{c} *cII d* 411 443 Sa^{I} Fa^{1} Geo Dion^{lem} 226 Ath II 573; *συμπαντα* aut *συν παντα* Aeth; > 311 705 752 766^{A}; + *παντα* C PsChr; + spat 5 litt 390 | *αὐτῶν* 969] *αυτου* A 357 *k* 155 339 766^{A} 795 Sa$^{I\,II}$ | *ὅπως*] *πως* 336(|) | *εὕρῃ* 969] *ευροι* 261 298 Ol^{M}; *ευρεθη* 336' | *ὁ ἄνθρωπος* 969(*ο* *ανος*)] om *ὁ* *O*$^{-V}$ 613 *L*$^{-(125)\ 130}$ 299-522-798 311 338 411 543 547 645 698 705 766 795 Dion^{lem} 226 GregNy 438,3 440,12 Ol Met III.15,3,22 Ath II 573 Dam | *ποίημα*] + *αυτου* 998 | *ὃ ἐποίησεν* 969] *οπερ εποιησεν* 797; + *και* 299 | om *καί* 2° 415 337* 155 248' 705 752 766^{A} Hi = 𝖁 | *μέχρι*] *αχρι* 969 705 752; + *του* 766^{B}
3,12 *ἔγνων*] *εγνω* 766 | *ἔστιν*] + *καιρος εν* 548* | *ἀγαθόν*] *αγαθων* 609 645; post *αὐτοῖς* tr S Did^{com} 85,29; + *επι της γης η ως* 338 | om *ἐν* 1° 390 *τοῦ* 1°] *το* 754 547 705 766^{B} Dam(*τω*) | *τοῦ* 2°] *το* 754 705 766^{B} Ol^{com} (lib) Dam(*τω*); *τουτο* 645; > *k* 252 542 543 547 549 | *ποιεῖν*] *ποιησαι* 298 Dam; *πιειν* S* | *ἀγαθόν* post *αὐτοῦ* tr 299 | *ἐν ζωῇ*] *ενωπιον* 539 | *ἐν* 2°] + *τη* 338 543 547 549 766^{B} | *ζωῇ αὐτοῦ*] *μοχθω ειναι* *k*$^{-337*}$; *παντι μοχθω αυτου* 337*: cf (13b) | *αὐτοῦ*] *αυτων* 411
3,13 *ὁ* B-68' Gra. Ra. = 𝕸] > rel (3010) | *ὅς*] *ο* 357 766$^{A^{c}}$; > S* Arab *φάγεται/πίεται*] tr 475 | *πίεται*] pr *ος* *d*$^{-357}$ 336'; pr *ο* 357 | *ἴδῃ*] *ειδη* 788 Did 84,9 | *παντί*] post *αὐτοῦ* tr 766^{A}; > 357

ὅπως—ποίημα] *α' ὡς οὐχ* (*οὐδὲ* 252) *εὑρήσει* (+ *ὁ* 252) *ἄνθρωπος τὸ ποίημα* (> 248' Syh) 248' 252 Syh (s nom) | *ὅπως μὴ εὕρῃ ὁ ἄνθρωπος*] ⟨*α*⟩ *ὡς οὐχ εὑρήσει ἄνθρωπος* 788

δόμα θεοῦ ἐστιν.
14 *ἔγνων ὅτι πάντα, ὅσα ἐποίησεν ὁ θεός,*
αὐτὰ ἔσται εἰς τὸν αἰῶνα·
ἐπ᾽ αὐτῷ οὐκ ἔστιν προσθεῖναι,
καὶ ἀπ᾽ αὐτοῦ οὐκ ἔστιν ἀφελεῖν,
καὶ ὁ θεὸς ἐποίησεν, ἵνα φοβηθῶσιν ἀπὸ προσώπου αὐτοῦ.
15 *τὸ γενόμενον ἤδη ἐστίν,*
καὶ ὅσα τοῦ γίνεσθαι, ἤδη γέγονεν,
καὶ ὁ θεὸς ζητήσει τὸν διωκόμενον.

A C (870) (3010) *O* B-S-68''-998 L^{-125} C'' *d k* al^{-359} verss

δόμα C B-68′-998 Hi Sa^{I} Fa^{1} = 𝔐] pr *τουτο* rel (3010 Geo Arm) = 𝔇: cf 518e; *δωμα* 261 609 357 548 | *θεοῦ*] *του κυριου* C
3,14 *ἔγνων*] pr *και* C 561; + *δε* (*δ᾽* 766^{B}) 766 | om *ὅτι* 443*(c pr m) PsChr Geo | *πάντα*] pr *τα* 698; > Sa^{I} | *αὐτά*] *ταυτα* 252 766; > 539 = 𝔇 | *ἔσται* (*εστε* 998) = 𝔐] *εστιν* $L^{(-125)}$ *k* 766 Arm; post *αἰῶνα* tr *cII* | om (14c) 539^{lem} 645: homoiar | *ἐπ᾽*] *απ* 299 *k* 296′ 336 549 795; *εν* 637; > Sa^{I} Fa^{1} *αὐτῷ* B-68′ 357 Gra. Ra. = 𝔐 ↓] *αυτης* 411; *αυτοις* *O* 613$^{sup\ lin}$ *cII* Fa^{1}; *αυτων* rel (3010 Arm) = Ald | *καί* 1° ⌒ 2° 645* | *ἀπ᾽*] *επ* 609 357-754*^{vid} *αὐτοῦ* 1° B-68*-534 Evag-P 285 Ol^{M} Gra. Ra. = 𝔐 ↓] *αυτω* 68^{c} 357; *αυτον* 261; *αυτων* rel (539 Fa^{1} Arm); absc 998 | *ἀφελεῖν* 3010] *οφελειν* 336; *αφαιρειν* (*αφερειν* 609 Ald) $C'^{-298\ 563^{c}\ 571}$ = Ald; pr *του* *O* 539 766^{A} (sed hab Evag-P 285) | om *καί* 2° 645 | *ἐποίησεν* 2°] + *αυτα* 298-cII^{-260*} 260^{c} 338 411 Sa^{I} Ol: ex 14b; + *ταυτα* 547 | *αὐτοῦ* 2°] *αυτων* 261
3,15 *γενόμενον*] *γινομενον* 443 543 548; *γεγενημενον* V; *γεννωμενον* A *γίνεσθαι*] *γενεσθαι* 870 *O* S^{c} $L^{(-125)}$ cII^{-260*} 260^{c} *k* 336′ 338 542 547 698 766^{A} Arm Did$^{lem2\ et\ com}$ 89,28 89,23 Met III.18,2 | *ζητήσει*] *-ση* 797 | *τόν* 3010] *το* 342 766^{A} Hi^{LXX} 279,240 | *διωκόμενον* 3010] *δικαιωμ.*(*-ομ.* codd) 336′

3,14 *ἔσται*] *σ′ διαμενεῖ* 248′ (ind mend ad *αὐτά* 161) | *ἐπ᾽ αὐτῷ*] *α′ θ′* ܥܠܘܗܝ Syh (= *ἐπ᾽ αὐτῷ*; ܥܠܝܗܘܢ Syh^{txt} ↑) | *καὶ ἀπ᾽ αὐτοῦ*] *α′ θ′* ܘܡܢܗ Syh (= *καὶ ἀπ᾽ αὐτοῦ*; ܘܡܢܗܘܢ Syh^{txt} ↑) **3,15** *καὶ* 1°— *γέγονεν*] *σ′ καὶ τὸ γενησόμενον ἤδη προῆν* (*πρὸ ἦν* cod) 788 | (*καὶ ὁ θεὸς*) *ζητήσει τὸν διωκόμενον*] *σ′* (+ *ὁ δὲ θεὸς* 248′ 252) *ἐπιζητήσει* (*-τηση* 248*^{vid}) *ὑπὲρ τῶν ἐκδιωκομένων* 248′ (ind mend ad (14e) *θεός*) 252 539 (s nom) Syh; *α′ ὁμοίως τοῖς ο′* Syh (= *ζητήσει τὸν διωκόμενον*)

16 *καὶ ἔτι εἶδον ὑπὸ τὸν ἥλιον*
τόπον τῆς κρίσεως, ἐκεῖ ὁ ἀσεβής,
καὶ τόπον τοῦ δικαίου, ἐκεῖ ὁ εὐσεβής.
17 *εἶπα ἐγὼ ἐν καρδίᾳ μου*
Σὺν τὸν δίκαιον καὶ σὺν τὸν ἀσεβῆ κρινεῖ ὁ θεός,
ὅτι καιρὸς τῷ παντὶ πράγματι
καὶ ἐπὶ παντὶ τῷ ποιήματι.

A C 818 (3010) *O* B-S-68′′-998 *L C*′′ *d k* al^{-359} verss

3,16 om *καί* 1° 155 | *εἶδον*] *ιδον* A-C V 998 336 339 443* 706; *ιδων* 728 *τόπον* 1°] *τοπων* 645 | om *τῆς* 3010 298 766^{B} | *ὁ ἀσεβής* 1°] *impietas* Hi (sed hab Lucif *Athan* 1,35) = 𝔐 𝔇 | om *ὁ* 1° 543 | om *καὶ* 2° — *εὐσεβής* $L^{-(125)\ 130}$ 797 254-357: homoiot | om *καὶ* 2° — (17d) *ποιήματι* 543: homoiar | *τόπον* 2°] *τοπου* 415; *τοπων* 645 pr *τον* PsChr | *τοῦ δικαίου*] *των δικαιων* A 161-248*-252^{txt} = Compl; *iustitiae* Hi (sed hab Lucif *Athan* 1,35) = 𝔐 𝔇 ↓ | *εὐσεβής* 3010 Syh Sa^{I} Fa^{1} Geo Arm(Sin.georg. N 55) Arab Lucif *Athan* 1,35] *ασεβης* 425*-609*-295 248^{c} 795 = Ald Compl Gra. Ra.; *iniquitas* Hi = 𝔐 𝔇
3,17 init] pr *και* 475 B-68′′-998 298-*cII d* 336′ 411 443 766 795 Sa^{I} Aeth Geo Arm (sed hab Hi Syh Fa^{1}) PsChr = 𝔖 𝔇: contra 𝔐; cf (16bc) 2$_{15a}$; pr *εκει* A-C *k* 155 248′′ 549 698 Did 92,27: contra 𝔐; absc Fa^{2} | *εἶπα* B-68′′-998 *d* $k^{-46(vid)}$ Did^{lem} 92,27 PsChr Met III.20,2] *ειπον* rel: cf (18a) 2$_{15a}$ om *ἐγώ* 125 = 𝔇 | *ἐν καρδίᾳ*] *εκ καρδιας* 766 | *καρδίᾳ μου*] *καρ* 548(|); pr *τη* 3010(vid) 475-637 298-390-415-504-540-732-425-601 Co = Ald | *μου* ⌒ (18a) *μου* 252 | om *σύν* 1° 311 Sa^{I} Arab | *τὸν δίκαιον*] *τω δικαιω* 3010 613 342 766 | om *σύν* 2° 3010 L^{-130} 147-159-298-299-415-503-560-609 342-357 337* 311 338 698 Syh Sa^{I} Fa^{1} Geo Arab Ol Met III.20,2,55 | *τὸν ἀσεβῆ* 3010] *τον ασεβην* V S 139 548 Did^{com} 93,16; *τω ασεβει* 766; om *τον* 415 Did 92,27 | *κρινεῖ* 818] *κρινη* 475 797^{c} | om *ὅτι*—*ποιήματι* 299 | om *τῷ* 1° 766 | *παντί* 1°] + *μου* 336′ | om (17d) 609: homoiot | om *καὶ ἐπὶ παντί* 601: homoiot | om *καί* 2° $C'^{-(299)\ 571^{c}\ (601\ 609)}$ 411 Hi | *ἐπί*] …]*μ* 998; *εν* 818 248^{c} 645 Sa^{I} Aeth Ol; > Cass *Co* 21,12,3 | *τῷ* 2° 818] > 3010 A O^{-V} S *L* $C''^{-298\ (299\ 601\ 609)}$ *k* 155 339 411 542 547 645 698 766 788 Ol Met III.20,4

3,16 *τοῦ δικαίου*] *α′* (*α′ θ′ σ′* 788) *τῆς δικαιοσύνης* 248′ (ind mend ad *κρίσεως*) 252 788 **3,17** *τῷ παντὶ πράγματι*] ⟨*σ′*⟩ *πάσης χρείας* 248′ (mend sub *α′*)

18 ἐκεῖ εἶπα ἐγὼ ἐν καρδίᾳ μου
περὶ λαλιᾶς υἱῶν τοῦ ἀνθρώπου,
ὅτι διακρινεῖ αὐτοὺς ὁ θεός,
καὶ τοῦ δεῖξαι ὅτι αὐτοὶ κτήνη εἰσίν,
καί γε αὐτοῖς.
19 ὅτι συνάντημα υἱῶν τοῦ ἀνθρώπου

A C (-818) (3010) *O* B-S-68′′-998 *L C′′ d k* al^{-359} verss

3,18 ἐκεῖ] *και* B-68′ *cII* 357 411 Ol^{ΔIKM}; > 766 Arab Met III.20,4,58; et ἐγώ tr 613; post ἐγώ tr Sa^{I} Fa^{2}; pr *και* Aeth^{te} (sed hab Aeth^{A2}); + *ο θεος* *O* 539 547^{mg}: contra 𝔐; + *ο θεος και d*$^{-357}$: contra 𝔐; ad (17d) trah Hi = 𝔐; absc 818 998 | εἶπα ἐγώ] *επαγω* S* | εἶπα] *ειπον O cII*$^{-260}$ 336′ 411 443 539 543 Did^{lem} 98,13 Ol: cf (17a) | καρδίᾳ] bis scr 342; pr *τη L* 540 | om *μου* Did 94,20 | υἱῶν τοῦ ἀνθρώπου] *του υιου του ανθρωπου* Fa^{1}; *των υιων των ανθρωπου* 161*-248*; *των υιων του ανθρωπου* 161^{c}-248^{c} = Compl; *των* (> 475 337) *υιων των ανθρωπων* 475 337* 338 Did^{com} 98,13 Sa^{I} Geo; *υιων* (> 539) *ανθρωπων* 534 125′ 539 PsChr = 𝔙; om *του L*$^{-125′}$ 766^{A} Dam Met III.20,5,59,86s | ὅτι 1°] *τι* 336(|) | διακρινεῖ] *-κρινη* 46′; *κρινει* 261 *C′*$^{-571^{c}\ 797}$; *διαστρεφι* Did 94,20; *μακρηνη* 155 | om αὐτούς *L*$^{-106\ 130}$ | τοῦ 2°] *τουτο* A S^{c} 425; > S* | δεῖξαι] + *αυτους L* 795 Arab(vel + *αυτοις*): ex (18c); + *αυτοις cII* 443 698 | αὐτοί] *αυτου* 125; *αυτ* 261 | κτήνη/εἰσίν] tr 609 | καί γε αὐτοῖς ad (18d) trah Hi Syh PsChr = 𝔐] > Fa^{1}; ad (19a) trah rel | om *γε* 539 Sa^{I} | αὐτοῖς] *εαυτοις* 754^{c} Hi = 𝔐; *αυτοι* 534 299-390-563-571-157^{txt}-609-797 *d*$^{-357}$(754*) *k* 155 539 766$^{B^{C}}$; *αυτης* 645; > 159 338 547 Ol

3,19 ὅτι 1° 336′ Hi Syh Fa^{1} PsChr Met III.20,6 Dam^{ap} = 𝔐] *ου* 637 B-68′-998 296′ 311 706 Sa^{I}; *ως O*$^{-637}$ S-613 *C′′*$^{-157\ 298\ 563\ 571*\ 609\ 797}$ *d*$^{-357}$ 338 411 539 547 645 Ol = Ald; > rel | συνάντημα 1°] *εν συναντηματι* 766^{B}(*-τηματ*); pr *εν* 766^{A} | υἱῶν] *υιω* 766^{B}; pr *των* 998 130 *C′*$^{-298\ 798}$ 698 Dam = Ald τοῦ ἀνθρώπου] *των ανθρωπων L*$^{-106\ 130}$ Sa^{I} Geo; om *του* 475 299^{c} 336′ Met^{com} X.8,95

3,18 ἐκεῖ] σ′ τότε 788 | ὅτι διακρινεῖ αὐτοὺς ὁ θεός] τοῦ ἐλέγξαι αὐτοὺς ὁ θεὸς καὶ τοῦ δεῖξαι αὐτοῖς 248′ (s nom; ind mend ad υἱῶν); τοῦ ἐλέγξαι αὐτοὺς ὁ θεός 252 (ind ad διακρινεῖ); σ′ καὶ τοῦ δεῖξαι αὐτοῖς 252 (ind mend ad καί γε αὐτοῖς (19a) ὅτι συνάντημα) | διακρινεῖ] δοκιμάσει 788 ὅτι αὐτοὶ κτήνη εἰσίν] σ′ ὅμοια τοῖς κτήνεσιν 788 **3,19** συνάντημα 1°] ⟨σ⟩ σύμβαμα 788

καὶ συνάντημα τοῦ κτήνους,
συνάντημα ἓν αὐτοῖς·
ὡς ὁ θάνατος τούτου, οὕτως ὁ θάνατος τούτου,
καὶ πνεῦμα ἓν τοῖς πᾶσιν·
καὶ τί ἐπερίσσευσεν ὁ ἄνθρωπος παρὰ τὸ κτῆνος;
οὐδέν, ὅτι τὰ πάντα ματαιότης.
20 *τὰ πάντα πορεύεται εἰς τόπον ἕνα·*

A C (3010) *O* B-S-68′′-998 *L C*′′ *d k* al^{-359} verss

καί 1°] *και γε* Syh: ex (18d); > 766 | *συνάντημα* 2°] -*τηματα* 543 | om *τοῦ* 2° 443 | *ἓν αὐτοῖς*] *εαυτοις* 357 Dam^{ap} | *ἕν* 1°] *εν* 68 *L* 788 Arm = Ald; > 795 | *αὐτοῖς*] pr *τοις πασιν O* S^{c} 411 766 Hi^{ap} Arm^{te}: ex (19e); > Fa^{1}; + (sub ÷ Syh; mend ad *αυτοις*) *πασιν* Syh Met III.20,8 | om *ὁ* 1° *cII*$^{-371}$ *τούτου* 1°] *του κτηνους* (*κτιν.* cod) 155: ex (19b); ⌒ *τούτου* 2° *L*$^{-130}$ 797; + *και* 540*: cf sq | *οὕτως*] *ουτω* 415-*cII*; *και* 357 Dam; + *και* 475-637 S *C*$^{\prime\prime-299\ 540*\ (797)}$ 155 547 698 Hi = Ald Sixt | *ὁ* 2°] pr *και* 298; > *cII* | *ἕν* 2°] *εν* Geo Arm Ol = Ald; > 425^{txt} | *τοῖς*] *αυτοις* S*: cf (19c); > 298 | *τί ἐπερίσσευσεν ὁ ἄνθρωπος*] *τις περισσεια τω ανθρωπω O S*^{c} 411 Arm^{te} (sed hab Syh) ↓: ex 1$_{3b}$ | *τί*] *ουδεν* 298 | *ἐπερίσσευσεν*] *περιεσευσεν* 336′ Dam^{te} | *ὁ ἄνθρωπος*] om *ὁ* C 425 *k* 766^{B} Dam^{ap} Ol^{EM} | *παρά* 3010] *απο* 795; *περι* 609 Ol^{M}; *υπερ* 475 | *τό*] *του* 475 | *οὐδέν*] pr *et* Syh; > 298; ad (19f) trah Hi Met III.21,3 | *τὰ πάντα*] ⌒ (20a) *τὰ πάντα* 411; om *τά* 3010 475 B-S-68 *C*′ *d* 155 296′ 336′ 338 339 547 645 698 766^{B} Dam: cf 1$_{14c}$ *ματαιότης*] + *εστι* 766
3,20 *τὰ πάντα* 1° ⌒ 2° 357 | *τὰ πάντα — ἕνα* bis scr 631: homoiar | om *τά* 1° 766 | *πάντα* 1°] *συμπαντα* 609 | *πορεύεται* 3010] *πορευονται* 336; *πορευσεται* 252* 443; > B-S*-68′-998 *C*$^{\prime-298\ 299\ 798}$ 645 Did 102,19 = Ald; post *ἕνα* tr V *d*$^{(-357)}$ Geo | *εἰς* 1°] *προς O* 766 Hi^{ap} Met III.22,3 III.23,5,36 (sed hab Met^{com} X.8,99) ↓

συνάντημα 2°] *σ′ σύμβαμα* 252 (*σύμβολα*) Syh (ܓܕܫܐ) | *συνάντημα* 3°] *σ′ σύμβαμα* 248′ | *καὶ πνεῦμα ἓν τοῖς πᾶσιν*] *σ′ καὶ ἀναπνοὴ ὁμοία πᾶσιν* (> 788) 248′ 252 788 (s nom) Syh | *καὶ τί — κτῆνος*] *σ′ καὶ τί πλέον ἄνθρωπος κτήνους* 248′ | *καὶ τί — ὁ ἄνθρωπος*] *θ′ καὶ τί περισσεία τῷ ἀνθρώπῳ* 248′ **3,20** *πορεύεται*] *α′ θ′ ὁμοίως τοῖς ο′* Syh (= *πορεύεται*) | *εἰς τόπον*] *α′* ܠܘܬ ܕܘܟܬܐ Syh (= *πρὸς τόπον*); *σ′ θ′ ὁμοίως τοῖς ο′* Syh (= *εἰς τόπον*)

τὰ πάντα ἐγένετο ἀπὸ τοῦ χοός,
καὶ τὰ πάντα ἐπιστρέφει εἰς τὸν χοῦν·
21 καὶ τίς οἶδεν πνεῦμα υἱῶν τοῦ ἀνθρώπου
εἰ ἀναβαίνει αὐτὸ εἰς ἄνω,
καὶ πνεῦμα τοῦ κτήνους
εἰ καταβαίνει αὐτὸ κάτω εἰς γῆν;
22 καὶ εἶδον ὅτι οὐκ ἔστιν ἀγαθὸν
εἰ μὴ ὃ εὐφρανθήσεται ὁ ἄνθρωπος

A C 818 *O* B-S-68$''$-998 *L* *C*$''$ *d* *k* al^{-359} verss

τὰ πάντα 2°] pr και 534′ 106 Met^{com} III.23,6: contra 𝔐 | ἐγένετο] εγενοντο 260 336′ 645 Ol; πορευεται 698: ex (20a) | ἀπό] εκ *C*$''^{-298}$ 339 543 = Ald; υπο *d* | om τά 3° C 253 155 766^{B} | ἐπιστρέφει] -στρεψει 475-637 B-68$''$ 125*(c pr m) *cII* 542 Hi Syh Sa^{I} Fa$^{1\,2}$ = Ald; υποστρεψει 357 | εἰς 2°] επι 336′ Antioch 1472 | om τόν *C*$'^{-298}$ 411 Did 103,2(vid) = Ald
3,21 οἶδεν] ειδε 125 411 | πνεῦμα 1° B-S*-68′-998 *L* 571^{c}-260* *d* 443 Fa^{1} Did 103,22 104,14 PsChr Met III.23,2,45 = 𝔐] absc 818; inc C; pr το rel (Sa^{I} Did^{com} 104,7 Met^{com} III.23,56 X.8,101) | υἱῶν τοῦ ἀνθρώπου] των υιων των ανθρωπων 475: ex (19a) | υἱῶν] υιω *L*$^{-130}$; του υιου 698; οιον 766^{B} | τοῦ ἀνθρώπου Did 103,22 104,7 104,14 PsChr Ol] om τοῦ 637 139-147-503-560-798 357 = Ald; ανθρωπων 159 Sa$^{I\,II}$ Fa^{1} Geo | αὐτό 1°] litt το sub ras 248; bis scr 475; αυτω 125′ 161 766^{A} Syh; > *C*$^{-298\ 299\ 563\ 571}$-425-601 311 542 Fa^{2} Arm PsChr = Ald 𝔙 | εἰς ἄνω] εις τα ανω 298 338^{c} 766^{B}; εις ουρανον 998 Fa$^{1\,2}$; εις τον ουρανον ανω 336′; ανω εις ουρανον Sa^{I} Aug *C D* 13,24; om εις *L* *C*$'^{-298\ 571^{c}}$ 248′ 443 | πνεῦμα 2° A-C 818 B-68-998 *L* *d* 155 296′ 311 336′ 339 443 698 706 766 795 Fa^{1}(vid) PsChr] pr το rel (= Sixt) | αὐτό 2°] αυτω 125′ 797-295 766^{A} Syh; αυτου 601* | κάτω post γῆν tr V 357 | εἰς γῆν C B-S-68$''$-998 *d*$^{-357}$ 336′ 549 645 788 Met^{com} X.8,103 Ra.] επι την γην 475 357; > 𝔙; εις την γην rel (Sa^{I} Fa$^{1\,2}$ Did 103,23 104,8 PsChr Ol Dam)
3,22 εἶδον] ιδον A 818 998 157* 357 248^{c}(vid) 336 339 548 706 = Gra.; ιδων 155 728 | ἀγαθόν] pr το 637 | ὅ] ω 298-299-563-*cII*$^{-260}$ 311 766^{A}; > 797 336 795 | ὁ C B-68 260-561 342-754 296′ 311 549 706 795 Ol^{te}] > rel

---

τοῦ χοός] σ′ τῆς γῆς 248′

ἐν ποιήμασιν αὐτοῦ,
ὅτι αὐτὸ μερὶς αὐτοῦ·
ὅτι τίς ἄξει αὐτὸν τοῦ ἰδεῖν ἐν ᾧ ἂν γένηται μετ᾽ αὐτόν;

41 *Καὶ ἐπέστρεψα ἐγὼ καὶ εἶδον*
σὺν πάσας τὰς συκοφαντίας
τὰς γινομένας ὑπὸ τὸν ἥλιον·
καὶ ἰδοὺ δάκρυον τῶν συκοφαντουμένων,

A C (-818) (969-) *O* B-S-68″-998 *L C″ d k* al^{-359} verss

ποιήμασιν] *ποιημα*[311; *ποιηματι O* Hi = 𝔙; pr *τοις* 797 254 338 | *αὐτοῦ* 1° ∩ 2° 475 | *αὐτό*] *αυτω* 125′ 357 339^c Ol^M: cf 517h; *αυτου* 475 728; > 998* | *αὐτοῦ* 2°] *αυτω* 698; + *εστιν* 338 | *ἄξει*/*αὐτόν*] tr *k*(46^s) = 𝔙 | *ἄξει*] *εξει* 155 ↓ | om *τοῦ* 252 | *τοῦ ἰδεῖν*] *ειδεναι* 252 | om *ἐν ᾧ ἂν γένηται* 637 *ἐν ᾧ*] *εως* V; *quod* Hi Aeth ↓; om *ἐν* 357 252 | *ἄν*] *εαν* C B-68 298 357 = Ra. | *γένηται*] *γενοιτο* 125′ | om *μετ᾽ αὐτόν* 766 | *αὐτόν* 2°] *αυτου* V 125′ 798 357 155; *αυτων* S*-534′ 609-797* 252* 336′ 539; *αυτο* Ald
4,1 *ἐπέστρεψα*] *απεστρεψα* 613 | *ἐγώ*] *αν* 475 | om *καὶ εἶδον* 252 | om *καί* 1° 548 Sa^I Fa^1 | *εἶδον*] *ιδον* A-C V 998 157* 357 336 539 548 706 Met III.26,2 Antioch 1560 = Gra.; *ιδων* 728 | *σὺν πάσας τὰς συκοφαντίας* A 415-540-732-*cI*$^{-609}$ 754 155 336′ 443 543 645 698 Aeth PsChr Gra. Ra.] *πασας τας σ. O* S 390 *k*(46^s) 338 539 Syh Antioch 1560;]*πασας τας σ.* Did 107,13; *συν τας σ.* 547 Ol; *σου πασας τας σ.* Dam; *συμπασας τας σ.* rel *συκοφαντίας*] *-τειας* B* 161* | *γινομένας* (*γειν.* S^c V) C *O* B-S^c *L*$^{-125\ 130}$ 299-563-571*-157-609-797-*cII d k*(46^s) 155 248″ 296′ 311 338 339 411^{vid} 542 543 547 549 698 728 766 Ol Met III.26,3 Chr VI 606 Dam] absc Did 107,13; *γενομενας* rel (Antioch 1560) | om *καί* 2° B-68′-998 357 PsChr: contra 𝔐 | *δάκρυον*] *δακρυων* V 503; *δακρυα* Hi Antioch 1560 = 𝔙↓ | *τῶν συκοφαντουμένων* 969] *τον συκοφαντουμενον* 357 645*; *των αφαντουμενων* 155; om *των* 645^c

---

3,22 *ὅτι τίς ἄξει – μετ᾽ αὐτόν*] σ′ (+ *τίς γὰρ αὐτὸν ἄξει* 248′) *θεάσασθαι τὰ ἐσόμενα μετὰ ταῦτα* 248′ Hi | *ἄξει αὐτόν*] θ′ ܢܕܒܪܝܘܗܝ Syh (= *ἕξει αὐτόν* ↑) *ἂν γένηται*] α′ *ἔσται* 788 **4,1** *τὰς συκοφαντίας*] σ′ *τοὺς συκοφαντουμένους* 248′ | *καὶ ἰδοὺ δάκρυον*] σ′ *καὶ ἰδοὺ δάκρυα* 248′

καὶ οὐκ ἔστιν αὐτοῖς παρακαλῶν,
καὶ ἀπὸ χειρὸς συκοφαντούντων αὐτοὺς ἰσχύς,
καὶ οὐκ ἔστιν αὐτοῖς παρακαλῶν.
2 *καὶ ἐπῄνεσα ἐγὼ σὺν τοὺς τεθνηκότας*
τοὺς ἤδη ἀποθανόντας ὑπὲρ τοὺς ζῶντας,
ὅσοι αὐτοὶ ζῶσιν ἕως τοῦ νῦν·

A C (870) 969 *O* B-S-68′′-998 *L C′′ d k* al^{-359} verss

αὐτοῖς 1° 969] *αυτους* 637 298 161^{c}-248^{mg} Antioch 1560 Chr VI 606: cf (1g); *αυτους* (*αυτος* 260*) post *παρακαλῶν* 1° tr *cII*; > 338 | *παρακαλῶν* 1°] absc Did^{lem} 107,23; pr *ο L C′′ k*(46^{s}) 161-248^{c} 338 411 547 728 Did^{com} 107,25 PsChr Ol Met III.26,4 Antioch 1560 Chr VI 606 Dam = Ald Compl: cf (1g) | *καί* 5° 969] > 336′ Geo; ⌒ *καί* 6° 547^{txt}; ⌒ (2a) *καί* C 253 534-998 *L* 357 631 155 252 766 Ol^{ΑΓΕ} Fa$^{1\,2}$ (sed hab Sa^{I}) | *χειρός*] *χειλεων* 548 | *συκοφαντούντων*] *συκοφαντουντος* 795; *συκοφαντουμενων* 504^{txt}: ex (1d); pr *των* 613 *C*$^{\prime -157\ 299\ 571\ 609\ 563\ 797}$ 411 | *αὐτούς*] *αυτοις* 969 *C*$^{\prime -157*\ 298\ 425\ 563\ 571*\ 609\ 798}$ 336′ 443*(c pr m) = Ald Sixt; *αυτον* 339; *αυτων* 337* 547^{mg} Ol^{ΔΖΙΚΜΝ}; > 425-571* Geo; + *ουκ εστιν O*$^{(-253)}$ 411 | *ἰσχύς*] *ισχυν* 969 B-S*-68 443 645; *ισχυ* S^{c}; + *αυτοις* V; + *ουκ εστιν* S | *καί* 6°] ⌒ (2a) *καί C*$^{\prime\prime -260\ 298\ 299}$ 411 547 Arm Did^{lem} 107,23 (sed hab Did^{com} 107,25) Ol^{Z}= Ald | *αὐτοῖς* 2°] *αυτους* 298-260 161^{c}-248^{mg} 338: cf (1e); > 299 Met III.26,6 | *παρακαλῶν* 2°] pr *ο* A S-613 298-299 260 46^{s}-337 296′ 311 338 339 542 543 549 698 706 728 788 Did^{com} 107,25 Ol Met III.26,6 = Ald Gra.

4,2 *σὺν τοὺς τεθνηκότας*] *συμπαντας τους τ.* 870(]*αντας τους τ.*) 969 B-68′′-998 *L* 571^{mg}-*cII d*$^{-357}$ 411 443; *συν παντας τους τ.* PsChr; *παντας τους τ.* C^{vid} 357 336′ Sa^{I} Fa^{1} Or I 19 Amb *Sat* 2,30 Cassiod *Ps* 119,5 Hi *Eph* 3,6 Hil *Ps* 119,18 Jul-T *Ant* 1,27 Ruf *Num* 7,3 *Ps* 38,1,11; *συν τοις τεθνηκοσι* 766^{A}(*τεθαυκοσι*) 766^{B}(*τεθαυμακοσι*); *τους ηδη τ.* 311; om *συν* 637 299-415-504 Aeth$^{ap(A2)}$ (sed hab Aeth^{te}) Geo Dam^{te} | *τεθνηκότας*] *τεθνεωτας* 609 155: cf 95b | om *τοὺς ἤδη ἀποθανόντας* 311 Or I 19 Ruf *Num* 7,3 *τούς* 2° bis scr 155 | *ἀποθανόντας*] + *οστις ουπω εγενετο ος ουκ οιδε συν* 601*(c pr m): ex (3bc) | *ὅσοι*] *ως οι* 261 Dam^{ap}; *ως* 125 339; *οι* 298 Ol *αὐτοί*] *αυτοις* 336; *αυτων* 299 766; > PsChr | om *ζῶσιν* Syh

---

παρακαλῶν 1°] *ὁ παραμυθούμενος* 788 | *παρακαλῶν* 2°] *σ′ παρηγορῶν παραμυθούμενος* 248′ **4,2** *ἐπῄνεσα*] *σ′ ἐμακάρισα* 248′ | *ὅσοι*] *σ′* ܡܛܠ Syh (= *ὅτι*); *θ′ ὁμοίως τοῖς ο′* Syh (= *ὅσοι*)

3 *καὶ ἀγαθὸς ὑπὲρ τοὺς δύο τούτους*
ὅστις οὔπω ἐγένετο,
ὃς οὐκ εἶδεν σὺν τὸ ποίημα τὸ πονηρὸν
τὸ πεποιημένον ὑπὸ τὸν ἥλιον.
4 *Καὶ εἶδον ἐγὼ σὺν πάντα τὸν μόχθον*
καὶ σὺν πᾶσαν ἀνδρείαν τοῦ ποιήματος,

A C (-969) *O* B-S-68′′-998 *L* *C*′′ *d* *k* al^{-359} verss

4,3 *καί*] ⌒ (4a) S*; *καιγε* 788 | *ἀγαθός*] *αγαθους* 415-504-295; + *εις* 534 *ὅστις*] *ος* 338 Did^{com} 172,25 (sed hab Did^{lem} 113,1 Ol^{com}) Did *Hiob* 62,10 Ol^{lem} | *οὔπω*] *ουκ* 969 336′ | *ὅς*] *οστις* 613 *L*(*ωστις* 261) 147-159-503-560-571-425^{mg} | *οὐκ*] *ουχ* 998 | *εἶδε(ν)*] *οιδε(ν)* V *L* *C*′′$^{-298\ 609}$(425^{mg}) 342-357 *k*(46^{s}) 155 252 311 338 339 443 539 543 549 788 Arab Ol^{lem} Dam^{te} (sed hab Dam^{ap}) = Ald; *ιδεν* S-998 698 Ol Met III.26,9,66 Dam^{ap}; *ιδι* 728 *σὺν τὸ ποίημα*] absc Did Fa^{1}; …]*ποιημα* C; *συν παν το π.* 969 B 698 Sa^{I}; *συμπαν το π.* 68′′-998 571^{mg} *d*$^{-357}$ Geo Dam^{te}; *συν πα⟨ν⟩τα το π.* 336; *συμπαντα το π.* 728; *συν* (*εν* 548) *τω ποιηματι* 296′ 766^{B} | *σύν*] *ουπω* 253; > 545^{c} *cII*$^{-260}$ 357 311 766^{A} Syh | *τό* 1° ⌒ 2° 295 | om *τὸ πονηρόν* 547* Dam^{te} | *τό* 2°] *τον* 543; > 125 296′
4,4 *εἶδον*] *ιδον* A V B-68 157 357 336′ 539 542 706 = Gra.; absc 998 Did *σὺν πάντα* V S 157 155 336 PsChr = Gra. Ra.] absc 998 Did; *συμπαν* 68; *συπαντα* 601*; *συμπαντα* rel (539 Arab = Ald) | om *τόν* 637 155 | *σὺν πᾶσαν* A V S 155 336 Did 116,22 PsChr = Gra. Ra.] *συν την πασαν* *C*′ 645 = Ald; *συμπασαν την* 998 698; *simul omnem* Hi; pr *την* *O* *L* 411; *συμπασαν* rel (Arab Ol) | *ἀνδρείαν*] *ανδριαν* A-C V S-534 609-*cII*$^{-260\ 561}$ *d*$^{-754}$ 155 336′

4,3 *ἐγένετο*] σ′ *ἐγεννήθη* 248′ | *ὃς οὐκ εἶδεν — τὸν ἥλιον*] σ′ *ὃς οὐκ οἶδε* (*ἴδεν* Met^{te}; *εἶδεν* Met^{ap}) *τὰ ἔργα τὰ κακὰ τὰ πεποιημένα ὑπὸ τὸν ἥλιον* 260^{cat} Met^{com} | *ὃς οὐκ εἶδεν — πεποιημένον*] σ′ ܗܘ ܕܠܐ ܚܙܐ ܠܥܒ̈ܕܐ ܒ̈ܝܫܐ ܗܠܝܢ ܕܗܘܝܢ Syh (= *ὃς οὐκ ὁρᾷ τὰ ἔργα τὰ κακὰ τὰ γινομένα*); α′ ϑ′ *ὁμοίως τοῖς* ο′ Syh (= *ὃς οὐκ εἶδεν σὺν τὸ ποίημα τὸ πονηρὸν τὸ πεποιημένον*) | *εἶδεν*] *οἱ* λ′ *εἶδεν* 788 | *σὺν τὸ ποίημα — πεποιημένον*] σ′ *τὰ ἔργα τὰ κακὰ τὰ γινόμενα* 161^{I}-248^{I} 539 (s nom) | *σὺν τὸ ποίημα τὸ πονηρὸν*] σ′ *τὰ κακὰ ἔργα* 161^{II}-248^{II} | *τὸ πεποιημένον ὑπὸ τὸν ἥλιον*] α′ *τὸ πεποιημένον ὑπὸ τὸν ἥλιον* 161^{I}-248^{I} **4,4** *καὶ σὺν πᾶσαν ἀνδρείαν*] σ′ *καὶ* (> 248′) *σύμπασαν γοργότητα* 248′ Syh; ϑ′ *ὁμοίως τοῖς* ο′ Syh (= *καὶ τὴν σὺν πᾶσαν ἀνδρείαν* ↑)

ὅτι αὐτὸ ζῆλος ἀνδρὸς ἀπὸ τοῦ ἑταίρου αὐτοῦ·
καί γε τοῦτο ματαιότης καὶ προαίρεσις πνεύματος.
5 *ὁ ἄφρων περιέλαβεν τὰς χεῖρας αὐτοῦ*
καὶ ἔφαγεν τὰς σάρκας αὐτοῦ.

A C (870) *O* B-S-68″-998 *L C″ d k* al^{-359} verss

411 548 698 706 766^{A} Did 116,22 Ol^{M} = Compl Sixt | *τοῦ ποιήματος*] *του ποιησαντος* 548*^{vid}
αὐτό] *αυτω* 260 296′ 766^{A}; *αυτος* 337 Did 116,23; *το* (*τε* 560^{c}-563-571*) B*-S-534 *C*$'^{-298\ 299}$ 357 443* Sa^{I} Fa^{1} Arm PsChr = Ald; *ο O*$^{-V}$ 125′ 443^{c} Bas III 380 Dam; > V *L*$^{-125'}$ *d*$^{-357}$ 155 Hi Arm^{te} Amb *Sat* 2,30 Aug *Conf* 13,31; absc 998; inc C | *ἀνδρός*] (*τω* 613 Bas Dam) *ανδρι* B-68' *L*$^{-125'}$ 298-299-*cII d k*(46^{s}) 155 252 296′ 311 336′ 339 411 443 542 543 547 549 645 698 706 766^{B} 788 795 Arm Arab Did^{com} 117,3 Ol^{-M} Bas III 380 Dam Amb *Sat* 2,30^{txt} Ruf *Om S Bas* 4 (sed hab Syh Sa^{I} Fa$^{1\ 2}$ = Ald Sixt); *ανδρια* Ol^{M}; *ανδριας* 766^{A}; pr *και* 549; pr *του O* 601 Sa^{I} Fa^{2}; absc 998 Did^{lem} 116,23; inc C | *ἀπό*] *υπο* 766^{A} | *ἑταίρου*] *ετερου* A *O*$^{-637}$ S-534′-998 299-390-415-504-540-571*-732-601-609-*cII* 357 *k*(46^{s}) 296′ 336′ 338 339 411 542 698 788 Did 116,23 PsChr Ol Amb *Sat* 2,30 = Ald; *στερρου* 766
προαίρεσις] *προαιρεσιν* 631; *προαιρεσεις* V | *πνεύματος* ⌒ (6c) 534
4,5 om *ὁ* A S-613 *C*$'^{-298\ 571^{c}}$ *d k* 155 248″ 296′ 311 338 539 543 547 549 645 698 706 795 Ol Met III.28,2 (sed hab Constit II 4,5 63,5 Did^{vid} PsChr Sa^{I} Fa$^{1\ 2}$ = Gra.): contra 𝔐; absc 870 | *περιέλαβε(ν)*] *περιλαμβανει O*$^{-V}$; *περιεβαλε(ν)* C 342 Constit II 63,5^{ap} (sed hab Constit II 4,5 63,5^{txt}) *αὐτοῦ* 1°] *ειναι k*(46^{s}) | om *καί* 295 | *ἔφαγε(ν)* 870] *εσθιει O*$^{-V}$ 539; *κατεφαγε* 390 Met III.28,2 | *σάρκας*] *σαρκα* Syh = 𝔐 | *αὐτοῦ* 2°] *εαυτου* V; > 870

καὶ προαίρεσις πνεύματος] *σ′ καὶ κάκωσις πνεύματος* 248 260^{cat} **4,5** *ὁ ἄφρων περιέλαβεν*] *σ′* ܗܘ ܕܠܐ ܗܘܢܐ ܡܬܓܕܠ Syh (= *ὁ ἀνόητος περιπλέκεται*) | *ὁ ἄφρων*] *α′ θ′ ὁ ἄφρων* Syh | *περιέλαβεν τὰς χεῖρας αὐτοῦ*] *σ′ περιπλέκεται ταῖς χερσὶν αὐτοῦ* 248′ | *περιέλαβεν*] ⟨*σ*⟩ *πλέκεται* 539 (s nom)

6 ἀγαθὸν πλήρωμα δρακὸς ἀναπαύσεως
ὑπὲρ πλήρωμα δύο δρακῶν μόχθου
καὶ προαιρέσεως πνεύματος.
7 Καὶ ἐπέστρεψα ἐγὼ καὶ εἶδον ματαιότητα ὑπὸ τὸν ἥλιον.
8 ἔστιν εἷς, καὶ οὐκ ἔστιν δεύτερος,
καί γε υἱὸς καὶ ἀδελφὸς οὐκ ἔστιν αὐτῷ·

A C *O* B-S-68′′-998 *L* C'' *d* *k* al^{-359} verss

4,6 *ἀγαθόν*] + *εστι* $C'^{-157'\ 298\ 299\ 563\ 571\ 609}$ Hi Syh Geo Cass *Co* 24,13 = Ald | *πλήρωμα* 1° ⌒ 2° 125 | *πλήρωμα* 1°] + *μετα* Met III.29,2 | *δρακός*] *δρακου* 545^c; + *μετα* 298 Hi Syh Ol^{com} (lib) Anton 880 (*μετ*) Dam^{ap} ↓ *ἀναπαύσεως*] *αναπαυσεις* 311;pr *και* 609 | *πλήρωμα* 2° 870 B-68-998*(c pr m) $L^{-(125)\ 130}$ 298 443 539 Hi Syh Sa^I Fa^2 PsChr Ol Anton 880 Antioch 1472 Dam Ra. = $\mathfrak{M}$] absc Did^{lem} Fa^1; *πληρωματα* rel (Did^{com} 119,9 Met III.29,3 = Ald Sixt) ↓ | *δύο*/*δρακῶν*] tr 342 | *δρακῶν*] > *k*(46^s); + *μετα* V 298 d^{-357} Cass *Co* 24,13 | *μόχθου*] *μοχθος* 125; *μοχθοι* 336′; + *καιγε τουτο ματαιοτης* d^{-357}: ex (4d) | *καί* ⌒ (7) *Καί* 1° *O* 539^{lem} Anton 880 | *προαιρέσεως* (*προαιρε* 547)] -*ρεσις* d^{-357} *k*(46^s) 698^c: cf 1 14c
4,7 *ἐπέστρεψα*] -*ψας* 253; -*ψον* 125 | *ἐγώ*] *γω* S*(|) | *εἶδον*] *ειδεν* 139*; *ιδον* A V B-998 157 336′ 339 443* 542 706; + *εγω* 998 | *ματαιότητα*] -*τητας* 46^s Fa^2 | *ὑπό*] *υπερ* 248*
4,8 om *ἔστιν* 1° — *δεύτερος* 260*(||) | *ἔστιν* 1°] + *και* 631; + *δε* 299 | om *καί* 1° 609 | *ἔστιν* 2° ⌒ 4° 125′ | *καί* 2° ⌒ 3° S* 415(||)-504 | *καί* 3° 637 534′ *cII* 296′ 311 Aeth Did 121,26] + *γε* rel (539) | *οὐκ ἔστιν* 2°] *ουκ υπαρχει* $L^{(-125')}$ | *αὐτῷ*] *αυτου* 609; *ομοιος* 155

4,6 *ἀναπαύσεως*] *σ′ μετὰ ἀναπαύσεως* 248′ Syh^{txt} (※ ܥܡ ↙ ܢܝܚܐ) *πλήρωμα* 2° — *πνεύματος*] *σ′ πληρώματα ἀμφοτέρων χειρῶν καὶ κακώσεως πνεύματος* 248′ | *προαιρέσεως*] ⟨*σ*′⟩ *κακώσεως* 788 **4,7** *καὶ ἐπέστρεψα ἐγὼ καὶ εἶδον*] *σ′ καὶ πάλιν ἀναστρέψας κατέμαθον* 248′ 788 Syh **4,8** *καὶ οὐκ ἔστιν δεύτερος*] *σ′* (*α′* 161) *οὗ* (*οὐ* 248′; *ᾧ* 539) *μὴ ἔσται* (*ἐστί* 539 Syh) *δεύτερος* 248′ 539 (s nom) Syh (ܠܗܘ ܕܠܐ ܐܝܬ ܠܗ ܬܪܝܢܐ); *α′ ϑ′ ὁμοίως τοῖς ο′* Syh (= *καὶ οὐκ ἔστιν δεύτερος*)

καὶ οὐκ ἔστιν περασμὸς τῷ παντὶ μόχθῳ αὐτοῦ,
καί γε ὀφθαλμὸς αὐτοῦ οὐκ ἐμπίπλαται πλούτου.
καὶ τίνι ἐγὼ μοχθῶ
καὶ στερίσκω τὴν ψυχήν μου ἀπὸ ἀγαθωσύνης;
καί γε τοῦτο ματαιότης
καὶ περισπασμὸς πονηρός ἐστιν.
9 ἀγαθοὶ οἱ δύο ὑπὲρ τὸν ἕνα,
οἷς ἔστιν αὐτοῖς μισθὸς ἀγαθὸς ἐν μόχθῳ αὐτῶν·

A C (870) *O* B-S-68′′-998 *L*(-125) *C*′′ *d k* al^{-359} verss

καί 4°] + γε 299 | οὐκ ἔστιν 3°] post περασμός tr 299 | περασμός] πειρ. O^{-253}(πιρ. V) L^{-130} 299-415-503-504-540-563*(vid)-797-*cII* 296′ 311 336′ 339 443* 706 $Ol^{ΓEZI*}$ (sed hab $Ol^{ΔΓ^{c}KM}$); περας 298 $Ol^{ABHΘ}$; περασμα *k*(46^{s}); περισπασμος 613 601 357 766: ex (8h); absc Did | τῷ] εν 338 Met III.30,4,28; post παντί tr 155 | αὐτοῦ 1°] αυτω 296-548^{c}; αυτων 311 | om γε 2° 443 Sa^{I} Fa^{2} (sed hab Fa^{1} Aeth) | ὀφθαλμός] -μοι 125′(οφθαλμ 261) Geo = $\mathfrak{M}^{K}$ $\mathfrak{v}$; pr ο V d^{-254*} 296′ 766^{A} | om αὐτοῦ 2° S* | ἐμπίπλαται (ενπιπλαται A; εμπιπλατε 998; εμπηπλαται 543) Ol] εμπιμπλαται 157 254 248-252 443 706 766^{A} 788 Did 122,4 123,6 123,15 = Sixt; εμπλησθησεται *O* 613 | πλούτου] δωρον 698; δολου 357 | στερίσκω] + εγω 998 125′ | ἀπό] > 637 766; + πασης 543 | ἀγαθωσύνης] ευφροσυνης 298 | ματαιότης] + και προαιρεσις πνευματος 157: ex (4d) | καὶ περισπασμός] και πειρασμος (πιρ. A V) A V 155(bis scr: κ. -μως* και π.) 503: ex (8c); om καί 475
4,9 ἀγαθοί] αγαθων 609*; absc 998 Did | οἱ Co Did^{com} 124,10 Dam^{te} = $\mathfrak{M}$] > B-68′ 571^{c} *d* 155 252 645 698 766 Syh Epiph I 27,2 = Ald: haplogr; absc 870 998 Did^{lem} | om τόν 870 766 | οἷς] εις 338 Dam^{ap} | ἔστιν/αὐτοῖς] tr 563-571 | αὐτοῖς] αυτης 609; et μισθός tr $L^{-(125)\ 130}$ Antioch 1676; post ἀγαθός tr 998; > 870 475-637 645 $Dion^{lem}$ 227 Met IV.1,2,28s | ἀγαθός 870] αγαθων $C'^{-139\ 147\ 159\ 298\ 299\ 503\ 560\ 798}$; > 342-754 Antioch 1676 | ἐν μόχθῳ αὐτῶν 870] υπερ τον ενα *k*: ex (9a) | ἐν μόχθῳ post αὐτῶν tr 797 αὐτῶν] αυτου V-475 534 339 766^{A*} Hi Geo

---

καὶ (οὐκ ἔστιν)] σ′ ᾧ 788 | περασμός] α′ τέλος 248′ 788 (s nom) Syh ἀγαθωσύνης] σ′ ἀγαθοῦ 248′ 252 788 Syh | περισπασμός] σ′ ἀσχολία 248′
4,9 ἀγαθοὶ — ἀγαθός] σ′ (+ εἰσὶν ἀμείνους δύο ἑνός 248′ 252) ἔχουσι γὰρ (> 539) κέρδος ἀγαθόν 248′ 252 539 (s nom) Syh | ἀγαθοί] θ′ ὁμοίως τοῖς ο′ Syh

10 *ὅτι ἐὰν πέσωσιν, ὁ εἷς ἐγερεῖ τὸν μέτοχον αὐτοῦ,*
καὶ οὐαὶ αὐτῷ τῷ ἑνί, ὅταν πέσῃ
καὶ μὴ ᾖ δεύτερος τοῦ ἐγεῖραι αὐτόν.
11 *καί γε ἐὰν κοιμηθῶσιν δύο, καὶ θέρμη αὐτοῖς·*
καὶ ὁ εἷς πῶς θερμανθῇ;

A C (-870) *O* B-S-68′′-998 L^{-125} C'' *d k* al^{-359} verss

4,10 *ἐάν*] + *γενηται και* 357(*-νειτ.*) | *πέσωσιν*] *πεση* $L^{(-125)}$(*-σει* 261) $C'^{-298\ 299}$(*-σει* 609) 411 443 La^{160} $\mathrm{Hi}^{\mathrm{lem\ et\ com}}$ 286,116 287,140 Aeth Arm $\mathrm{Did}^{\mathrm{lem}}$ 124,12 *Ps.CatA* 1103 Amb *Ep* 81,3.6ter *Inst virg* 11,74 Chrom *Matth* 22,3,5.6ter PetrChr 170,5 = Ald 𝔙; absc 870 Did 126,9 126,10 | *ὁ εἷς*] inc C; > 534; + *ο ετερος* $L^{(-125)}$ $C'^{-298\ 299}$ 411 Amb *Inst virg* 11,74 Chrom *Matth* 22,3,5 = Ald | *ἐγερεῖ* 870 $\mathrm{Did}^{\mathrm{com}}$ 124,14 127,13] *εγειρει* A 475 S-998(vid) $L^{-(125)\ 261}$ $C'^{-298\ 299\ 390}$-260 254′ 248 296 311 339 547 645 706 728 766 Syh PsChr Antioch 1676 (sed hab Aeth $\mathrm{Dion}^{\mathrm{lem}}$ 227 Ol Met IV.1,3,45 Anton 1108 Dam = Gra.) = Ald; *εγειρη* 261 390-$cII^{-260\ 561}$ 698(*εγηρη*); *εγειρι* 534 342-357 155 336 548; + *τον ενα* 357; absc $\mathrm{Did}^{\mathrm{lem}}$ 124,11; inc C *μέτοχον*] *μετεχοντα* 139-147-159-503-560-798; *πλησιον* 336′ | *αὐτοῦ*] *αυτον* 443* | *καί* 1°] *ουαι* 339^{c}; + *γε* $L^{(-125)}$ 443 | *αὐτῷ*] *αυτων* 563^{c}-571*-260; > 637 cII^{-260} *d* 298 788 Hi Geo GregNy VIII,I 337,2 PsChr Ol Anton 1108 Bas III 929 1228 (sed hab Syh $\mathrm{Sa}^{\mathrm{I\ II}}$ Did 124,11.14) = 𝔙; et *τῷ* tr $L^{-(125)\ 130}$; absc 870 | *ἑνί*] *ενει* V | *ὅταν*] *οτε* 155; *εαν* 336′ Geo Antioch 1676; *οτι οταν* 706 = 𝔙; *οτι εαν* Bas III 929 1228 | *πέσῃ*] *πεσει* 253 | *καί* 2°] + *ου* 797 | *ᾖ*] *ει* 637 261 161 728; > 870; + *ο* 159 | om *τοῦ* 870 B-68-998 Anton 1108 $\mathrm{Dam}^{\mathrm{te}}$ | *ἐγεῖραι*] *αγειραι* 415

4,11 om *καί γε* 261 Chr IX 385 | om *γε* $\mathrm{Did}^{\mathrm{com}}$ 127,13 (sed hab $\mathrm{Did}^{\mathrm{lem}}$ 127,2) = Compl 𝔙 | *ἐάν*] *αν* B-68 | *κοιμηθῶσιν*] *πεινασωσιν* 698(*πινασωσην*) | *δύο* C B-68′′-998 d^{-357} 338 Met IV.1,5,63 Syh = Ra.] *αμφοτεροι* $\mathrm{Did}^{\mathrm{com}}$ 127,14; pr *οι* rel (539 $\mathrm{Did}^{\mathrm{lem}}$ 124,18 127,2 $\mathrm{Did}^{\mathrm{com}}$ 127,3.6.12): ex (9a) (12b) | om *καί* 2° 766^{B} Geo Amb *Ep* 81,6 *Inst virg* 11,74 | *θέρμη*] *θερμανει* 766; *θερμανη* C; + *εν k* | *αὐτοῖς*] inc C; *αυτους* 766^{B}; *αυτον* 609; + *ληψεται* 503 | *καί* 3°] + *γε* $L^{(-125)}$: contra 𝔐 | *ὁ εἷς*] *τω ενι* V $\mathrm{Syh}^{\mathrm{mg}}$ = 𝔐 ↓; om *ο* 336′ | *θερμανθῇ*] *θερμη* V

4,10 *πέσωσιν*] *α′ σ′ θ′ ὁμοίως πέσωσιν* Syh (ܐ.ܣ.ܬ. ܗܘ ܒܕܡܘܬܐ ܢܦܠܘܢ) | *μέτοχον*] *α′ φίλον* 248′; *σ′ ἑταῖρον* 248′ | *καὶ μὴ ᾖ (δεύτερος)*] ⟨*α′*⟩ (*σ′* 161) *καὶ* (> 248′) *οὐκ ἔστιν* 161-248 (s nom) Syh (s nom): cf (8a)
4,11 *καὶ ὁ εἷς*] *α′ θ′* ܘܠܚܕ Syh (= *καὶ τῷ ἑνί* ↑)

12 *καὶ ἐὰν ἐπικραταιωθῇ ὁ εἷς,*
οἱ δύο στήσονται κατέναντι αὐτοῦ,
καὶ τὸ σπαρτίον τὸ ἔντριτον οὐ ταχέως ἀπορραγήσεται.
13 *Ἀγαθὸς παῖς πένης καὶ σοφὸς*
ὑπὲρ βασιλέα πρεσβύτερον καὶ ἄφρονα,
ὃς οὐκ ἔγνω τοῦ προσέχειν ἔτι·

A C *O* B-S-68′′-998 L^{-125} C'' *d k* al^{-359} verss

4,12 om *καί* 1° 540* | om *ἐάν* S* PsChr | *ἐπικραταιωθῇ* = 𝕾] *επιθερμανθη* 698; *υπερισχυσει* O^{-V} ↓ = 𝔐 | *οἵ*] pr *και* S* C'^{-425} 645 Ol = Ald; > 539^{c} *στήσονται*] *θερμανθησονται* 698 | *κατέναντι*] *κατενατιον* 336; *κατε* (|) *κατεναντι* 139: dittogr | om *τό* 1° Compl | *οὐ*] *ουκ* 357; > 338 | *ταχέως*] *ταχυ* V B-68′-998 d^{-357} 155 336′ 443 PsChr Chr IX 385: cf 811b; > 357 Chr XV 720 A-SS *Helia* 235ter Amb *Ep* 81,8 *Fuga* 54 *Luc* 7,208 Chrom *s* 4,1 Fil 153,5 Hi *Ep* 76,1 *Marc* 3 *Matth* 3 *Ps hom* 59 Isid *Ex* 52,3 PsHi *Brev* 149 Pac *Ep* 3,27,1
4,13 *παῖς πένης*] *παινης* 411*(c pr m) | om *παῖς* 296′ 336′ 698 Anton 1009 (sed hab Anton 1052) | om *καί* 1° $C'^{-298\ 299\ 571^{c}}$ | *βασιλέα πρεσβύτερον*] *βασιλεα πρεσβυτην* $\mathrm{Syh}^{\mathrm{mg}}$; om *βασιλέα* $\mathrm{Syh}^{\mathrm{txt}}$ | *πρεσβύτερον*] *πρεσβυτερα* 534; *πρεσβυτην* *O* $L^{(-125)}$ 46′(*πρέ*) Hi (= Origenes et Victorinus Poetovionensis apud Hi 290,218ss) GregTh PsChr 93,45 PsHi *Ep* 7,3 (sed hab Amb *Ep* 81,9.12) $\mathrm{Syh}^{\mathrm{txt}}$ = 𝔙 ↓; *παρ* 337 | om *καί* 2° 390-415-504-540-732-425-601-797* *k* | *ὅς*] *και* 548 | *τοῦ*] *τω* 766^{B}; *το* 547; *τουτο* 357; > 698 Geo | *προσέχειν*] *προσχειν* 296′; *φυλαξασθαι* *O* 411 (sed hab Syh) ↓; *providere* Hi PsHi *Ep* 7,3 = 𝔙 | *ἔτι*] *πολιν* 637; + *πολην* 253: cf 1015b; absc $\mathrm{Fa}^{1\ 2}$

4,12 *ἐπικραταιωθῇ ὁ εἷς*] σ′ *ὑπερισχύσῃ τις ἑνός* 248′ | *τὸ ἔντριτον*] σ′ *τετριπλωμένον ἢ τριπλοῦν* 248′ | *οὐ ταχέως*] σ′ ܠܐ ܦܫܝܩܐܝܬ Syh (= *οὐκ εὐχερῶς*); θ′ *ὁμοίως τοῖς* ο′ Syh (= *οὐ ταχέως*) **4,13** *ἀγαθὸς — ἔτι*] σ′ *melior pauper cum sapientia, rege sene et insipiente qui nescivit praecavere vicissitudinem* Hi | *ὃς οὐκ ἔγνω τοῦ προσέχειν ἔτι*] α′ (σ′ 252) *ὃς οὐ γνώσεται τοῦ φυλάξασθαι ἔτι* (*τι* 161; > 248) 248′ 252 | *τοῦ προσέχειν*] α′ σ′ θ′ ܠܡܛܪ Syh (= *τοῦ φυλάσσειν* aut *φυλάξασθαι*); ⟨σ′⟩ ܠܡܙܕܗܪܘ Syh (s nom; = *προφυλάξασθαι*); οἱ λ′ *τοῦ φυλάξασθαι* 788

14 *ὅτι ἐξ οἴκου τῶν δεσμίων ἐξελεύσεται τοῦ βασιλεῦσαι,*
ὅτι καί γε ἐν βασιλείᾳ αὐτοῦ ἐγεννήθη πένης.
15 *εἶδον σὺν πάντας τοὺς ζῶντας*
τοὺς περιπατοῦντας ὑπὸ τὸν ἥλιον
μετὰ τοῦ νεανίσκου τοῦ δευτέρου,
ὃς στήσεται ἀντ᾽ αὐτοῦ,
16 *οὐκ ἔστιν περασμὸς τῷ παντὶ λαῷ,*

A C *O* B-S-68′′-998 L^{-125} C'' *d k* al^{-359} verss

4,14 *ἐξ—δεσμίων*] *εκ του δεσμωτηριου* GregTh | *τῶν δεσμίων*] *του* (> 539) *δεσμωτηριου* *O*(-*μοτ*-) 411 539 Geo ↓ | *δεσμίων*] *δεσμων* A S-613 $L^{(-125)}$ C'' 357 *k* 155 338 339 645 PsChr Met IV.2,4 Dam Hi^{com} 290,234 (*vinculatorum*) (sed hab Hi$^{lem\ et\ com}$ 288,165 288,185 Amb *Ep* 81,10) = Ald; *δεομενων* 443; + ras litt *ο* 155 | *ἐξελεύσεται*] *απελευσεται* 390-415-504-540-732-425-601; *επελευσεται* 766 | om *τοῦ* A V S *k* 248′ 338 443 542 645 Ol | *βασιλεῦσαι*] *βασιλεως* 548 | *ἐγεννήθη* V 545 157-298-299-503-797 357 311 336′ 411 543 698 766^{B} 795 Hi Syh^{txt+mg} Dam^{ap}] *εγενετο* 637; *εγενηθη* rel (Arm PsChr Met IV.2,5 Ol$^{-\Delta MN}$) | *πένης*] *ενδεης* Syh^{mg}
4,15 *εἶδον*] *ιδων* 998; *ιδον* A V B-68 157 706 728 = Gra. | *σὺν* (*ουν* 637) *πάντας τοὺς ζῶντας* V-637 336 Aeth Arab = Gra. Ra.] *συμπαντας* (-*τα* 998 357) *τους ζωντας* rel | *ζῶντας*] *ζητουντας* 504^{txt} | om *τοὺς περιπατοῦντας* V: homoiot | *τούς* 2°] *και* 298 547 | *περιπατοῦντας*] *περιστατουντας* 571* | *ὑπό*] *επι* 261 | *νεανίσκου*] *νεανιου* 547; *παιδος* O^{-V} (sed hab 𝔖) = 𝔐 ↓ | *ὃς στήσεται*] *οστις εσται* 443 | *στήσεται* B-68-998 571^{c} 357 Geo = Gra.] *αναστησεται* rel (Arm) | *ἀντ᾽*] *απ* 534
4,16 *περασμός*] *πειρασμος* O^{-253}(*πιρ*. V) 613 $L^{-(125)\ 130}$ 425-797-*cII* 296′ 311 706 728 (sed hab Hi Fa^{1} PsChr Ol$^{te(M)}$ Met IV.3,4 Amb *Inst virg* 12,78); *περισπασμος* 147-159-299-503-560 357 339 543 645 698 766^{A} Sa$^{I\ II}$ Fa^{2} | *τῷ/παντί*] tr 475-637 299 357; pr *εν d*: cf 13b; om *τῷ* V 609; om *παντί* Sa$^{I\ II}$ | *λαῷ*] *αλω* 155; *ανθρωπω* 548

4,14 init — *βασιλεῦσαι*] *σ′ ὁ μὲν γὰρ ἐκ φυλακῆς ἐξῆλθε βασιλεῦσαι* 248′ 252 (s nom) 788 Hi Syh | *ὅτι* 2° — fin] *σ′ ὁ δὲ καίπερ βασιλεὺς γεννηθεὶς ἠπορήθη* 248′ 252 (s nom) 539 (s nom) 788 Hi Syh **4,15** *εἶδον—αὐτοῦ*] *σ′ vidi omnes viventes, qui gradiuntur sub sole cum adolescente secundo, qui surrexit pro eo* Hi | *νεανίσκου*] *παιδός* 248′ 252 **4,16** *οὐκ ἔστιν — πνεύματος*] *σ′ Infinitus omnis populus, qui fuit ante utrumque: et posteri non laetabuntur in eo. Sed et hoc aura et pastio venti.* Hi | *οὐκ ἔστιν —*

τοῖς πᾶσιν, ὅσοι ἐγένοντο ἔμπροσθεν αὐτῶν·
καί γε οἱ ἔσχατοι οὐκ εὐφρανθήσονται ἐν αὐτῷ·
ὅτι καί γε τοῦτο ματαιότης καὶ προαίρεσις πνεύματος.
17 *Φύλαξον πόδα σου, ἐν ᾧ ἐὰν πορεύῃ εἰς οἶκον τοῦ θεοῦ,*
καὶ ἐγγὺς τοῦ ἀκούειν·

A C (969) *O* B-S-68′′-998 *L*$^{-125}$ *C*′′ *d k* al^{-359} verss

ὅσοι] *οσοις* 46′ 336′; *οι* C B-68 *d* Hi Syh; *οτι* S | *ἐγένοντο*] *γενοντο* 336; *εγενετο* S | *αὐτῶν*] *αυτου* 475 613 390-415-504-522-540-571^{c}-732-425^{txt}-601 155 443 Aeth Sa$^{I\ II}$ (sed hab Hi) PsChr = Ald 𝔙; *μου* 336′; absc Fa$^{1\,2}$
om *καί γε* 1° — *αὐτῷ k* | om *οὐκ* 2° 560 | *εὐφρανθήσονται*] *-θησεται* 534* | *ἐν*] *επ* C B-68′′-998 *L*$^{(-125)}$ 336′ 443 542 766 Sa^{I} Fa^{1} Geo PsChr
αὐτῷ] *αυτων L*$^{-(125)\ 261}$ 443 766^{A}; *αυτον* 261; + 514d *ινα πορευθη εν χειρι αυτου* (15a) *και γε τουτο πονηρα αρρωστια* (15b) *ωσπερ γαρ παρεγενετο ουτως και απελευσεται* (15c) *και τις η παρρησια αυτου η μοχθει εις ανεμον* (16a) *και γε πασαι αι ημεραι αυτου εν σκοτει και εν πενθει* 613
om *ὅτι* 298 Sa^{I} Fa^{1}; absc Fa^{2} | *ματαιότης*] *ματαιοτητος* 503 | om *καί k*(337*; sed hab 337^{c}) | *προαίρεσις*] *προαιρεσεις* V
4,17 *Φύλαξον* 969] *φυλαξαι cII*$^{-561}$ *k* 248*-252 Met IV.4,3 = Compl | *πόδα* S* 969 = Ra.] *τους ποδας* Ol^{teΔHIKM} = 𝔐; *τον ποδα* (*ποδαν* 998 411* 548: cf Thack 10₁₂) rel (PsChr Met IV.4,3,19,66 Anast 384 Did *Gen* 222 Dam)
ἐν ᾧ ἐὰν πορεύῃ] *εν τω πορευεσθαι O* S^{c} 411; Hi Syh (cf Exod 16₈ Syh) = 𝔐 | *ἐν*] + *αυτω* 425* | om *ἐὰν* — *ὑπέρ* 371 | *ἐάν* C B-68-998 Did *Gen* 222 Ol^{Z}] *δ αν* 357; absc 969; *αν* rel | *πορεύῃ*] *πορευσει* 548; *απερχη* Did *Gen* 222 | om *εις* 548 | *οἶκον*] pr *τον* = Gra. | *τοῦ* 1°] inc C; > S-613 *L*$^{(-125)}$ 299-390-415-504-522-540-732-157-425^{txt}-601 155 248* 336′ 549* 645 PsChr Dam = Compl | om (17b) 503 | om *καί* 797 | *ἐγγύς*] *εγγισον* 969 *O* S^{c} *L*$^{(-125)}$ 336′ 338 542 766 788^{mg}(*διπλὴ γρ′*) Hi 290,248 291,254 Aeth Syh PsChr Met IV.4,4 Dam(*εγγυσον*) Isid *Jud* 30,6 ↓; + *γινου* 411(*γειν.*)
ἀκούειν 969] *ακουσαι* Did *Gen* 222; + *γινου cII* 795 Arm^{te}; + *εγγιζε ωστε ακουειν* 698 ↓

λαῷ] *α′ οὐκ ἔστι τέλος τῷ παντὶ λαῷ* 248′ | *περασμός*] ⟨*α*⟩ *τέλος* 252 (*σ′*) Syh (s nom)
4,17 *ἐν ᾧ ἐὰν πορεύῃ*] *θ′ ὁμοίως* Syh (= *ἐν ᾧ ἐὰν πορεύῃ* ↑) | *καὶ ἐγγὺς τοῦ ἀκούειν*] *σ′*(*α′* 248′) *καὶ ἔγγιζε* (*εγγυζε* 161) *ὥστε ἀκούειν* 248′ 252

ὑπὲρ δόμα τῶν ἀφρόνων θυσία σου,
ὅτι οὔκ εἰσιν εἰδότες τοῦ ποιῆσαι κακόν.

5 1 *μὴ σπεῦδε ἐπὶ στόματί σου,*
καὶ καρδία σου μὴ ταχυνάτω

A C 969 *O* B-S-68′′-998 L^{-125} *C*′′ *d k* al^{-359} verss

om *ὑπέρ* Hi | *δόμα τῶν ἀφρόνων* 969] *το δουναι αφρονας* O^{-637} = 𝔐; *το δουναι αφροσυναις* Syh^{mg}; *το δουναι αφροσυνης* S^{c}; *του δουναι* 637 | *δόμα*] *δωμα* 390-609-797* 543*; *δωματα* 548*; *δοματα* 299-601 296-548^{c} 311 om *τῶν* 296′ 311 | *θυσία*] *θυσιαν* O^{-637} 998 766 Syh^{mg}; *θυσιας* S-534′ *k* *σου*] *σοι* 299; > *O* S 766 Hi Geo Syh^{mg} = 𝔐 𝔙; + *εστω* 698 | *ὅτι*] *οστι* 571*; > 339 | *εἰσίν*] *ησαν* 766 | *εἰδότες*] *ιδοντες k*; *οι δεσποτες* 798 | om *τοῦ* 299 *d* 795 Dam | *ποιῆσαι*] *ποιειν* 969 V B-68′(*ποιηιν* 534)-998 $L^{(-125)}$ *d* 161^{mg}-248^{mg} 336′ 338 443 539 PsChr Ol^{lem} Met^{com} IV.4,43 (sed hab Dam = Ald Compl Sixt Ra.) | *κακόν*] *κακα* 336′ PsChr; *καλον* 969 253-475 S $L^{(-125)}$ C''^{-298} d^{-357} 155 248′-252^{txt} 296′ 311 339 411 443 539 543 547 548 549 645 698 706 795 $Sa^{I\,II}$ Geo Arm Arab Met IV.4,5 (sed hab Hi Syh Fa^{1} Aug *Spe* 8 SedScot *Misc* 13,17,1 = Compl Gra. 𝔐 𝔙): cf 9 12b; *καλα k*; *καλως* 338; pr *το* O^{-V} S Co; absc Fa^{2}
5,1 om (1a) 342 | *σπεῦδε* 969] *σπευσης* S 357(-*σις*) 645 788 GregNy VII.2 151,3 Anton 1168 Or II 352,21 *Phil* 1,28 = 7 9a | *ἐπὶ στόματί*] *επι στοματος* 969; *εν πνευματι* 357: ex 7 9a | *σου* 1°] + *του θυμουσθαι* 754: ex 7 9a; + *μη πιστευσης εν πνευματι σου του θυμουσθαι* 254-342: cf 7 9a | om *καί* 1° 539 | *καρδία*] pr *η* 969 260 539 698 Ol^{com} Dam | *μὴ ταχυνάτω*] *του μη ταχυναι* 637 | om *μή* 2° 545^{c} | *ταχυνάτω* 969] inc C; *καταχυνατω* 545*; *κατασχυνατω* 545^{c}; *ταχυνετω* A V(-*αιτω*) S *C*′′ *k* 155 248′-252(-*ετο*) 336′ 411 539 543 549 645 698 766 PsChr Ol = Ald: Gignac I 285-286; *ταχυναι* Or

---

ὑπὲρ δόμα τῶν ἀφρόνων θυσία σου] *α′ θ′* ܡܘܗܒܬܐ ܕܣܟ̈ܠܐ ܕܒܚܐ Syh (= *δόμα τῶν ἀφρόνων θυσία*); ⟨*σ′*?⟩ ܠܡܬܠ ܠܣܟܠܘܬܐ ܕܒܚܐ Syh (s nom; = *τὸ δοῦναι ἀφροσύναις θυσίαν*) | *τοῦ ποιῆσαι*] *σ′ ὁμοίως τοῖς ο′* Syh (= *τοῦ ποιῆσαι* ↑) **5,1** *μὴ σπεῦδε ἐπὶ στόματί σου*] *σ′ μὴ προπετὴς γίνου τῷ στόματί σου* 139^{cat} 248′ 411 (s nom) 539 (s nom) 788 Syh

τοῦ ἐξενέγκαι λόγον πρὸ προσώπου τοῦ θεοῦ·
ὅτι ὁ θεὸς ἐν τῷ οὐρανῷ, καὶ σὺ ἐπὶ τῆς γῆς,
ἐπὶ τούτῳ ἔστωσαν οἱ λόγοι σου ὀλίγοι.
2 *ὅτι παραγίνεται ἐνύπνιον ἐν πλήθει περισπασμοῦ*

A C (-969) *O* B-S-68′′-998 L^{-125} C'' *d k* al^{-359} verss

om *τοῦ* 1° 561 Or II 352,21 (sed hab Or *Phil* 1,28) | *ἐξενέγκαι*] inc C; *ἐξενεγκεῖν* 969 *O* 798 336(*εξενεγγειν*) 539 542 547 728 766 GregNy I 254,18 257,24 VII.2 151,3 Ol Or Anast 684 Anton 1168 Dam^{te} Or II 352,21 *Phil* 1,28 ↓ | *λόγον*] *λογων* 560; post *θεοῦ* tr 766 | *πρό*] *απο* 443 $Ol^{lem \Delta KM}$ Anast 684; > 795 | *τοῦ* 2° 969] > 503 338 GregNy I 254,19 257,25 (sed hab GregNy VII.2 151,4) | om *ὁ* O^{-637} S 766^{B} | *τῷ οὐρανῷ* 969] *τοις ουρανοις* 637 | *οὐρανῷ*] + *ανω* 969 B-68′′-998(vid) 139-147-159-298-503-560-571*-798-cII^{-260} *d k* $161^{txt\ et\ mg}$-248 338 411 547 645 698 Fa^{2} GregNy I 254,19 III.1 214,12 VII.2 151,5 Ol Anast 684 Anton 1168 Ath III 569 Bas I 308 Dam Did *Ps.CatA* 622a Or II 352,22 *Phil* 1,28 (sed hab Hi 291,3.10 Syh Sa^{I} Arm PsChr GregNy VII.2 28,21 Met IV.5,4,40 Aug *Spe* 8 Spec 522,10 = 𝔙): contra 𝔐; absc Fa^{1}; inc C | *ἐπὶ τῆς γῆς* 969] om *τῆς* 540* 411*(c pr m) Or II 352,22 (sed hab Or *Phil* 1,28); + *κατω* S*-613 C''^{-260} d^{-357} *k* 338 411 547 645 Fa^{2} Aeth GregNy I 254,20 VII.2 151,5 Ol Anast 684 Anton 1168 Ath III 569 Bas I 308 Dam Did *Ps.CatA* 622a Or II 352,22 *Phil* 1,28 = Ald: cf Exod 204 | om (1e) 390 | *ἐπὶ τούτῳ*] *επι τουτο* 797 357 296′ 549^{c} 795; *δια τουτο* 969 *O* B-S^{c}-68′′(-*τω* 534) $L^{(-125)}$(-*τω* 545*) 161^{mg}-248^{mg} 336′(-*τω* 336) 411 443 542 766 Hi^{lem} Syh Sa^{I} Fa^{1} PsChr Met IV.5,4 Anast 684 Or *Phil* 1,28 = Sixt (sed hab Ald Compl Ra.): cf 811c; pr *καί* 147; absc 998 Fa^{2} | om *ὀλίγοι* 357

5,2 *ὅτι*] *ο* 261-545 | *παραγίνεται*] *περιγ.* 299 | *ἐνύπνιον*] *ενυπνιων* 766; *εν υπνιω* 545^{c}; > S* | *περισπασμοῦ* Hi (*sollicitudinis*) Gra. Ra. = 𝔐, cf 226d 416a] *πειρασμων* 139-147-159-298-503-522-540-560-798 *k* 336(-*μον*) 548^{*vid}(-*μον*) Syh Chr XVIII 601 Ol *Hiob* 78; *πειρασμος* 766; absc Fa^{1}; *πειρασμου* rel (Sa^{I} Fa^{2} Arm Ol Antioch 1688 Anton 921 Dam Max II 997)

τοῦ ἐξενέγκαι] *α′ σ′ θ′ ὁμοίως τοῖς ο′* Syh (= *τοῦ ἐξενέγκαι* ↑) | *ἐπὶ τούτῳ*] *οἱ λ′ διὰ τοῦτο* 788 **5,2** *παραγίνεται—περισπασμοῦ*] *σ′ ἀποβήσεται ὄνειρος διὰ πλῆθος ἀνομίας* 248′ (ind mend ad *ὅτι* 161) | *περισπασμοῦ*] *σ′ ἀνομίας* 788

καὶ φωνὴ ἄφρονος ἐν πλήθει λόγων.
3 *καθὼς εὔξῃ εὐχὴν τῷ θεῷ,*
μὴ χρονίσῃς τοῦ ἀποδοῦναι αὐτήν·
ὅτι οὐκ ἔστιν θέλημα ἐν ἄφροσιν,
σὺ οὖν ὅσα ἐὰν εὔξῃ ἀπόδος.
4 *ἀγαθὸν τὸ μὴ εὔξασθαί σε*

A C (969) *O* B-S-68′′-998 L^{-125} C'' *d k* al^{-359} verss

φωνή] pr *η* 795 Sa^{I} | *ἄφρονος*] *-νως* 560* | *πλήθει* 2°] *-θη* 253; *-θεσι* Syh
λόγων] *λογω* 613; bis scr 161*
5,3 *καθώς* B-534-998 PsChr Antioch 1760] *και ως* 68; *καθως εαν* *O* 411 539; *εαν* Cyr I 973 1040 Eus *Ps* 628 885 Cass *Co* 9,12(litt gr): cf Deut 23 21(22); *καθως αν* rel = Ra. | *εὔξῃ* 1°] *εξη* 261 | *τῷ θεῷ*] *τω κυριω* V *cII* Antioch 1760 Cass *Co* 9,12(litt gr) Cyr I 973 1040 Fulg *Ep* 1,11 Hi *Pach* Spec 556,9 (sed hab Cyp *Quir* 3,30): cf Deut 23 21(22); om *τῷ* 998
χρονίσῃς] *βραδυνης* O^{-V} | om *τοῦ* C 571* Met IV.6,2 Chr IX 248 447 Eus *Ps* 628 885 | *αὐτήν*] *αυτων* 609 336; > Eus *Ps* 628 885; pr *δι* 68; pr *θεω* 155* | om *ὅτι* B-68′-998 Fa^{1} (sed hab Sa^{I}) Geo PsChr = Ald: cf (7c)
ἔστιν] *εσται* 254 | *θέλημα*] *φρονημα k*; post *ἄφροσιν* tr C'^{-298} | *ἄφροσιν*] *αφρωσιν* 998 357 155; *αφρονι* 547; *αφροσυνη* $C'^{-298\ 299\ 563\ 571*\ 157\ 609\ 797}$ 336′ (sed hab Hi Syh Co) | *σὺ—ἀπόδος*] absc 998(spat 25–26 litt) | *σὺ οὖν ὅσα* = אַתְּ אֲשֶׁר] *συ οταν* 475; *συ ος δ αν* 357; *συν οσα*, Ra. (ex Klostermann, cf 2 12) = 𝔐 (אֵת אֲשֶׁר) cf Hi (*quaecumque;* sed hab *tu itaque quae* An *Scrip* 1,22 Fulg *Ep* 1,11 Spec 556,9); om *οὖν* Syh = 𝕾 ↓; om *ὅσα* $C'^{-298\ 797}$ 411; inc C | *ἐάν* $O^{-V\ 475}$ B-S-68′ C'^{-298} 411 539 = Ald Ra.] > 475 261-545 260 248′ 336′ 542 766 Hi Geo An *Scrip* 1,22 Fulg *Ep* 1,11 Spec 556,10 = 𝔙; *αν* rel (PsChr Ol Met IV.6,3) | *ἀπόδος*] *αποδουναι* 336′
5,4 *ἀγαθόν*] *καλον* 475 Chrys IX 597 | *τό* 1°] *του* 425 443 | *εὔξασθαί σε* 1°] *ευξασθεσαι* 155 | *σε* 1° ⌒ 2° 766 | om *σε* 1° *k* 338 Geo Ol$^{\Delta IKM}$ Antioch 1760 Constit III 1,3 IV 14,1 Cyr I 973 Eus *Ps* 628 885 Or II 307 Theog XX 525 omnes lat (sed hab Cyr I 1040 VII 176)

λόγων] *α′ λόγων* 788 **5,3** *ὅτι οὐκ ἔστιν θέλημα ἐν ἄφροσιν*] *σ′ οὐ γάρ ἐστι* (*ἐστιν* 252; *πάρεστι* mend pro *γάρ ἐστι* 248′) *χρεία ἀφρόνων* 248′ 252 539 (s nom) Syh | *σὺ οὖν ὅσα ἐὰν εὔξῃ*] *α′* ܐܢܬ ܟܠܗܝܢ ܗܠܝܢ ܕܬܢܕܪ (= *σὺ ὅσα εὔξῃ*) *σ′* ܐܢ ܬܬܢܕܪ (= *ἐὰν εὔξῃ*); *ϑ′* ܐܢܬ ܟܠܗܝܢ ܕܬܢܕܪ (= *ὅσα εὔξῃ*) Syh
5,4 *ἀγαθόν*] *σ′ βέλτιον* 248′ 788

ἢ τὸ εὔξασθαί σε καὶ μὴ ἀποδοῦναι.
5 *μὴ δῷς τὸ στόμα σου τοῦ ἐξαμαρτῆσαι τὴν σάρκα σου*
καὶ μὴ εἴπῃς πρὸ προσώπου τοῦ θεοῦ ὅτι Ἄγνοιά ἐστιν,
ἵνα μὴ ὀργισθῇ ὁ θεὸς ἐπὶ φωνῇ σου
καὶ διαφθείρῃ τὰ ποιήματα χειρῶν σου.

A C *O* B-S-68′′-998 L^{-125} C'' *d k* al^{-359}(-338) verss

om *ἢ τό* 795 | *τὸ* 2° — *καί*] *ευξαμενον* C'^{-298} 411 Chrys IX 597 = Ald | *τὸ* 2°] *του* 336′ | *σε* 2°] *σοι* 534; > $L^{-106\,(125)}$ 798-cII^{-260} *k* 155 338 443 795 Geo Antioch 1760 Constit III 1,3 IV 14,1 Cyr I 973 1040 VII 176 Dam^{ap} Eus *Ps* 628 885 Or II 307 Theog XX 525 omnes lat = Ra. | om *μή* 2° S* *ἀποδοῦναι*] *αποδιδοναι* 613
5,5 *δῷς*] *δ ως* 295; *δος* 253 601-609 311 795 Ol^{HM} | *τὸ στόμα*] *τω στοματι* 766^{A} | *στόμα*] *αιμα* A*; *σωμα* 130 | *τοῦ* 1°] > V 547 Antioch 1688 Dam; + *μη* 637 $L^{(-125)}$ 155 | *ἐξαμαρτῆσαι* *O* B-68′′(-*τι*- 534) *d* 336′ 443 766 = Ra.] -*τησειν* *cII*; -*τανειν* S* 298 *k* 155(-*τανην*) 542 547 Ol; absc 998; -*τειν* rel = Ald: cf Thack 21,1 | *εἴπῃς*] *ειποις* 338 | *πρὸ προσώπου*] *το προσωπον* S; om *προ* 106-261-545^{txt} 706 | *τοῦ θεοῦ* = 𝕾] *angeli* Hi 292,45 294,96 = 𝔙 ↓ | om *τοῦ* 2° 68 | *ὅτι Ἄγνοιά ἐστιν*] *quia ignorantia est* Hi^{lem} 292,45 Spec 522,12 (sed hab *quoniam ignoratio est* Hi^{com} 294,96) ↓ | *Ἄγνοια*] *αγνοημα* 601 *k* Dam; + *μοι* 548 | *ἵνα μή*] *μη ποτε* 443: cf 7$_{16b\ 17b}$; *η ανηρ* 357 | *ὁ θεός*] *κυριος* 534′ 411 Spec 522,13; om *ὁ* 797 155 | *φωνῇ*] *φωνης* 534 261 299-571-260-371 *k* 155 336′ 548; *φωνην* 130 542 766^{A} 788; post *η* ras 1 litt 248; pr *τη* 159-298 | *διαφθείρῃ* — *σου*] absc 998(spat 30–31 litt) | *διαφθείρῃ*] -*φθειρει* 637 601 252 296 548 795; -*φθαρη* d^{-357} PsChr; -*φθειρηται* 728; -*φθειρεται* 336 | om *τά* S^{c} *k* 728 | *ποιήματα*] *ποιημα* 411 | *χειρῶν*] pr *των* V 68′ $L^{(-125)}$ $C''^{-157\,260}$ d^{-254} 155 248′ 296′ 311 336′ 411 443 542 547 549 706 PsChr Ol Antioch 1688 (sed hab Met IV.8,5,48 = Compl) | *σου*] *σων* B-68′ (non Ald Sixt)

5,5 *τοῦ ἐξαμαρτῆσαι*] σ′ *ὥστε* (*ὡς τι* 161) *ἐξαμαρτῆσαι* aut *ἐξαμαρτεῖν* (> 248′) 248′ Syh (ܐܝܟܢܐ ܕܬܚܛܐ) | *καὶ* 1° — *ἐστιν*] α′ *et ne dixeris coram angelo, quia ignorantia est* Hi | *τοῦ θεοῦ*] α′ σ′ θ′ ܕܡܠܐܟܐ Syh (= *τοῦ ἀγγέλου*) | *ὅτι ἄγνοιά*] σ′ (α′ Hi) *ὅτι* (> Hi) *ἀκούσιον* Hi (gr) Syh | (*καὶ*) *διαφθείρῃ*] α′ *καὶ* (> 248′) *διαλύσῃ* (*διαλύσει* 252) 248′ 252

6 *ὅτι ἐν πλήθει ἐνυπνίων καὶ ματαιοτήτων καὶ λόγων πολλῶν·*
ὅτι σὺν τὸν θεὸν φοβοῦ.
7 *Ἐὰν συκοφαντίαν πένητος καὶ ἁρπαγὴν κρίματος*
καὶ δικαιοσύνης ἴδῃς ἐν χώρᾳ,
μὴ θαυμάσῃς ἐπὶ τῷ πράγματι·
ὅτι ὑψηλὸς ἐπάνω ὑψηλοῦ φυλάξαι

A C *O* B-S-68′′-998 *L*$^{-125}$ *C*$^{\prime\prime-157}$ *d k* al$^{-338\ 359}$ verss

5,6 *ἐν πλήθει*] *επλησθη* 336′ | *εν* (|) *υπνιων* Ald | *καὶ* 1° — *πολλῶν*] *ματαιοτητες και λογοι πολλοι* Hi (*et vanitates et verba plurima*) = Ra. ↓ | om *καὶ* 2° — *πολλῶν* 797: homoiot | *λόγων*/*πολλῶν*] tr 339; + *πολλα ρηματα* 253 157^{c}; + *πολλα αρνηματα* 475-637 Hi | *λόγων*] *λογω* 155 | *ὅτι σύν*] *οτι συ* 637 B-S-534-998 *L* 139^{c}-563-571*-798-425-797^{c} *d k* 252 311 336′ 338 339 411 443 542 543 547 549 698 766^{B} 795 Syh Geo Arm Met IV.8,6 (sed hab Ol) Gra. Ra. = 𝔐; *και συν* Aeth; *sed* Hi ↓; *συ* 475 571^{c} Sa^{I}; om *ὅτι* Ald; > 68 298 766^{A} Fa^{1} Arab | *σὺν τόν*] *αυτον* 601 | *τὸν θεόν*] *τω θεω* 613 | *φοβοῦ*] *φοβη* 766
5,7 *συκοφαντίαν*] -*φαντησεις* 337 | *κρίματος*] *και κριμα* 539 | *καὶ δικαιοσύνης*] *και δικαιοσυνην* *O* S 540 357 411 539 645 Syh; om *καί* 336′ 698 Aeth; > Ol = 𝔖 | *ἴδῃς*] *ιδη* 475; *ειδης* A V 443* | om *ἐν χώρᾳ* 542 *χώρᾳ*] *χωραν* 795; *πολει* *O*$^{-V}$ ↓; pr *τη* *d* 766 Ath I 672; + *και* V | *ἐπί*] *εν* 998 766 Syh Aeth Ath I 672 =𝔖: contra 𝔐 | *τῷ πράγματι*] *το πραγμα* 637; *τω θαυματι* 357; + *οτι συ τον θεον φοβου* 252^{c}: ex 6b | om *ὅτι* B-68′-998 Geo PsChr | *ὑψηλοῦ*] *υψηλος* 68 | *φυλάξαι*] *φυλαξει* *O*$^{-637}$ S^{c} *L*$^{-(125)\ 130}$ 161^{c}-248^{c} 296′ 311 706 795 Dam^{te} = Compl; *φυλασσει* A-C 637 613 298 *k* 161*-248*-252 336′ 339 443 542 543 547 549 698 788 Hi Syh Arm Ol Met IV.9,4,34 = Gra.; *φυλαξεται* 130 *C*$^{\prime\prime-298\ 299}$ *d*$^{-357}$ 411 645 = Ald; *φυλασσεται* 299; *φυγαση* 766^{B}; > 766^{A}(spatio relicto) PsChr

---

5,6 *ὅτι ἐν πλήθει* — *πολλῶν*] *σ′ διὰ γὰρ* (> Syh) *πλήθους* (*πλῆθος* Syh) *ὀνείρων ματαιότητες* (*ματαιότης* Syh) *καὶ λόγοι πολλοὶ ψευδῶν* (> Syh) 248′ Syh (= ܡܛܠ ܣܓܝܐܘܬܐ ܕܚܠܡܐ. ܣܪܝܩܘܬܐ ܘܡܠܐ ܣܓܝܐܬܐ)
ὅτι ἐν πλήθει ἐνυπνίων] *σ′ διὰ γὰρ πλήθους* (*πλῆθος* cod.) *ὀνειράτων* 788
καὶ ματαιοτήτων καὶ λόγων πολλῶν] ⟨*σ*⟩ *ματαιότητες καὶ λόγοι πολλοί* 788 (s nom) | *ὅτι σὺν τὸν θεόν*] *σ′* ܐܠܐ ܠܐܠܗܐ Syh (= *ἀλλὰ τὸν θεόν*)
ὅτι 2°] *σ′ ἀλλά* 788 **5,7** *ἁρπαγήν*] *θ′ ὁμοίως τοῖς ο′* Syh (= *ἁρπαγήν* ↑) | *ἐν χώρᾳ*] ⟨*σ*⟩ *ἐν πόλει* Syh (ܒܡܕܝܢܬܐ ↑)

καὶ ὑψηλοὶ ἐπ᾽ αὐτούς.
8 *καὶ περισσεία γῆς,*
ἐπὶ παντί ἐστι βασιλεὺς τοῦ ἀγροῦ εἰργασμένου.
9 *Ἀγαπῶν ἀργύριον οὐ πλησθήσεται ἀργυρίου·*
καὶ τίς ἠγάπησεν ἐν πλήθει αὐτῶν γένημα;

A C *O* B-S-68′′-998 L^{-125} C''^{-157} *d k* $\text{al}^{-155\ 338\ 359}$ verss

ὑψηλοί] *υψηλη* 390; *υψηλος* *O* 797-371 *d k* 443 542 Hi^{txt} 293,88 (sed hab Hi^{ap} 293,88) Syh Fa^{1} | *αὐτούς* = Ra.] inc 998 155; *αυτοις* O^{-253} $L^{-106\ (125)}$ $C'^{-147\ (157)\ 159\ 425^{mg}\ 503\ 522^{*}\ 540\ 560\ 571\ 609\ 797}$-260 *k* 248 296′ 311 339 543 547 549 645 706 788 795 Hi Aeth PsChr Ol = Ald Sixt Gra.; *αυτης* A-C S-613 106 147-159-503-540-560-571-425^{mg}-609-797-cII^{-260} 161 252 411 542 698 766 Syh Geo Met IV.9,5: contra 𝔐; *αυτησοι* 253
5,8 *περισσεία*] *παρρησια* 357 | *γῆς*] *γη* 260^{*vid} | *ἐπί*] *ἐν* *O* 613 542 766 Did 145,1 Syn 349 Hi Syh Ra. = 𝔐 ↓; *οτι εν* 475; absc 998 | *ἐστι*] *εσται* 766^{B}; pr *αυτος* 542 Syh Geo: cf 𝔐; pr *αυτου* 766; + *αυτος* *O*; + *και* C | *τοῦ ἀγροῦ εἰργασμένου*] *τη χωρα ειργασμενη* 766 Syh; *in agro culto* Hi; om *τοῦ* S* *ἀγροῦ*] *αργον* 475 | *εἰργασμένου*] *ειργασαμενου* 548; *ειργασμενος* 336′; > Geo; + *και ισθι πιστος εν* (*επι* 339) *παντι· εστι(ν) βραχυ* (*βαρυ* 336′) *απο του ηρπασμενου* (*ηρπαγμενου* 336′) *cII* 336′ 339 $\text{Sa}^{I\ II}$ Geo Arm
5,9 *Ἀγαπῶν*] *αγαπον* 645; pr *ο* 415-504-cII^{-260} *754 k* Geo Did^{com} 147,8 (sed hab Did^{lem} 147,4) Antioch 1460 Bas II 213 Dam; > 609^{c}(vid) | *οὐ πλησθήσεται*] …]*ησθησεται* 998; *ουκ εμπλησθησεται* *O cII* 411 443 766 Anton 1460 (sed hab Ol Met V.1,2 Bas II 213 Cyr VII 989): cf 1*8c* 4*8d* 6*3c* om *οὐ* 798 | om *καί* 1° 159 | *ἐν πλήθει*] *εν πληθη* 560-371 Ol^{M}; *πληθη* 706; *divitias* Hi = 𝔙: cf 𝔐 | *αὐτῶν* B-S*-534 $C'^{-(157)\ 601}$ 443 645 766 Syh = Ald Ra.] *αυτω* V^{c} 411 = Gra.: cf 𝔐 לא; *αυτην* 601; absc 998; *αυτου ου* 253 Hi: cf 𝔐 לא; *αυτου* rel (Met V.1,3,14,30) | *γένημα*] *γενηματα* 475 S $C'^{(-157)}$ $L^{-106\ (125)}$ 298 336′ 339 542 547 645 698 766 788 $\text{Sa}^{I\ II}$ Fa^{1} Ol Met^{com} V.1,17,30; *γεννημα* 253 613 254 Syh = Compl Sixt Gra.; *γεννηματα* 106

καὶ ὑψηλοὶ ἐπ᾽ αὐτούς] σ′ *καὶ* (> 161) *ὑψηλότεροι ἐπάνω αὐτῶν* 248′ 252 788 (s nom) Syh | *ἐπ᾽ αὐτούς*] α′ θ′ ܒܬܪܗܘܢ Syh (= *μετ᾽ αὐτούς*) **5,8** *καὶ περισσεία γῆς*] σ′ *καὶ περισσότερον ἐπὶ τῆς γῆς* 260^{cat} | *ἐπὶ παντί — εἰργασμένου*] σ′ *ἐπὶ παντὶ αὐτός ἐστι βασιλεὺς τῇ χώρᾳ εἰργασμένῃ* 248′; θ′ (ο′ 252) *ἐν παντὶ αὐτὸς εστι* (> 252) *βασιλεὺς τῇ χώρᾳ εἰργασμένῃ* 252 Syh **5,9** *καὶ τίς ἠγάπησεν*] σ′ *καὶ ὁ ὑπεραγαπῶν* 788 | *ἐν πλήθει αὐτῶν γένημα*] *δ̣ῶρα ἐν πλήθει ο̣ὐκ ἐλεύσεται* 252 (s nom) ↑

καί γε τοῦτο ματαιότης.
10 *ἐν πλήθει ἀγαθωσύνης ἐπληθύνθησαν ἔσθοντες αὐτήν·*
καὶ τί ἀνδρεία τῷ παρ᾽ αὐτῆς
ὅτι ἀρχὴ τοῦ ὁρᾶν ὀφθαλμοῖς αὐτοῦ;

A C *O* B-S-68′′-998 L^{-125} $C^{\prime\prime-157}$ *d k* $al^{-155\ 338\ 359}$ verss

411 $Ol^{lem A*HM}$ et $^{com H}$ter; + *και τις ηγαπησε δωρα εν πληθει ουκ ελευσεται* $L^{(-125)}$ ↓ | om *καί γε τοῦτο ματαιότης* 475^{txt} | *γε*] > 336′; + *και* 637 *ματαιότης*] + *και προαιρεσις πνευματος* 698
5,10 *ἐν πλήθει ἀγαθωσύνης*] *εν τω πληθυνθηναι* (*πληθηναι* 253) *την αγαθωσυνην* (-*θο*- O^{-V} 613) O^{-V} 613 ↓ | *πλήθει*] *παντι* 336′; + *ουν* Hi Ol^{com}; + *της* 248* = Compl Ra. ↓ | *ἀγαθωσύνης*] -*θοσυνης* 261 415-560-425 357 631 411 543 548 549 645(-*νις*) 766^{B} 795 Did 150,2 = Compl *ἔσθοντες*] *εσθιοντες* O^{-V} 613 106 159-298-798-609-*cII* 337 296′ 311 339 543 547 645(-*θιω*-) 766 795 Did 150,2 Ol Met V.1,4,38; pr *οι* A-C *O* S-613 $L^{(-125)}$ $C^{\prime\prime(-157)}$ *d k* 248′′ 296′ 311 339 411 443 542 543 547 549 645 698 706 766 788 795 Co Arab Did 150,2 Ol^{lem} (sed hab Ol^{com}) Met V.1,4,38 | *τί*] *τις* *O* S^{c}-613 $C^{\prime\prime-(157)\ 299\ 563\ 571\ 609\ 797}$ d^{-357} 248′ 339 411 539 547 698 766^{A} Met V.1,4,47 = Gra.; *τη* 296′ 311 706 795 $Ol^{AB^{txt}ΓEZM}$ | *ἀνδρεία*] *ανδρια* A-C V S^{c} 295-371 d^{-357} 411 = Compl; *ανδρι* S* 728; *ανδρι αν* 46′; *ανδριαν* 337; *περισσεια* O^{-V} 766 | *τῷ*] *το* 563^{c} *k* 252 443^{c} 539 543 547 645 698 706; *των* 299 795; *τον* 336′ | *παρ᾽ αὐτῆς*] *εχοντι αυτην* O^{-V} 766 Hi Fa^{1} ↓: cf 5 12b | *αὐτῆς*] *αυτη* 342; *αυτην* 613 | om *ὅτι* 475-637 613 754 539 | *ἀρχή*] *αρχει* 645; *αρκει* 545^{c}; *αλλ η* *O* S^{c} d^{-357} 539 613 766 Met V.1,5,47 Ra. = 𝔐 (כִּי אִם־) (sed hab *ἀρχή* Co Did 151,2 Ol: ex אֵם (cf Ez 21 26)) | *τοῦ ὁρᾶν*] *το ορα*ν 342-754 539; + *αυτην* O^{-637} d^{-357} 539; + *εν* *cII* 337* 411; + *αυτην εν* 637 613 766 | *ὀφθαλμοῖς*] *οφθα̣*[... 998; -*μοι* 248′ Did^{com} 152,13; -*μου* *k*; -*μον* B*; -*μω* 563-571*; -*μος* 798; pr *τοις* 539 Ol^{ap} | *αὐτοῦ*] *αυτης* 534; > $Sa^{I\ 6}$ (sed hab Fa^{2}); absc Fa^{1}

5,10 *ἐν πλήθει ἀγαθωσύνης*] α′ *ἐν πλήθει τῆς ἀγαθωσύνης* 252 | *καὶ τί ἀνδρεία — αὐτοῦ*] σ′ (+ *τί γὰρ ἀνδραγάθημα τῷ ἔχοντι* (*σχὸντι* 260^{cat}) *αὐτὸ* 260^{cat} 788 Ol Met^{com}) *εἰ* (> 252 (|)) *μὴ μόνον θεωρία* (*θεωρι* 252 (|)) *ὀφθαλμῶν αὐτοῦ* (*αὐτῷ* Met^{te}; *αὐτῶν* Met^{ap}) 260^{cat} 248′ 252 (s nom) 788 Syh Ol Met^{com} | *ὅτι — αὐτοῦ*] θ′ ܐܠܐ ܐܢ ܕܠܡܚܙܐ ܒܥܝܢ̈ܐ ܕܝܠܗ Syh (= *εἰ μὴ τοῦ ὁρᾶν ὀφθαλμοῖς αὐτοῦ*)

11 *γλυκὺς ὕπνος τοῦ δούλου,*
εἰ ὀλίγον καὶ εἰ πολὺ φάγεται·
καὶ τῷ ἐμπλησθέντι τοῦ πλουτῆσαι
οὐκ ἔστιν ἀφίων αὐτὸν τοῦ ὑπνῶσαι.
12 *ἔστιν ἀρρωστία, ἣν εἶδον ὑπὸ τὸν ἥλιον*
πλοῦτον φυλασσόμενον τῷ παρ᾽ αὐτοῦ εἰς κακίαν αὐτοῦ,

A C *O* B-S-68′′-998 *L*$^{-125}$ *C*$^{\prime\prime-157}$ *d k* al$^{-155\ 359}$(338-) verss

5,11 (11abcd) absc Did^{lem} | om (11a) 425^{txt} | *γλυκύς*] *λυκυς* 139(|); *λυκοις* 336(|); *γλυκοις* 357 | *ὕπνος*] pr *ο* V 534′ *L*$^{(-125)}$ 139-147-159-298-503-560-798-425^{mg}-*cII*$^{-260}$ 311 411 547*(c pr m) 645 Did^{com} 153,6 PsChr Ol Anton 1065 Antioch 1805 Dam^{te} Nil 468 Tht IV 680 | *τοῦ δούλου*] *τω δουλω* 261 Antioch 1805 Chr II 585 III 44 Tht IV 680te = 𝔖; *του δουλευοντος* *O* Hi (sed hab *servi* Amb *Nab* 6,29) = 𝔐 𝔙 ↓ | *εἰ* 1°] *εις* 571* *ὀλίγον*] *ολιγων* 645 | om *καί* 1° 795 Geo PsChr | om *εἰ* 2° *C*$^{\prime-(157)\ 298\ 571^{c}\ 798^{c}}$ 342-357 548 | *πολύ*] *πολλοι* 336; *πολα* 601 | *φάγεται*] *φαινεται* 534 *ἐμπλησθέντι*] *εν* (*εμ-* V) *πλησμονη* *O* ↓ | om *τοῦ* 2° 254 336′ | *πλουτῆσαι*] litt *τη* sup ras 254; *πλουτισαι* 637 534 106-261 357 *k* 443 645 | *οὐκ*] pr *οτι* *C*$^{\prime-(157)\ 298}$ = Ald | *ἀφίων* : cf Thack 23,6] *αφιον* 766^{B}; *αφιεις* 298; > 254; pr *ο* *C*$^{\prime\prime-(157)\ 298\ 299\ 563\ 571\ 601\ 732\ 797}$ 411 Geo PsChr Met V.2,3,23 Nil 876 Ser 932 | *αὐτὸν τοῦ*] *αυτου* 795 | *αὐτόν*] *αυτου* 475; *αυτων* 601*-609 645*; *αυτω* 336′ = 𝔐; et *τοῦ ὑπνῶσαι* tr 298; > 443*(c pr m)
5,12 *ἀρρωστία*] + *δεινη* 766 Hi (*pessimus*) Antioch 1465 Bas III 300 Amb *Cain* I 5,21 *Nab* 5,25 *Ps* 1,28,3 (*malus*) = 𝔐 𝔖 𝔙: cf (15a) 6$_{2g}$ | *εἶδον*] *ιδον* A-C V B 261 336′ 539* 542 Antioch 1805 (sed hab Antioch 1805); absc 998 = Gra. | *πλοῦτον φυλασσόμενον*] *πλουτος φυλασσομενος* 248′: cf 𝔙 (*di-vitiae conservatae*) | *τῷ παρ᾽ αὐτοῦ*] *τω εχοντι αυτον* *O* 411 539 ↓ | *τῷ*] *το* 260 *k*(46^{s}) 645 728 766$^{A^{c}}$ Antioch 1468 (sed hab Antioch 1805); > 357 Met V.3,3 Anton 873 | *αὐτοῦ* 1°] *αυτω* 795 | om *εἰς κακίαν αὐτοῦ* 798

5,11 *τοῦ δούλου*] *σ′ ϑ′ ὁμοίως τοῖς ο′* Syh (= *τοῦ δουλεύοντος* ↑) | *καὶ — ὑπνῶσαι*] *σ′ ἡ δὲ πλησμονὴ τοῦ πλουσίου οὐκ ἐᾷ καθεύδειν* 248′ 788 = Hi^{lem} **5,12** *ἀρρωστία*] *σ′ νόσος κακή* 248′ 252 | *τῷ παρ᾽ αὐτοῦ*] *σ′ ὑπὸ τοῦ ἔχοντος αὐτόν* 788: cf (10b) 7$_{12c}$ 8$_{8e}$ | *εἰς κακίαν αὐτοῦ*] *α′ εἰς* (> 539 Syh) *πονηρὸν αὐτῷ* (*αὐτοῦ* 252) 248′ 252 539 (s nom) Syh; *σ′ κακὸν αὐτῷ* 539 (s nom) Syh (ܒܝܫܬܐ ܕܠܗ = *κακία αὐτοῦ* apud Field); *ϑ′* ܠܡܒܐܫܘܬܐ ܕܠܗ Syh (= *εἰς κάκωσιν αὐτοῦ*)

13 *καὶ ἀπολεῖται ὁ πλοῦτος ἐκεῖνος ἐν περισπασμῷ πονηρῷ,*
καὶ ἐγέννησεν υἱόν, καὶ οὐκ ἔστιν ἐν χειρὶ αὐτοῦ οὐδέν.
14 *καθὼς ἐξῆλθεν ἀπὸ γαστρὸς μητρὸς αὐτοῦ γυμνός,*
ἐπιστρέψει τοῦ πορευθῆναι ὡς ἥκει
καὶ οὐδὲν οὐ λήμψεται ἐν μόχθῳ αὐτοῦ,
ἵνα πορευθῇ ἐν χειρὶ αὐτοῦ.
15 *καί γε τοῦτο πονηρὰ ἀρρωστία·*

A C *O* B-S-68″-998 L^{-125} $C^{\prime\prime-157}$ *d* *k* $al^{-155\ 359}$ verss

κακίαν] *κακον* 46^{s} Hi (*malum*); *καλλος* 337 | *αὐτοῦ* 2°] *αυτω* $O^{-475\ 637}$ B-68 539 543 $Sa^{I\ 6}$ Fa^{2} Met V.3,3 Antioch 1468 Bas II 300; absc 998 Fa^{1}
5,13 *πλοῦτος*] + *αυτου* 248′ 338 Arm; + *και* 798 | *ἐκεῖνος*] *αυτου* 797; *αυτων* 543; pr *et* Arm; > $Sa^{I\ 6}$ | *περισπασμῷ*] *πειρασμω* 475 S(*πιρ-*) $C^{\prime-(157)}$ 298 299 571^{c} 798 357 539^{com}*(*πιρ-*) (sed hab Hi $Sa^{I\ 6}$ Did 155,10) *πονηρῷ*] *αυτου* A | *υἱόν*] *υιω* 253; *υιων* 601-609 Ol^{M}; + *λοιμον* $L^{(-125)}$ 443 795: ex Ez 18 10 | *χειρί*] pr *τη* 475 *d*
5,14 *ἐξῆλθεν*] *επαθεν* 766 | om *μητρὸς αὐτοῦ* 390-415-504-540-571*-732-425-601 | om *μητρός* 998 139-147-159-503-560-563-609-797 Fa^{1} $PsChr^{te}$ *αὐτοῦ γυμνός*] absc 998 | *ἐπιστρέψει*] *υποστρεψει* 766^{A}; *επιστρεφει* 534 Hi^{lem} $295,154^{ap}$ Hi^{com} 296,173 An *Scrip* 1,10 Philipp 695; pr *ουτως* d^{-357} | *τοῦ πορευθῆναι*] > 503 Hi An *Scrip* 1,10 Spec 392,11; + *εκει* S Geo | om *ὡς ἥκει* — (14d) *πορευθῇ* 253: homoiar | *ἥκει*] *ην* 475 *d* | om *καί* 609 | *οὐδέν*] *ουθεν* 336′ | *οὐ* B-S-68′ $C^{\prime-(157)}$ 298 336′ = Ra.] bis scr 609(||); absc 998; > rel | *λήμψεται* A-C $O^{(-253)}$ B-S Did 159,11] *ληθεται* 797; absc 998; *ληψεται* rel: cf Thack 7,23 | *αὐτοῦ* 2° ⌒ 3° 252 336′ | *ἵνα πορευθῇ*] *του πορευθηναι* $O^{(-253)}$ 613: ex 14b
5,15 om (15ab) Did^{lem} | *καί γε*] om *καί* Sa^{I} = $𝔐^{mss}$ 𝔔; absc Fa^{1} | *τοῦτο*] + *ματαιοτης και* d^{-357}; + *ματαιο εστιν* 609*; + *εστι(ν)* $C^{\prime-(157)}$ 298 609*(609^{c}): cf (12a)

5,13 *ἐν περισπασμῷ πονηρῷ*] σ′ *ἐπὶ* (*εἰς* Syh) *ἀσχολίαν κακήν* (> Syh; + *αὐτοῦ* Syh) 248′ Syh (ܒܥܢܝܢܐ ܕܝܠܗ); α′ ϑ′ *ὁμοίως τοῖς* ο′ (= *ἐν περισπασμῷ πονηρῷ*) **5,14** *καὶ οὐδὲν οὐ λήμψεται ἐν μόχθῳ αὐτοῦ*] σ′ *καὶ ἀπερχόμενος οὐδὲν ἀρεῖ* (*ἄρει* cod.) *τοῦ μόχθου αὐτοῦ* 788 | *ἵνα πορευθῇ ἐν χειρὶ αὐτοῦ*] ⟨σ′⟩ *ὃ συναπελεύσεται αὐτῷ* 788 (s nom) | *ἵνα πορευθῇ*] σ′ *ὃ συναπελεύσεται* 248′

ὥσπερ γὰρ παρεγένετο, οὕτως καὶ ἀπελεύσεται,
καὶ τίς περισσεία αὐτῷ, ᾗ μοχθεῖ εἰς ἄνεμον;
16 *καί γε πᾶσαι αἱ ἡμέραι αὐτοῦ ἐν σκότει καὶ ἐν πένθει*
καὶ θυμῷ πολλῷ καὶ ἀρρωστίᾳ καὶ χόλῳ.
17 *Ἰδοὺ ὃ εἶδον ἐγὼ ἀγαθόν, ὅ ἐστιν καλόν,*
τοῦ φαγεῖν καὶ τοῦ πιεῖν

A C *O* B-S-68′′-998 *L*(125-) *C*′′(157-) *d k* al$^{-155\ 359}$ verss

om (15b) 475 | *ὥσπερ γάρ* = 𝔖 | om *γάρ* 106 | *παρεγένετο*] *παν εγενετο* *k*(46^{s}) | *οὕτως*] *ουτω* 754 *k*(46^{s}) 311 706 | om *καί* 2° 543 698 Aeth *ἀπελεύσεται*] *επ.* 68; *παρ.* 795; *απελαυσεται* 295; *πορευσεται* 299 | om *τίς* B-68-998 357 Sa^{6} Fa$^{1\ 2}$ (sed hab Sa$^{I\ II}$) Geo Amb *Nab* 6,28 | *περισσεία O* *cII*$^{-260}$ 411 443 766 795 Did^{com} 158,1 Ol^{ap} Met^{com} V.3,90 Dam^{ap} Ra. = 𝔐 𝔔] > Fa$^{1\ 2}$; pr *η* rel (Did^{lem} 160,4 Ol Met^{lem} V.3,10) | *αὐτῷ* B-68′′-998 Sa^{I} Arm Gra. Ra. = 𝔐 𝔔] *αυτων* 336′; *αυ* 645(|); > 357 Geo; *αυτου* rel (Ald) | *ᾗ μοχθεῖ*] *και ο μοχθος αυτου* (*αυτων* Antioch 1468) 698 Antioch 1468 1805; pr *εν O* | *ᾗ*] *ην* *L*$^{-(125)}$ *C*′$^{-(157)\ 298}$ *d k*(46^{s}) 296′ 411 443 766; *ων* 336′ Met^{com} V.3,91; > Did^{com} 158,1 = Ald | *μοχθεῖ*] *μοχθη* 390 337 766^{B} Ol^{M}; *εμοχθησεν O* 411 Hi Met^{com} V.3,91: cf 2 18b
5,16 om *γε* *k*(46^{s}) Hi Sa$^{I\ 6}$ Did^{com} 160,12 (sed hab Did^{lem} 158,3 160,7); absc Fa^{1} | om *πᾶσαι* S* *C*′$^{-(157)\ 298\ 571^{c}}$ 645 | *σκότει*] *σκοτω* 766^{B}; *πενθει* 357 | om *ἐν* 2° V-475 563-571 336′ 338 766^{B} Arab Did^{com} 160,12 Ol^{AM} Met^{com} V.3,100 Antioch 1805 Amb *Nab* 6,28 *Ps* 1,28,4 (sed hab Did^{lem} 158,3 160,4 Met^{lem} V.3,11 Antioch 1468) Ra. | *πένθει*] *μοχθω* 357 *θυμῷ*] pr *εν* 390 547 698 706 Hi Syh Sa$^{I\ II}$ Ol^{com} (lib) Met^{lem} V.3,11 Antioch 1468 Dam^{te}; *παροξυσμω O* Hi: ex Deut 29 28(27) Ier 39(32)37, cf 11 10a | *χόλῳ*] *χολη* 797; *χωλω* 311; *μοχθω* 443; *in iracundia* Hi
5,17 om (17a — e) Did^{lem} | *Ἰδού*] *ιδειν* aut *ιδων* Syh = מחזא; > 571^{c} | *ὃ εἶδον* post *ἐγώ* tr S* | *ὅ* 1°] *ον* 545; > 637 B-S^{c}-68′ 298 357 338 443 539 547 645 Syh (sed hab Sa^{I}) Geo Did^{com} 161,2; absc Fa^{1} | *εἶδον/ἐγώ*] tr 411 *εἶδον*] *ιδον* A B-998 261 157* 336′ 539 Met V.4,2 | *ἐγώ/ἀγαθόν*] tr 125 147 443 | om *ἐγώ* 130 260* | *ἀγαθόν—καλόν*] *ο εστι καλον αγαθον* 338 | *ὅ* 2°] *οτι* 443; > A 357 Did^{com} 161,2 | *ἐστιν*] *εστη* 443 | om *τοῦ* 2° 299-503-797 766 | *πιεῖν*] *πειν* 998: cf Thack 5,3; *ποιειν* 147-798 161 795 = Sixt

---

5,15 *καὶ τίς — ἄνεμον*] σ′ *τί οὖν περισσὸν αὐτῷ μοχθήσαντι εἰς ἄνεμον* 788 | *καὶ τίς — μοχθεῖ*] σ′ *τί οὖν περισσὸν αὐτῷ μοχθήσαντι* 248′
5,17 *ἰδοὺ ὃ εἶδον ἐγώ*] σ′ *ἐμοὶ οὖν ἐφάνη* 248′

καὶ τοῦ ἰδεῖν ἀγαθωσύνην
ἐν παντὶ μόχθῳ αὐτοῦ,
ᾧ ἐὰν μοχθῇ ὑπὸ τὸν ἥλιον
ἀριθμὸν ἡμερῶν ζωῆς αὐτοῦ,
ὧν ἔδωκεν αὐτῷ ὁ θεός·
ὅτι αὐτὸ μερὶς αὐτοῦ.
18 *καί γε πᾶς ὁ ἄνθρωπος, ᾧ ἔδωκεν αὐτῷ ὁ θεὸς*
πλοῦτον καὶ ὑπάρχοντα καὶ ἐξουσίασεν αὐτὸν

A C *O* B-S-68″-998 *L C″ d k* al$^{-155\ 359}$ verss

om *τοῦ* 3° 125′ | *ἰδεῖν*] *ποιειν* 534(*ποιην*) | *ἀγαθωσύνην*] *-θοσύνην* $O^{-V\ 475}$ 534 261 299-560 357 46^{s}-631* 296′ 339 543 549 645 795 = Compl; *-θωσυνη* V | om *αὐτοῦ* 1° 475 | *ᾧ*] *ο* 637 548 728; *ον* 125; *ων* 261; *τω* 609 *ἐάν* A-C O^{-V} B-68″-998 d^{-357} 336′ 443] > V-475 *L* 543 548 549 Hi Syh Geo Did^{com} 161,13; *εν* 601; *αν* rel | *μοχθῇ* B-68′-998 d^{-357} 252 336′ Ol^{A}] *μοχθει L* 357 543 549 Did^{com} 161,13; *μοχθι* V; *μοχθησει* 253 298-601-609 339 548 698; *εμοχθησεν* 475; *μοχθηση* rel (Ald) | *ὑπό*] *υπερ* 125′-545 *ἀριθμόν*] *αριθμων* 68* 504*-609 337 443 543 Geo; *αριθμω* 698 Hi; *αριμον* 601* | *ἡμερῶν/ζωῆς*] tr 411 | *ὧν*] *ον* 299 336′ 795 Geo Ol; *ω* 543; *ην* S* 645 | *αὐτῷ*] *αυτοις* 613 | *θεός* ⌒ (18a) *θεός k*(46^{s}) 338 | *ὅτι*] + *μερις* 542 *αὐτὸ μερὶς αὐτοῦ*] *μερις αυτου αυτω* 613 | *αὐτό*] *αυτω* 475 534 *L* 139-157^{txt}-560-571*-798 254-357 336′ 339 411 543 698 766^{B} 788 Ol^{ZH} (sed hab Ol^{ΔIK}): cf 322c; *αυτος* 159; *αυτου* 601*; *τουτο* 299 547 Ol^{txt} Met V.4,5,33 | *αὐτοῦ*] *αυτω* 698: cf 3 22c; + *εστι(ν)* 260 698 795
5,18 *ὁ* 1° O^{-637} 336′ Ra. = 𝔐] *α* 698; > rel (539) | *ᾧ*] *ο* 254-357 311 443^{c} 728; *ων* 571*; *ον* 125 | *ἔδωκεν*] *δεδωκεν* 998* | *πλοῦτον*] *πλουτος* 125 252; *πλουτ* 261 | *ὑπάρχοντα*] *υπαρξιν* 545$^{sup\ lin}$: cf 6 2b | *ἐξουσίασεν αὐτόν*] *εξουσιασας αυτον* 797; *ε. εν αυτω* 998; *ε. αυτω* C B*-534′ *L d k*(46^{s}) 248″ 296′ 336′ 443 539 547 549 698 706 795 (sed hab Syh Hi Met V.4,7,60) = Sixt Gra.; *ε. αυτων* B^{c} 609 543; *ε. αυτου* 563; *εξουσιαν εν αυτω* 298 311 542 Did 163,7 Ol Sa$^{I\ 6}$: cf 6 2e; absc Fa^{2}

ἀριθμόν] ⟨α′⟩ *ψήφῳ* 248′ (s nom 161; mend σ′ 248: cf (18a)) **5,18** *καί γε*] ⟨σ′⟩ *ἀλλὰ καί* (> 161) 248′ (mend α′: cf (17f)) ↑

τοῦ φαγεῖν ἀπ' αὐτοῦ καὶ τοῦ λαβεῖν τὸ μέρος αὐτοῦ
καὶ τοῦ εὐφρανθῆναι ἐν μόχθῳ αὐτοῦ.
τοῦτο δόμα θεοῦ ἐστιν
19 *ὅτι οὐ πολλὰ μνησθήσεται τὰς ἡμέρας τῆς ζωῆς αὐτοῦ·*
ὅτι ὁ θεὸς περισπᾷ αὐτὸν ἐν εὐφροσύνῃ καρδίας αὐτοῦ.

61 *Ἔστιν πονηρία, ἣν εἶδον ὑπὸ τὸν ἥλιον,*
καὶ πολλή ἐστιν ἐπὶ τὸν ἄνθρωπον·
2 *ἀνήρ, ᾧ δώσει αὐτῷ ὁ θεὸς*

A C *O* B-S-68′′-998 *L C′′ d k* al$^{-155\ 359}$ verss

om *του* 1° B-68-998 336′ | om *ἀπ'* V* | *αὐτοῦ* 1°] *αυτων* *C′*$^{-298\ 601}$ Hi Arm^{te} Ald = 𝔙; *αυτον* 601 | *τοῦ* 2° *L* 298 252 296′ Ra. = 𝔐] > *του* rel *αὐτοῦ* 2° ⌒ *αὐτοῦ* 3° 339 Geo | om *καί* 5° 522-540 | *τοῦ εὐφρανθῆναι*] om *τοῦ* 613 336′; + *το μερος αυτου* 357 | om *αὐτοῦ* 357
5,19 *ὅτι οὐ*] *οπου* V | *οὐ πολλά*] *ουκ αλλα* B*-998; > Fa^{1} | om *οὐ* *C′*$^{-157\ 299\ 563\ 571\ 609\ 797}$ | *πολλά* B^{c}-68 *O C′*$^{-157\ 298\ 299\ 563\ 571\ 609\ 797}$ 357 Did 165,6 165,8 Syh Sa$^{I\ 6}$ = Compl Sixt Gra. Ra.] *πολλοι* 631; *πολλων* 542; *καλας* 534; *πολλας* rel (539) | *μνησθήσεται*] *πλησθησεται* 613 | *τὰς ἡμέρας*] *εν ταις ημεραις* 475; *τα ετη* V | *τάς*] *της* 798; > 754 | om *ὁ* V* | *αὐτόν*] *αυτους* *k*(46^{s}); *αυτων* 609; *αυτω* 698 | *εὐφροσύνῃ*] *-συνης* 296′; *αφροσυνη* 613 Ol^{M} | om *αὐτοῦ* 311*^{vid}
6,1 *πονηρία ἥν*] *πονηρον ον* 125′ | *ἥν*] *ον* 545^{txt} | *εἶδον*] *ιδον* A V B*-998 157 336′ 539 = Gra. | om *καί* 754 | *πολλή*] *πολυ* 609 645* | *ἐπὶ τὸν ἄνθρωπον*] *παρα τοις ανθρωποις* Hi^{lem} 297,2 (*apud homines*) = Compl 𝔙 ↓ | *ἐπί*] *παρα* Geo Did 167,15; *υπο* B-S*-68′ *L C′ d* 161*-248* 296 443 Sa^{I} Arab: ex (1a); + *ηλιον* 609*; absc 998 | *τὸν ἄνθρωπον*] *τω ανθρωπω* 545^{c}; *των ανθρωπων* 534 298 698 Geo; *τους ανθρωπους* *O* | *ἄνθρωπον*] *ουρανον* 130 Sa$^{I\ 6}$ Arab (sed hab Fa^{1}); absc Fa^{2}
6,2 *ᾧ*] *ο* 998 *k* 443^{c} 548 728; > 798 | om *δώσει* 645 | om *αὐτῷ* 1° 299 Hi

---

καὶ τοῦ λαβεῖν τὸ μέρος αὐτοῦ] *σ' καὶ ἀπολαῦσαι τῆς μερίδος αὐτῶν* 248′
5,19 *ὅτι* 1° — *αὐτοῦ* 2°] ⟨*σ*⟩ *οὐ γὰρ ἐπὶ πολὺ μνημονεύει τὰς ἡμέρας τῆς ζωῆς αὐτοῦ ὅτι ὁ θεὸς ἀσχολεῖ αὐτὸν περὶ τὴν εὐφροσύνην τῆς καρδίας αὐτοῦ* 336 (s nom) | *ὅτι οὐ πολλά*] *σ' οὐ γὰρ ἐπὶ πολύ* 788 | *οὐ πολλά*] *α' θ' ὁμοίως* Syh (= *οὐ πολλάς*) **6,1** *ἐπὶ τὸν ἄνθρωπον*] *σ' παρὰ τοῖς ἀνθρώποις* 248′ 252 788

πλοῦτον καὶ ὑπάρχοντα καὶ δόξαν,
καὶ οὐκ ἔστιν ὑστερῶν τῇ ψυχῇ αὐτοῦ
ἀπὸ πάντων, ὧν ἐπιθυμήσει,
καὶ οὐκ ἐξουσιάσει αὐτῷ ὁ θεὸς τοῦ φαγεῖν ἀπ' αὐτοῦ,
ὅτι ἀνὴρ ξένος φάγεται αὐτόν·
τοῦτο ματαιότης καὶ ἀρρωστία πονηρά ἐστιν.

A C (818-) *O* B-S-68′′-998 *L C′′ d k* al$^{-155\ 359}$ verss

πλουτων 645 | *καί* 1° ⌒ 2° 336 | *ὑπάρχοντα*] *υπαρξιν* 545^mg^ Hi: cf 518b *ὑστερῶν*] *-ρουν O*; *-ρον* 609 357 336 547 766 | *τῇ ψυχῇ*] *την ψυχην* 337 795 | *αὐτοῦ* 1°] > 298-390; + *και ουκ αναλισκει εις εαυτον* O^{-V} = (2c) 𝔐 ↓ *ἀπὸ πάντων ὧν*] *ου* 298 698 | *πάντων ὧν*] *παντος ου* A-C *L cII k* 161^c^-248^c^-252 296′ 311 338 339 542 543 549 706 788 795 Syh Arm Ol = Gra. *ἐπιθυμήσει*] *-σι* 998; *επιθυμει* A Did 168,17(*-μι*) Dam; *επεθυμησε* 613 766 Hi Met V.5,5 | om *καί* 4° 698 Fa^{1} | *οὐκ* 2°] *ου* 545^mg^; > 147-159-503-560-601 545^txt^ | *ἐξουσιάσει*] *εξουσιαζει* 645 Syh; *επεασει* 766^{A} | *αὐτῷ* 2°] *αυτου k*; *αυτων* 609; *αυτον* 253: cf 518b | om *τοῦ* A Did 168,17 Antioch 1805 | *αὐτοῦ* 2°] *αυτων* $C'^{-298\ 299}$ *k* Fa^{1} (sed hab Sa^{I}) = Ald | *φάγεται*] *καταφαγεται* S* $C'^{-298\ 571*}$(*-φαγεγεται* 609) 411 = Ald; *καταφαγετε* 571* *αὐτόν*] *αυτα* A S^c^ *k* Fa^{1} Met V.5,7 Const IV 4,4; *απ αυτου cII* 539; *αυτων* 609 | *τοῦτο* B-68′-998 *d* 336′ Hi Sa^{I} Fa^{1} = 𝔐 𝔙] pr *οτι και γε* S; pr *και γε* rel (Arm) = Ald Gra. | *καί*] pr *μεγαλη* 698 | om *ἀρρωστία* 443 | *πονηρά/ἐστιν*] tr 613 Sa$^{I\ II}$ (non Fa^{1}) | *πονηρά*] *πονηρια* 125′-545 443; + *μεγαλη* 260 252^mg^ Did^com^ 169,11; > 534 Did^lem^ 168,26 = 𝕾

6,2 *καὶ* 3° — *αὐτοῦ* 2°] σ′ ܘܠܐ ܢܦܩ ܗܘ ܡܕܡ ܠܢܦܫܗ ܡܢ ܟܠܗܝܢ ܕܢܪܓ ܘܠܐ ܝܗܒ ܠܗ ܫܘܠܛܢܐ ܐܠܗܐ ܠܡܐܟܠ ܡܢܗ // ܕܐܝܟ ܢܐ ܠ Syh (= *καὶ οὐκ ἀναλίσκει εἰς ἑαυτὸν ἀπὸ πάντων ὧν ἂν ἐπιθυμήσῃ καὶ οὐ δίδωσιν αὐτῷ ἐξουσίαν ὁ θεὸς τοῦ φαγεῖν ἀπ' αὐτοῦ* ↑ | *καὶ* 3° — *αὐτοῦ* 1°] *καὶ οὐκ ἀναλίσκει εἰς ἑαυτόν* 788 | *καὶ* 4° — *θεός*] ⟨σ′⟩ *οὐδὲ δίδωσιν αὐτῷ ἐξουσίαν ὁ θεός* 788 | *ἐξουσιάσει*] *δίδωσιν* 248′ | *ὅτι ἀνὴρ ξένος*] σ′ *ἀλλὰ ἄνθρωπος ἀλλότριος* 252 | *φάγεται αὐτόν*] α′ σ′ θ′ *ὁμοίως* Syh (= *καταφάγεται αὐτόν* ↑)

3 *ἐὰν γεννήσῃ ἀνὴρ ἑκατὸν καὶ ἔτη πολλὰ ζήσεται,*
καὶ πλῆθος ὅ τι ἔσονται ἡμέραι ἐτῶν αὐτοῦ,
καὶ ψυχὴ αὐτοῦ οὐ πλησθήσεται ἀπὸ τῆς ἀγαθωσύνης,
καί γε ταφὴ οὐκ ἐγένετο αὐτῷ,
εἶπα Ἀγαθὸν ὑπὲρ αὐτὸν τὸ ἔκτρωμα,
4 *ὅτι ἐν ματαιότητι ἦλθεν καὶ ἐν σκότει πορεύεται,*
καὶ ἐν σκότει ὄνομα αὐτοῦ καλυφθήσεται,

A C 818 *O* B-S-68′′-998 *L C′′ d k* al$^{-155\ 359}$ verss

6,3 *ἐάν*] + *γαρ* 260 | *γεννήσῃ*] *γεννησει* 253-475* 125′ 295-609 d^{-342} 296′ 336′ 443 698 795; *γεννησι* Did^{lem} 169,9; *γενησῃ* 601*-371* 411 766^{A}; *γενησει* 299 | *ἑκατόν*] *εκαστον* 475; > 698 | *καί* 1°/*ἔτη*] tr Ald | om *καί* 1° 68 *k* | *ἔτη*/*πολλά*] tr 390-415-504-540-732-425-601 411 Geo | *ἔτη*] *ετι* 106 299 549; *εστη* 601 | *ζήσεται*] *ζησῃ* 766; *ζησει* Did^{com} 169,19 | *πλῆθος*] *πλειους* 766^{A} Hi Syh; *πλειω* 766^{B}; *πληθυνθῃ* 475 | *ὅ τι* Did 169,9 169,27 = Gra. Ra.] *ετι* 106 563^{c}-571 645 Arm; *αι* O^{-V} 411; > 766^{A} Hi Syh Geo; *ὅτι* rel | *ἔσονται*] *εσομεναι* O^{-V} 411; *εσθηται* 357 | *ἡμέραι*] pr *αι* A-C V 68ʾ *L* *C′ d* 336′ 549 645 766 Sa$^{I\ II}$ Met V.5,9 Dam^{te} = Sixt | *ἐτῶν*] *ζωης* O^{-V}(pr *της* 475) 411 Geo: cf 5 19a; pr *των* C 534′ *L* 563^{c}(vid)-571; > 357 Did 169,9 (sed hab Did 169,27) | *ψυχή* B-68-998 818 *O* d^{-754} 411 443 766 PsChr Met V.5,10 Ra. = 𝕸] pr *η* rel (Did 171,19 Dam) | om *αὐτοῦ* 2° 415 Ol^{M} | *οὐ πλησθήσεται* B-68-998(vid) *d* 336′ 443] *πλησθησεται* 534′; *εμπλησθησεται* PsChr; *ουκ εμπλησθησεται* rel (Ald) | om *ἀπό* C *L* $C'^{-298\ 571^{c}}$ 296′ 339 Dam | *τῆς* *O* B-68′′-998 571^{c} 336′ 411 443 766 Sa^{I} Did 171,19 Ra. = 𝕸] > rel | *ἀγαθωσύνης*] -*θοσυνης* $O^{-V\ 475}$ 534 261 299-425 357 631 543 645 Did 171,19;+ *αυτου* *O* 998* 411 Fa^{1}; absc 818 | *ταφή*] *αφη* S(|); *εταφη* 161*; *τρυφη* 339; + *και* 411 | *αὐτῷ*] *αυτου* 766 | *εἶπα* 818] *ειπον* *O* 298 411 Did^{lem} 172,18; pr *και* *O d* 411 Geo Dam^{te} Or *Matth* 71 Ruf *Num* 42,3; + *εγω* *d*: cf 2 15a 9 16a | *Ἀγαθόν*] *αγαθοις* 766 | *ὑπὲρ αὐτόν* post *ἔκτρωμα* tr Co = 𝕼 | *αὐτόν*] *αυτων* 159-609 728 766 | *τό*] *τι* 548
6,4 *ἦλθεν*] *ηλθον* V | *καί* 1° ⌒ 2° 411 Hi *Eph* 3 | *καὶ* 1° — *πορεύεται* bis scr 548: homoiar | *σκότει* 1°] *σκοτια* 637; *ματαιοτητι* 766 | *πορεύεται*] *πορευσεται* $O^{-475\ 637}$ $C'^{-298\ 390\ 425^{txt}}$ Hi^{ap} Syh Sa^{I} Fa^{1} Aeth = Gra.; *διαπορευεται* *L* 298 | *καί* 2° ⌒ (5a) *καί* 1° 798 254-342 | om *ὄνομα* 299

6,3 *οὐ πλησθήσεται*] *θ′ οὐ χορτασθήσεται* 248 | *καί γε* — *αὐτῷ*] *σ′ ἀλλὰ μὴ δὲ ταφῆς εὐπορήσῃ* 788 | *ἀγαθόν*] *σ′ βέλτιον* 248′ **6,4** *ὅτι ἐν ματαιότητι ἦλθεν*] *σ′ μάτην γὰρ ἦλθεν* 788

5 καί γε ἥλιον οὐκ εἶδεν καὶ οὐκ ἔγνω,
ἀνάπαυσις τούτῳ ὑπὲρ τοῦτον.
6 καὶ εἰ ἔζησεν χιλίων ἐτῶν καθόδους
καὶ ἀγαθωσύνην οὐκ εἶδεν,
μὴ οὐκ εἰς τόπον ἕνα τὰ πάντα πορεύεται;

A C (-818) (992-) *O* B-S-68′′-998 *L* *C*′′ *d* *k* al$^{-155\ 359}$ verss

6,5 οὐκ εἶδεν καί bis scr 548: homoiar | οὐκ εἶδεν] ουδεν V*; ουχ ιδεν V^{c} εἶδεν] οιδε 261 571-601-371 788; ιδε(ν) 475 Ol^{E} Met^{lem} V.5,14 (sed hab Met^{com} V.5,91); ιδον 357 | om οὐκ 2° 475 645* | ἔγνω] εγνων 998 601; επεγνω 788; + οτι 645 | ἀνάπαυσις] αναπαυσεις A *O*$^{-637}$ B-S-68-998 *d*$^{-357}$ 296′ 311 547 698 706 795 Syh (sed hab Hi Aeth Arm Ol Met V.5,14,100 Amb *Jb* 2,4,15 An *Scrip* 1,10 Spec 392,13 Gra. Ra. = 𝔐 𝔔) = Compl; αναπαυσιν 475-637 *C*′′$^{-298}$ *k* 411 443 766^{A} Sa$^{I\ II\ 2\ 6}$ Fa$^{1\ 2}$ Did 174,27 ↓; post τούτῳ tr 336′; + και ουκ επειραθη διαφορας ετερου (εταιρου 754) πραγματος προς ετερον *d*$^{-357}$ ↓; absc 818 | τούτῳ 818(vid) 998(vid)] τουτων 698; τουτου 766^{A}; τουτο S* *O* 125′ *C*′′$^{-298}$-260^{c} *d*$^{-357}$ *k* 311 338 411 443 534 547 548 795 Sa^{I} Fa^{1} Syh (sed hab Hi Arm Did 174,27 Met V.5,14,100 Amb *Jb* 2,4,15 An *Scrip* 1,10 Spec 392,13) = Ald; + υπερ τουτο 425* | τοῦτον] τουτο 601 *k*; τουτων 261 645; τουτου 637; + ουδε επειραθη (επιραθη V) διαφορας (διαφθορας 637) ετερου (ετερον 475) πραγματος προς (> 637) ετερον *O* 547^{mg} ↓
6,6 εἰ 992] > 534 390 338 Fa^{1} = Ald Sixt | ἔζησεν] εζητησε 411 | χιλίων ἐτῶν] χιλια ετη 161*-248^{c}(corr ex α′ 248^{mg}) ↓ | καθόδους] καθοδεις 253; καθοδον 475; παροδους 411 | ἀγαθωσύνην] -θοσυνην *O*$^{-V\ 475}$ 261 299-609 254-357 248*-252 296′ 543 645 Did 175,26 | εἶδεν] οιδε(ν) 613 106-125′ 540-571* 254-357 338 795; ιδεν 336 | om (6c) 798 | μή] και 766 | οὐκ 2°] ουχι 390-415-504-522-540-732-425-601 = Ald; > 337* Sa$^{I\ 2}$ (sed hab Sa$^{II\ 6}$ Fa^{1}) | τόπον] τοπο 645* | ἕνα] εναν 998*(c pr m) | τὰ πάντα] post πορεύεται tr *O* S-613 *C*′$^{-298}$ (ταυτα παντα 299) 411 645 Geo = Ald; > B-68′-998 992 336′ Fa^{1} (sed hab Hi Syh Ol Gra. Ra. = 𝔐 𝔔) | πορεύεται] πορευσεται *O* S-613 *C*′$^{-298\ 390\ 425^{mg}\ 798}$-260* 248 338 645 Aeth Sa^{I} Fa^{1} = Ald Sixt;

6,5 καὶ οὐκ ἔγνω — τοῦτον] σ′ ܘܠܐ ܐܬܢܣܝܬ ܒܫܘܚܠܦܐ ܕܣܘܥܪܢܐ ܐܚܪܢܐ ܠܘܬ ܐܚܪܢܐ Syh (= καὶ οὐκ ἐπειράθη διαφορᾶς ἑτέρου πράγματος πρὸς ἕτερον ↑) | ἀνάπαυσις] α′ σ′ ϑ′ ܢܝܚܐ Syh (α′ ϑ′ ἀνάπαυσιν ↑; σ′ διαφορᾶς: omnes singulares) **6,6** χιλίων ἐτῶν] α′ χίλια ἔτη 248′ ↑

7 *Πᾶς μόχθος τοῦ ἀνθρώπου εἰς στόμα αὐτοῦ,*
καί γε ἡ ψυχὴ οὐ πληρωθήσεται.
8 *ὅ τι περισσεία τῷ σοφῷ ὑπὲρ τὸν ἄφρονα;*
διὰ τί ὁ πένης οἶδεν πορευθῆναι κατέναντι τῆς ζωῆς;
9 *ἀγαθὸν ὅραμα ὀφθαλμῶν ὑπὲρ πορευόμενον ψυχῇ.*

A C (818-) (-992) *O* B-S-68′′-998 *L C′′ d k* $al^{-155\ 359}$ verss

πορευονται L; *πορευσονται* 766; *κοιμαται* 543^{txt} (sed hab $543^{mg(γρ')}$); absc 992
6,7 *μόχθος*] *μοσχος* 125; pr *ο* 798 | *τοῦ*] > 992(vid) 475 B-68 298 766 Ol Nil 740 = Compl | *ἀνθρώπου*] + *εις τον τοπον και* 547: ex (6c) | *στόμα* 992] pr *το* 475-637 534′-998 *L* 298-*cII d k* 411 542 547 698 728 795 Co PsChr Ol^{-EIKM} Met V.6,3,29,36 Dam Nil 740 | *αὐτοῦ*] > 147-425^{c}; + *πορευεται* 475 613 754 411; + *πορευσεται* O^{-475} 254-342: ex (6c) | *ἡ ψυχή* 992] om *ἡ* A-C *L k* 252 296′ 543 547 549 706 795 Ol Met V.6,3 Dam: contra 𝔐 𝔔, ex (3c); + *μου* 539; + *αυτου* 475 998 299-*cII d* 542 Hi^{ap} 298,46 Syh Sa^{I} Fa^{1} Aeth Arm Arab = 𝔖 𝔇: ex (3c) | *οὐ πληρωθήσεται*] *ουκ εμπλησθησεται O* 411 539: cf (3c) | *οὐ*] *αυτου* 613; > 125′ | *πληρωθήσεται*] *πλησθησεται* 613 390 Dam: cf (3c); + *εις το στομα* 475
6,8 *ὅ — σοφῷ*] *τι ουν περισσον τω σοφω* Hi (*quid enim est amplius sapienti*) Ol^{com}: cf 𝔇 ↓ | *ὅ τι* 992] *ητις* 336; + *τις* A-C S^{c}-613 *L* 298-*cII k* 248′′ 296′ 311 338 339 411 543 549 645 698 706 766 788 Ol (sed hab Sa^{I} Fa^{1} = 𝔖) Syh (sub ※ *α′θ′*) = Gra. Ra. ↓ | *περισσεία*] *περισσευει O* | om *τῷ σοφῷ* 125′ | *ἄφρονα*] + *ει γε εις τοπον ενα πορευσεται* d^{-357}: ex (6c) | *διὰ τί — πορευθῆναι*] *quid pauperi nisi scire ut vadat* Hi ↓ | *διὰ τί* 542 543 549 Syh = 𝔖] absc 992 998; *διοτι* rel (539 Arm = Ra.) | *ὁ* $542^{sup\ lin}$] *ος* 534; > 475 299-560*-798 795 Met^{lem} V.6,5 Antioch 1805 | *οἶδεν*] *ειδεν* 609; + *που* C | om *τῆς* 254-357 795 | *ζωῆς*] + *αυτου* 534 547 Fa^{1} Geo Arm
6,9 *ὅραμα*] *ονομα* 637 252 | *ὀφθαλμῶν*] *οφθαλμον* 545* 609; *οφθαλμου* 298 Fa^{1}; > 798 | *πορευόμενον*] *-μενην* 545^{c}; pr *τον cII* | *ψυχῇ*] *ψυχην L k*

6,7 *οὐ πληρωθήσεται*] *θ′ οὐ χορτασθήσεται* 248′ 252 **6,8** *ὅ τι περισσεία*] *σ′ τί οὖν περισσόν* 248′ | *ὅ τι*] *α′ θ′* + *τίς* (sub ※) Syh^{txt} | *διὰ τί ὁ πένης*] *σ′* ܡܢܐ ܕܝܢ ܠܡܣܟܢܐ Syh (= *τί δὲ τῷ πτωχῷ*); *α′ θ′ ὁμοίως τοῖς ο′* Syh (= *διὰ τί ὁ πένης*) **6,9** *ἀγαθὸν—ψυχῇ*] *σ′ βέλτιον προβλέπειν ἢ ὁδεύειν αὐταρεσκείᾳ* (-*σκια* 248 252) 248′ 252 539 (s nom) 788 Hi Syh; *θ′ ὁμοίως τοῖς ο′* Syh (= *ἀγαθὸν ὅραμα ὀφθαλμῶν ὑπὲρ πορευόμενον ψυχῇ*)

καί γε τοῦτο ματαιότης καὶ προαίρεσις πνεύματος.
10 *Εἴ τι ἐγένετο, ἤδη κέκληται ὄνομα αὐτοῦ,*
καὶ ἐγνώσθη ὅ ἐστιν ἄνθρωπος,
καὶ οὐ δυνήσεται τοῦ κριθῆναι μετὰ τοῦ ἰσχυροῦ ὑπὲρ αὐτόν·
11 *ὅτι εἰσὶν λόγοι πολλοὶ πληθύνοντες ματαιότητα.*
τίς περισσεία τῷ ἀνθρώπῳ;
12 *ὅτι τίς οἶδεν τί ἀγαθὸν τῷ ἀνθρώπῳ ἐν τῇ ζωῇ*

A C (-818) *O* B-S-68″-998 *L C″ d k* al$^{-155\ 359}$ verss

προαίρεσις] *προαιρεσεις* V
6,10 *Εἴ*] *η* A-C 797; > Syh Co(Sa$^{\mathrm{I\ II}\ 2\ 6}$ Fa$^{1\ 2}$) Geo | *τι*] *τις* 609 Ol^{M}; *τε* V *ἐγένετο*] *γεγονεν* 336′ | *κέκληται*] *κεκληκεν* A 357; pr *και* 357 | *ὄνομα*] pr *το O* S^{c}-534′ *L* 260 296′ 539 542 766 | *αὐτοῦ*] *αυτω* 296-548^{c} 311 698 795 Geo Arm^{te} | *καί* 1°] + *ο* S | *ἐγνώσθη*] *εγνωσθην k* 543* | *ὅ*] *οτι* C 998* *d k* 339 766 Hi Sa$^{\mathrm{I\ II}\ 2\ 6}$; *τι* 248′ | *δυνήσεται*] *δυνηθησεται* 𝔊31 706; *δυνησηται* 728 | *τοῦ* 1°] > C B-68′-998 125′ 147-159-503-560-*cII d k* 443 543 766 PsChr; absc 818 | *μετὰ τοῦ ἰσχυροῦ*] *μετα του ισχυροτερου* S *C*′$^{-797}$ 547 645 698 Ol Met VI.1,4,34 = Ald Sixt ↓; *μετα των ισχυροτερων* 797; *προς ισχυρον O*$^{-V}$ 411; + *αυτον* 299 | om *μετά k* | om *τοῦ* 2° 130 548 | *ὑπὲρ αὐτόν*] *αυτου* 547 | *αὐτόν*] *αυτου* 601 *k* 795; *αυτων* 609-797 766^{A}
6,11 *ὅτι*] *και* 754 | *λόγοι*] *ολιγοι* S | *πολλοί*] > 998 *C*′$^{-298\ 299\ 571^{c}}$ 443 Fa^{1} Sa$^{\mathrm{I}\ 6}$; absc Fa^{2}; + *και* 548 | om *ματαιότητα* — (12b) *ζωῆς* 125: homoiar *ματαιότητα*] -*τητας* 261; -*τηταν* 443* | *τίς περισσεία O*$^{-V}$ *L*$^{(-125)}$ 411 Syh: cf 1₃a; *τι περισσεια* 298; *οτι περισσον* S* *C*′$^{-298}$(-*σων* 609) 336 547 645 = Ald: cf (8a); absc Did^{lem}; *τι περισσον* rel (Hi Did^{com} 193,1 193,12 Ol Met VI.2,3 = Ra. ↓) | *ἀνθρώπῳ* ⌒ (12a) *ἀνθρώπῳ* V *L*$^{(-125)}$ 371
6,12 *ὅτι* 1°] *και* 766^{A} Sa^{I}; *ητι* 795; *η* 357; > Fa^{1} Aeth (sed hab Fa^{2}); pr *και* 766^{B} | *οἶδεν*] *ειδε(ν)* 540-609 = Ald | *τί* 1° Ol$^{BEH\Theta M}$] *τις* S*; *το* 299 311 698* Fa$^{1\ 2}$ (sed hab Sa$^{\mathrm{I}\ 3}$ Aeth); *τω* 296′; V B-68′-998: contra 𝔐 | *ἀγαθόν*] *αγαθω* 357 | om *τῷ ἀνθρώπῳ* 1° 357 Geo | *ἀνθρώπῳ* 1° ⌒ 2° C | *ζωῇ* B-

προαίρεσις πνεύματος] α′ θ′ *pastionem venti* Hi (= *νομὴ ἀνέμου*: cf 1₁₄c 2₁₁d); σ′ *afflictionem spiritus* Hi (= *κάκωσις πνεύματος*: cf 4₄d 6c)
6,10 *ἰσχυροῦ*] *ἰσχυροτέρου* 248′ **6,11** *τίς περισσεία τῷ ἀνθρώπῳ*] σ′ ܡܢܐ ܝܬܝܪܐ ܠܒܪܢܫܐ Syh (= *τί περισσὸν τῷ ἀνθρώπῳ* ↑) **6,12** *ὅτι* 1° — *ἥλιον*] σ′ ܡܢܐ ܝܬܝܪܐ ܠܒܪܢܫܐ. ܡܢܘ ܓܝܪ ܝܕܥ ܗܝ ܕܡܥܕܪܢܘܬܐ ܠܒܪܢܫܐ ܒܚܝܐ. ܕܡܢܝܢܐ ܕܝܘܡܬܐ ܕܚܝܐ ܕܣܪܝܩܘܬܐ ܕܝܠܗ ܕܢܒܥܒܕܝܘܗܝ, [ܕܡܛܠܠܐ] . ܡܛܠ ܕܐܦ ܠܐ ܚܕ ܐܡܪ ܠܒܪܢܫܐ ܡܢܐ ܗܘܐ ܒܬܪܗ ܬܚܝܬ ܫܡܫܐ Syh (= *τίς*

ἀριθμὸν ἡμερῶν ζωῆς ματαιότητος αὐτοῦ;
καὶ ἐποίησεν αὐτὰς ἐν σκιᾷ·
ὅτι τίς ἀπαγγελεῖ τῷ ἀνθρώπῳ
τί ἔσται ὀπίσω αὐτοῦ ὑπὸ τὸν ἥλιον;

7 1 *Ἀγαθὸν ὄνομα ὑπὲρ ἔλαιον ἀγαθὸν*

A C 992 *O* B-S-68″-998 *L*(-125) *C*″ *d k* al$^{-155\ 359}$ verss

68′-998 Hi Ra. = 𝔐] + *αὐτοῦ* rel (Syh Sa^{I} Fa^{1} Aeth Geo Arm Arab PsChr Ol Met VI.2,4,34)
ἀριθμόν] *αριθμων* 261-545 159-503*-797 248*-252 411 645 Aeth; *αριθμος* 542 | *ἡμερῶν/ζωῆς*] tr *C*′ = Ald Sixt | *ἡμερῶν*] + *αυτου* 543 | *ζωῆς*] + *αυτου* 534′ 295 Fa$^{1\ 2}$ Arab: cf 2,3g | *ματαιότητος/αὐτοῦ* 1°] tr 798 | *ματαιότητος*] -*οτητα* 631; -*οτητ* 46 | *αὐτοῦ* 1°] *αυτω* 443; *αυτων* 248* | *αὐτάς*] *αυτα* 992 B-S-68″-998 *C*$^{\prime\prime-540^*\ 609}$-260^{c} *d* 336′ 338 443 542 547 645 788 Hi^{ap} 300,3 Sa$^{I\ II\ 6}$ Fa^{1} PsChr Ol Met VI.2,5,35 (sed hab Hi^{te} Syh Sa^{3} Did = Ra.) = 𝔐; *αυτω* 540*; *αυτων* 609 | *ἐν σκιᾷ*] *εως* aut *ως σκιας* S^{c}; *ως σκιαν O L*(545^{c}; *ωσκιαν* 545*) 411 Hi (sed hab *in umbra* Syh Sa$^{I\ 3\ 6}$ Amb *Mort* 2,4) = 𝔐 𝔙: cf 8,13b; pr *ως* 613 PsChr^{com} | om *ὅτι* 2° — *ἔσται L* | *ὅτι* 2°] *τι* 795 | *ἀπαγγελεῖ* 992(vid)] *απαγγελλει* 998 Syh; *αγγελει* 248″; *αναγγελει* 475 *cII k* 338 443 543 547 549 | *τί* 2°] *οτι* 139-147-159-503-522-560-798 336 Sa$^{I\ II\ 3}$ Fa^{1}; *οτι τι* Sa^{6} Ol^{ap}(*οτι τις* Ol^{ap}) | *αὐτοῦ*] *αυτω* 766^{A} *ὑπό*] *υπερ* 443 | fin] + *και καθως εσται τις απαγγελει αυτω* A 698 Or VIII 245,5
7,1 *ἔλαιον*] *ελεον* A *O* B-S-68 797-*cII*$^{-260}$ *k* 296′ 311 336′ 339 698 706 795 Sa^{3} Geo Arm^{te} Did PsChr^{com} Dam^{te} (sed hab Hi Syh Fa$^{1\ 2}$ Ol Anton 1129 = Sixt); *ελαιον η ελεον* Sa$^{I\ 6}$ | om *ἀγαθόν* 475

γὰρ οἶδεν ὃ συμφέρει τῷ ἀνθρώπῳ ἐν τῇ ζωῇ ἀριθμοῦ ἡμερῶν ζωῆς ματαιότητος αὐτοῦ; ἵνα ποιήσῃ αὐτὸν ⟨*σκέπην*⟩; *ὅτι οὐδὲ εἷς ἐρεῖ τῷ ἀνθρώπῳ, τί ἔσται ὀπίσω αὐτοῦ ὑπὸ τὸν ἥλιον*) | *ὅτι* 1° — *ἀγαθόν*] σ′ *τίς γὰρ οἶδεν ὃ συμφέρει* 248′ | *τί ἀγαθόν*] σ′ *ὃ συμφέ*⟨*ρει*⟩ 788
7,1 *ἀγαθὸν* 1° — *ἀγαθόν* 2°] σ′ *ἄμεινον ὄνομα ἀγαθὸν ὑπὲρ* (> 260^{cat} Met^{com}) *μύρον εὐῶδες* (*εὐώδους* Met^{com}) 260^{cat} Hi Syh Met^{com} | *ὑπὲρ ἔλαιον ἀγαθόν*] *ὑπὲρ* (> 539) *μύρον εὐῶδες* 139-522 248′ 252 539 (s nom) Ol; σ′[*ἢ*] *μύρου εὐωδία* 788

καὶ ἡμέρα τοῦ θανάτου ὑπὲρ ἡμέραν γεννήσεως αὐτοῦ.
2 *ἀγαθὸν πορευθῆναι εἰς οἶκον πένθους*
ἢ ὅτι πορευθῆναι εἰς οἶκον πότου,
καθότι τοῦτο τέλος παντὸς τοῦ ἀνθρώπου,
καὶ ὁ ζῶν δώσει ἀγαθὸν εἰς καρδίαν αὐτοῦ.
3 *ἀγαθὸν θυμὸς ὑπὲρ γέλωτα,*

A C (-992) *O* B-S-68″-998 L^{-125} *C″* *d* *k* $al^{-155\ 359}$ verss

ἡμέρα] *ημεραι* 357; *ημεραν* 998 296′ 336 | om *τοῦ* 475 | *ἡμέραν*] *ημερα* 601* 161*(c pr m) | *γεννήσεως* 253 B-68″-998 $L^{(-125)}$ 298-299 *d* 161*-248* 339 443 542 547 766 Syh Sa^{I} Ol Met VI.3,3,43 Dam^{te}] *γεννεσεως* 797^{c} 795; *γενεσεως* rel (Sa^{3} Fa^{1} Did 196,11 197,11 PsChr = Ald) | om *αὐτοῦ* B-S*-68′-998 C'^{-298} 336′ 645 Aeth Geo An *Jb* 3 Or *Matth* 71te (sed hab Hi Syh Fa^{1} Arm Did 196,11 197,10 Ol Met VI.3,3,43 Dam^{te} Ra. = **𝔐** **𝔔**? ↓)
7,2 *πορευθῆναι* 1°] pr *του* 475-637 539; pr *το* Cyr IV 364 Isid 1241 = Gra. *εἰς* 1°] *προς* *O*: cf (2b) 125e | *πένθους*] pr *του* *O* | om *ἢ ὅτι* — *πότου* 637 252*(c pr m) | *ἢ ὅτι πορευθῆναι*] *παρα το* (> V) *πορευθηναι* $O^{-475\ 637}$ S^{c}; *υπερ του πορευθηναι* 475; om *ὅτι* $L^{(-125)}$ *C″* 357-754 *k* 338 339 411 443 539 543 547 549 766^{A} La^{160} Syh Sa^{I} $Fa^{1\ 2}$ Arm PsChr Ol^{te} Met VI.4,2,20 Antioch 1709 Chr III 155 156 VI 487 XIII 334 Cyr IV 364 Dam Tht II 844 An *Scrip* 1,19 Aug *C D* 17,20 Spec 528,7 = **𝔐**; pr *ε* S*(c pr m) *πορευθῆναι* 2°] pr *το* Cyr IV 364 = Gra.; pr *του* 539 | om *εἰς οἶκον* 2° V *εἰς* 2°] *προς* 253-475: cf (2a) | *πότου*] *τοπου* 68 254; + *και ο ζων* 609*: ex (2d); pr *του* O^{-637} | *τοῦτο*] *του* 798 | *τέλος*] pr *το* A 336; *τελους* 534^{c}; + *τουτο* 296′ | *παντὸς τοῦ ἀνθρώπου*] *παντι ανθρωπω* 443 Pel *1 Cor* 7,31 *τοῦ* C O^{-475} S $C^{-147\ 159\ 299\ 390\ 503\ 560}$-157-425-601 248″ 296′ 311 698 706 795 Ra. = **𝔐**] > rel | *ἀγαθόν* 2° ([*ἀγαθόν*] Gra.) = **𝔖**] *αγαθος* 371; *αγαθων* 609; > 336 338 La^{160} Hi (sed hab Pel *1 Cor* 7,31) Syh Ra. = **𝔐** **𝔔** ↓ | *εἰς καρδίαν*] *εν καρδια* (*καρδιαν* 545) A 613 545 539 698 Did^{com} 199,3 PsChr Pel *1 Cor* 7,31; *προς καρδιαν* La^{160} Hi Syh Did^{lem} 198,21 198,27 *καρδίαν*] pr *την* 998 | *αὐτοῦ*] *εαυτου* *cII* 338 339 547 Ol^{ap}
7,3 *ἀγαθόν*] *αγαθος* 637 S C'^{-298} d^{-357} 338 645 = Ald | *θυμός*] *φημος* 698

αὐτοῦ] sub ⋇ *α′* 788 Syh^{txt} ↑ **7,2** (*τοῦ*) *ἀνθρώπου*] *α′* ܕܒ̈ܢܝܢܫܐ Syh (= (*τῶν*) *ἀνθρώπων*); *θ′* *ὁμοίως τοῖς ο′* Syh (= *ἀνθρώπου*) | (*καὶ ὁ ζῶν*) *δώσει* — *αὐτοῦ*] *σ′* (+ *καὶ ὁ ζῶν* Hi) *προσέξει* (*προέξει* 539*) *τῇ διανοίᾳ* 248′ 252 539 (s nom) 788 (ind mend ad (2c) *παντός*) Hi Syh

ὅτι ἐν κακίᾳ προσώπου ἀγαθυνθήσεται καρδία.
4 *καρδία σοφῶν ἐν οἴκῳ πένθους,*
καὶ καρδία ἀφρόνων ἐν οἴκῳ εὐφροσύνης.
5 *ἀγαθὸν τὸ ἀκοῦσαι ἐπιτίμησιν σοφοῦ*
ὑπὲρ ἄνδρα ἀκούοντα ᾆσμα ἀφρόνων·
6 *ὡς φωνὴ τῶν ἀκανθῶν ὑπὸ τὸν λέβητα,*

A C *O* B-S-68′′-998 L^{-125} *C′′ d k* $\text{al}^{-155\ 359}$ verss

κακίᾳ] *ακακια* 159; *καρδια* V $\text{Sa}^{\text{I II 2}}$ | *ἀγαθυνθήσεται*] *αγαθωθησεται* 797; *αγαθηνθησεται* 571 = Ald (*αγαθην θησεται*) | *καρδία*] pr *η* 645 766; > B-68′-998 $\text{Sa}^{\text{I II 2}}$ Fa^{1} Geo^{O} Did An *Scrip* 1,22 (sed hab Hi Syh (sub ※ *α′θ′*) Arm Dam Ra. = 𝔐 𝔔): haplogr
7,4 *καρδία* 1°] pr *η* 336 | *σοφῶν*] *σοφου d k* 443^{c} Hi^{com} 301,52 BenA *Conc* 863 Cassiod *1 Cor* 524 Ferreol 24,6 Pel *1 Cor* 7,31 PsHi *1 Cor* 739 | *καὶ καρδία* = 𝔐] *και καρδια δε* 252 ↓; *καρδια δε O* 534′ *cII* 411 Sa^{I} (sed hab Fa^{1}) Met VI.7,3 Antioch 1709 Chr II 1055 Dam^{ap}; om *καί* 106 601-609 542 645 | *ἀφρόνων*] *αφρων* 443*; *αφρονος* C *d k* 443^{c} Geo Arm^{te} Cassiod *1 Cor* 524 PsHi *1 Cor* 739 | *εὐφροσύνης*] *αφροσ.* 106*
7,5 *τό*] *του* V 998 261 390-601 248′ 336′ 543 645 698 Geo (sed hab Did 202,1 Antioch 1681 Chr II 1055); > 411 Dam | *ἐπιτίμησιν*] *επιτιμηση* 534; *επιστημησιν* 698; *επιτιμιον* 766^{B} | *σοφοῦ*] *σοφων* Syh Chr II 1055: ex (4a) | om *ἄνδρα ἀκούοντα* $L^{(-125)}$ | *ἀκούοντα*] *ακουον* 601 | *ᾆσμα*] *ασματα* 998* $L^{(-125)}$ $C^{\prime -601}$ Arm = Ald | *ἀφρόνων* ⌒ (6b) *ἀφρόνων* 336′
7,6 *ὡς* B-S-68′′-998 $C^{\prime -298}$ 357 296′ 311 338 443 645 706 795 $\text{Sa}^{\text{I 6}}$ Fa^{1} Ammon Antioch 1724 Bas III 961 Amb *Exh virg* 11,76 BenA *Conc* 1126 Eugip *Reg* 28,74 Spec 557,8 (*et sicut* Reg *Mag* 179,183)] pr *ὅτι* (sub ※ Syh) rel (Hi Syh Arm Arab Did PsChr Met VI.8,3,28 Ra. = 𝔐 𝔔 $𝔖^{\text{mss}}$ 𝔙 ↓) om *τῶν* 1° B-68′-998 *d* 443 Sa^{I} $\text{Fa}^{1\,2}$ Chr II 1055 Dam^{te} Max II 996 (non Ald)

7,3 *ὅτι—καρδία*] *σ′ ὅτι* (> 260^{cat}) *δι᾽ ἀηδίαν προσώπου βελτίων ἔσται διάνοια* 260^{cat} Hi | *ὅτι ἐν κακίᾳ προσώπου*] *σ′ ὅτι διὰ ἀηδίας προσώπου* 788 | *ἐν κακίᾳ*] *α′* ⟨*ἐν*⟩ *κακώσει* 248′; *θ′ ἐν* (> Syh) *κακώσει* 252 788 Syh *ἀγαθυνθήσεται καρδία*] ⟨*σ′*⟩ *βελτίων ἔσται διάνοια* 788 | *καρδία*] sub ※ *α′ θ′* Syh^{txt} ↑ **7,4** *καὶ καρδία*] *οἱ γ′ καί* (sub ※ Syh) *καρδία δέ* Syh^{txt} ↑
7,6 *ὡς φωνὴ — ἀφρόνων*] *σ′ διὰ γὰρ φωνὴν ἀπαιδεύτων ἐν δεσμωτηρίῳ γίνεταί τις* 248′ Hi

οὕτως γέλως τῶν ἀφρόνων·
καί γε τοῦτο ματαιότης.
7 *ὅτι ἡ συκοφαντία περιφέρει σοφὸν*
καὶ ἀπολλύει τὴν καρδίαν εὐτονίας αὐτοῦ.
8 *ἀγαθὴ ἐσχάτη λόγων ὑπὲρ ἀρχὴν αὐτοῦ,*

A C *O* B-S-68″-998 *L*$^{-125}$ *C*″ *d k* al$^{-155\ 359}$ verss

γέλως] pr *ο* A-C 475 613 *L*$^{(-125)}$ 260 *d k* 248″ 296′ 311 338 339 443 543 549 698 706 788 795 Sa$^{I\ 6}$ Fa^{1} Ol^{ap} Met VI.8,4,29 VI.9,21 Ammon Antioch 1724 Bas III 961 Chr II 1055 Dam Max II 996; + *ο* A-C *k* 248″ 296′ 311 338 339 443 547 706 788 795 Ol Met^{com} VI.8,29 VI.9,21 = Gra. *ἀφρόνων*] *ανθρωπων* 338 Reg *Mag* 179,183; + *οτι d* | om (6c) 106^{txt} *τοῦτο*] *τουτων* 698
7,7 *ὅτι*] > Hi Geo Arm^{te} Antioch 1560 Dam = 𝔇: contra 𝔐; + *ως φωνη των ακανθων* 106*: ex (6a) | om *ἡ* 571* 357 539 (sed hab 475$^{sup\ lin}$) *συκοφαντία*] *συκοφαντην* 539 | *σοφόν*] *σοφιαν* 248* | *ἀπολλύει*] *ἀπόλλυσι* B-68″(*-λυσι* 534)-998(*-λλυ*[..) 547 766^{B}(*-υσιν*) = Ra.; *απολει* Hi Sa$^{I\ II\ 6}$ Dam = 𝔇; *απολλει* 698; *απολυει* 503-571-609-797-798-*cII*$^{-260}$ *k* 311 | om *τήν* 443 766 | *καρδίαν εὐτονίας*] *κ. της ε.* 613; *ευτονιαν της* (> 443 766) *καρδιας O L*$^{(-125)}$ 411 443(*ε* corr ex *κ* pr m) 547 766; *κ. ευτονιαν* S* 645; *κ. ευτονως* 357; *κ. ευγενειας* C(*-νιας*) B-68′(*-νιας* 534)-998 *C*$'^{-298\ 299\ 563\ 571*}$(*-νιας* 798) Sa$^{I\ II\ 2\ 6\ 7}$ Fa^{1} Antioch 1560 (sed hab Syh Sa^{3} Fa^{2} Met VI.9,3,14 Dam) = Compl; *cor fortitudinis* Hi ↓
7,8 *ἀγαθή*] *αγαθον O* 342-754 766; *αγαθοι* 795 | *ἐσχάτη*] *εσχατην* 357 *λόγων*] *λογου O* 613 298 357 Hi Syh Geo Epiph III 205,20 Mel *Hom* 303,9 (sed hab Did 204,21 Epiph I 27,3 Ol) Gra. = 𝔐 | om *ὑπέρ* 1° 475 | *ἀρχήν*] *αρχον* 357; *αρχειν* 609 | *αὐτοῦ*] *αυτων* 147-*cII* 411 Sa$^{I\ 3\ 6\ 7}$ (sed hab Fa^{1}) Arm; *αυτον* 545^{mg}; > 253 Epiph I 27,3 III 205,20 = 𝔇

οὕτως γέλως] *σ′ οὕτως καὶ* (sub ※) *γέλως* Syh^{txt}; *α′ θ′ ὁμοίως τοῖς ο′* Syh^{mg} (= *οὕτως γέλως*) ↑ | *τῶν ἀφρόνων*] *σ′ ἀπαιδεύτων* Syh **7,7** *περιφέρει*] *α′ θ′* (*α′* 248′; mend *α′ σ′* Syh; s nom 539) *πλανήσει* 248′ 252 539 788 Syh; *σ′* (mend *θ′* Syh; s nom 539) *θορυβήσει* 248′ 252 539 788 Syh | *καὶ— αὐτοῦ*] *α′ θ′ perdit cor εὐτονίας αὐτοῦ*; *σ′ et perdit cor* matthana (*donum*) Hi | *εὐτονίας αὐτοῦ*] *σ′ θεοδώρητον* 248′ (ind mend ad 78a *ἀγαθή*)
7,8 *ἀγαθὴ — αὐτοῦ*] *ἄλλος· βέλτιον τέλος λόγου τῆς ἀρχῆς αὐτοῦ* 248′ *ἀγαθή*] *σ′ βέλτιον* Syh; *α′ θ′ ὁμοίως τοῖς ο′* Syh (= *ἀγαθόν* ↑)

ἀγαθὸν μακρόθυμος ὑπὲρ ὑψηλὸν πνεύματι.
9 μὴ σπεύσῃς ἐν πνεύματί σου τοῦ θυμοῦσθαι,
ὅτι θυμὸς ἐν κόλπῳ ἀφρόνων ἀναπαύσεται.
10 μὴ εἴπῃς Τί ἐγένετο
ὅτι αἱ ἡμέραι αἱ πρότεραι ἦσαν ἀγαθαὶ ὑπὲρ ταύτας;

A C *O* B-S-68′′-998 L^{-125} *C*′′ *d k* $\text{al}^{-155\ 359}$ verss

ἀγαθόν] αγαθος $C'^{-298\ 571^c}$ | μακρόθυμος] -θυμον 357 | ὑψηλόν] ισχυρον 299 | πνεύματι] πνε[998(spat 8–9 litt); πνευμα τιμης B-S*-68(πνα τ.)-534(π. τημης); πρα τιμης 645; pr εν Syh
7,9 om μή 534 | σπεύσῃς] σπευδε 252: cf 51a; σπευσεις 261; πιστευσης 475-637 534 543 698; + του 998* | om ἐν 1° 336′ | πνεύματί] pr τω 698 τοῦ] το 475 609; > V 296′ 311 706 795 Anton 1172 Antioch 1508 Dam θυμοῦσθαι] θυμουσου 560 | θυμός] pr ο 601 $\text{Sa}^{I\,3\,6\,7}$ $\text{Fa}^{1\,2}$ | ἐν κόλπῳ] εγκολπω 139; > 295 357 Fa^{1} | κόλπῳ] κλοπω 601 | ἀφρόνων] αφρωνι 357 | ἀναπαύσεται] αναπαυεται *cII*(260^c) 296′ Hi 303,116^{te} 303,124 (sed hab *requiescet* La^{160} Hi^{lem} 303,116^{ap}) Sa^{3} Fa^{1} Did 205,27 206,21 Ol^{ap} Met VI.12,4,13 Antioch 1508 Dam^{te} Amb *Exh virg* 11,77 An *Scrip* 1,28 Aug *Spe* 8 BrevGoth 539 Caes *Serm* 156,6 Cass *Co* 16,27,4 *Inst* 8,1,2 Ferreol 3,9 PsCaes *Virg* 1162 SedScot *Misc* 13,9,7 Spec 603,5 Ta *Ecl* 14 *Sent* 4,16 = 𝔇; επαναπαυσεται 766; επαναπαυεται Ol^{com}
7,10 εἴπῃς] ειποις 425*; ειπις 560 | Τί] τις 253; οτι 296′ 311; δια τι $\text{Sa}^{I\,7}$ (sed hab Sa^{3} $\text{Fa}^{1\,2}$) ↓ | om ὅτι 1° 998 CPA | αἱ 1°] pr εν CPA; > 637 *cII* Bas II 145 = Compl | αἱ πρότεραι ἦσαν] εισαν προτεραι 336′ | om αἱ 2° 637 298 | πρότεραι] προτερον A-C 106 C'^{-299} *k* 542^{txt} Antioch 1528 Ath II 313 Bas IV 1121 = Ald; προτρ 261 645; πρωται 296′ 311 706 766 795
ἦσαν/ἀγαθαί] tr *O* 411 539 542 Hi^{lem} 303,126 Syh Ol Met VI.13,3 Bas II 145 IV 1121 Hi *Ad Iovin* 1,29 *Am* 3,6 PsBas *Is* 1,4 (sed hab Hi *Gal* 1,1)
ταύτας] ταυτα 998^c; τας αρτι 539; πανται 609

ἀγαθόν] α′ θ′ ὁμοίως Syh (= ἀγαθός ↑) | ὑψηλὸν πνεύματι] σ′ ὑψηλοκάρδιον 248′ | πνεύματι] σ′ καρδίᾳ 788 **7,9** ἐν πνεύματί σου τοῦ θυμοῦσθαι] σ′ διὰ λόγων σου παροργίσαι 248′ | θυμός] σ′ ὀργή 248′ **7,10** τί (ἐγένετο)] α′ διὰ τί 248′ 788

ὅτι οὐκ ἐν σοφίᾳ ἐπηρώτησας περὶ τούτου.
11 *ἀγαθὴ σοφία μετὰ κληροδοσίας*
καὶ περισσεία τοῖς θεωροῦσιν τὸν ἥλιον·
12 *ὅτι ἐν σκιᾷ αὐτῆς ἡ σοφία ὡς σκιὰ τοῦ ἀργυρίου,*
καὶ περισσεία γνώσεως τῆς σοφίας
ζωοποιήσει τὸν παρ' αὐτῆς.

A C *O* B-S-68''-998 L^{-125} *C''* *d* *k* $\text{al}^{-155\ 359}$ verss

ὅτι 2° — *σοφίᾳ*] *non enim sapienter* Hi ↓; *quia non sapienter* Hi *Ad Iovin* 1,29 (sed hab *quoniam non in sapientia* Hi *Am* 3,6 PsBas *Is* 1,4) *ἐπηρώτησας*] *επερωτησας* C 139-147-503 542 543 728 Did 207,21 Dam; *επερωτησα* 357; *ηρωτησας* *O* *k* PsChr Ath II 313; *ηρωτησα* 296'; *επειρασας* d^{-357} | *τούτου*] *τουτο* 545
7,11 *ἀγαθή*] *αγαθον* 443 | *σοφία*] *σοφιας* 797 336* 548; pr *η του πνς* 299; + *η του πνς* $139^{\text{sup lin}}$ $560^{\text{sup lin}}$: ex cat | *μετά*] *υπερ* 548 | *κληροδοσίας*] absc 998(...]*ας*); *κληρονομιας* *O* B-68' *d* 336' 539^{lem} 766 $\text{Sa}^{\text{II}\ 3\ 7}$ $\text{Fa}^{1\ 2}$ PsChr; *σκληροδοσιας* 548; + *των αρετων* $139^{\text{sup lin}}$-$560^{\text{sup lin}}$: ex cat | *καί*] + *τι* 645 | *περισσεία τοῖς*] *περισσειαυτοις* 548 | *περισσεία*] *περισσον* O^{-253}; *περισσως* 253; *περισση* 539; *amplius* Hi | *θεωροῦσι(ν)*] *ορωσι(ν)* *O* 613 411 Did^{com} 208,17 (sed hab Did 208,2 208,15, 208,17); + *υπο* 475
7,12 *ὅτι*] pr *σκεπει σοφια ως σκεπει το αργυριον* 503 ↓ | *ἐν*] *η* 475 *k*; + *τη* 299 Co | *σκιᾷ*] *κακια* 357 | *αὐτῆς* 1°] *αυτοις* 609; *αυτη* 534 | *ἡ σοφία*] *της σοφιας* V-475 S^{c}; *εν σοφια* 797; *ως σοφια* 357; om *η* 253; > 543 | om *ὡς* — *σοφίας* 357 | *ὡς σκιά*] *ως κακια* 571*; *ω σκια* 998 299-571^{c} 336: haplogr om *τοῦ* B-68'-998 d^{-357} 336' 443 $\text{Sa}^{\text{I}\ 6\ 7}$ PsChr | *καί*] *οτι* 547 Ol | *γνώσεως*] pr *της* 147-159-503-560-425^{mg} 766 | *τῆς σοφίας*] *τῃ σοφια* S* 645; + *η σοφια* S C'^{-298} *k* 645 = Ald | *ζωοποιήσει*] -*σεις* 296'; -*σαι* 609; -*σα* 425*; [*κ*]*αι ποιησει* 475; praes Syh | *τὸν παρ' αὐτῆς*] *τον εχοντα αυτην* S^{c} 613 *O* $L^{(-125)}$ 411 Hi: cf 510b 88e ↓; *τους παρ αυτη* 298; > 766 | *τόν*] *των* 609; *τα* 795

ὅτι οὐκ ἐν σοφίᾳ] σ' *οὐ γὰρ φρονίμως* 248' **7,12** *ὅτι*—*ἀργυρίου*] σ' *ὅτι* (> Hi) *ὡς* (*καθάπερ* 788; > 248' 252 539) *σκέπει σοφία ὁμοίως* (*ὡς* 248' 252 539) *σκέπει* (+ *et* Hi) *τὸ* (> 788) *ἀργύριον* 248' 252 (s nom) 539 (s nom) 788 Hi Syh | (*τῆς σοφίας*) — *τὸν παρ' αὐτῆς*] σ' *ἡ* (> 788) *σοφία* (> 788) *διασώσει τοὺς ἔχοντας αὐτήν* 248' 788

13 *ἰδὲ τὰ ποιήματα τοῦ θεοῦ·*
ὅτι τίς δυνήσεται τοῦ κοσμῆσαι
ὃν ἂν ὁ θεὸς διαστρέψῃ αὐτόν;
14 *ἐν ἡμέρᾳ ἀγαθωσύνης ζῆθι ἐν ἀγαθῷ*
καὶ ἰδὲ ἐν ἡμέρᾳ κακίας·
καί γε σὺν τοῦτο σύμφωνον τούτῳ

A C *O* B-S-68′′-998 *L C*′′ *d k* al$^{-155\ 359}$ verss

7,13 om (13a) 390 | *ἰδέ*] *ειδε* 998 *k* 706 Did 209,25 210,22 211,5; *ιδεται* 357; *ιδετε* 754 | *τὰ ποιήματα*] *ποιημα* 337; singular Syh; om *τά* 357 *δυνήσεται*] *-σηται* 253 503 645 728; *δυναται* Did^{com} 212,17 Syh | om *τοῦ* 2° B-S*-68′-998 *d* 443 Did^{com} 212,17 PsChr (non Ald) | *κοσμῆσαι*] *επικ.* *d* La^{160} Hi 305,181 307,230 Did^{com} 210,24 212,17 (sed hab Did^{lem} 209,25 211,9): cf 1 15a; *κομισαι* 998; *κοιμησαι* 371 | *ὃν ἂν ὁ θεός*] *ο ανθρωπος* 357 *ὃν ἄν*] *οταν* A*(vid) | *ὅν*] *ο* C | om *ἄν* 253 | *διαστρέψῃ*] *-ψει* *O*$^{-253}$ S 125 609-797 357 296*-548 645 795; *-ψι* 998* Did 211,22 (sed hab Did 209,25); *-θρεψη* 728; *-θρεψει* 336 | *αὐτόν*] *αυτων* 609
7,14 *ἐν ἡμέρᾳ ἀγαθωσύνης*] trah ad (13c) 998 Sa$^{I\ II\ 7}$ Fa^{1} Ol | *ἀγαθωσύνης*] *-θοσυνης* *O*$^{-V}$ 534 261 299-390-425^{c} 357 *k*$^{-46}$ 161^{c}-248* 543 548 645 Did 212,21 212,25 213,1; + *αυτου* S *C*′′(560*(vid))-260^{c} 411 547 645 Ol *ζῆθι*] *ζη* 336′ 698; *ζωτι* 998; + *ο* 336′ | *ἐν ἀγαθῷ*] *αυτω* 766 | *ἀγαθῷ*] *αγαθωσυνη* S*: ex praec | *ἰδέ*] post *κακίας* tr 475; > *O*$^{-V\ 475}$ 260* *k* 336′ 542 766 Hi Syh Did 212,21 Met VI.16,3 Ra. = 𝔐 | *κακίας*] *σκιας* *k* | *καί γε* V S^{c} *L* 338 CPA] pr *ει δε* 443 706 Did 212,21 (*ειδε*); pr *ιδε* rel (Hi Syh Co Arm PsChr Ol Met VI.16,3 Ra. = 𝔐) | *σύν* B-68′-998 571^{c} PsChr] > rel (539) | *τοῦτο*] *τουτου* *k* 336′; *τουτω* B-68′-998^{c} 540-571^{c} Arm^{te} PsChr; + *τουτω* *O* 613 336′(*-το* 728) | *σύμφωνον*] *-φων*[… 998; *-φωνως* B-68′(*-ος* 68) 357(*-ος*) Sa$^{I\ 6\ 7}$ Fa^{1} Did 212,21 PsChr; *-φωνει* C; > *L* | *τούτῳ*] *τουτου* *k*;

7,13 *ἰδὲ — αὐτόν*] σ′ *disce opera Dei, quia nemo poterit corrigere, quod ille imminuit* Hi | *ὃν ἂν ὁ θεὸς διαστρέψῃ αὐτόν*] ⟨σ′⟩ ὃν ἐκόλασεν 252 (s nom)
7,14 init — *κακίας*] σ′ *in die bono esto in bono; diem vero malum intuere* Hi | *ζῆθι*] ἔσο 248′ Syh; α′ θ′ ὁμοίως τοῖς ο′ Syh (= *ζῆθι*) | *καί γε — μηδέν*] σ′ καὶ γὰρ τοῦτο ἀνάλογον τούτου ἐποίησεν ὁ θεὸς τοῦ μὴ εὑρεῖν ἄνθρωπον κατ᾽ αὐτοῦ μέμψιν 248′ 252 (s nom) Hi Syh | *καί γε σὺν τοῦτο σύμφωνον τούτῳ*] ⟨σ′⟩ καὶ γὰρ τοῦτο ἀνάλογον τούτου 539 (s nom) *σύμφωνον*] σ′ ἀνάλογον 788

ἐποίησεν ὁ θεὸς περὶ λαλιᾶς,
ἵνα μὴ εὕρῃ ὁ ἄνθρωπος ὀπίσω αὐτοῦ μηδέν.
15 *Σὺν τὰ πάντα εἶδον ἐν ἡμέραις ματαιότητός μου·*
ἔστιν δίκαιος ἀπολλύμενος ἐν δικαίῳ αὐτοῦ,
καὶ ἔστιν ἀσεβὴς μένων ἐν κακίᾳ αὐτοῦ.
16 *μὴ γίνου δίκαιος πολὺ*

A C *O* B-S-68''-998 *L C''* *d k* al$^{-155\ 359}$ verss

τουτο O B-68' 522-540-571* 357 336' 339 Sa$^{I\ II\ 4\ 6\ 7}$ Fa$^{1\ 2}$ Arm^{te} PsChr; *τουτων* 571^{c} 539 698 = Ald; > 475 *L* 766; absc 998
ἐποίησεν] pr *τουτο* 475 542 Syh CPA Met VI.17,2,4; pr *ο* S *C'*$^{-298}$-260* 411 645 | *περὶ λαλιᾶς* = 𝔖 | *ἵνα*] *οπως d* | *ὁ ἄνθρωπος*] *αυτο* 563-571*; om *ο* A-C 637 S *L*$^{-125}$ *C''*$^{-260}$ 631* 296' 311 336' 339 411 543 549 645 706 788 Did^{lem} 213,7 Ol Met VI.17,3 (sed hab Sa$^{I\ II\ 6\ 7}$ Fa$^{1\ 2}$ Did^{com} 213,9 213,11) = Ald Sixt; om *ἄνθρωπος* 503 | *αὐτοῦ*] *αυτης* 571^{c} = Ald | *μηδέν*] ...]ν 998; *ουδεν* B-68 390-571^{c}-797* *d* 161-248^{c} 542
7,15 *Σὺν τὰ πάντα* C *O*$^{-637}$ S* *L d*$^{-357}$ 252 296' 311(*σον τα π.*) 339 543 549 645 706 = Ra.] *συμπαντα* 637 *C'' k* 248* 338 411 547 788 795 Ol = Ald Compl Sixt; *τα συμπαντα* 613 248^{c}; *τα παντα* B-68'-998(*τα παν⟨τα⟩*) 357 161 336' 443 542 698 766 Did 213,19 Met VI.18,4; om *τα* A S^{c} = Gra.; + *ταυτα* 545^{mg}(vid) | *εἶδον*] *ιδον* A V 998 157* 336' Met VI.18,4 = Gra.; + *εγω d*$^{-357}$ | *ἡμέραις*] *ημερα* 298-299-797 *k* Sa^{7} Met VI.18,4 | *ματαιότητός*] *νεοτητος d*; > 795 | om *μου* 560* CPA Did^{com} 214,4 (lib) | *δίκαιος*] *διος* 601* | *δικαίῳ*] *δικαιοσυνη O* 545^{c}(*-καιω-*) 357 698 Hi Sa$^{I\ II\ 6\ 7}$ Fa$^{1\ 2}$ Arab Ambrst *Rom* 12,19 (sed hab Ambrst *Eph* 4,26) Hi *Is* 2,52,34 8,19,44 17,35,32 *Pel* 1,39 2,3 ↓ | *ἔστιν* 2°] *εστην* 645 | *ἀσεβής*] *ασεβεις* 534 299 357 252*
7,16 *γίνου* ⌒ (17a) *γίνου* Fa^{1} | om *δίκαιος* 998 | *πολύ*] *πολυς* 998 339; pr *επι* S *C'*$^{-157}$ = Ald

---

ἵνα — fin] σ' *ὑπὲρ τοῦ μὴ εὑρεῖν ἄνθρωπον κατ' αὐτοῦ μέμψιν* 788
7,15 *ματαιότητός μου*] α' *ἀτμοῦ μου* 252 | *ἐν δικαίῳ αὐτοῦ*] α' *ἐν δικαιοσύνῃ αὐτοῦ* (> 788) 788 Syh; σ' *τῇ δικαιοσύνῃ αὐτοῦ* 248' 252; *καὶ ἡ δικαιοσύνη αὐτοῦ* 539 (s nom) | (*καὶ ἔστιν ἀσεβὴς*) *μένων* — *αὐτοῦ*] σ' (+ *καὶ ἔστιν ἄδικος* Syh) *μακρόβιος διὰ τὴν κακίαν αὐτοῦ* 788 Syh | *μένων ἐν κακίᾳ αὐτοῦ*] α' *μακρύνων ἐν πονηρίᾳ αὐτοῦ* 248' 252 (s nom) 539 (s nom) Syh | *μένων*] σ' *μακρόβιος* 248' **7,16** *πολύ*] σ' *πλέον* (*πλεῖον* 252) 248' 252 539 (s nom) 788 Syh

καὶ μὴ σοφίζου περισσά, μήποτε ἐκπλαγῇς.
17 μὴ ἀσεβήσῃς πολὺ καὶ μὴ γίνου σκληρός,
ἵνα μὴ ἀποθάνῃς ἐν οὐ καιρῷ σου.
18 ἀγαθὸν τὸ ἀντέχεσθαί σε ἐν τούτῳ,
καί γε ἀπὸ τούτου μὴ ἀνῇς τὴν χεῖρά σου,
ὅτι φοβούμενος τὸν θεὸν ἐξελεύσεται τὰ πάντα.

A C *O* B-S-68′′-998 *L* *C*′′ *d* *k* al$^{-155\ 359}$ verss

om καὶ μὴ — (17a) γίνου 998 | καὶ μή ∩ (17a) καὶ μή 311 | καὶ μή] μηδε 637 B-S-68′′ *C*′ *d* 411 645 698 766^{B} PsChr GregNa II 181 Hi *Luc* 151,16 (sed hab Hi = Gra.) | περισσά] περιττα 613 Ol^{com} Cyr II 920; περισσια 357; περισσως 698: cf 12,9a | μήποτε] μηπω 336′ Sa$^{I\ II\ 7}$ Fa^{2}(μηπως); ινα μη C Sa^{3}(vid; sed hab Sa^{4}) Ath II 569 IV 1168 Did *Trin* 620 GregAc 4,40,24s; om μη 253* | ἐκπλαγῇς] -γεις 125 795; εκκλινης *O*(-κλεινης V) Sa$^{I\ 3}$ (sed hab Fa^{2}) Antioch 1576
7,17 om (17ab) Did^{lem} | μή] pr και *C*′$^{-298}$ 698 Dam^{te} | ἀσεβήσῃς] ασεβησεις 125′ 560 795; ασεβει 766^{A}; ασεβιζου 357 | πολύ] πολλα *L* 728 Antioch 1553; πολλυ 357 336; pr επι *C*′ Anast 716 Ath IV 668 = Ald | καὶ μή] μηδε 698 | σκληρός] σκληρον 159; σκηρος 601-797 | ἵνα μή] μη ποτε *C*′$^{-298}$ = Ald: ex 16b | ἀποθάνῃς] ς sup lin C | οὐ] ω 698 | σου] προσηκοντι 797
7,18 ἀγαθόν] -θων 609 | τό] τω 637 261; > Met^{com} VI.21,5 | om σε 475 357 Met VI.21,2,5 | ἐν τούτῳ] εκ τουτων 336′ | ἐν] εκ 415 | τούτῳ] τουτο 299-560 | τούτου] τουτων *d* 728; τουτω 545^{c}; του 261-545* | μή] pr τον θεον 147-425^{mg}; pr ου 613; > 645 | ἀνῇς 161^{mg}-248^{mg} Ra. = 𝔐] αφης *O*$^{-V}$ Hi (*dimittas*) Did 217,19 = 𝔐 ↓; μιαινου *k*; μιανης rel (CPA; Fac *Def* 8,5,17) | τήν χεῖρα] pr και 147-425^{mg} | χεῖρα] χειραν 337 | ὅτι] pr και 601* | φοβούμενος] φοβουμενου 443; (τοις *d*) φοβουμενοις B-68′ 125 563-571-798-157′-609-260 *d* *k* 248′ 542 698 Sa^{3} (sed hab Hi Syh Sa^{I} Fa$^{1\ 2}$ Aeth Did Met VI.21,3,17 Ol Dam); pr ο A 613 298-299-*cII*$^{-260}$ 338 547 Syh Sa^{I} Fa$^{1\ 2}$ Did 218,5 218,15 Ol Dam Fac *Def* 8,5,17 | θεόν] κυριον V CPA

περισσὰ μήποτε ἐκπλαγῇς] σ′ ἵνα μὴ ἀδημονῇς περισσῶς 248′ **7,17** ἐν οὐ καιρῷ σου] σ′ πρὸ τοῦ καιροῦ σου 252 (s nom) 539 (s nom) Syh **7,18** μὴ ἀνῇς] α′ σ′ ܠܐ ܬܫܒܘܩ Syh (= μὴ ἀφῇς ↑); θ′ μὴ ανῇς 248′ (s nom) 539 (s nom) Syh (ܠܐ ܬܢܝܚ) | ὅτι—πάντα] σ′ ὁ γὰρ φοβούμενος τὸν θεὸν διελεύσεται (διεξελεύσεται 161^{c}-248) τὰ πάντα 248′ 252 (s nom) φοβούμενος] α′ σ′ θ′ ὁμοίως τοῖς ο′ (= φοβούμενος ↑) | ἐξελεύσεται] σ′ διεξελεύσεται 788

19 Ἡ σοφία βοηθήσει τῷ σοφῷ
ὑπὲρ δέκα ἐξουσιάζοντας τοὺς ὄντας ἐν τῇ πόλει·
20 ὅτι ἄνθρωπος οὐκ ἔστιν δίκαιος ἐν τῇ γῇ,
ὃς ποιήσει ἀγαθὸν καὶ οὐχ ἁμαρτήσεται.
21 καί γε εἰς πάντας λόγους, οὓς λαλήσουσιν ἀσεβεῖς,

A C *O* B-S-68''-998 *L* *C''* *d* *k* al$^{-155\ 359}$ verss

PsBed *Prv* 31 schin 1052 | *ἐξελεύσεται*] *επελευσεται* 766 | *πάντα*] (*τα* 475) *συμπαντα ταυτα* *O* 411: cf 7 15a; *mn kwl'* CPA (*εκ των παντων*)
7,19 om *Ἡ* 336′ | *βοηθήσει* = 𝔔] *βοηθεισῃ* 797*; *βοηθησῃ* 159-571-797^{c} 766^{A}; *βοηθεισει* 645*; *βοηθησι* Did 218,22 219,6 219,11 219,12; *φοβηθησει* 534 295 443; *confortabit* Hi 309,305 309,22 = 𝔐 (sed hab *adiuvit* Hi^{LXX} 309,323 = 𝔙) | *σοφῷ*] *θεω* 106^{txt}-797 | *δέκα*] *δε και* 295; > Fa^{2} *ἐξουσιάζοντας*] *εξουσιας* 601 | om *τοὺς ὄντας* 475 *C′* Fa$^{1\,2\,3}$: homoiot *ὄντας*] post *πόλει* tr 253; > S 645 Met VII.1,3,14,24
7,20 *ἄνθρωπος*] post *δίκαιος* tr V; post *ἔστιν* tr 336′ 443 Did^{com} 221,8 *Ps.CatA* 539; pr *ο* 371; > Ath IV 92 Or IV 377,9: cf 3 Reg 8 46 | *οὐκ ἔστιν*] post *δίκαιος* tr *L* Ol | om *ἐν* 560 | *τῇ γῇ*] spat ca 4 litt 601 | *γῇ*] *πολει* 631*(c pr m) | *ὅς*] *ως* 601 | *ποιήσει*] *ποιησῃ* 475; *ποιησεται* C 411 *ἀγαθόν*] -*θων* 609; *αγαθωσυνην* *k*(-*θο*- 631); pr *το* 534′ | *οὐχ*] *ουχι* 139-147-159-503-560-563^{c}-571-157-609-797 645 | *ἁμαρτήσεται*] -*τησει* 253 *L* 298-299-*cII*$^{-260}$ Ol
7,21 *λόγους*] pr *τους* 534′ *L* *C′*$^{-298}$-260 342 411 443 PsChr Anton 1064 Dam Ald Gra. Ra. = 𝔐 | *οὕς*] *τουτους* 157; > S 645; + *αν* 998 *L* 336′ 788 PsChr | *λαλήσουσιν*] *λαλησωσιν* 106-545 336′ 542; *λαλησεται* *k*; *ποιησουσιν* 357 | *ἀσεβεῖς*] pr *οι* *d* Sa^{I} Fa$^{1\,2\,3}$ Antioch 1536; > A-C *O* S^{c} *k* 248'' 296′ 311 336′ 339 542 543 549 706 766 788 Syh Aeth Did 222,19 Anton 1064 Dam omnes lat (sed hab CPA Sa^{I} Fa$^{1\,2\,3}$ PsChr Met VII.2,2 Antioch 1536 = 𝔖 ℭ) Ra. = 𝔐 𝔙

7,19 *βοηθήσει τῷ σοφῷ*] ⟨σ′⟩ (α′ 248′) *ἐνισχύσει τὸν σοφόν* 248′ 252 (s nom) **7,21** *καί γε — σου*] σ′ *ἀλλὰ μηδὲ* (*μὴ δὲ* 248) *πᾶσι τοῖς λαλουμένοις παράσχῃς τὴν καρδίαν* (*τῇ καρδίᾳ* 248′) *σου* 248′ 252 | *καί γε — λαλήσουσιν*] ⟨σ′⟩ *ἀλλὰ μηδὲ* (*μὴ δὲ*, cod.) *πᾶσι τοῖς λαλουμένοις* 788

μὴ θῇς καρδίαν σου,
ὅπως μὴ ἀκούσῃς τοῦ δούλου σου καταρωμένου σε,
22 *ὅτι [πλειστάκις πονηρεύσεταί σε]*
καί ⟨ γε ⟩ καθόδους πολλὰς κακώσει καρδίαν σου,
ὅπως καί γε σὺ κατηράσω ἑτέρους.
23 *Πάντα ταῦτα ἐπείρασα ἐν τῇ σοφίᾳ·*
εἶπα Σοφισθήσομαι,

A C (870-) *O* B-S-68″-998 *L C″ d k* al$^{-155\ 359}$ verss

μὴ θῇς] *μη θησεις* 311; *μνησθησεται* 357; *μη δως*(*δος* Met^{lem}) *O* S *C′*$^{-298}$ 571^{c} 411 542 645 766 Hi Syh CPA Sa^{I} (sed hab Fa$^{1\ 2\ 3}$) Did 222,19 222,27 225,5 225,6 Met VII.2,3,19,29 = 𝔐 | *καρδίαν*] pr *την O* 998 *L* 298-299 248′ 338 766 Sa$^{I\ II\ 4}$ Fa$^{1\ 2}$ Did^{com} 222,27 225,6 Ol Met^{com} VII.2,19,29 *ὅπως μή*] *οπου μη* 766^{B} | *ἀκούσῃς*] *ακουση*(*ι*) *cII* 411; *-σεις* 296-548^{c} | *τοῦ δούλου*] *τους* (*του* V) *δουλους O*$^{-475\ 637}$ Ol^{ΔΙΚΜ}; *τω δουλω* 571* | *σε*] *σοι* 766^{B}; *σου* 299-609 795
7,22 om (22a) Hi = 𝔙 | *πλειστάκις*] + *καιρου O d*$^{-357}$ 411 | *πονηρεύσεταί*] *πονηρευεται* 299-390-540*-425*-*cII*$^{-260\ 371}$ 337 248* 543 547 Syh = Compl; *πορευσεται* 571* 357 | *σε*] *σου* 125′; > 542 Syh Did 222,20 223,13 223,14 | om (22b) Fa^{1} | *καί* 1°] *οτι O*; > 337 766^{B} | *πολλάς*] *πολλα* S* 645 766; *πολλακις* 475; *πολλους* 357 | *κακώσει*] *κακωση* 157; praes Syh; *πονηρευσει* 698 | *καρδίαν*] *καρδια* B-68-998* Sa^{I} Fa^{1} (sed hab Arm Did 223,17 PsChr Met VII.2,5 = Ald); *η καρδια* 125′ | *ὅπως C′*$^{-298}$ = Ald Gra. Ra.] absc 998; *οτι* S^{c} *cII d* Sa$^{I\ II}$ Fa^{2} PsChr Met VII.2,5 = 𝔙; *ως* Fa^{1}; > Arm; *οτι ως* rel (CPA Did 223,17) | *καί*/*γε*] tr 609 547 | *γε*] > *γε O* 390 *k* 411 Sa$^{I\ II}$ Fa^{1} PsChr Ol^{com} = 𝔙; + *ως* S *cII d* Met VII.2,5 | *ἑτέρους*] *ετεροις* 766^{B}; *πολλους* 147-798; > 425^{c} PsChr; + *πολλους C′*$^{-147\ 798}$ = Ald
7,23 *Πάντα*/*ταῦτα*] tr 998 *L* 299 338 645 766^{A} Sa^{I} Fa$^{1\ 2}$ Geo Arm | om *τῇ O*$^{-253\ 475}$ B-68 766^{B} (sed hab Ald) | *εἶπα*] absc 870; *ειπον O*; *ειτα L*$^{-106\ 130}$ 390 | *σοφισθήσομαι*] *-θηστησομαι* 798

καταρωμένου] σ′ *λοιδοροῦντος* (*-τες* 248) 248′ **7,22** *ὅτι—σου*] α′ *ὅτι πρὸς πλεονάκις* (*-κης* 252) *καιροῦ πονηρεύσεται* (*πορεύσεται* 161) *καρδία* (*καρδίαν* 252) *σου* 248′ 252 | *ὅπως καί γε σὺ κατηράσω ἑτέρους*] σ′ *καὶ σὺ ἐλοιδόρησας ἄλλους* 248′ 788 **7,23** *ταῦτα ἐπείρασα ἐν τῇ σοφίᾳ*] σ′ *τούτων ἐπειράσθην* (*-άσθη* 248′) *ἐν* (> 252) *σοφίᾳ* (> 252) 248′ 252 | *εἶπα σοφισθήσομαι*] σ′ *ὑπέλαβον σοφὸς γενέσθαι* 248′ 788

24 *καὶ αὐτὴ ἐμακρύνθη ἀπ' ἐμοῦ μακρὰν ὑπὲρ ὃ ἦν,*
καὶ βαθὺ βάθος, τίς εὑρήσει αὐτό;
25 *ἐκύκλωσα ἐγώ, καὶ ἡ καρδία μου τοῦ γνῶναι*
καὶ τοῦ κατασκέψασθαι καὶ ζητῆσαι σοφίαν καὶ ψῆφον
καὶ τοῦ γνῶναι ἀσεβοῦς ἀφροσύνην
καὶ ὀχληρίαν καὶ περιφοράν.

A C (-870) *O* B-S-68''-998 *L C''* *d k* al[-155 359] verss

7,24 *ἐμακρύνθη* 870] -*θην* 475 *k*[-337] 542 | *ἀπ' ἐμοῦ* post *μακράν* tr C Did *Hiob* 298,8 | *μακράν*] *μακρου* 46 | om (24b) 260 | *καί* 2°] + *εκ* 336′ *βάθος*] bis scr 609; *βαθυς* 998 | *τίς*] *τι* 357 | *εὑρήσει*] *ευρησεται* 298 Ol[te] *αὐτό*] *αυτω* 534 130 357 548* 698; *αυτον* 253; *αυτην* S* *C''*[-260] *k* 339 411 547 645 766[B] 788 Syh Sa[I] Ol Met VII.3,4,29 Did *Hiob* 106,22 298,8 *Ps* 131,19 131,21 *Ps.CatA* 405 910 1212 Mel *Hom* 307,19 (sed hab PsChr Ath I 692 Cyr VI 512 Hi *Or in Jer hom* 8,7) = Ald
7,25 *ἐκύκλωσα*] litt *ε* ex corr 139 | *καὶ ἡ*] *εν τη* 698 Sa[I 3] | *γνῶναι* 1°] ⌒ 2° 68; *γνωσαι αυτην* 147 | om (25b) – (26f) 338 | om *τοῦ* 2° 371* | om *καί* 3° 543 | *ζητῆσαι*] *γνωναι* 357: ex (25a); pr *του* A-C *O* S 130 *C′*-260 *k* 248'' 296′ 311 339 411 539 542 543 547 549 645 698 706 766 788 795 Syh Met VII.4,3 VII.6,9 (sed hab Met[com] V.5,50) = Sixt | *ψῆφον*] *rationem* Hi = 𝔙 ↓ | *ἀσεβοῦς ἀφροσύνην*] *impietatum stulti* Hi Syh Sa[I 3] Fa[1] (*i. stultorum*) = 𝔐 𝔙 | *ἀφροσύνην*] *ευφροσυνην* *C′*[-157 298 299 563 571 609 797] 357 Geo Arm[te] Did[com] 226,19 (sed hab Did[lem] 226,9) Amb *Mort* 7,28 = Ald | *ὀχληρίαν* 539] *σκληριαν* *C′*[-298 299] = Ald Gra. Ra. | *περιφοράν*] *παραφοραν* A Sa[3]; *πληροφοριαν* 357

7,24 *τίς εὑρήσει αὐτό*] σ′ *ὃ οὐδεὶς* ⟨*εὑρήσει*⟩ 248′; α′ θ′ ܢܫܟܚܝܗ̇ Syh (= ⟨*τίς*⟩ *εὑρήσει αὐτό*) **7,25** *ἐκύκλωσα—ζητῆσαι*] σ′ *pertransivi universa sensu meo scire et disserere et investigare* Hi | *ἐκύκλωσα*] σ′ (α′ 248′) *περιώδευσα* 248′ 252 | *καὶ τοῦ κατασκέψασθαι*] σ′ *καὶ διαθρῆσαι* 248′ *καὶ ψῆφον*] α′ σ′ (α′ 248′) *καὶ* (> 248′ 539) *λογισμόν* 248′ 539 (s nom) 788 Syh | *καὶ* 6° — *περιφοράν*] α′ *καὶ ἀφροσύνην καὶ πλάνας* 788 | *περιφοράν*] α′ *πλάνας* (-*νην* 252) 252 539 (s nom) Syh; σ′ *ἔννοιαν θορυβώδη* 248′

26 *καὶ εὑρίσκω ἐγὼ αὐτήν, καὶ ἐρῶ πικρότερον ὑπὲρ θάνατον,*
σὺν τὴν γυναῖκα, ἥτις ἐστὶν θηρεύματα
καὶ σαγῆναι καρδία αὐτῆς,

A C *O* B-S-68′′-998 *L C*′′ *d k* $\mathrm{al}^{-155\ 359}$ verss

7,26 *ἐγώ/αὐτήν*] tr 298 | *ἐγώ*] *καγω* 296′; > 147-159-299-503-560-797* 357 $\mathrm{Fa}^{1\ 2}$ Geo | *αὐτήν*] sub ÷ et «Origenes» sup lin Syh; > Hi Ra. = 𝔐; + *και ευφροσυνη* (*-νην* S^{c} 754; *αφροσυνη* 475) *πλανα* (*-ας* S^{c} 475) *O* S^{c} d^{-357} ↓ | *καὶ ἐρῶ* B-S*-68′′-998 357(+ *εγω*) 698 PsChr Spec 532,8 Arm] *και* (+ *εγω* Sa^{I}) *ειπον* *O* S^{c}(*ειπα*) d^{-357} $\mathrm{Sa}^{I\ II}$; absc Fa^{1}; > rel (Ra. = 𝔐) *πικρότερον*] *πικροτέραν* C *L* $C^{\prime\prime -298\ 797}$ *k* 248′ 296′ 311 339 411 443 542 547 698 706 766 795 Ol Met VII.4,5,51 Dam^{ap} (sed hab Did 227,1 PsChr Anast 628 684 Antioch 1485) | *θάνατον*] *θανατος* 797*; pr *τον* O^{-V} $\mathrm{Sa}^{I\ 3}$ Anast 684 (sed hab Anast 628) Constit I 8,20 | *σύν*] *συ* 357; *νυν* 795; > 637 311 Hi Syh Sa^{I} (sed hab $\mathrm{Fa}^{2\ 3}$) Aeth Ol Anast 684 Cyr I 516 III 121 | *τὴν γυναῖκα*] *τη γυναικι* 534 125 336 | *τήν*] *τη* 261-545; > *k* 548 | *γυναῖκα*] *-καν* 998 | *ἥτις*] *ει τις* 261 296′; *ει τε* 299 | *ἐστίν*] *επι* 147 | *θηρεύματα*] *retia* Spec 532,9; *θηρευμα* C 475-637 B-S*-68′-998 298-299-563-571*-157′-609-$cII^{-260^{c}}$ *d k* 336′ 795 Hi Syh Sa^{I} (sed hab Fa^{2}) Arm Did^{com} 227,18 227,26 230,7 (sed hab Did 227,1 231,6 231,15 Met VII.5,2) PsChr Anast 628 684 Antioch 1485 Constit I 8,20 Cyr I 516 III 121 X 153 Theog VI 157 = 𝔙; *θηραμα* $C^{-299\ 563\ 571*}$-425-601-260^{c} 411 = Ald | om *καί* 3° (26c) — (26f) *ἐν αὐτῇ* 125 | *σαγῆναι*] (*η* 336′) *σαγηνη* 299-609(*-γινη*)-*cII* *d k* 336′(*-γινη* 728) 543(*-γινη*) 549 Hi Sa^{I} Fa^{2} Arm Anast 628 684 Antioch 1485 Constit I 8,20 Cyr I 516 X 153 Theog VI 157; *σφαγηναι* 68 | *καρδία*] *καρδιαι* 296′ 698; *καρδιαν* 68 390 795; pr *η* 260 766; *καρδιας* 253 425*-503-797 Anast 628 684 Constit I 8,20 Theog VI 157 | *αὐτῆς* 1°] *αυτου* *k*; *αυται* 339; *αυτ* 261

7,26 *πικρότερον*] *α′ σ′ θ′ ὁμοίως* Syh (= *πικρότεραν*) | *θηρεύματα καὶ σαγῆναι*] *σ′ δίκτυον θηρευτικόν* 788 | *θηρεύματα*] *α′ παγιδεύματα* (*παγηδ.* 252) 252 (s nom) Syh; *θ′ ὁμοίως τοῖς ο′* Syh (= *θηρεύματα*)

δεσμὸς εἰς χεῖρας αὐτῆς·
ἀγαθὸς πρὸ προσώπου τοῦ θεοῦ ἐξαιρεθήσεται ἀπ᾽ αὐτῆς,
καὶ ἁμαρτάνων συλλημφθήσεται ἐν αὐτῇ.
27 *ἰδὲ τοῦτο εὗρον, εἶπεν ὁ Ἐκκλησιαστής,*
μία τῇ μιᾷ τοῦ εὑρεῖν λογισμόν,

A C *O* B-S-68′′-998 *L C′′ d k* al$^{-155\ 359}$ verss

(26d) comma] *δεσμοι χειρες αυτης* Ra. Hi^{com} 311,388 (*vincula sunt enim manus eius*); *vincula manus eius* Hi^{lem} 311,371s (sed hab *vinculum* (*laqueus* Spec) *in manibus eius* Hi *Ep* 78,29 Spec 532,9s) = 𝕸; *vincula sunt manus illius* 𝖁; > 296′ | *δεσμός*] *δεσμοι O* Hi Anast 628 Constit I 8,20 = 𝕸; pr *et* Hi^{lem} 311,371^{ap} Arm Spec 532,9 | *εἰς χεῖρας*] *αι χειρες* 766 Hi Constit I 8,20 ↓ | *εἰς*] *ει* 503 | *χεῖρας*] *χειρα* 543 | *αὐτῆς* 2°] *αυτου* 261; *αυτων* 336* | *ἀγαθός*] *αγαθον* 475 | om *πρό* 299 548 706: haplogr *τοῦ θεοῦ*] *αυτου* 357 | *τοῦ*] *υιου* 571^{c} = Ald; > 548 Anast 628 Cyr III 121 *ἐξαιρεθήσεται*] *εξαρθησεται C′*$^{-298\ 299\ 390}$; *εξαριθμηθησεται* 390 | *ἀπ᾽*] *επ* 548; *υπ* 254 | *αὐτῆς* 3°] *αυτου* 261 Ol^{M} | om (26f) *C′*$^{-298\ 299\ 571^{mg}\ 798}$ 645 *καί*] + *ο* S Ol Cyr X 153 | *ἁμαρτάνων*] *διαμαρτανων* 411 | *συλλημφθήσεται* B-S 336^{c} 698 = Ra.] *συλληυφ.* 548; *συνλημφ.* A *O*$^{-253}$ Did 228,4 229,18 PsChr; *συληψεται* 534; ...]*σεται* 998*(-*τε* 998^{c}); *συλληφθησεται* rel
7,27 *ἰδέ* Fa^{2} (*ἴδε* codd) Ra. = 𝕸] *ecce* Hi 312,405 Syh Sa^{I} Hi *Ad Iovin* 1,29 = 𝖁; *ειδε* A-C 475 545* 357 706 766^{A*vid}-766^{B} Did 230,4 PsChr; *καιδε* 545^{c} | *τοῦτο*] *τουτον* 998; pr *και* 298 | *εὗρον*] *ευρων* 125 766^{A*vid}-766^{B}; *ειδον* 443; post *εἶπεν* tr 547 788*(c pr m); post *Ἐκκλησιαστής* tr 147 *εἶπεν*] *ειπειν* C | om *ὁ* 534 252 543 549 788 | *μία τῇ μιᾷ*] *μη ατιμια k* 706 766 | *μία*] *μιᾷ* Ol^{BHZ} Met^{ap} VII.6,2 = Compl | om *τῇ μιᾷ* 411* | *τῇ*] *τι* 637 443 | om *μιᾷ* 645 | *εὑρεῖν*] pr *μη* 443 | *λογισμόν*] -*μων* 609 Geo

---

δεσμὸς εἰς χεῖρας αὐτῆς] *α′ vinctae sunt manus eius* Hi | *εἰς χεῖρας*] *σ′ αἱ χεῖρες* 248′ 788 | *ἀγαθὸς — ἀπ᾽ αὐτῆς*] *σ′ ὁ ἀρεστὸς τῷ θεῷ ἐκφεύξεται αὐτήν* 788 | *ἀγαθὸς πρὸ προσώπου τοῦ θεοῦ*] *σ′ ὁ* (> 248′) *ἀρεστὸς τῷ θεῷ* 248′ 252 | *καὶ ἁμαρτάνων συλλημφθήσεται*] *σ′ ὁ δὲ ἁμαρτωλὸς ἁλώσεται* 248′ 252 **7,27** *εὗρον*] *α′ θ′ ἔργον* 161 (sic): cf (29) | *μία* — (28) *εὗρον* 1°] *σ′* (*α′* 248′) *ἓν πρὸς ἓν* (*ἔμπροσθεν* pro *ἓν πρὸς ἓν* 252) *εὑρεῖν λογισμὸν* ⟨*ὃν*⟩ *ἔτι ζητεῖ* (*ἐπιζητεῖ* pro *ἔτι ζητεῖ* 248′ 539 Syh) *ἡ ψυχή μου καὶ οὐχ εὗρον* (*ουγχευρον* pro *οὐχ εὗρον* 161) 248′ 252 539 (s nom) Syh | *μία — λογισμόν*] *σ′ unum ad unum invenire rationem* Hi | *μία τῇ μιᾷ*] *σ′ ἓν πρὸς ἕν* 788 | *λογισμόν*] *π′ λογισμόν* Hi

28 ὃν ἔτι ἐζήτησεν ἡ ψυχή μου καὶ οὐχ εὗρον·
καὶ ἄνθρωπον ἕνα ἀπὸ χιλίων εὗρον
καὶ γυναῖκα ἐν πᾶσι τούτοις οὐχ εὗρον.
29 πλὴν ἰδὲ τοῦτο εὗρον, ὃ ἐποίησεν ὁ θεὸς
σὺν τὸν ἄνθρωπον εὐθῆ,
καὶ αὐτοὶ ἐζήτησαν λογισμοὺς πολλούς.

A C *O* B-S-68′′-998 *L* *C*′′(-299) *d*(-342) *k* al$^{-155\ 359}$ verss

7,28 om *ὅν* *L*: haplogr | *ἔτι ἐζήτησεν* = 𝔐] *εξεζητησεν* *C*′$^{-147\ 159\ 298\ 299\ 503\ 560\ 571^c}$; *επιζητησεν* 296′; *επεζητησεν* rel (Arm) | *ἔτι*] *επ’* 788; > A 147-159-299-503-560 *d*$^{-357}$ | *οὐχ* 1°] *ουκ* 998* 698 = Gra.: cf (28c) | *εὗρον* 1°] ⌒ 2° *k*; *ηυρον* 253; *ευρεν* C 46* 766(*ευρε*) | om *καί* 2° Hi 312,407 *Ad Iovin* 1,29 (sed hab La^{160} Hi *Mi* 2,7) Ra. = 𝔐 𝔙 | *ἄνθρωπον*] *ανδρα* *L* 443 La^{160} Hi 312,407 313,3 Did^{com} 231,2(*πολλὰ ἀντίγραφα ἄνδρα ἔχει*) Anast 628 (sed hab Did^{lem} 231,1 Hi *Ad Iovin* 1,29 *Mi* 2,7 = 𝔙); et *ἕνα* tr 125′ | *ἕνα*] *εναν* 609 | *εὗρον* 2°] ⌒ 3° 68 125′ 339; *ηυρον* 253 | *γυναικας* 766^A | om *οὐχ* 2° 645 | *εὗρον* 3°] *ηυρον* 253
7,29 *ἰδέ* (*ἴδε* codd) Ra. = 𝔐] *ειδε* 475 706 728 Did 231,11; > 601 Hi 312,409 *Ad Iovin* 1,29 = 𝔙 | *τοῦτο*] *τουτον* 797; + *ου*(et spat unius litt) 534 | *εὗρον*] *ηυρον* 253; *ειδον* 443 | om *ὅ* 698 | *θεός*] *κυριος* A; + *εποιησε* 411 | *σὺν τόν*] *συνετον* 106 Epiph II 247 (sed hab Epiph III 439): cf 1 29b *σύν*] *νυν* 795; > 545^c 357 311 336′ 411 Syh Sa^I (sed hab Fa^2) Aeth Ol^{com} Bas III 1045 Chr IX 555 CyrHier 384 409 Dam Did *Ps* 221,5 259,23 *Ps.CatA* 963 | *τὸν ἄνθρωπον*] *τι* 601; *τω ανθρωπω* 613$^{sup\ lin}$ | *εὐθῆ*] *ευθει* 613$^{sup\ lin}$ 415 ; *ευθυ* 475^c 125′ 601; *ευρεθη* A 795; pr *τον* 563-571; pr *δικαιον* 475 | *καὶ αὐτοί*] *αυτοι δε* 298-*cII*$^{-260}$ Ol Did *Ps* 259,23 Epiph II 247,3 III 439,10 Dam; *και αυτη* 601 | *αὐτοὶ ἐζήτησαν*] *αυτος εζητησε(ν)* 125′ 357 | *ἐζήτησαν*] *εξεζητησαν* 338 Did *Ps* 259,23 | *πολλούς*] *πονηρους* Arm Did^{lem} 231,11* PsChr Did *Ps* 259,23 Dam^{ap}

7,29 *πλὴν ἰδέ*] α′(α′ σ′ 252) *μόνον ἴδε* 248′ 252 | *εὗρον*] α′ θ′ *ἔργον* 248 (sic): cf (27) | *εὐθῆ*] σ′ *ἁπλοῦν* 252 | (*ἐζήτησαν*) *λογισμοὺς πολλούς*] σ′ *περιειργάσαντο* (> 788) *πολυπραγμοσύνην* 248′ 788

8 1 *Τίς ὧδε σοφός; καὶ τίς οἶδεν λύσιν ῥήματος;*
σοφία ἀνθρώπου φωτιεῖ πρόσωπον αὐτοῦ,
καὶ ἀναιδὴς προσώπῳ αὐτοῦ μισηθήσεται.
2 *στόμα βασιλέως φύλαξον*
καὶ περὶ λόγου ὅρκου θεοῦ μὴ σπουδάσῃς·

A C *O* B-S-68′′-998 *L C′′ d k* al$^{-155\ 359}$ verss

8,1 *τίς ὧδε σοφός* scripsi = מי כה חכם: cf *quis ut sapiens* Hi^{lem} 313,455^{te} = 𝔐; *quis ita ut sapiens* Hi^{com} 314,14; *quis talis ut sapiens* Hi^{lem} 313,455^{ap} = 𝔙 ↓] *τις οιδε(ν)* (*ειδε(ν)* 475 125′ 609 631 548 645*) *σοφους* (*σοφιαν* *C′*$^{-159\ 298}$ 161-248^{c} Fa^{1} = Ald) rel (*quis novit sapientes* Hi^{LXX} 314,15 Sa$^{I\ II\ 2}$ Fa^{2} Geo Arm Arab Ol = Ra. 𝔖^{mss}) | *λύσιν*] *επιλυσιν* *O* (*επιδυσιν* V) *d*$^{-357}$ 411 766 Did^{lem} 232,27; (*τας επι-* Did) *λυσεις* *L k* 443 Did^{com} 233,10 233,13 Syh Geo | *ῥήματος*] (*των* Did) *ρηματων* *O L* 563-571*-260* *k* 443 Geo Did^{com} 233,10 233,13 | *ἀνθρώπου*] $\overline{\textit{ανος}}$ 68; *θεου* 336′ | *φωτιεῖ*] *φωτισει* 253-475-637(*-ση*) 336′; *φωτιζει* Syh Chr III 238 Hi *Is* 15,24,43 *Zach* 3,12 (sed hab Hi$^{lem\ et\ com}$ 313,1 314,22) | *πρόσωπον*] *προ προσωπου* 253-475; pr *το* S *L* 260 443 795 Chr III 238 IX 508 | *αὐτοῦ* 1°] ⌒ 2° 295; > A Geo Chr III 238 (sed hab Chr IX 508) | *αναιδεις* 795 | *προσώπῳ*] *-που* 637 998 147 *k* 411; *-πον* 797; *προ προσωπου* V-475 534 125′-545 Did 234,1 *μισηθήσεται*: ex ישנא] *τιμωρηθησεται* 298; *commutabit* Hi^{lem} 313,2^{te} = 𝔙^{ap}: ex 𝔐 ישנא (sed hab *odietur* Hi^{LXX} 314,23); *commutavit* Hi^{lem} 313,2^{ap} = 𝔙^{te}
8,2 *στόμα βασιλέως φύλαξον*] *εγω παραινω* (> Hi) *ρησιν βασιλεως φυλασσειν* *O*$^{-V}$ Hi^{lem} 314,34 (sed hab La^{160} Hi^{LXX} 314,40s) = 𝔐 ↓; pr *εγω παραινω* 260 ↓ | *στόμα*] + *δε* 336′ | *φύλαξον*] *-λαζον* 130; *φυλαξω* 534 *περὶ λόγου ὅρκου*] *παραβηναι ορκον* *O*$^{-V}$ ↓ | *περὶ λόγου* = 𝔖 | *λόγου*] *λογων* V 254′; *λογον* 797 443^{c}; *λογους* 390-415-504-522-540-571^{c}-732-425^{txt}-601 = Ald; et *ὅρκου* tr 645 | *ὅρκου*/*θεοῦ*] tr 998 | *ὅρκου*] plur Syh | *θεοῦ*] pr *του* 336′; > A S 125 797 254′ *k* 161(|)-248-252 338 543 549 645 Aeth^{te} Dam | om *μή* 998 | *σπουδάσῃς*] *-δασεις* 261; *-δαζε* Met VII.8,3; *σπευσης* 253 ↓: cf 7 9a; *πιστευσης* 475-637

8,1 *τίς ὧδε σοφός*] *α′ τίς ὧδε* (*οἶδεν* 248′) *σοφός* (*σοφόν* 248) 248′ 252; *σ′ τίς οὕτως* (*οὗτος* 252) *σοφός* 252 788 **8,2** *στόμα βασιλέως φύλαξον*] *σ′* ⟨*ἐγώ*⟩ (*εργω* 248′) ⟨*παραινῶ*⟩ (*παν ενω ρησεις* 161; *παν ανωρησεις* 248 ↑) *ῥήσεις βασιλέως φύλασσε* 248′ | *καί—σπουδάσῃς*] *σ′ καὶ παραβῆναι ὅρκον θεοῦ μὴ σπεύσῃς* 248′ | *καὶ περὶ λόγου ὅρκου*] *σ′ καὶ παραβῆναι ὅρκον* 788

3 *ἀπὸ προσώπου αὐτοῦ πορεύσῃ,*
μὴ στῇς ἐν λόγῳ πονηρῷ·
ὅτι πᾶν, ὃ ἐὰν θελήσῃ, ποιήσει,
4 *καθὼς λαλεῖ βασιλεὺς ἐξουσιάζων,*
καὶ τίς ἐρεῖ αὐτῷ Τί ποιήσεις;
5 *ὁ φυλάσσων ἐντολὴν οὐ γνώσεται ῥῆμα πονηρόν,*

A C *O* B-S-68′′-998 *L*(-125) *C*′′ *d k* al$^{-155\ 359}$ verss

8,3 om (3a) 390-415-504-522-540-732-425-601 357: homoiar | *ἀπό*] *προ* 161^{c}-248^{c} | *προσώπου*] + *δε* 547 Ol | *πορεύσῃ*] *-σει* 728; *πορευθηναι* 298 788 Ol^{com} (*ἄλλα δὲ βιβλία ἔχουσι, πορευθῆναι*) Hi^{LXX} 315,54 (*ambulare*); *abire* Hi^{lem} 314,35; pr *μη* 543 Ol^{ap}; > 475 | *μὴ στῇς — πονηρῷ*] post *ποιήσει* tr *k*; pr *et* Hi Arm^{te} | *μὴ στῇς*] *ληστης* 795 | *πονηρῷ*] *πονηρων* 609; > 475 | *ὅτι*] *το k* | om *πᾶν* 68 338 = Ald Compl | *ἐάν*] *αν* A 545 *cII*$^{-260}$ *k* 248′′ 338 549 Ol; > 609 357 Hi = 𝔙 𝔐 | *θελήσῃ*] *θελησει* A-C B*-S-534 540* 161-248* 543 795; *θελησοι* 296′; *θελη* *L*$^{-125}$ *k* 338 766 Anton 1000; *θελει* 125 | *ποιήσει*] *ποιηση* 637 601 542; *ποιησοι* 548; *ποιησαι* 766 Dam^{te}; pr *αυτος* 46′; pr *αυτο* 337
8,4 *καθώς*] *και ως* S*; *και ως* aut *και καθως* Aeth | *λαλεῖ*] *λαλησει* 637; *λαλειν* 698; *dixerit* Hi 314,37; post *ἐξουσιάζων* tr A-C S^{c} 613 *L* 298-*cII k* 248′′ 296′ 311 338 339 443 542 543 547 549 706 788 Geo Arm Ol Anton 1000; > B-S*-68′-998 *C*$^{-298}$ 357 336′ 645 Syh^{mg}(*Ὠριγένης τοῦ λαλεῖ οὐκ ἐμνήσθη ἐν τοῖς τοῦ Ἐκκλησιαστοῦ*; index super *καθώς*) Sa^{I} Fa^{3} Did 234,23 235,10 Dam^{te} (sed hab Fa^{2} Met VII.8,4s) = Compl; absc Fa^{1} *βασιλεύς*] *-εως* 998 571^{c} | *ἐξουσιάζων*] *επουσιαζων* 766^{B} | *ποιήσεις*] *ποιησης* 788; *ποιεις* B-68′-998 390 *d* 443 698 766 795 Hi Syh Anton 1000 Dam^{te} (sed hab Did 235,24) = Compl (non Ald); *εποιησας* *O* *L*$^{(-125)}$ *cII* 296′ 311 338 411 547 645 706 Aeth Arm^{te} Arab Ol Met VII.8,5s; *πεποιηκας* 613; pr *ο* 795
8,5 om *ὁ* *O* 766^{A} 795 = 𝔐 | *ἐντολήν*] *εντολας* 698 Or XII 199 *Matth* 63,29 om *ῥῆμα* *O*$^{-V}$ | *πονηρόν*] *-ρων* 609 645*

8,3 (*μὴ*) *στῇς*] *σ′ μὴ* (> 248′) *ἐπίμενε* 248′ 788 **8,4** *καθὼς—ἐξουσιάζων*] *σ′ διὰ τὸ* (*τον* 161) *λόγον βασιλέως ἐξουσιαστικὸν εἶναι* 248′ (ind mend ad (3c) *πᾶν*) | *λαλεῖ*] *α′* ܡܠܠ (= *ἐλάλησε*); *σ′* ܡܠܬܐ (= *λόγον*); *θ′ ὁμοίως τοῖς ο′* (= *λαλεῖ*) Syh **8,5** *ὁ φυλάσσων — πονηρόν*] *σ′ qui custodit mandatum, non experietur rem malam* Hi | *οὐ γνώσεται ῥῆμα πονηρόν*] *σ′ οὐ πειραθήσεται πράγματος πονηροῦ* 248′ 788

καὶ καιρὸν κρίσεως γινώσκει καρδία σοφοῦ·
6 *ὅτι παντὶ πράγματι ἔστιν καιρὸς καὶ κρίσις,*
ὅτι γνῶσις τοῦ ἀνθρώπου πολλὴ ἐπ᾽ αὐτόν·
7 *ὅτι οὐκ ἔστιν γινώσκων τί τὸ ἐσόμενον,*
ὅτι καθὼς ἔσται τίς ἀναγγελεῖ αὐτῷ;
8 *οὐκ ἔστιν ἄνθρωπος ἐξουσιάζων ἐν πνεύματι*
τοῦ κωλῦσαι σὺν τὸ πνεῦμα·

A C *O* B-S-68″-998 L^{-125} C'' *d k* $al^{-155\ 359}$ verss

om *καί* 754 645(|) 698 Dam: haplogr | *κρίσεως*] *γνωσεως* 998 357 Geo *γινώσκει*] *γινωσκεται* 998; *διαγινωσκει* 411 | *καρδία*] *πον⟨η⟩ρων* 609 *σοφοῦ*] *σοφον* C'(|)
8,6 *παντί*] pr *τω* *O* 411: cf 3ib 17c; pr *εν* C'^{-298}; + *κριματι και* 357 | *ἔστι(ν)*] *εσται* $C'^{-157\ 298\ 563\ 571\ 797}$ | *καὶ κρίσις*] *κρισεως* C'^{-298} Fa^2 Aeth = Ald: cf (5b); *κρισις* 357 | *ὅτι* 2° — fin] sub ※ V | *γνῶσις*] *γνωσεις* S 261; *γνωσιν* 609* | *τοῦ ἀνθρώπου*] *τω ανθρωπω* $L^{(-125)}$ 443 795; + *εστι* C'^{-503} = Ald; + *εσται* 503 | *πολλή*] *πολλυ* 545*; *πολλυς* 545^c; > 998 | *αὐτόν*] *αυτω* $L^{(-125)}$ 296′ 766^B; *αυτων* 503*-609 766^A
8,7 *ὅτι* 1°] ⌒ 2° V; *και* 766 | *οὐκ* ⌒ (8a) *οὐκ* 261 | *γινώσκων*] *γινωσκον* 998 357 296′ 645; *γινωσκειν* 766; *ειδως* $O^{(-V)}$ 411 | om *τί* 357 | *ἐσόμενον*] *εσομεν* 998; *επομενον* 601 | *ἔσται*] *εστι* C'^{-298} = Ald; *εστε* 998 | *ἀναγγελεῖ*] *απαγγελει* *d* | *αὐτῷ*] *αυτο* 390-415-504-522-540-732-*cI* 411 Syh = Ald; *αυτοις* A; + *εν τω εσομενω* (*-νων* sic 253) *μετ αυτον* (*-των* 539) *O* 260 411 539; + *το εσομενον μετ αυτον* 766
8,8 *ἐξουσιάζων*] pr *ο* 698 Did^{com} 240,20; + *τα* 609* | *ἐν* 1°] *επι* Syh; *τω* *O* 503 411 698; pr *ο* 795; ⌒ *ἐν* 2° 106 609; + *τω* 147-159 443 542 766 Met VII.11,2 = 𝔐 | *τοῦ*] *το* 475 | *σὺν τὸ πνεῦμα*] *συν τω πνευμα* (sic) 534 261 522-560-571*-601 254*-357 248* 296′ 336 443*; *εν το πνευμα* (sic) 766^B; om *σύν* 545^c 371 311 336′ 766^A Syh Dam^{ap}

8,6 *ὅτι* 1° — *κρίσις*] σ′ *ὅτι παντὶ πράγματί ἐστι καιρὸς χρείας καὶ τρόπος* 248′ | *καιρὸς καὶ κρίσις*] σ′ ܙܒܢܐ ܘܕܘܒܪܐ (= *καιρὸς καὶ τρόπος*); α′ θ′ *ὁμοίως τοῖς* ο′ (= *καιρὸς καὶ κρίσις*) Syh | *ὅτι* 2° — *αὐτόν*] σ′ *ἡ γὰρ κάκωσις τοῦ ἀνθρώπου πολλὴ κατ᾽ αὐτοῦ* 248′; θ′ *ἡ* (> 252 (|)) *γὰρ γνῶσις τοῦ ἀνθρώπου* ([α]$\overline{\text{νου}}$ 252 (|)) *πολλὴ κατ᾽ αὐτοῦ* (*αυ[τ]ου* 252 (|)) 252 (s nom) Hi **8,7** *ὅτι οὐκ ἔστιν γινώσκων*] σ′ *ὅτι οὐκ ἐπίσταται* 248′ | *ὅτι* 2° — *αὐτῷ*] σ′ *τίς γὰρ τὰ ἐσόμενα ἀναγγελεῖ αὐτῷ* 248′ 252 539 (s nom) Syh
8,8 *ἐν πνεύματι*] α′ *ὁμοίως τοῖς* ο′ Syh (= *τῷ πνεύματι*?); σ′ *πνεύματος* 788

καὶ οὐκ ἔστιν ἐξουσία ἐν ἡμέρᾳ θανάτου,
καὶ οὐκ ἔστιν ἀποστολὴ ἐν ἡμέρᾳ πολέμου,
καὶ οὐ διασώσει ἀσέβεια τὸν παρ᾽ αὐτῆς.
9 *καὶ σὺν πᾶν τοῦτο εἶδον*
καὶ ἔδωκα τὴν καρδίαν μου εἰς πᾶν ποίημα,
ὃ πεποίηται ὑπὸ τὸν ἥλιον,
τὰ ὅσα ἐξουσιάσατο ὁ ἄνθρωπος

A C *O* B-S-68′′-998 L^{-125} *C*′′ *d* *k* al$^{-155\ 359}$ verss

καί 1°] ∩ 2° 261-545; > 548 | *ἐξουσία* B-68′-998 357 Sa$^{I\ 2}$ Fa$^{2\ 3}$ Geo = Ra.] *εξουσιων* 298; *εξουσιαζων* rel | *ἐν ἡμέρᾳ* 1°] *ημερας* A; *ημεραις* 609 *θανάτου*] pr *του* *O* 130 411 542 766^{A} Sa$^{I\ II\ 2}$ Fa^{3} (sed hab Fa^{2}) Ra. = 𝔐; + *και ουκ εστιν υποστολη εν ημερα θανατου* 543: dittogr | *καί* 2° ∩ 3° 252 *ἀποστολή*] *υποστολη* 543 549 | *ἐν ἡμέρᾳ πολέμου* = 𝔖] *in bello* Hi$^{lem\ et\ com}$ 316,102 317,117 = *ἐν τῷ πολέμῳ* Ra. 𝔐 ↓ | om *οὐ* 357 | *διασώσει*] *διασωζει* 998 *k* 443; *σωσει* 336′ 766 Did *Ps* 97,5; *διασωσε* 560; *περισωσει* 547 *ἀσέβεια*] *ασεβει* C*; *ασεβης* 296′; *ασεβεις* 357 Dam; *ασεβειαν* 261 609(-*βηαν*) | *τὸν παρ᾽ αὐτῆς*] *habentem se* Hi: cf 5 10b 7 12c ↓ | *τόν*] *των* 609; *αυτον* 296′ 766^{B} | *αὐτῆς*] *αυτοις* 534
8,9 om *καὶ* 1° — *τά* 338 | om *καὶ* 1° *cII*$^{-260}$ 411 547 Hi = 𝔐 | *σὺν πᾶν τοῦτο*] *σὺν πᾶν τοῦτο* A-C V 336 698 = Gra. Ra.] *συμπαντα τουτον* 357 Geo; *συμπαντα ταυτα* 298; *συμπαν τουτο* (*του* 475, -*τω* 261) rel: cf 9 1a 1b *εἶδον*] *ειδων* 601*; *οιδον* 798; *ιδον* A V 998 261 157 357 336′ 542 706; + *εγω* *cII*$^{-260}$ 411 547 645 Ol | om *τήν* 645* | om *πᾶν* 2° 475 601 | *ποίημα*] pr *το* V B-68′-998 260 *d* Sa$^{I\ II\ 2}$ Fa$^{1\ 3}$ PsChr = Ald | *ὃ πεποίηται*] *το* (> $L^{(-125)}$) *πεποιημενον* *O* $L^{(-125)}$ 411 542 766 Met VII.11,8,58 Chr IX 763 | *τά*] *παντα* *C*′$^{-298}$ 411 766 = Ald; *το* 337; *και* 336; > S^{c} 260 | *ἐξουσιάσατο*] -*σατε* *k*; *εξουσιαζεται* A = Gra. | om *ὁ* 253-475 S^{c} *k* 296* 338 766^{A} 788 Fa^{2} = Compl

---

οὐκ 3° — *πολέμου*] σ′ *οὐδὲ ἔστι(ν) παρατάξασθαι* (-*ασται* 161) *εἰς πόλεμον* 248′ (ind mend ad *ἔστιν* 2°) 252 (s nom) | *παρ᾽ αὐτῆς*] σ′ *ἔχοντα αὐτήν* 248′ 252 (s nom) **8,9** *καὶ σὺν πᾶν τοῦτο εἶδον*] *ἅπαντα ταῦτα συνεῖδον* 788 | *τὰ ὅσα ἐξουσιάσατο ὁ ἄνθρωπος* (*ἐν ἀνθρώπῳ τοῦ κακῶσαι αὐτόν*)] α′ *καιρὸς ὡς ἐκυρίευσεν ὁ ἄνθρωπος* 248′ 252; σ′ *ἔστιν ὅτε ἐξουσίασεν ἄνθρωπος ἀνθρώπου εἰς κακὸν ἑαυτοῦ* 248′; σ′ *ἔστιν ὅτε* 252; θ′ *ὁμοίως τοῖς* ο′ Syh (ind ad *ἄνθρωπος*) | *τὰ ὅσα*] σ′ *καὶ ὅσων* 788

ἐν ἀνθρώπῳ τοῦ κακῶσαι αὐτόν·
10 *καὶ τότε εἶδον ἀσεβεῖς εἰς τάφους εἰσαχθέντας,*
καὶ ἐκ τόπου ἁγίου,
καὶ ἐπορεύθησαν καὶ ἐπῃνέθησαν ἐν τῇ πόλει,
ὅτι οὕτως ἐποίησαν.
καί γε τοῦτο ματαιότης.

A C *O* B-S-68′′-998 L^{-125} *C*′′ *d k* $\mathrm{al}^{-155\ 359}$ verss

ἐν ἀνθρώπῳ] *ενω̅* 798 | *τοῦ*] bis scr 139(‖); *τουτου* 371: dittogr | *αὐτόν*] *αυτω* 68 698 = 𝔐; *αυτων* 609
8,10 om *καί* 1° 534′ 425 $\mathrm{Fa}^{1\ 2\ 3}$ Geo = 𝔇 | om *τότε k* $\mathrm{Fa}^{1\ 2}$ = 𝔇 | *εἶδον*] *ιδον* A V B-998 157 357 542 728 Dam^{te} = Gra.; + *εγω* 296′ 311 | *ἀσεβεῖς*] -*βης* 560; *βασιλεις* 788 | *εἰς*—*εἰσαχθέντας*] *sepultos et venerunt* Hi = 𝔐 ↓ | *εἰς τάφους*] *εις ταφον* 357 766^{A} Syh $\mathrm{Sa}^{I\ II\ 2}$ Geo; *εις τοπον* 336′; *εις κολασιν* 159^{mg} 411^{mg}; *εις τας κολασεις* Ol^{com}; post *εἰσαχθέντας* tr 766^{B} $\mathrm{Sa}^{I\ II\ 2}$ $\mathrm{Fa}^{2\ 3}$; absc Fa^{1} | *εἰσαχθέντας*] *αχθεντας* C 475 798-260-295 543 549 788 Met VII.12,2; *καταχθεντας* 766^{B}; *εισταχθεντας* 698 | om *καί* 2° 357 | *ἐκ*] *απο O* 411 539; *οσοι* 766 | *τόπου* Hi Syh Sa^{I} = 𝔐] > $\mathrm{Fa}^{1\ 2\ 3}$; *του* rel (539) *ἁγίου*] + *επορευθησαν* O^{-637} S^{c} 254′ 338 547; + *απεστησαν* 766 | om *καί* 3° 637 S^{c} 797-*cII* 411 539 Hi $\mathrm{Fa}^{1\ 2\ 3}$ Arm Met VII.13,2 Ra. = 𝔐 | *καί* 4°] ⌒ 5° 645 | *καὶ ἐπῃνέθησαν*] *και επηνεχθησαν* 336^{c}; *και επινεχθησαν* 728; > 295^{txt} 336* | *ἐπῃνέθησαν*] *επενθησαν* 998 *k* Arm | om *τῇ* 998 | *πόλει*] *ποιησει* 542 Syh^{mg} | *ὅτι*] *και* 336′

8,10 *εἰσαχθέντας — πόλει* (*ὅτι οὕτως ἐποίησαν*)] *σ′ οἳ καὶ ὁπότε περιῆσαν ἐν τόπῳ ἁγίῳ ἀνεστρέφοντο* (*ἀνέστρεφον* Syh) *ἐπαινούμενοι ἐν τῇ πόλει* (+ *ὡς δίκαια πράξαντες* 788) 788 Syh | *εἰσαχθέντας καὶ ἐκ τόπου ἁγίου καὶ ἐπορεύθησαν*] *σ′ οἳ* (> 248′) *καὶ ὁπότε* (*ποτε* 539) *περιῆσαν* (*ησαν* 539) *ἐν τόπῳ ἁγίῳ ἀνέστρεφον* (-*φοντο* 252; *ἀναστρεφόμενοι* 539) 248′ 252 539 (s nom) | *εἰσαχθέντας καὶ ἐκ τόπου ἁγίου*] *α′ καὶ ἦλθον ἐκ τόπου ἁγίου* 248′ 252 (s nom) | *καὶ ἐπορεύθησαν καὶ ἐπῃνέθησαν ἐν τῇ πόλει*] *α′ θ′* ܘܐܙܠܘ ܘܐܫܬܒܗܪܘ ܒܡܕܝܢܬܐ Syh (= *καὶ ἐπορεύθησαν, καὶ ἐκαυχήσαντο ἐν τῇ πόλει*) | *ὅτι οὕτως ἐποίησαν*] *σ′ ὡς δίκαια πράξαντες* 248′ 252 (s nom) 539 (s nom) Syh

11 *ὅτι οὐκ ἔστιν γινομένη ἀντίρρησις*
ἀπὸ τῶν ποιούντων τὸ πονηρὸν ταχύ·
διὰ τοῦτο ἐπληροφορήθη καρδία υἱῶν τοῦ ἀνθρώπου
ἐν αὐτοῖς τοῦ ποιῆσαι τὸ πονηρόν.
12 *ὃς ἥμαρτεν, ἐποίησεν τὸ πονηρὸν*

A C *O* B-S-68′′-998 L^{-125} C'' *d* *k* $al^{-155\ 359}$ verss

8,11 *ὅτι*] *και* 253; *ο* 609; *τι* 706 | *γινομένη*] *γενομενη* 253 $L^{-(125)\ 130}$ 609 *ἀντίρρησις*] *ερησις* 337: ex *ἔρησις* (sic!) 46; *τηρησις* 631: ex *ἔρησις* (sic!) 46 | *ἀπὸ τῶν ποιούντων* = 𝕾 | om *τῶν* 998 Dam^{ap} | *ποιούντων*] *τοιουτων* 68 254 248′ 795; + *τουτων* 998 | om *τό* 1° A | *πονηρόν* 1° ⌒ 2° *k* | *ταχύ*] *ταχιη* 371 | *τοῦτο*] *του* 534 336* | *ἐπληροφορήθη*] -*θην* 261*; *επληροφορη* 601*; *ετολμησεν* O^{-V} ↓ | *καρδία*] pr *εν* 475(*ν* sup litt *κ*) 609; pr *η* 613 $C'^{-298\ 609}$ 336′ 338 547 766; + *μου απο* 139-147-560-798 | *υἱῶν*] *υιω* 766^{A}; pr *των* 563-571 338 547 | *τοῦ ἀνθρώπου*] *των ανθρωπων* 766^{B} $Sa^{I\ II\ 2}$ $Fa^{2\ 3}$; absc Fa^{1}; om *τοῦ* 261* Ol^{com} | om (11d) 698 | *αὐτοῖς*] *αυτον* V Geo | *τοῦ* 2°] *το* 338 | *πονηρόν* 2° ⌒ (12a) *πονηρόν* O^{-637} 106 425^{txt} 161^{txt}-248^{txt} 296′ 311 338 706 795
8,12 *ὅς*] *ως* 766^{A} | *ἐποίησεν*] *του* (> 797 357) *ποιησαι* 797-260 357; *εποιησαι* C; *μη ποιησαι* 798; pr *και* 637 254′ 411 | *τὸ πονηρόν*] *αυτω* 357; om *τό* 698; + *απεθανεν και μακροθυμι επ* (mend *απ* pro *επ* S^{c2}) *αυτω* S^{c1} ↓

8,11 *ὅτι—ταχύ*] σ′ *διὰ γὰρ τὸ μὴ γενέσθαι ταχὺ τὴν ἀπόφασιν, περὶ τοῦ κακοῦ ταχέως* 788 | *ὅτι—ἀντίρρησις*] σ′ *διὰ γὰρ* (> 539) *τὸ μὴ γίνεσθαι* (*γενέσθαι* 539) *τὴν ἀπόφασιν* 248′ 252 539 (s nom) Syh | (11c)] σ′ *διατοῦτο ἀφόβῳ καρδίᾳ οἱ υἱοὶ τῶν ἀνθρώπων κακουργοῦσιν* 788 | *διὰ τοῦτο ἐπληροφορήθη*] α′ *διὰ τοῦτο ἐτόλμησεν* 252 | *ἐπληροφορήθη*] α′ *ἐτόλμησεν* (-*σαν* Syh) 248′ 539 Syh | *ἐπληροφορήθη—πονηρόν*] σ′ *ἀφόβῳ καρδίᾳ οἱ υἱοὶ τῶν ἀνθρώπων κακουργοῦσιν* 248′ **8,12** *ὅς—αὐτοῦ*] σ′ *Peccans enim malus mortuus est, longanimitate concessa ei. Porro ego scio, quia erit bene timentibus Deum, qui timuerunt a facie eius.* Hi | *ὅς—αὐτῶν*] σ′ *ἁμαρτὼν* (*ἁμαρτάνων* 788) *γὰρ ὁ κακοῦργος ἀπέθανεν μακροθυμίας γενομένης* (*γινομένης* 539 788) *αὐτῷ* 248′ 252 (s nom) 539 (s nom) 788 Syh

ἀπὸ τότε καὶ ἀπὸ μακρότητος αὐτῶν·
ὅτι καί γε γινώσκω ἐγὼ
ὅτι ἔσται ἀγαθὸν τοῖς φοβουμένοις τὸν θεόν,
ὅπως φοβῶνται ἀπὸ προσώπου αὐτοῦ
13 *καὶ ἀγαθὸν οὐκ ἔσται τῷ ἀσεβεῖ,*
καὶ οὐ μακρυνεῖ ἡμέρας ἐν σκιᾷ
ὃς οὐκ ἔστιν φοβούμενος ἀπὸ προσώπου τοῦ θεοῦ.

A C *O* B-S-68′′-998 L^{-125} *C*′′ *d k* al^{-359}(155-) verss

om (12b) 601 | *ἀπὸ τότε*] *απεθανεν* O^{-V} ↓; *mortuus est* + *ex tunc* Hi *Ep* 119,7 (duplex lectio) ↓ | *καὶ ἀπὸ μακρότητος αὐτῶν*] *και μακροθυμια επ αυτω* O^{-V} ↓ | *μακρότητος*] *μακροθεντος* (sic) 798; *ματαιοτητος* 542 Syh^{txt}; *νεοτητος* 547 Ol^{com} | *αὐτῶν*] *αυτου* 543 $\text{Ol}^{lem\ B(sup\ lin)ZIK}$; *αυτω* Hi (*ei*) Gra. Ra. = 𝔐 | om *ὅτι* 1° 336′ $\text{Sa}^{I\,2}$ $\text{Fa}^{2\,3}$ Geo Dam | *καί γε*] > $\text{Fa}^{2\,3}$; om *καί* 253*; om *γε* 443 $\text{Sa}^{I\,2}$ Arm = Sixt; + *τουτο k* | *γινωσκων* 336′ | om *ἐγώ* V 336′ Dam | *ὅτι* 2°] + *και* S* | *ἔσται*] *εστε* S; *εστιν O* B-68 798-609 *d* 248′′ 766 Syh Dam: cf (13a); *ουκ εστιν* 534; > 797 | *τὸν θεόν*] *τον κυριον* V 613 $L^{(-125)}$ 539 547; *αυτον* 797 Dam | *ὅπως*] *οι O* 411 Hi^{lem} 318,158 (sed hab Hi^{LXX} 319,194) = 𝔐 | *φοβῶνται*] *-βουνται* 260 155; *φοβηθησονται O* 411 Hi^{lem} 318,158 (sed hab Hi^{LXX} 319,194) = 𝔐 *αὐτοῦ*] *αυτων* S* Geo; > 253
8,13 *καί* 1° ⌒ 2° 296′ 311 706 | *ἀγαθόν/οὐκ*] tr *k* | *ἔσται*] *εστι(ν) O* 613 609: contra 𝔐 | *ἀσεβεῖ*] *-βη* 795 | *μακρυνεῖ*] *μακρύνει* 295 PsChr Dam; *μακρυνη* 311 336; *μακρυνι* 998 | *ἡμέρας*] (*εν* 261*) *ημερα L* 260*$^{(vid)}$ *k* 766; *ημεραν* 298-609-*cII*(260$^{c(vid)}$-149) Ol Dam | *ἐν σκιᾷ*] pr *ως* S* 645 766 Hi^{lem} 319,184 (sed hab *in umbra* Hi^{LXX} 319,195) = 612c 𝔐; om *ἐν* 261 *ὅς—θεοῦ*] *qui non timet faciem dei* Can *Hib* 61,1 ↓; *qui non timet a facie dei* Hi^{lem} 319,184 (sed hab *qui non est timens a facie dei* Hi^{LXX} 319,195s) | *ὅς*] *ως* 795 | *τοῦ θεοῦ*] *αυτου* 155: ex (12e)

ἀπὸ τότε] α′ σ′ θ′ *mortuus est* Hi (= *ἀπέθανεν*) | *τοῖς φοβουμένοις*] σ′ *τοῖς φοβηθεῖσιν* 788 **8,13** versus] σ′ *Bonum vero non erit iniquo, neque longo supererit tempore, quia non timuit faciem Dei* Hi | *καὶ οὐ μακρυνεῖ ἡμέρας ἐν σκιᾷ*] ⟨σ′⟩ *οὐδὲ ἐν μακροῖς ἔσται χρόνοις* 252 (s nom)

14 ἔστιν ματαιότης, ἣ πεποίηται ἐπὶ τῆς γῆς,
ὅτι εἰσὶ δίκαιοι ὅτι φθάνει πρὸς αὐτοὺς
ὡς ποίημα τῶν ἀσεβῶν,
καὶ εἰσὶν ἀσεβεῖς ὅτι φθάνει πρὸς αὐτοὺς
ὡς ποίημα τῶν δικαίων·
εἶπα ὅτι καί γε τοῦτο ματαιότης.
15 καὶ ἐπῄνεσα ἐγὼ σὺν τὴν εὐφροσύνην,

A C (870) *O* B-S-68′′-998 *L*$^{-125}$ *C*′′ *d k* al^{-359} verss

8,14 *ἥ*] ην 998 357 155; ο 571*; > 637 443 | *πεποίηται*] πεποιημενη *O* 411 443 539 | *ἐπὶ τῆς γῆς*] υπο τον ηλιον *k* | *ὅτι* 1°] και 637 | *φθάνει* 1°] φθαννει A-C 534^{c}-998(-νι) 248* 336′ 706 PsChr: cf Thack 19,2; φθαννη 155; φ[θαν]νεις 870; φανει 139*-147*; φθονει 766 | *πρός* 1°] επ B-68 *C*′ 766 = Ald | *αὐτούς* 1°] αυτα 130; αυτοις 766^{B} | *ὡς* 1° ⌒ 2° 371 *k* 336 443 542 | *ποίημα* 1°] -ματα 130 571 543 Hi | om *τῶν* 1° 425 | *ἀσεβεῖς*] ασεβειαι V; ασεβων 766^{B} | *ὅτι* 3°] οις 728 Syh ↓ | *φθάνει* 2°] φθαννει A-C 870 534-998(-νι) 248* 706 728 PsChr: cf Thack 19,2; φθαννη 155; φθονει 766 | *πρός* 2°] επ *C*′$^{-298}$ 766 Geo = Ald | *αὐτούς* 2°] αυτοις 766^{B} | *ὡς ποίημα* 2°] αλυποιημα 371 | *ὡς* 2°] ων V | *ποίημα* 2°] -ματα 571 543 Hi *τῶν δικαίων*] τω δικαιω 336; om των 797 | om *εἶπα* — fin 260 | *εἶπα*] ειπον *O* 298-*cII*$^{-260}$ 411 Ol; pr και 613 Sa$^{I\,2}$ Met VII.16,5 | om *ὅτι* 4° S 261-545 252* 645 PsChr Met VII.16,5 Dam | om *καί γε* 548 | om *τοῦτο* 337*
8,15 *σὺν τὴν εὐφροσύνην*] συν τη ευφροσυνη 261 645; om *σύν* *O*$^{-V}$ 534 545^{c} 311 336′ 766^{B} Sa$^{I\,2}$ Fa$^{1\,2\,3}$ Geo Arab

---

8,14 *ἔστιν—γῆς*] σ′ *Est difficile cognitu quod fit super terram* Hi *ματαιότης* 1°] σ′ ἄπορον 248′ 788 | *ὅτι εἰσὶ — τῶν ἀσεβῶν*] σ′ (+ εἰσὶ δίκαιοι 260^{cat}) οἷς συμβαίνει κατὰ τὰ ἔργα τῶν παρανόμων (ασεβων 248′) 260^{cat} 248′ 252 539 (s nom) Syh | *φθάνει* 1°] σ′ συμβαίνει 788 | *πρὸς αὐτούς* 1°] α′ ܠܗܘܢ Syh (= εἰς αὐτούς) | *καὶ εἰσὶν — τῶν δικαίων*] σ′ καὶ εἰσὶ(ν) παράνομοι οἷς συμβαίνει ὡς πράξασι κατὰ τὰ ἔργα τῶν δικαίων 260^{cat} 248′ 252 (s nom) 539 (s nom) Syh; θ′ ὁμοίως τοῖς ο′ Syh (= καὶ εἰσὶν ἀσεβεῖς ὅτι φθάνει πρὸς αὐτοὺς ὡς ποίημα τῶν δικαίων) | *ὡς ποίημα τῶν δικαίων*] σ′ ὡς πράξασιν κατὰ τὰ ἔργα τῶν δικαίων 788 | *ματαιότης* 2°] σ′ ἄπορον 248′

ὅτι οὐκ ἔστιν ἀγαθὸν τῷ ἀνθρώπῳ ὑπὸ τὸν ἥλιον
ὅτι εἰ μὴ τοῦ φαγεῖν καὶ τοῦ πιεῖν καὶ τοῦ εὐφρανθῆναι,
καὶ αὐτὸ συμπροσέσται αὐτῷ ἐν μόχθῳ αὐτοῦ
ἡμέρας ζωῆς αὐτοῦ ἃς ἔδωκεν αὐτῷ ὁ θεὸς ὑπὸ τὸν ἥλιον.
16 *Ἐν οἷς ἔδωκα τὴν καρδίαν μου τοῦ γνῶναι τὴν σοφίαν*
καὶ τοῦ ἰδεῖν τὸν περισπασμὸν
τὸν πεποιημένον ἐπὶ τῆς γῆς,

A C *O* B-S-68′′-998 *L*⁻¹²⁵ *C*′′(-157) *d k* al⁻³⁵⁹ verss

ὅτι 1°] *ως* (+ *δ* B-998) B-534′-998 *d* Fa[1 3]; *ωστε* 161[mg]-248[c] | om *τῷ ἀνθρώπῳ k* | *ὅτι* 2° — *ἥλιον* 2° bis scr 106* (2° del 106[c]): homoiot | om *ὅτι* 2° V 357 338 339 543 Met VIII.1,3 Hi Sa[I II 2] Fa[1] Geo | *εἰ μή*] *ειμι* 261; om *εἰ* 645 | *τοῦ* 1°] *το* 766[B]; > Sixt | om *καί* 2° 540* 547 | *τοῦ* 2°] *το* 766[B]; *τω* 534; > 475 797(||) 338 543 | *πιεῖν*] *ποιειν* 68 798-425*-601 248′ 698 795 | om *καὶ* 3° — *ἡμέρας* 411[txt] | *τοῦ* 3°] *το* 766[B]; > 475 | *αὐτό*] *αυτω* 106(2°)-261 797; *αυτος* 475 560-*cII*[−260 561] 357 543 645 795 Sa[I II 2]; *τουτο* 336′ | *συμπροσέσται*] *συμπροσεσθαι* 443; *συμπροεσται k*[−631]; *συμπροσεσταναι* 766; *συνπροεσται* 631 698; *συμπροσεται* 548; *συμπορευσεται* 613 *C*[−147 159 563 571*]-425-601 411[mg] = Ald ↓; *συμπορευεται* 147-159 Arm *αὐτῷ* 1°] *αυτο* 540*; *αυτων* 609; > 357 = 𝔐 | *ἡμέρας*] *ημερα* S-68 *k* 311 698 795; *εν ημερα* 475-637 357; *εν ημεραις* *O*[−475 637] Sa[I 2]: cf 𝔙 (*in diebus*) *ἅς*] *α* V; *αις* 475; *ων* C 252 543 549: ex 517g; *ως* 795; *οσας* B-68′-998 161[mg]-248[mg] 443 Arm[te] = Ra.; *οσα* 357 336′ | *αὐτῷ* 2° et *ὁ θεός* tr 475
8,16 *Ἐν οἷς*] *διο* *O*[−V] Hi = 𝔐 ↓ | *ἔδωκα*] *εδωκε k* | om *τοῦ* 1° B-68′′ | om *τήν* 2° *C*′[−298 571c 798] 443 698 766 Ra. = 𝔐 | *ἰδεῖν*] *ιδων* 609 | *τὸν περισπασμόν*] *των περισπασμων* 609 | *περισπασμόν*] *πιρασμον* A; *περισμον* 337* | *τὸν πεποιημένον*] ...]*πεποιημεν* 998; *των πεποιημενων* 609(-*νον*) Antioch 1472 | *πεποιημένον*] litt *ον* in ras ca 6 litt 248 | *ἐπὶ τῆς γῆς*] *ε. την γην* 253; *υπο της γης* 543; *υπο τηι γηι* 766[B]; *υπο τον ηλιον* 797

8,15 *καὶ* 4° — *αὐτοῦ* 1°] ⟨σ′⟩ *ὃ μόνον περιέσται* (*περίεσται*, cod.) *αὐτῷ ἀπὸ τοῦ μόχθου αὐτοῦ* 788 | *καὶ αὐτὸ συμπροσέσται αὐτῷ*] σ′ *ὃ μόνον* (*μόνῳ* 252; om *ὃ μόνον* Syh) *συμπροσέσται* (*προσέσται* Syh) *αὐτῷ* 248′ 252 Syh *συμπροσέσται* (*αὐτῷ*)] α′ ܥܐܠܐ ܥܡܗ Syh (= *συνεισέρχεται αὐτῷ*); θ′ *συμπορεύσεται* 788; ܐܙܠܐ ܥܡܗ Syh (= *συμπορεύεται αὐτῷ*) **8,16** (*ἐν οἷς*) *ἔδωκα*] σ′ (+ *ἐν οἷς* 248′) *διὸ ἔταξα* 248′ 788 | *περισπασμόν*] σ′ *ἀσχολίαν* 248′ Hi: cf 113d

ὅτι καί γε ἐν ἡμέρᾳ καὶ ἐν νυκτὶ
ὕπνον ἐν ὀφθαλμοῖς αὐτοῦ οὐκ ἔστιν βλέπων,
17 *καὶ εἶδον σὺν πάντα τὰ ποιήματα τοῦ θεοῦ,*
ὅτι οὐ δυνήσεται ἄνθρωπος τοῦ εὑρεῖν
σὺν τὸ ποίημα τὸ πεποιημένον ὑπὸ τὸν ἥλιον·
ὅσα ἂν μοχθήσῃ ὁ ἄνθρωπος τοῦ ζητῆσαι,
καὶ οὐχ εὑρήσει·

A C *O* B-S-68′′-998 L^{-125} C''^{-157} *d k* al^{-359} verss

om *ὅτι* C'^{-298} = Ald | *καί γε* V 411 443 = Ra.] + *και* O^{-V}; > 754 $\mathrm{Sa}^{I\ II\ 2}$ Geo; om *γε* rel (Arm) | om *ἐν* 3° 560 | om *ἐν* 4° B-68-998 336′ Geo = Ald *αὐτοῦ*] *αυτων* 754 | *ἔστι(ν)*] *ετι* 795 | *βλέπων*] *βλεπον* 155; *βλεπειν* A(-*πιν*) 336′(-*πην* 336) Arm Ol^{ap}; pr *ο* V
8,17 *εἶδον*] *ιδον* A-C V B*-998 357 336′ 542 Met VIII.1,10,80 Anast 684; *ει* k^{-337^c}; + *εγω* 338 339 698 Anast 525 | *σὺν πάντα* A V S 336 698 Fa^2 = Gra. Ra.] *omnia* $\mathrm{Sa}^{I\ 2}$ Arm; *συμπαντα* rel (Arab) | *τὰ ποιήματα* post *τοῦ θεοῦ* tr 613 | *ποιήματα*] *πεποιημενα* V; -*ματον* 645 | *δυνήσεται* 1°] *δυναται* 159 Syh ↓ | *ἄνθρωπος* 1°] pr *ο* 443 | *τοῦ* 2°] *το* 728; > 296′ PsChr Anast 684 | *εὑρεῖν* 1°] *ιδειν* $O^{-V\ 475}$ | *σὺν τὸ ποίημα*] *νυν το π.* 795; *συμπαν το ποιημα* V Dam^{te}; *συν τω ποιηματι* 296′ 766^B; om *σύν* 311 336′ $\mathrm{Sa}^{I\ 2}$ Fa^3 (sed hab Fa^2) PsChr Anast 525 Syn 348 | *τὸ ποίημα τό*] *τον ποιηματος* 155 | *ποίημα*] *πεποιημα* S* | *ὅσα ἂν μοχθήσῃ* = 𝕾: contra 𝕸 | *ὅσα* 1°] *διοπερ* $O^{-V\ 475}$ ↓ | *ἄν* 1° = Compl Ra.] ⌒ 2° 253^{txt}; *εαν* A-C 637 *L cII* 155 248′′ 296′ 311 698 706 795 Ol Dam (sed hab PsChr Met VIII.1,17 Anast 525 684 Syn 348) | *μοχθήσῃ*] -*σει* 253^{mg} 540-609 252 645 728 795; *ποιηση* *k*(-*σει* 337) | *ὁ ἄνθρωπος* S 254′ 155 248′′ 296′ 549 698 $\mathrm{Sa}^{I\ II\ 2}$ $\mathrm{Fa}^{2\ 3}$ Ol^{te} Ra. = 𝕸] absc Fa^1; om *ὁ* rel (PsChr Met VIII.1,13 Anast 525 684 Dam Syn 348) | *ζητῆσαι*] *ζητησει* 548; *ζησαι* 155; *ευρειν* $C'^{-298\ 609}$ = Ald: ex (17b/h); *ευρων* 609 | *εὑρήσει*] -*ρηση* 637 425 Met VIII.1,13; -*ρησαι* 338

8,17 *καὶ εἶδον — εὑρεῖν*] *σ′ καὶ κατέμαθον ὅτι πάντων τῶν ἔργων τοῦ θεοῦ οὐ δύναται ὁ ἄνθρωπος ἐξευρεῖν* 248′ | *σὺν τὸ ποίημα τὸ πεποιημένον*] *σ′ οὐδὲ ἓν ἔργον* (*οὐδὲ ἐνεργὸν* 248 / *οὐδὲν ἔργον* 252) *πρασσόμενον* 248′ 252 *ὅσα ἄν* 1°] *σ′ διόπερ* 248′

καί γε ὅσα ἂν εἴπῃ ὁ σοφὸς τοῦ γνῶναι,
οὐ δυνήσεται τοῦ εὑρεῖν.

91 *Ὅτι σὺν πᾶν τοῦτο ἔδωκα εἰς καρδίαν μου,*
καὶ καρδία μου σὺν πᾶν εἶδεν τοῦτο,
ὡς οἱ δίκαιοι καὶ οἱ σοφοὶ

A C *O* B-S-68$^{\prime\prime}$-998 L^{-125} $C^{\prime\prime-157}$ *d k* al^{-359} verss

ὅσα 2°] *ο* $O^{(-253^{txt})}$(253^{mg}) 542 766 Syh; *οσας* 698 | *ἄν* 2°] *εαν* $O^{(-253^{txt})}$(253^{mg} litt *ε* superscr) *L k* 443 795 Dam^{te} Syn 348 (sed hab Anast 525) | *εἴπῃ*] *ποιηση* $C^{\prime\prime-139^{*}\ 260\ 298\ 540\ 571^{*}\ 609}$; *ποιησει* 139*-540-571*-609 | *ὁ σοφός* Anast 525] om *ὁ* V-475 B-68$^{\prime\prime}$-998 *cII*$^{-260}$ 252 336′ 411 443 Met VIII.1,13 Syn 348 | *οὐ* 2°] pr *και* 139-147-159-560-798-425^{mg} *k* 645 | om *τοῦ* 5° *O* 338 411 543
9,1 *σὺν πᾶν τοῦτο* A S 155 336 PsChr = Gra. Ra.] *συν παντα τουτο* 698; *συμπαντα τουτο* $C^{\prime-147^{c}\ 298\ 563\ 571\ 425^{c}\ 609\ 797}$(*συμπαν* + ras 2 litt 147*) 337 548 Ol$^{ΑΔΖ^{*}ΗΙΜ}$; *συμπαν τουτο* rel (539 Arab Ol^{te} Met VIII.1,14; tr Sa^{I} Fa^{1}): cf 89a | *ἔδωκα*] *εδωκας* 261*; *εδωκαν* V 539(-*δο*-); *εδωκεν* d^{-357} *k* 443 698; > 645 | *εἰς καρδίαν*] *εν* (+ *τῃ* 798 Dam) *καρδια* 798 155 336′ Hi Syh PsChr Dam = 𝔙 | *εἰς*] + *την* A O^{-V} $C^{\prime-298\ 798}$-260 *k* 443 547 698 Co = Gra. *μου* 1° ⌒ 2° 797 | om *καὶ* 1° — *τοῦτο* 161 PsChr | *καρδία*] *καρδιαν* 534; pr *η* 609 357 338 698 Sa^{I} Fa^{1} Dam | *σὺν πᾶν εἶδε(ν) τοῦτο*] *τουτο ειδε συμπαν* 766; *ειδε(ν) συμπαν τουτο* *k* 411 Geo Met VIII.1,15 = 𝔖; *ειδεν τουτο συμπαν* Sa^{I} Fa^{1}; *τουτο συμπαν ειδεν* Syh | *σὺν πᾶν* 2° A S 155 336 698 = Gra. Ra.] *συμπαντα* 601: cf 1214a; *συμπαν* rel (Arab): cf 89a 91a | *εἶδε(ν)*] absc 998; *ιδε(ν)* A V 336′ Met VIII.1,15 = Gra.; *ειδον* B(*ιδον*)-534(*ιδον*) 252 | *ὡς* B-S*-68$^{\prime\prime}$-998 *C′*-260 *d* 336′ 443 547 645 Sa$^{I\,2}$ Fa^{1} Aeth Arm PsChr Met VIII.1,16,95 Syn 548] pr *οτι* 339 542 698 Syh; *οτι* rel (Hi Ol PsPros *Dem* 12 *Voc* 1,24) ↓ | *οἱ* 1°] *οσοι* 766; > V | om *καὶ οἱ σοφοί* 645*: homoiot | om *οἱ* 2° V *k* 311 766^{A} | *σοφοί*] + *ασεβης* Fa^{1mg}

καί γε ὅσα ἂν εἴπῃ] *θ′ ὁμοίως* Syh (= *καί γε ὅσα ἂν εἴπῃ* ↑) **9,1** *ὅτι* — (2a) *ματαιότης*] *σ′ omnia haec statui in corde meo, ut ventilarem universa, quia et iusti et sapientes et opera eorum in manu Dei sunt. Et insuper neque amicitias, neque inimicitias scit homo; sed omnia coram eis incerta* Hi | *ἔδωκα*] *ἔγνων* 252 (s nom) | *ὡς οἱ δίκαιοι καὶ οἱ σοφοί*] *α′ σ′* ܡܛܠ ܕܙܕܝܩܐ ܘܚܟܝܡܐ Syh (= *ὅτι οἱ δίκαιοι καὶ οἱ σοφοί*)

καὶ ἐργασίαι αὐτῶν ἐν χειρὶ τοῦ θεοῦ,
καί γε ἀγάπην καί γε μῖσος οὐκ ἔστιν εἰδὼς ὁ ἄνθρωπος·
τὰ πάντα πρὸ προσώπου αὐτῶν,
2 *ματαιότης ἐν τοῖς πᾶσιν.*
συνάντημα ἓν τῷ δικαίῳ καὶ τῷ ἀσεβεῖ,
τῷ ἀγαθῷ καὶ τῷ κακῷ

A C *O* B-S-68′′-998 *L*$^{-125}$ *C*$^{\prime\prime-157}$ *d k* al^{-359} verss

om *καί* 3° 766: homoiot | *ἐργασίαι*] *εργασια* 766^{A}; *εργασιαν* 766^{B}; *εργασιας* 609; + *μου* 155*; pr *αι* A-C *O* 534-998 *L C*′′ *d k* 155 248′-252^{c} 296′ 311 338 339 411 443 543 547 549 613 706 788 795 PsChr Ol Met VIII.1,16 Syn 548 (sed hab B-S-68 252* 336′ 542 645 698 766) = Ald Sixt | *αὐτῶν* 1°] *εαυτων* 728; *αυτου* 248* 339 | *ἐν χειρί* Syh^{mg} (s nom) = 𝔐] *ενωπιον O*$^{-V}$ 443 542 Syh^{txt} Met VIII.1,17,96 ↓; + *αυτου* 147-425^{mg} | *τοῦ θεοῦ*] *αυτου* 475; om *τοῦ* 998 609-797 547 645 Syn 348 | *γε* 2°] om 998 147-425^{c}-601-*cII*$^{-260}$ Sa^{I} Arm^{te} Ol^{te} (sed hab Hi Ol^{ΔEIM}); absc Fa^{1} | *εἰδώς*] *ιδω* 766^{B}; *ιδων k*; *ιδειν* 766^{A}; post *ἄνθρωπος* tr S *C*$^{\prime-298\ 299}$ 645 = Ald | *ὁ ἄνθρωπος*] *ὁ* sub ※ *α′* Syh (mend asteriscus ante *ἄνθρωπος*); *ανθρωπου* 336′; om *ὁ* S *C*$^{\prime\prime-260\ 298\ 299}$ 338 645 698 PsChr Ol: contra 𝔐 | *πρὸ προσώπου αὐτῶν*] post (2a) *ματαιότης* tr 766 | *πρὸ προσώπου*] *προς προσωπον* S* 645; *τω προσωπω* 147; *εις προσωπον O* Hi = 𝔐 | *πρό* bis scr 543 | *προσώπου αὐτῶν* rescriptus C | *αὐτῶν* 2° Sa^{I} Fa^{1} Ol^{ΔEIM}] *αυτου O*$^{-475}$ 298-*cII*$^{-260}$ *k* 336′ 411 547 766 Arm Ol^{te} ↓; *του* 475

9,2 *ματαιότης — πᾶσιν*] trah ad fin (1f) 475 *cII*$^{-260}$ Sa^{I} PsChr | om *ματαιότης* Hi | om *τοῖς* 298 | *πᾶσιν*] + *κοινα παντων εισι τα αδιαφορα καθο ζωα θνητα καθο δε λογικα οι μεν ασεβεις εκοντες* (sic) *οι δε αγαθοι* 475* 425*: ex cat | *ἕν*] *ἐν* 798 Ald; > 998 261 411 | *καί* 1°] > *k*; + *εν* 248* = Compl | *ἀσεβεῖ*] *ασεβη* 637 139*-732 706 795 | *τῷ ἀγαθῷ*] *των αγαθων* (-*ον*) 609 | *τῷ κακῷ*] *των κακων* (-*ον* 609*) 609^{c} | *κακῷ*] *μη αγαθω* 443

ἐν χειρί] *α′ σ′ ὁμοίως ἐν χειρί* Syh | *καί γε ἀγάπην — ἄνθρωπος*] *σ′ προσέτι* (*πρός τὶ* 248′; *πρὸς ἔτι* 252) *δὲ οὐ φιλίαν οὐδὲ ἔχθραν ἐπίσταται ὁ* (> 252) *ἄνθρωπος* 248′ 252 | *ὁ* (*ἄνθρωπος*)] *ὁ* sub ※ *α′* Syh^{txt} | *τὰ πάντα* — (2a) *ματαιότης*] *σ′ τὰ* (> *cII*) *πάντα ἔμπροσθεν αὐτῶν ἄδηλα* (*αδηλια cII*$^{-260}$ *incerta* Hi) *cII*^{cat} (s nom) Ol (s nom) Hi **9,2** *ἐν τοῖς πᾶσιν — ἀσεβεῖ*] *σ′ propterea quod omnibus eveniunt similia, iusto et iniusto* Hi
ἐν τοῖς πᾶσιν συνάντημα ἕν] *σ′ ἅπαντα ὅμοια* 248′ 252

καὶ τῷ καθαρῷ καὶ τῷ ἀκαθάρτῳ
καὶ τῷ θυσιάζοντι καὶ τῷ μὴ θυσιάζοντι·
ὡς ὁ ἀγαθός, ὧς ὁ ἁμαρτάνων·
ὧς ὁ ὀμνύων, καθὼς ὁ τὸν ὅρκον φοβούμενος.
3 *τοῦτο πονηρὸν ἐν παντὶ πεποιημένῳ ὑπὸ τὸν ἥλιον,*
ὅτι συνάντημα ἓν τοῖς πᾶσιν·
καί γε καρδία υἱῶν τοῦ ἀνθρώπου ἐπληρώθη πονηροῦ,

A C *O* B-S-68′′-998 *L*$^{-125}$ *C*′′$^{-157}$ *d k* al^{-359} verss

om *καί* 3° A-C *O L* 390-*cII* 254′ 336′ 411 443 543 547 645 766 | *τῷ καθαρῷ*] *των καθαρων* 609 | *τῷ ἀκαθάρτῳ*] *των ακαθαρτων* 609 | om *καί* 5° C *O L cII* 254′ *k* 411 443 543 645 | *θυσιάζοντι* 1°] *ουσιαζοντι* 336′; ⌒ 2° 425^{txt} | om *μή* 571* | *θυσιάζοντι* 2°] *ουσιαζοντι* 336′ | *ὡς*] *και* 68; *κατα* Sa$^{I\ II}$; *sic* Hi (sed hab *sicut* Hi *Ep* 108,27,3); pr *και* 571^{c} = Ald | om *ὁ* 1° 534 130-261 609* 411* 698 Ol | *ἀγαθός*] *αγαθως* 609 | *ὥς* 1°] *ὡς* Hi (*ut*) Met VIII.3,4 = Ald Compl; *ὧς* = Ra.; *ita et* Hi *Ep* 108,27,3; > 475 | *ὁ* 2°] > 534 46′; + *μη* 645 | *ἁμαρτάνων*] *αμαρτωλος* 788 | *ὥς* 2°] *ὡς cII*$^{-260}$ Hi (*sic*; sed hab *sicut* Hi *Ep* 108,27,3) Fa^{3} = Ald Compl Sixt; *καθως* 475; *ὧς* = Ra. | om *ὁ* 3° 261-545 609 411 | *ὀμνύων*] *ομνυον* 645 | *καθώς*] *ὡς L* 298-*cII*$^{-260}$ Ol^{ap} Hi *Ep* 108,27,3 (*ita et*); *sic* Hi; *και* 338; pr *και* 795; + *εστιν* 543 | om *ὁ* 4° 248* | *τὸν ὅρκον*] *των ορκων* 68 609(-*κον* = Ald) = Ald
9,3 *τοῦτο*] + *το* A 296′ 311 645 | om *ἐν παντί* V | *ἐν* 1°] *επι* 563-571* *πεποιημένῳ*] pr *τω O*$^{-V}$ 248′ 443 542 766^{A} Syh PsChr Met VIII.3,6: cf (6d); + (*το* 766^{B}) *πεποιημενον* V 261 425* 357 336′ 339 547 548 766^{B} | om *ὅτι* 443 | *ἕν*] *in* Arm; > 766^{B} | *υἱῶν*] *υιω* 766^{A}; pr *και* 155; pr *των* 613 | om *τοῦ* 337 547 | *πονηροῦ καὶ περιφέρεια*] *malitiā et errores* Hi^{lem} 322,37^{te} ↓; *malitia et procacitate* Hi^{com} 323,62 ↓ | *πονηροῦ*] *πονηρων* 698; *πονηρια* 46^{c}-631; *πονηριας* 337(-*νερ*-); *πονου* 252^{mg}

9,3 *ἐν παντὶ πεποιημένῳ*] σ′ (+ *ἐν* 788) *πᾶσι τοῖς συμβαίνουσιν* 248′ 252 (s nom) 788 | *καί γε καρδία* — (4a) *τοὺς ζῶντας*] σ′ *Sed et cor filiorum hominum repletur malitia et procacitate iuxta cor eorum in vita sua. Novissima autem eorum veniunt ad mortuos. Quis enim potest in sempiternum perseverare vivens?* Hi

καὶ περιφέρεια ἐν καρδίᾳ αὐτῶν ἐν ζωῇ αὐτῶν,
καὶ ὀπίσω αὐτῶν πρὸς τοὺς νεκρούς.
4 ὅτι τίς ὃς κοινωνεῖ πρὸς πάντας τοὺς ζῶντας;
ἔστιν ἐλπίς, ὅτι ὁ κύων ὁ ζῶν, αὐτὸς ἀγαθὸς
ὑπὲρ τὸν λέοντα τὸν νεκρόν.
5 ὅτι οἱ ζῶντες γνώσονται ὅτι ἀποθανοῦνται,
καὶ οἱ νεκροὶ οὔκ εἰσιν γινώσκοντες οὐδέν·
καὶ οὐκ ἔστιν αὐτοῖς ἔτι μισθός,

A C *O* B-S-68′′-998 *L*⁻¹²⁵ *C*′′(157-) *d k* al⁻³⁵⁹ verss

καί 2°] + *γε* 254′ | *περιφέρεια*] *περιφερει α* 147ᶜ-159-560; *περιφερει* 261-545; *ᾶ* 147* | *αὐτῶν* 1°] *αυτου* 155; ⌒ 2° 475 571; + *καί* *C*′⁻²⁹⁸ ⁵⁷¹ = Ald
ζωῇ] pr *τη* 253 Saᴵ | *καὶ ὀπίσω αὐτῶν*] *ταδε τελευτεια αυτων* Dam ↓ | om *καί* 3° *d*(357 vid) | *ὀπίσω*] + *αυτω* 797 | *αὐτῶν* 3°] *αυτου* Ol = 𝔐
νεκρούς] *τεθνεωτας* *O* 411
9,4 *ὅτι* 1° — *ζῶντας*] *οτι* (> 253) *τις γαρ εις* (> 475) *αει* (> 475; *α* 637) *διατελεσει ζων* *O*⁻ⱽ ↓ | *ὅτι* 1°] *ο* 998(c pr m) | *ὅς*] *ος* (litt *ω* sup *ο*) 998; > 298 336′ Olᐞᴵᴷᴹ | *κοινωνεῖ*] *-νησει* 613 *L* 296′ 311 336′ 443 698 706 795
om *πρός* 296′ 311 | *τοὺς ζῶντας*] om *τούς* 336; + *τις γαρ εις αει διατελει ζων* (*τις* — *αει* sup ras) 798 ↓ | *ἔστιν ἐλπίς*] bis scr *ἐλπίς* 68; pr *ου* 545ᶜ
om *ὅτι* 2° S 339 | om *ὁ* 1° 357 155 | *ζῶν*] + *εν σκοτει* (*-τι* V) *O* Ambrst *Ques* 39 | om *αὐτὸς ἀγαθός* 542 | *αὐτός*] *ουτος* 766; > *O* 411 Hi Geo PsChr Epiph I 27,2; + *ε̣σ̣τ̣*[*ιν* 998 | *τόν* 2°] *το* 601 | *νεκρόν*] *τεθνηκοτα* 298-*cII*⁻²⁶⁰ *d* 336′ 338 PsChr Ol Damᵗᵉ Did *Trin* 352 PsCaes 876 ↓: cf (5b)
9,5 om *ὅτι* 1° *cII*⁻²⁶⁰ 547 Ol | *οἱ* 1°] *ει* 609 | *γνώσονται*] *γνωσωσιν*(*-σην*) 534; *γινωσκουσιν* *O*(*γειν*. V) 411 Hi | *ὅτι ἀποθανοῦνται*] *αποθανουντα* 254 | *ἀποθανοῦνται*] *-θνησκουσιν* 543 | *νεκροί*] *τεθνεωτες* *O*⁻ⱽ 411: cf 4₂a
γινώσκοντες] litt *οντες* in ras 2 litt 248 | *αὐτοῖς*] *αυτων* 766

περιφέρεια] *α′* (+ *ϑ′* 788) *πλάνη*; *σ′ αὐθάδια*⟨*ς*⟩ (*-δια* 248; *-δείας* 252 788) 248 252 788 | *καὶ ὀπίσω αὐτῶν πρὸς τοὺς νεκρούς*] *σ′ τὰ δὲ τελευταῖα αὐτῶν* (> 248′) *εἰς νεκρούς* 248′ 252 788 Syh **9,4** *ὅτι* 1° — *ζῶντας*] *σ′ τίς γὰρ εἰς ἀεὶ διατελέσει ζῶν* 248′ 252 (s nom) 539 (s nom) 788 Hi Syh | *ὅτι* 2° — fin] *σ′* ⟨*ὅτι*⟩ *κυνὶ ζῶντι βέλτιον ἐστὶν ἢ λέοντι τεθνηκότι* 248′ 252
9,5 *μισθός*] *σ′ ἐπικαρπία* 252

ὅτι ἐπελήσθη ἡ μνήμη αὐτῶν·
6 *καί γε ἀγάπη αὐτῶν καί γε μῖσος αὐτῶν*
καί γε ζῆλος αὐτῶν ἤδη ἀπώλετο,
καὶ μερὶς οὐκ ἔστιν αὐτοῖς ἔτι εἰς αἰῶνα
ἐν παντὶ τῷ πεποιημένῳ ὑπὸ τὸν ἥλιον.
7 *Δεῦρο φάγε ἐν εὐφροσύνῃ ἄρτον σου*
καὶ πίε ἐν καρδίᾳ ἀγαθῇ οἶνόν σου,

A C *O* B-S-68′′-998 *L*(125-) *C*′′ *d k* al(359-) verss

ἐπελήσθη] *επελυσθην* 261*; *επελυσθη* 261^{c}-545; *επεπλησθη* 425 *k*; *επλησθη* A *O*$^{-253}$ S 563-571*-601-797 248 339 411 Dam; *ετελησθη* 298
9,6 *ἀγάπη*] *απατη* S | *αὐτῶν* 1°] ⌒ 2° 475; + *προς θεον* 613 | *μῖσος*] *μισθος* A 336′ 443 | om *αὐτῶν* 2° — *μερίς* 998 | *ἤδη*] *ιδει* 357; > 609; + *και γε* 411 | *καί* 4°] pr *οτι* *d*(357 vid); + *γε* V B-S*-68′′ *L* *C*′′$^{-260}$ *d* 155 336′ 411 443 645 698 766 Arm Ol (sed hab Hi Syh Sa^{2} Fa$^{1\,3}$ Aeth Met VIII.5,7,51 Dam = Ra.) | *μερίς*] pr *η* 766; + *αυτων* 357 766 | *οὐκ ἔστιν*] *ουκ εσται* 357 Hi^{com} 323,79 (sed hab Hi$^{lem\ et\ com}$ 323,60 324,110); *ουκετι* 766^{A}-766^{B*vid}; post *αὐτοῖς* tr 443 | *αὐτοῖς*] pr *εν* 637 563-571-260-371; > 357 766; + ras 2 litt 601 | *ἔτι*] *ηδη* *k*$^{-337}$; *ηδει* 337; *εστι* 698; > 998 298-260 357 155 296′ 766 Sa^{2} Geo Arm (sed hab Fa^{3}); absc Fa^{1}; + *α ουκ εστιν* 336′ | *αἰῶνα*] pr *τον* V-475 68′′ *L* 298-390-563-571-425-609(*των*)-260 254′ 155(*των*) 248′ 338 411 542 547 698 766 Dam = Sixt | *ἐν*] *επι* 336′ | *τῷ πεποιημένῳ*] *το* (*των* 609) *πεποιημενον* 609-260 357(vid) 706 | *τῷ*] *τοπω* 261-545 443; > 254′ 248′ 338 | *πεποιημένῳ*] *-μενον* 443
9,7 *δεῦρο*] + *δη* 563-571 336′: cf 2 1b | *ἐν εὐφροσύνῃ* et *ἄρτον* tr 411 | *ἄρτον* *O*$^{-637}$ B-68′ 254′ 411 542 Met VIII.6,2 Dam^{ap} Ra. = 𝔐] absc 998; pr *τον* rel (Arm Ol CyrHier 4,8 Dam^{te}) | *ἐν* 2°] *εκ* 155 | *οἶνόν*] pr *τον* 637 106 547 766 Sa^{II} Fa^{1} CyrHier 4,8 | om *σου* 2° V Hi^{com} 326,165 PsAug *Pal* 17 (sed hab Hi^{lem} 324,113 Hi *Ep* 96,1) | *σου* 2° ⌒ 3° 998

9,7 *ἐν εὐφροσύνῃ*] *σ′ μετ᾽ εὐφροσύνης* 248′ (ind mend ad *καὶ πίε*) | *ἐν καρδίᾳ ἀγαθῇ*] *ἐν σταθερᾷ πίστει* 788

ὅτι ἤδη εὐδόκησεν ὁ θεὸς τὰ ποιήματά σου.
8 *ἐν παντὶ καιρῷ ἔστωσαν ἱμάτιά σου λευκά,*
καὶ ἔλαιον ἐπὶ κεφαλήν σου μὴ ὑστερησάτω.
9 *καὶ ἰδὲ ζωὴν μετὰ γυναικός, ἧς ἠγάπησας,*
πάσας τὰς ἡμέρας ζωῆς ματαιότητός σου

A C *O* B-S-68′′-998 *L C′′ d k* al verss

om *ἤδη* A-C *L* 298-*cII*$^{-260}$ *d k* 155 161-252 296′ 311 338 443 543 547 549 698 706 795 Hi^{com} 326,165 Sa^{II} Aeth Geo Ol CyrHier 4,8 Amb *Inst virg* 17,110 Hi *Ep* 96,1 PsAug *Pal* 17 (sed hab Hi^{lem} 324,113 Amb *Exh virg* 11,75) = 𝕾; absc Fa^{1} | *σου* 3°] *αυτου* 415-504; + *εν ευφροσυνη* 637: ex (7a)
9,8 *καιρῷ*] *χρονω* 443 | *ἔστωσαν*] *εστω O* CyrHier 4,8; *εσονται* 336′; post *ἱμάτιά σου* tr 336′ | *ἱμάτιά*] pr *τα* C *O* S-613 *L* 298-*cII d k* 296′ 311 339^{mg} 359 411 542 543 645 698 706 766 788 795 Ol^{te} Met VIII.6,4 Antioch 1713 Bas II 453 CyrHier 4,8 Dam Did *Za* 396 Max II 380(lib) Or X 650,26 Proc *Isa* 1956 Soz 349,6 (sed hab Ol^{ΔEIKM} Cyr I 944) | *ἔλαιον*] absc Did^{lem}; *ελεον* V 261-545 390-295 336′ 359 Did^{com} 273,19 | *ἐπὶ κεφαλήν*] *υπερ κεφαλην* 359 CyrHier 4,8; *η κεφαλη* 706 | *κεφαλήν* = Ra.] *κεφαλης* *O*$^{-475\ 637}$ S-534 *C′′*$^{-298\ 609}$(522^{c}) 357 155 248′ 338 339 359 411 542 547 645 698^{c} 728 Ol; *κεφαλη* 475 *L*$^{-130}$ 298-609 443 698* 788; *τη κεφαλη* 766^{B}; *τη κεφαλης* 522*; *της κεφαλης* 254′ Did^{com} 273,19s Antioch 1713 CyrHier 4,8; pr *την* 68 637 337 548 766^{A}; absc 998 Did^{lem} | *ὑστερησάτω*] *στερησατω* 571^{c}; *deficiat* Hi^{lem} 324,115 (sed hab *desit* Hi^{com} 327,188 327,198 Amb *Inst virg* 17,110) ↓ = 𝔙
9,9 om *καί* 1° Hi Fa$^{1\ 3}$ (sed hab Aeth Geo Arm Hi *Mal* 2 = 𝕾) = Ra. 𝔐 *ἰδέ*] *ειδε* 637 706 Did 274,5 | *ζωήν*] *ζων* 357 | *μετά*] *επι* 125′ | *ἧς ἠγάπησας*] > 147-159-560; + *και* 296′ | om *ἧς* 295 | om *πάσας* 1° — *σου* 1° 298 | om *πάσας* 1° 425 | om *τάς* 1° C *O*$^{-637}$ B-68′′ *L*$^{-130}$ 390 357-754 248* 252 336′ 338 411 443 542 543 549 766 Met VIII.7,2 (sed hab Did 277,1 Ol = Ald Sixt); absc 998 | om *ζωῆς k* 336′ Hi 327,211 Hi *Mal* 2 | *ματαιότητος* 1°] *νεοτητος C′*$^{-298}$: ex Prov 5$_{18b}$; *νηπιοτητος* 698 | *σου* 1° ⌒ 2° 253 *L* 797^{txt} 252^{txt} 359 543 = 𝕾

ὅτι ἤδη] *α′ σ′ θ′ ὁμοίως τοῖς ο′* Syh (= *ὅτι ἤδη*) | *εὐδόκησεν*] *σ′ ἐξήτασεν* 248′ **9,8** *λευκά*] *α′ σ′ θ′ ὁμοίως τοῖς ο′* Syh (= *λευκά*) | *μὴ ὑστερησάτω*] *σ′ οὐ μὴ διαλιπέτω* 248′ **9,9** *ἰδὲ ζωήν*] *σ′ ἀπόλαυσον ζωῆς* 248′ 788 | *ματαιότητός σου* 1°] *α′ ἀτμοῦ σου* 248′ (ind ad *ματαιότητός σου* 2°); *σ′ τῆς ἀβεβαίου σου* 788

τὰς δοθείσας σοι ὑπὸ τὸν ἥλιον,
πάσας τὰς ἡμέρας ματαιότητός σου,
ὅτι αὐτὸ μερίς σου ἐν τῇ ζωῇ σου
καὶ ἐν τῷ μόχθῳ σου, ᾧ σὺ μοχθεῖς ὑπὸ τὸν ἥλιον.
10 *πάντα, ὅσα ἂν εὕρῃ ἡ χείρ σου τοῦ ποιῆσαι,*
ὡς ἡ δύναμίς σου ποίησον,
ὅτι οὐκ ἔστιν ποίημα καὶ λογισμὸς καὶ γνῶσις καὶ σοφία
ἐν ᾅδῃ, ὅπου σὺ πορεύῃ ἐκεῖ.

A C *O* B-S-68''-998 *L C''* *d k* al verss

τὰς δοθείσας] *της δοθεισης* 336′ Arm; *αι εδοθησαν* 475-637 338 411 542 Met VIII.7,3 | *ἥλιον* 1° ⌒ 2° 766^{A} | *πάσας τὰς ἡμέρας ματαιότητός σου*] *πασαι ημεραι ημεραι* (> 534 Fa$^{1\,3}$) *ατμου σου* B*-534-998 Fa$^{1\,3}$ ↓; > A 475-637 B^{c}-68' *cII*$^{-260}$ *d* 338 547 Aeth$^{ap(A2)}$ Ol^{ap} (sed hab Hi Syh Sa^{II} Arm Did 277,1-2 Ol^{te} = Ald) = Sixt | om *τάς* 3° C S 155 252^{mg} 411 443 542 549 766^{B} Ol^{EIM} | *ματαιότητος* 2°] *νεοτητος* 155: ex Prov 5₁₈b; pr *της* 147 411 *αὐτό*] *αυτω* 637 390; *αυτη* 125 766^{B}; *αυτος* S | *σου* 3° — *σου* 4°] *ζωης σου* 797 | om *τῇ* C 637 645 788 | om *ἐν* 2° S 645 | om *τῷ* *k* | *σου* 5°] absc Fa^{1}; > 998 *k* 336′ 411 Hi Fa^{3} Did^{com} 278,9 = 𝔐 | *ᾧ σὺ μοχθεῖς*] *ο εμοχθης* 637 *ᾧ*] *ο* 147; *ος* 698; pr *εν* S^{c} | *σύ*] *σοι* 563-571* 548 Did 278,6 278,9; > A 797 443 728 Fa^{1} Geo = 𝔙 | *μοχθεῖς*] -*θης* 296′ 336′ 359 Ol^{M}; -*θις* V 998 | *ἥλιον* 2° ⌒ (11a) *ἥλιον* 357

9,10 *ἄν*] *εαν* S-998 539 Did^{com} 278,15 (sed hab Did^{lem} 278,5) Dam^{te}; > 545 Hi | *εὕρῃ*] *εχη* *L*$^{-125\,545}$; *εχει* 125-545 | om *ἡ* 1° 155 | *τοῦ*] > V; + *μη* 359 | *ποιῆσαι*] *ποιειν* *k* | *ὡς ἡ*] pr *ως αι* S*(c pr m); *οση* 253 613 *L* *k*(*οσι* 337) 254′ 645 766^{B} Dam | om *ἡ* 2° 475 601 | *δύναμις*] *δυναμει* 545^{c} | *σου* 2°] *σοι* *k* 106 766^{B} Dam^{te}; > Did^{lem} 278,5; + *του ποιησαι* 260: ex (10a) *ποίημα καί*] pr *παν* 254′; > Arm | *καὶ λογισμός* post *γνῶσις* tr 534′ | om *ἐν ᾅδῃ* 522 | *ᾅδῃ*] *αδου* 125; *αδ* 261 | *ὅπου*] *οτι ου* B-68 (sed hab Ald Sixt); *ου* V 998 | *σὺ πορεύῃ*] *συμπορευη* 68 359 795; *συμπορευσῃ* 125′ | *πορεύῃ*] *πορευει* 631 296′*^{vid} 728; *πορευσῃ* *O*$^{-V}$ 613 *L*$^{-125'}$ 298 Dam^{te} | *ἐκεῖ*] + *και* 411

πάσας 2° — *σου* 2°] *α′ πᾶσαι αἱ ἡμέραι* (+ *ἡμέραι* 248) *ἀτμοῦ σου* 248′ *ματαιότητός* 2°] *οἱ λ′ ἀτμοῦ* 252 **9,10** *ἂν εὕρῃ*] *σ′ ἐφικνεῖται* (*ἀφ*. 161) 248′ 252 539 (s nom) 788 Syh

11 Ἐπέστρεψα καὶ εἶδον ὑπὸ τὸν ἥλιον
ὅτι οὐ τοῖς κούφοις ὁ δρόμος
καὶ οὐ τοῖς δυνατοῖς ὁ πόλεμος
καί γε οὐ τοῖς σοφοῖς ἄρτος
καί γε οὐ τοῖς συνετοῖς πλοῦτος
καί γε οὐ τοῖς γινώσκουσιν χάρις,
ὅτι καιρὸς καὶ ἀπάντημα συναντήσεται τοῖς πᾶσιν αὐτοῖς.

A C *O* B-S-68′′-998 *L* *C*′′ *d* *k* al verss

9,11 *ἐπέστρεψα*] *απ.* 159 339; *υπ.* S Dam | *εἶδον*] *ιδον* A-C V B-68-998 157 336′ 542 Met VIII.9,2 Antioch 1740 (sed hab Ald Sixt) = Gra. | *οὐ τοῖς* 1°] *αυτοις* 254 | om *οὐ* 1° 645 | *κούφοις*] *κουφος* 357 | om *ὁ* 1° B-68 (sed hab Ald) | om *καί* 2° 339 Geo PsChr Tyc *Reg* 7 | *δυνατοῖς*] *δυνασταις* 253 543 549 | *ὁ* 2°] >B-68; absc 998 | om *γε* 1° 475 998 | *οὐ τοῖς σοφοῖς*] *αυτω σοφω ου τοις αρτος* Ald | *οὐ* 3°] *ουδε* 548 | *τοῖς σοφοῖς*] *τω σοφω* B-68′(*το σ.* 534)-998 *C*$'^{-298}$ 161^{mg} 336′ 542 766 PsChr Met VIII.9,4 Antioch 1740 Syn 348 Tyc *Reg* 7 Sa^{II}; absc Fa^{1} | *ἄρτος* *O*$^{-V\ 475}$ B-68-998 *d* 728 766 PsChr Met VIII.9,4 Antioch 1740 Ra. = 𝔐] absc Fa^{1}; pr *ο* rel (Did 281,26 283,10 Ol Dam Syn 349) | *καί γε οὐ* 2°] *ουδε* 125 Hi$^{lem\ et\ com}$ 325,148 328,242 Cass *Co* 13,18; ⌒ 3° 155 539(vid) | om *γε* 2° V B-68′′-998 *d* 542 Syh PsChr Antioch 1740 | *πλοῦτος* B-68-998^{c} 766^{B} Ra. = 𝔐] pr *ο* rel *καί γε οὐ* 3°] *ουδε* 125 Hi 328,242 Syh Cass *Co* 13,18 | om *γε* 3° 998 Sa^{II} Aeth | *γινώσκουσιν*] *-σκωσιν* 542 | *χάρις*] pr *η* 613 *L* *C*$'^{-298}$ 543 549 766^{A} Antioch 1740 Syn 349 = Ald | om *ὅτι* 2° 797* Sa^{II} | *ἀπάντημα*] *υπαντημα* 106; *συναντημα* 298-*cII*$^{-260}$ 411 539 547 645 Ol: ex 2₁₄d | *συναντήσεται*] *συναντα* 357 Hi Syh ↓ | *τοῖς πᾶσιν*] *συν πασιν* 336 PsChr^{te}; *συμπασιν* B-68-998 298 728 = Ald Sixt; om *τοις* 637 534 390 *k*

9,11 *ὁ δρόμος*] *τὸ φθάσαι δρόμῳ* (*δρόμον* 248′ 539) 248′ (ind ad *κούφοις*) 252 539 (s nom) 788 Syh (ind ad *κούφοις*) | *ὁ πόλεμος*] *τὸ κρατῆσαι πολέμου* (+ *τῷ σοφῷ* 248) 248′ 539 (s nom) 788 Syh | *τοῖς σοφοῖς*] *α′ θ′ ὁμοίως τοῖς ο′* Syh (= *τοῖς σοφοῖς*) | *ἄρτος*] *σ′ πορίσαι* (*πορησαι* 248′ 539) *τροφήν* 248′ 252 (s nom) 539 (s nom) 788 Syh | *καί γε οὐ τοῖς γινώσκουσιν χάρις*] *σ′ οὐδὲ τῶν τεχνῶν* (*ταῖς τέχναις* Syh) *τὸ εὔχαρι* 252 539 (s nom) 788 Syh | *ἀπάντημα*] *σ′ συγκύρησις* (*συγκυρήσεις* 248′; *σύγκρησις* 252*; *σύγκρισις* 252^{c} 539) 248′ 252 (s nom) 539 (s nom)

12 *ὅτι καί γε οὐκ ἔγνω ὁ ἄνθρωπος τὸν καιρὸν αὐτοῦ·*
ὡς οἱ ἰχθύες οἱ θηρευόμενοι ἐν ἀμφιβλήστρῳ κακῷ
καὶ ὡς ὄρνεα τὰ θηρευόμενα ἐν παγίδι,
ὡς αὐτὰ παγιδεύονται υἱοὶ τοῦ ἀνθρώπου
εἰς καιρὸν πονηρόν,
ὅταν ἐπιπέσῃ ἐπ' αὐτοὺς ἄφνω.
13 *Καί γε τοῦτο εἶδον σοφίαν ὑπὸ τὸν ἥλιον,*

A C *O* B-S-68′′-998 *L C*′′ *d k* al verss

9,12 om *ὅτι* A-C 125 298-*cII k* 155 161*-248*-252 338 411 539 543 547 549 698 788 Hi Arab Ol Dam | *γε*] > 125; + *τουτο C*′$^{-298}$; + *και* B-68-998 | *οὐκ ἔγνω* post *ἄνθρωπος* tr 125 Geo | om *ὁ* C 253 613 125 *cII*$^{-260}$ 296′ 338 411 547 645* Ol^{ΑΓΖΜ} Antioch 1713 Dam | *ὡς οἱ*] *ωσει* 766 | *οἱ ἰχθύες*] *οιχθυες* 253 609*; om *οἱ* 296* 645 | *ἐν* 1°] pr *ω* S* | *ἀμφιβλήστρῳ*] *αγκιστρω* 357 | *κακῷ*] *κακων* 609 728 766 Dam^{te}; *καλω* B-68 Sa^{II}: cf 4 17d; > C(|) Ol^{I*M} Antioch 1713 | *ὡς* 2°] *ωσπερ* 547 | *ὄρνεα*] *ορνις* 125; *ορν* 261 om *τά* 125′ Dam | *θηρευόμενα*] *συλλαμβανομενα* (*συνλαμ.* 637 359) *O*$^{-V}$ 359 411 Hi: cf σ′ Cant 2 15 | *παγίδι*] *παγισιν* 613 | *ὡς αὐτά*] *ωσαυτως* 155(*ως αυτος*) 298 766 Hi 324,118 330,286 Aeth Arab = 𝕾 | *αὐτά*] *αυτοι* V; *αυτων* 601; *ταυτα* 260 | *παγιδεύονται*] *-δευεται O*$^{-V\ 475}$ 613; *-δευσεται* 475; *παιδευονται* 998(*πεδ.*); + *ουτως* (*ουτω* V 754; > Syh^{mg}) *κρατηθησονται* (> 613 339 Fa^{3}; + *εν παγιδι* Syh^{mg}) *O* S^{c} 613 *L* 254′ 339 359 411 Syh^{mg} Fa^{3} | *υἱοί* 637 261 797 254-357 155 311 411 547 548 645 698 706 766^{A} Met VIII.9,9 = 𝕸] pr *οἱ* rel (Did 287,4 Dam^{te}) = Ra. | *τοῦ ἀνθρώπου*] *των ανθρωπων* 613 *L C*′$^{-298\ 571c}$ 338 766 Sa^{II} Geo Dam^{te} | *εἰς καιρὸν πονηρόν*] *εν καιρω πονηρω* 155 547 Hi Syh Sa$^{I\ II}$ Dam^{te} = 𝕾 𝕻 *πονηρόν*] *-ρων* 609; > 357 | *ἐπιπέσῃ*] *πεση* 609; *-πεσοι* 798 549 766^{A}; *-πνευση* 371 | *ἐπ' αὐτούς*] *επ αυτον* 548*; *επ αυτοις C*′′$^{-260\ 298\ 571c}$ 543 766; *αυτους* 260* *k* 311 338 728
9,13 *εἶδον*] *ιδον* A-C V B*-998 157 357 336′ 542 Met IX.1,2 | *σοφίαν*] *σοφια* 159; *σοφιαι* 766^{B} Sa^{II}

9,12 *τὸν καιρὸν αὐτοῦ*] σ′ *τὴν εὐκαιρίαν ἑαυτοῦ* (*αὐτοῦ* 248′; > 539) 248′ 252 539 (s nom) Syh | *κακῷ*] α′ *πονηρῷ* 248′; θ′ *ὁμοίως τοῖς* ο′ Syh | *ἐπ' αὐτούς*] α′ θ′ *ὁμοίως τοῖς* ο′ Syh

καὶ μεγάλη ἐστὶν πρός με·
14 *πόλις μικρὰ καὶ ἄνδρες ἐν αὐτῇ ὀλίγοι,*
καὶ ἔλθῃ ἐπ' αὐτὴν βασιλεὺς μέγας καὶ κυκλώσῃ αὐτὴν
καὶ οἰκοδομήσῃ ἐπ' αὐτὴν χάρακας μεγάλους·
15 *καὶ εὕρῃ ἐν αὐτῇ ἄνδρα πένητα σοφόν,*
καὶ διασώσει αὐτὸς τὴν πόλιν ἐν τῇ σοφίᾳ αὐτοῦ·
καὶ ἄνθρωπος οὐκ ἐμνήσθη σὺν τοῦ ἀνδρὸς τοῦ πένητος

A C *O* B-S-68″-998 *L C″ d k* al(-359) verss

καί 2°] + *γε* 645 | *ἐστίν*] bis scr S*(|) 645 | *πρός με* — (14a) *μικρά*] *πολις προς με μικρα* 338 (sic) | *πρός με*] *προ εμε* 534

9,14 *μικρά*] *κριμα* 534 | *καὶ* 1° — (14b) *μέγας* bis scr 371 | *καὶ* 1°] + *εν* 795 | *ἐν αὐτῇ*] *αυτης* $C'^{-298\ 571^c}$; *αυτοις* 571*; post *ὀλίγοι* tr 645; > 336′ *καί* 2°] *καν* O^{-V} Aeth | *ἔλθῃ*] *ελθει* 543*(c pr m^{vid}); *ελθοι* 534′ 139-147-159-560-425^{c}-cII^{-260} *k* 411 542 547 728 766; *εισελθοι* 357; *ελθης* 545 | *ἐπ' αὐτήν* 1°] *ες αυτην* 766^{B}; *επ αυτη* V; *εν αυτη* 637; *επ αυτης* 443 | *βασιλεύς*] *βασιλευη* 609 | om *μέγας* 728 | *κυκλώσῃ*] -*σει* O^{-637} 534′ *L*(*κυκλωσ* 261) C''^{-298} *d k* 248″ 311 338 339 359 411 542 543 547 645 706 728 766 Did 288,2 Ol Met IX.1,4 Anton 1105 Dam = Ald **𝔐**; absc 998 | *αὐτήν* 2°] *αυτη* 296′ 706 | *οἰκοδομήσῃ*] -*σει* O^{-637} S-534′ *L* $C''^{-298\ 797^c}$ *d k* 248″ 311 338 339 359 411 539 542 543 547 548 645 706 766 Ol Met IX.1,5 Anton 1105 Dam^{te} = Ald **𝔐**; -*σι* Did 288,2; *οικοδομει* 637 | *ἐπ' αὐτήν* 2°] post *μεγάλους* tr cII^{-260} Ol | *χάρακας*] *χαρακα* 539; *χαρας* 706 | *μεγάλους*] *μεγαλας* *k*; > 539 = **𝔙**

9,15 *εὕρῃ*] *ευρει* 637 390 542; *ευρησει* S* 106 | *ἐν αὐτῇ*] *επ αυτην* *L* 563-571 *k* Dam: ex (14bc) | *ἄνδρα/πένητα*] tr 411 Aeth$^{ap(A2)}$ | *πένητα*] > 698; + *και* A *O* 613 252 443 543 547 549 795 Hi Aeth Geo PsChr Ol$^{A\Gamma M}$ Anton 1105 = **𝔙** | *διασώσει*] -*σωση* V B-68 443 542 645 788 PsChr Dam^{te} (sed hab Ald); *δωσει* 390; absc 998 Did^{lem} 289,10 | *αὐτός*] *αυτοις* C'^{-298} Ol^{H} = Ald; *αυτης* 106 | *ἄνθρωπος*] pr *ο* *k* Did 289,10 289,13 (bis) | om *σύν* 545^{c} 311 336′ 542 766 Met IX.1,8,68 | om *τοῦ ἀνδρός* 390

9,13 *καὶ* 2° — fin] *σ′* (*α′ ϑ′* Syh) *καὶ* (> 252 539 Syh) *μεγάλη* (> 539 Syh) *δοκεῖ μοι* 248′ 252 (s nom) 539 (s nom) 788 (s nom) Syh | *πρός με*] *α′ παρ' ἐμοί* 248′ 252 (s nom) **9,14** *καὶ ἔλθῃ*] *α′ καὶ ἦλθεν* 788 | *χάρακας*] *σ′ ἀποτείχισμα* 248′ 252 539 (s nom) 788 (*ἀποτειχίσματα*) **9,15** (*καὶ*) *εὕρῃ*] *α′σ′ εὗρεν* 788 | *καὶ διασώσει αὐτός*] *σ′ ὃς περιέσωσεν* 788 *ἐκείνου.*

16 *καὶ εἶπα ἐγώ Ἀγαθὴ σοφία ὑπὲρ δύναμιν·*
καὶ σοφία τοῦ πένητος ἐξουδενωμένη,
καὶ λόγοι αὐτοῦ οὐκ εἰσιν ἀκουόμενοι.
17 *λόγοι σοφῶν ἐν ἀναπαύσει ἀκούονται*
ὑπὲρ κραυγὴν ἐξουσιαζόντων ἐν ἀφροσύναις.
18 *ἀγαθὴ σοφία ὑπὲρ σκεύη πολέμου,*

A C *O* B-S-68′′-998 *L C′′ d k* al^{-359} verss

9,16 *εἶπα*] *ειπον O* Did^{com} 289,15 (sed hab Did^{lem} 289,11 289,14) | om *ἐγώ* C PsChr | *ἀγαθή*] *αγαθον* V | *σοφία* 1°] pr *η* 728 Syh Sa^{II} | *ἐξουδενωμένη* PsChr Ol Antioch 1717 Dam^{te}] *εξουθενημενη C′*$^{-298\ 390\ 425}$ Met IX.1,9s Anton 889 Chr IX 224 XVII 136 Epiph III 170 Mel *Hom* 303; *εξουδενημενη* 253; *εξουδενουμενη* 357 = Ald; *εξουθενουμενη* 390 Did *Trin* 816; *εξουθενομενη* 425; pr *ουκ* 357; inc 998 | om *καί* 3° — fin 125′ | *λόγοι*] pr *οι* B-68′′-998(vid) 298-571^{c} *d* Anton 889 Chr IX 224 Dam Mel *Hom* 303 | *αὐτοῦ*] *αυτων* 645* | *εἰσιν ἀκουόμενοι*] *εισακουομενοι* B-68′(*ισα-* 534)-998 (vid) Geo Chr IX 224 | *ἀκουόμενοι*] *ακουσμενοι C′*$^{-298}$(*-μενι* 601; *ηκουσ.* 798) = Ald
9,17 *λόγοι*] pr *και* 698 | *σοφῶν*] *σοφου* 766 Ruf *Ex* 167,7 Syh | om *ἐν* 1° 159 | *ἀναπαύσει*] + *αυτου* 336′ | *ἀκούονται*] *ακουσονται* 637 *k* | *κραυγήν*] *κραυγειν* 560 | *ἐξουσιαζόντων*] *επουσιαζοντων* 766^{B}; *potestatem habentis* Hi: cf 10$_{4a\ 5b}$; pr *και* 46* 698; pr *εν* 728 | *ἀφροσύναις*] *αφροσυνη C′′*$^{-147\ 159\ 260\ 560}$(390 vid) Fa^{1} Ol = Ald; *ευφροσυνη* 147-159-560; *ευφροσυναις* 130 *d* 248* 336′
9,18 *ἀγαθή*] *αγαθον* 298 Ol^{BH} | *πολέμου*] *πολεμια k* Sa^{II}; absc Fa^{1}

9,16 *καί* 2° — *ἐξουδενωμένη*] *σ′ καὶ πῶς ἡ σοφία τοῦ πτώσεως κατεφρονήθη* 788 | *ἐξουδενωμένη*] *σ′ κατεφρονήθη* (*μετεφ.* 161) 248′ 252 **9,17** *ἐν ἀναπαύσει*] *σ′ μετὰ προσηνείας* (*-ίας* 248′ 788) 248′ 252 539 (s nom) 788 Syh | *ὑπὲρ κραυγὴν* — *ἀφροσύναις*] *σ′ μᾶλλον ἢ κραυγὴ ἐξουσιάζοντος ἐν ἀνοήτοις* 248′ **9,18** *πολέμου*] *α′ πολεμικά* 248′ 252 (mend pro *σ′*?)

καὶ ἁμαρτάνων εἷς ἀπολέσει ἀγαθωσύνην πολλήν.

10 1 *Μυῖαι θανατοῦσαι σαπριοῦσιν σκευασίαν ἐλαίου ἡδύσματος·*
τίμιον ὀλίγον σοφίας ὑπὲρ δόξαν ἀφροσύνης μεγάλης.
2 *καρδία σοφοῦ εἰς δεξιὸν αὐτοῦ,*

A C *O* B-S-68′′-998 L^{-125} *C′′* *d* *k* al^{-359} verss

ἁμαρτάνων] *-τανοντων* 631 | *ἀπολέσει*] *απολεση* 125 645; *απολεσεται* 337 | *ἀγαθωσύνην*] *αγαθοσυνην* O^{-V} 534 261 560-601 357 248* 543 548 645 Did^{com} 290,16 = Compl; *αγαθωσυνη* V; absc Did^{lem} 290,10 | *πολλήν*] *πολλων* 298 Anton 1108
10,1 *μυῖαι θανατοῦσαι*] *μυιων θανατος* O^{-V} ↓ | *μυῖαι*] *μυαι* 998 338 539 Met IX,4,2; *μηαι* 601 | *θανατοῦσαι*] *θανατωσαι* 754 766^{A}; *θανουσαι* 390-415-504-522-540-732-425-601 357 161-248^{c} 411 645 Sa^{II} Aeth Arab Anast 641 Constit II 17,4 omnes lat (praeter Hi) = Compl; *mortis* Hi = 𝔐 | *σαπριοῦσιν—ἡδύσματος*] *σηψει ελαιον μυρεψου ευωδες* O^{-V} ↓ *σκευασίαν*] *σκευασιν* S* Did 290,11; > 609 omnes lat (praeter Hi PsAug *Ful* 201,15) | *ἐλαίου*] *ελαιον* B-S*-68 645 Fa^{1} (sed hab Ald); absc 998 om *ἡδύσματος* Hi | *ὀλίγον σοφίας*] *ο γι|μας σοφιαν ολιγην* 357; *ολιγη σοφια* $L^{(-125)}$ | *ὀλίγον*] *ολιγω* 68 (sed hab Ald); *ο* (> 998 252^{mg}) *λογος* B*-998 252^{mg} Sa^{II} Geo; absc Fa^{1} | *σοφίας*] *σοφια* 637; *σοφιαν* 601 | *δόξαν*] *δόξα* 68 | *ἀφροσύνης*] *αποφροσ.* 609*; *αφρονος* *d*; *ευφροσυνης* 560 *μεγάλης*] *-λην* A 475 $C'^{-298\ 797}$ *d* *k* 252 296′ 311 336′ 339 411 543 549 706 795 Aeth Arm Met IX.5,2 = Ald Sixt; *μικρας* 542 Hi Syh ↓ = 𝔐
10,2 *καρδία*] pr *και* 645 | *εἰς δεξιόν*] *εις δεξιαν* O^{-V} $L^{(-125)}$ 797-260 *k* Aeth Did *Ps* 309,27 (sed hab Did^{lem} 291,7); *εκ δεξιων* 766(*-ιον* 766^{B}) Arab Did *Ps.CatA* 904

ἀγαθωσύνην πολλήν] *σ′ ἀγαθὰ πολλά* 248′ 252 788 **10,1** *μυῖαι — ἡδύσματος*] *σ′ μυιῶν* (*μυῶν* 539) *θάνατος σήψει* (*σήψ᾿* 539) *ἔλαιον* (*ἔλαιος* 539*) *εὐῶδες μυρεψοῦ* 248′ 252 539 (s nom) Syh | *ἡδύσματος*] *α′ μύρον* Ol^{com} (pro *μύρου*) | *μεγάλης*] *σ′* ܐܦܢ ܙܥܘܪܬܐ Syh (= *κἂν μικρά*); *θ′ ὁμοίως τοῖς ο′* Syh (= *μεγάλης*); *πολλῆς* 252 (s nom)

καὶ καρδία ἄφρονος εἰς ἀριστερὸν αὐτοῦ·
3 *καί γε ἐν ὁδῷ ὅταν ἄφρων πορεύηται,*
καρδία αὐτοῦ ὑστερήσει,
καὶ ἃ λογιεῖται πάντα ἀφροσύνη ἐστίν.
4 *ἐὰν πνεῦμα τοῦ ἐξουσιάζοντος ἀναβῇ ἐπὶ σέ,*
τόπον σου μὴ ἀφῇς,

A C *O* B-S-68′′-998 *L*(125-) *C*′′ *d k* al^{-359} verss

καὶ καρδία] *καρδια δε* V *L*$^{(-125)}$ *k* 296′ 311 Syh Sa^{II} Did^{lem} 293,1 (sed hab Did^{lem} 291,7) *Ps.CatA* 904; om *καί* 253 797 357 698 706 795; + *δε* 155; absc Fa^{1} | *αφρονως* 645 | *εἰς ἀριστερόν*] *εξ αριστερων* 390 Arab; om *εἰς* 155 | *ἀριστερόν*] *αριστεραν* *O*$^{-V}$ *L*$^{(-125)}$ *k* 260 411 548*^{vid} Aeth Did$^{lem\ et\ com}$ 293,1 293,2 (sed hab Did^{lem} 291,7) *Ps.CatA* 904 (*αριστερ*[Did *Ps* 309,27); *αριστερα* 766
10,3 *καί γε*] om *γε* 601 336′ | *ἄφρων*] *αφνω* S; pr *ο* 443 Sa^{I} ↓ = 𝔐^{K} *ἄφρων* / *πορεύηται* tr *O*$^{-V}$ 411 | *πορεύηται*] -*ευεται* 637 357 155 296′ 336′ 543 549 706; litt *ητ* in ras 248 | *καρδία*] *καρδιαν* 766; pr *και* S *C*$^{′′-260}$ 338 339 645 Ol; pr *η* 260 Did^{com} 293,6.16.20 | *ὑστερήσει*] -*σι* 998; *ευρησει* 601 | *ἃ λογιεῖται* = 𝕾] *αλογηειται* 534; *διαλογιειται* 475 | *ἅ*] *ου* 311 *λογιεῖται πάντα*] *λογιει τα παντα* 547 | *λογιεῖται*] *λογειται* 645 | om *πάντα—ἐστίν* 254 | om *πάντα* 645 | *αφροσυνης* 296′ 311 706 795 Dam *εσται* 795
10,4 *ἐάν*] *ει* 706^{mg}; > 706^{txt} | *πνεῦμα*] pr *το* *O* Sa$^{I\ II}$ Fa^{1} Did *Ps.CatA* 808 PsChr | om *τοῦ* 609 Proc *Isa* 2380 (sed hab Proc *Isa* 2172) | *επουσιαζοντος* 766 | *ἀναβῇ*] pr *μη* 645 | *ἐπὶ σέ*] *εν σοι* *cII*$^{-260}$ | *τόπον*] *τοπος* *L*$^{-106\ 130}$; *το παν* 296-548^{c} | *μὴ ἀφῇς*] *μη αφεις* 125′; pr *εα* 534(sic)

10,3 *καί* — fin] σ′ *sed et in via stultus cum ambulat, ipse insipiens suspicatur de omnibus, quia stulti sunt* Hi | *καί—ὑστερήσει*] σ′ *ἀλλὰ μὴν καὶ ἐν ὁδῷ ὁ ἄφρων* (*ἄφρον* 252*) *περιπατῶν ἀνόητος* 252 | *ὑστερήσει—ἐστίν*] ⟨σ′⟩ *ἀνόητος ὢν ὑπολαμβάνει περὶ πάντων ὅτι ἄφρονες εἰσίν* 788 | *ἃ λογιεῖται*] σ′ *ἃ ὑπολαμβάνει* 248′ 252 **10,4** *ἐὰν* — fin] σ′ *si spiritus principis irruerit tibi de loco tuo ne recedas quia pudicitia comprimit peccata magna* Hi | *τοῦ ἐξουσιάζοντος — ἀφῇς*] σ′ *ἀρχοντικὸν ἐπέλθῃ σοι τοῦ τόπου σου μὴ ἐκστῇς* (*εκτης* 252) 248′ 252 | *τόπον σου μὴ ἀφῇς*] σ′ *τοῦ* (*τὸ* cod.) *τόπου σου μὴ ἐκστῇς* 788

ὅτι ἴαμα καταπαύσει ἁμαρτίας μεγάλας.
5 ἔστιν πονηρία, ἣν εἶδον ὑπὸ τὸν ἥλιον,
ὡς ἀκούσιον, ὃ ἐξῆλθεν ἀπὸ προσώπου τοῦ ἐξουσιάζοντος·
6 ἐδόθη ὁ ἄφρων ἐν ὕψεσι μεγάλοις,
καὶ πλούσιοι ἐν ταπεινῷ καθήσονται·
7 εἶδον δούλους ἐφ' ἵππους

A C *O* B-S-68″-998 *L* *C*″ *d* *k* al^{-359} verss

ἴαμα καταπαύσει] *ινα μη καταπαυση* 766^{A} | *ἴαμα*] *αγιασμα* 155 | *καταπαύσει*] -*παυση* 609-797^{c}-371 443 548; -*σι* Did 295,6 296,1 | *μεγάλας*] -*λης* 125 698; *μγλ* 261
10,5 *ἥν*] *ον* 261 | *εἶδον*] *ιδον* A-C V B* 157* 542 728 Met IX.9,2; > 253 *των* 609 | *ὡς ἀκούσιον*] *ος ακουσιως* 766^{A} | *ὡς*] *ος* 155; *εις* 336 | om *ὅ* C O^{-253} B-S-68′ *L* $C^{\prime\prime-260}$ 357 155 336′ 338 339 411 443 547 645 728 766^{B} 795 Geo Did^{com} 295,24 Ol Max Anton 973 II 964: contra 𝔐; absc 998 | *ἀπό*] *εκ* 254 | om *τοῦ* B-68-998 Anton 973 Max II 964 | *εκουσιαζοντος* 125
10,6 *ἐδόθη*] *εθη* 337*; + *δε* 443 | om *ὁ* S 338 542 645 | om *ἐν* 1° 295-561 Aeth Ol | *ὕψεσι*] *υψει* L^{-130} Fa^{1} ↓; *υψη* Did^{com} 295,28 296,1: cf Jannaris § 1565,2 Schwyzer 2:270 | *μεγάλοις*] -*λου* 545^{c}; -*λους* 296′ | *πλούσιοι*] pr *οι* 795; + *μεγαλοι* S | *ταπεινῷ*] *ταπεινοις* *L* 260; *ταπεινωσει* $C^{\prime-298\ 522}$ 411 547 Dam | *καθήσονται*] *καθισονται* 613 $C^{\prime\prime-157\ 260\ 298\ 563\ 571^{*}\ 609\ 797\ 798}$ 754 *k* 296 311 706 766^{B} Did Ol
10,7 *εἶδον*] *ιδον* A V B 261 157* 357 542 548 728 Did^{com} 299,27 Dam^{te} (sed hab Sixt) | *ἵππους*] *ιπποις* $C^{\prime-390\ 571^{c}\ 601}$(571*); *ιππων* 357

ὅτι—μεγάλας] σ′ ὅτι σωφροσύνη (*σωφρωσυνη* 252) παύσει ἁμαρτήματα πολλά (*μεγάλα* 252) 248′ 252 | *ὅτι ἴαμα*] σ′ ὅτι (> 539) σωφροσύνη 539 (s nom) 788 Syh; α′ θ′ (omnes Hi) ὁμοίως τοῖς ο′ Hi Syh (= ὅτι ἴαμα) **10,5** *ἔστιν πονηρία*] σ′ ἔστι (+ τι 252) κακόν 248′ 252 (s nom) | *ὡς ἀκούσιον — fin*] σ′ ἐν ἀγνοίᾳ ἐξελθὸν ἐξέμπροσθεν τοῦ ἐξουσιάζοντος ἄρχοντος (> 248′) 248′ 252; α′ θ′ ὡς ἀκούσιον ⟨ἐξερχόμενον⟩ ἀπὸ προσώπου τοῦ ἄρχοντος Hi (*quasi non spontaneum, id est* ὡς ἀκούσιον, *a facie principis*) **10,6** *ἐδόθη—μεγάλοις*] α′ ἔδωκεν τὸν ἄφρονα ἐν ὑψώμασι μεγάλοις 248′ 252; σ′ κείμενον ἄφρονα ἐν ὕψει μεγάλῳ 252 Hi | *καὶ πλούσιοι — καθήσονται*] σ′ πλουσίους δὲ ταπεινοὺς καθημένους 248′ (ind mend ad (7b) *ἄρχοντας*) Hi

καὶ ἄρχοντας πορευομένους ὡς δούλους ἐπὶ τῆς γῆς.
8 *ὁ ὀρύσσων βόθρον ἐν αὐτῷ ἐμπεσεῖται,*
καὶ καθαιροῦντα φραγμόν, δήξεται αὐτὸν ὄφις·
9 *ἐξαίρων λίθους διαπονηθήσεται ἐν αὐτοῖς,*
σχίζων ξύλα κινδυνεύσει ἐν αὐτοῖς.

A C *O* B-S-68''-998 *L C''* *d k* al^{-359} verss

πορευομένους] post *δούλους* tr A 357 645 698; post *γῆς* tr 766; > 534 | om *ὡς* 336′ | om *ἐπὶ τῆς γῆς* S* | om *τῆς* C'^{-298} S^{c} Dam^{te}

10,8 om *ὁ* 601 | *βόθρον*] *βοθρους* 155 | *ἐν αὐτῷ*] *εις αυτον* 637 B-68-998 *L* $C'^{-298\ 609}$-371 *d k* 411 Hi Did^{com} 306,21 PsChr Antioch 1588 Dam: ex Prov 26$_{27a}$ Sir 27$_{26a}$; post *ἐμπεσεῖται* tr O^{-V} *L* 411 443 PsChr Antioch 1588 Or *Matth* 222; > 155; absc Fa^{1} | *αὐτῷ*] *αυτων* 609 | *ἐμπεσεῖται*] *πεσειται* V 338 728; *πεσηται* 336; + *και ο κυλιων λιθον εφ εαυτον* (*εαυτω* 698) *κυλιει* (*κυλισει* Antioch) A 698 Antioch 1588: ex Prov 26$_{27b}$ | *καθαιροῦντα*] *καθαιρουντον* vel *καθαιρουν τον k*; *καθαιρουντ* 540*; *καθαρουντα* 475*(c pr m) 571^{c} = Ald; *καθαρουνται* 125; *καθαρουντ* 261; *καθελων τον* 766^{A}; *καθελουντα* 766^{B}; *ο καθαιρων* 357 Hi | *φραγμόν*] *φραγμω* 252 *δήξεται*] *ληξεται* 68; *δεξηται* 534 609; *δηξηται* 547 645; *δαξεται* 698; *δειξεται* 139* 443* 540*; *δηποτε* 766^{B}; > 766^{A} | *αὐτόν*] *αυτων* 609; *αυτος* 766

10,9 *ἐξαίρων*] *εξαιρον* 797*(c pr m); *εξευρων* 766; pr *ο* 613 336 Syh Sa Fa^{1} Geo | *διαπονηθήσεται*] *διαπονησεται* V; *δαπανηθησεται* 68 | *ἐν αὐτοῖς* 1°] *αυτους* 539; *επ αυτοις* 542; *υπ αυτων* 336′ | *αὐτοῖς* 1^{c} ⌒ 2° $L^{-106^{mg}}$ 130 798*(c sup lin) 357 PsChr^{lem} | *σχίζων*] pr *et* Hi Sa Geo Arm Aug *Spe* 8 = 𝔙; pr *ο* 645 795(*ω*) Co Geo Did^{com} 302,27 (sed hab Did^{lem} 301,23 302,16 Did^{com} 303,2) | *κινδυνεύσει*] -*ση* 522-540-798^{c} 795; -*σι* Did^{lem} 301,23 302,16; -*νευει* S 338 Did^{com} 301,27 302,13; -*νευη* 645; *διακινδεινευσει* 797*; *διακινδυνευσει* 797^{c}(pr m) | *ἐν αὐτοῖς* 2°] rescriptum in C

10,8 *βόθρον*] *θ′ βόθυνον* 248′ **10,9** *ἐξαίρων — αὐτοῖς* 1°] *α′ σ′ qui transfert lapides dilacerabitur in eis* Hi | *ἐξαίρων λίθους διαπονηθήσεται*] *α′ μετατιθῶν λίθους σπασθήσεται* 788; *α′* ܕܡܫܢܐ ܟܐܦܐ ܢܬܦܫܚ Syh | *ἐξαίρων*] *α′ μετατιθῶν σ′ μετεωρῶν* (*μεταίρων* 252) 248′ 252 *διαπονηθήσεται*] *α′ σπασθήσεται σ′ κακοθήσεται* 248′ 252; *σπασθήσεται* 539 (s nom)

10 *ἐὰν ἐκπέσῃ τὸ σιδήριον,*
καὶ αὐτὸς πρόσωπον ἐτάραξεν,
καὶ δυνάμεις δυναμώσει,
καὶ περισσεία τοῦ ἀνδρείου σοφία.
11 *ἐὰν δάκῃ ὁ ὄφις ἐν οὐ ψιθυρισμῷ,*
καὶ οὐκ ἔστιν περισσεία τῷ ἐπᾴδοντι.
12 *λόγοι στόματος σοφοῦ χάρις,*

A C *O* B-S-68′′-998 *L C′′ d k* al verss

10,10 ἐάν] εναν 645 | ἐκπέσῃ] εκπεσοι 261; εμπεση 475 296 311; πεση 601 Did^{lem} 302,16 (sed hab 301,24) PsChr | σιδήριον] σιδηρον O^{-253} 425-601 *k* 336′ 339 443 698 = 𝔐 | αὐτός] + αυτω O^{-V} = 𝔐^{mss}; + εαυτω V; + αυτου Arm; + προς 68 | δυνάμεις] δυναμις A V S-613-998 157*-425*-797-*cII* 252 296′ 311 336 338 443 543 547 549 645 706 795 Did Met^{lem} IX.10,6; δυναμει 254′; δυναμιν C 411; δυναστας 542; δυνατας 125^{II}; > 601 περισσεία] περισση 260 | τοῦ ἀνδρείου] του ανδριου A-C V S 411 548 645 706 Did 304,4; των ανδρειων 545^{c}; των ανδρειω 545*; τω ανδρειω L^{-545} 443; τω ανδρι Syh^{mg}; τω ανδρι ου 637 B-68′(ανδρη 534)-998; του ανδρος C'^{-298}-260 *k* 161-248^{c} Sa$^{I\ II}$ Fa^{1} Hi *Pach* 80,7 = Ald | σοφία] pr η 475 260
10,11 om ἐὰν — ἐπᾴδοντι 254 | ἐάν] ει 766 | om ὁ A B-S-68 L^{-130} C''^{-260} $d^{-(254)}$ *k* 338 547 645 766 Fa^{1} | ἐν οὐ] αρχαια ποτε αντιγραφα ειδομεν εχοντα "εν ους", αντι του "εν ωτιω" Did^{com} 304,12-13 | οὐ] συ 155; > 336′ Sa^{I} Arm | ψιθυρισμῷ] + απουσης επωδης *L* ↓ | om καὶ — ἐπᾴδοντι 336′ περισσεία] οφελος O^{-V} Aeth^{te} (sed hab Aeth$^{ap(A2)}$) ↓ | τῷ ἐπᾴδοντι] τω ε[πα]οιδοντι 998; τω επαγοντι 754; τω επαροντι 357; του επαδοντος 411 539; του ανδρος σοφια 159: ex 10₁₀d; pr εν 260; + γλωσση *O* 754 359 411 = 𝔐
10,12 λόγοι] λογος O^{-V}; λογοις S^{c} 295 248* 252 543 549 766^{B} 788

10,10 περισσεία — σοφία] σ′ (+ καὶ 788) προέχει (codd προσέχει; προσέχων 788) δὲ (> 788) ὁ γοργευσάμενος εἰς σοφίαν 248′ 252 788 **10,11** ὁ ὄφις] οἱ γ′ ὁμοίως Syh | ἐν οὐ ψιθυρισμῷ — περισσεία] σ′ ⟨ἀπούσης⟩ (ἀκούσει 539 Syh) ἐπῳδῆς (ἐπῳδὸς 539) καὶ οὐδὲν (+ ἔστιν Syh) ὄφελος 539 (s nom) Syh | ἐν οὐ ψιθυρισμῷ] σ′ (α′ 248′) ἀπούσης ἐπῳδῆς (ἐπ᾽ ᾠδῆς 788) 248′ 252 788; θ′ (σ′ 248′) ἐν οὐκ ἐπαοιδῷ 248′ 252 Syh | καὶ οὐκ ἔστιν περισσεία] ⟨σ′⟩ καὶ οὐδὲν ὄφελος (ὤφελος cod.) 788 (s nom)

καὶ χείλη ἄφρονος καταποντίσουσιν αὐτόν·
13 *ἀρχὴ λόγων στόματος αὐτοῦ ἀφροσύνη,*
καὶ ἐσχάτη στόματος αὐτοῦ περιφέρεια πονηρά·
14 *καὶ ὁ ἄφρων πληθύνει λόγους.*
οὐκ ἔγνω ὁ ἄνθρωπος τί τὸ γενόμενον,
καὶ τί τὸ ἐσόμενον,
ὅ τι ὀπίσω αὐτοῦ, τίς ἀναγγελεῖ αὐτῷ;

A C *O* B-S-68′′-998 *L C′′ d k* al verss

om *καί* 754 | *καταποντίσουσι(ν)* A *O* S 260 252 359 411(-*τη*-) 443 543(-*τη*-) 549 645 728(-*τη*-) 766 Did^{com} 79,5 Antioch 1541] -*τιοῦσιν* rel (Arm Did^{lem} 305,2 306,2 *Ps.CatA* 554 Ol Met IX.12,3 Anton 800 Dam^{te})
αὐτόν] *αυτων* 609
10,13 *λόγων*] *λογον* 253 Geo; *λογου* 534; > 248′ Antioch 1541 | *ἐσχάτη*] pr *η* 260; + *λογων* 613 411: ex (13a) | om *στόματος* 2° B-68′-998 *L cII* 357 336′ 443 Sa$^{I\ II}$ Fa$^{1\ 2}$ Geo Arm^{te} Did Ol (sed hab Met IX.13,3 Anton 800 Max II 981 Dam = Sixt) | *περιφέρεια*] *περιφορια* 357; *περιφερει* 609-295 359 549; *error* Hi ↓ | *πονηρά*] sub ※ Syh
10,14 om *καί* 1° 390-415-504-522-540-571^{c}-732-425^{txt}-601 = Ald 𝔙 | om *ὁ* 1° *d* 155 645 766 795 Dam^{te} | *πληθύνει*] *πληθυνεῖ* Sa$^{I\ II}$ Ol Met IX.13, 3s,18 Dam^{ap} = Compl Gra. | *οὐκ ἔγνω*] *ου και γνω* 155; pr *και* 139-147-159-560-798-425^{mg}-*cII*$^{-260\ 561}$ = 𝔐^{mss} | om *ὁ* 2° *O* B-68′′ *L* 298-609-797-*cII* 338 359 443 547 PsChr Ol Met IX.13,2,19,44 Dam | *γενόμενον*] *γινομενον* 548 766; *γεγονος* 411; *γενησομενον C′*: cf 1 9a | *καὶ* 2° — *αὐτοῦ*] *et quod futurum est post eum* Hi = Ra. 𝔐 | *ἐσόμενον*] *γενησομενον O*$^{-V}$ S* Did; + *μετ αυτον cII* 359 411 ↓; *μετ αυτω* Fa^{1} ↓ | *ὅ τι* (sic Ol Fa^{2})] …](|)*τι* 998; *ητι* 795; *τι* B-68′ *C′* 728 PsChr; *διοτι d*; > Hi Sa$^{I\ II}$ = Ra.; *ὅτι* rel (Fa^{1} Arm Arab; Gra.([*ὅτι*])) | *τίς*] *τι* 390; pr *και C′*$^{-298}$ = Ald | *ἀναγγελεῖ* C B-68′-998(-*λι*) 125′ 571^{c}-295 *d* 155 296* 795] *απαγγέλλει* S 539 Syh; *απαγγελεῖ* rel (Did PsChr Ol Met Nil 353) | *αὐτῷ*] *αυτον* 248′; > 534

10,13 *περιφέρεια*] ⟨α′⟩ *πλάνησις* Hi (*error*; cf. ad 2 2); ⟨α′⟩ *πλάνη* 788 (s nom); σ′ *θόρυβος* (*tumultus et quaedam verborum inconstantia*; cf. ad 2 2) Hi **10,14** *ὁ ἄφρων πληθύνει λόγους*] σ′ *καὶ ἀνόητος πολλὰ λαλήσει* 248′ *τί τὸ γενόμενον καὶ τί τὸ ἐσόμενον*] σ′ *τὰ προγενόμενα* (*προσ.* 252 539), *ἀλλ᾽ οὐδὲ τὰ ἐσόμενα* 248′ 252 (s nom) 539 (s nom) Syh | *ὀπίσω αὐτοῦ*] *οἱ* λ′(α′σ′ 788) *τὰ* (> 788) *μετ᾽ αὐτόν* 252 788

15 *μόχθος τῶν ἀφρόνων κοπώσει αὐτόν,*
ὃς οὐκ ἔγνω τοῦ πορευθῆναι εἰς πόλιν.
16 *οὐαί σοι, πόλις, ἧς ὁ βασιλεύς σου νεώτερος*
καὶ οἱ ἄρχοντές σου ἐν πρωΐᾳ ἐσθίουσιν·

A C *O* B-S-68″-998 *L C*″ *d k* al verss

10,15 *μόχθος*] *μοχλος* 336′ | *τῶν ἀφρόνων*] *του αφρονος* A *O* S-613 C'^{-298} 571^{c} 161^{mg}-248^{mg}-252^{mg} 296′ 311 339 411 645 706 795 Arm Did^{com} 307,22 PsChr 2° (> *του*) (sed hab Syh Fa Did 307,8 307,22 307,25 PsChr 1° Ol Met IX.14,3s,65 = 𝔐) | *κοπώσει*] *κοπιασει* 125; *κοπος εις* 311; *κακωσει* B-68″-998(-*σι*) 298-*cII* *d* 155 161^{mg}-248^{mg} 336′ 443 443 766 Hi 339,227 339,232 Syh Sa^{I} Fa^{1} Arm Did 307,8 307,22 307,25(-*σι*) PsChr Ol Met IX.14,4,65 = 𝔙; *σκοτωσει* A | *αὐτόν* A *O* S-613-998 *L* C'^{-298}(*αυτων* 609) *k* 155 296′ 311 336′ 339 411 547 645 706 795 Syh^{txt} Sa^{I} Fa^{1} Geo Arm Did PsChr Met IX.14,4,65 = Ald] *αυτους* rel (Hi 339,227 339,232 Syh^{mg} Arab Ol) = Ra. | *ὅς*] *ως* 545; *ους* 155 543; > 609 | om *τοῦ* *k* Did^{com} 308,1 308,3 308,5 (sed hab Did^{lem} 307,8s 307,26) PsChr 2° | *εἰς*] *ες* 155; > 540(|); + *την* 645

10,16 *σοι*] *σου* 359; *συ* 534; > La^{160} | *πόλις* = 𝔖] *terra* Hi 340,252 341,275(*terrae*) Aug *C D* 17,20 Euch *Form* 2 5 Salv *Eccl* (sed hab *civitati* La^{160} Hi *Is* 4,3,72; *civitas* An *Fris* 282 Can *Hib* 25,5 Hi *Is* 2,8,17 2,46,18 Isid *Sent* 2,43,4 Ruf *GrN* 1,73,1) ↓ = 𝔐 𝔙 | *βασιλεύς σου*] *βασιλευς ου* vel *βασιλευ σου* 147*-560-798-609-797 155 548 | om *σου* 1° *k* 336′ 338* 766^{B} La^{160} Hi 340,252 341,276 $Sa^{I\,II}$ $Fa^{1\,2}$ An *Fris* 282 Aug *C D* 17,20 Can *Hib* 25,5 Euch *Form* 2 5 Hi *Is* 2,8,17 2,46,19 4,3,72 Isid *Sent* 2,43,4 Salv *Eccl* (sed hab *tuus* Ruf *GrN* 1,73,1) = 𝔙 | *νεώτερος*] *νεοτερος* 571* 336 359 *καί* ⌒ (17) *καί* 1° 125 | om *καὶ* – *ἐσθίουσιν* Did^{lem} | *ἄρχοντές σου*] *αρχοντες ου* 609 155; *eius* La^{160}; om *σου* 534 An *Fris* 282 Euch *Form* 2 Isid *Sent* 2,43,4 Salv *Eccl* = 𝔙 | *ἐν πρωΐᾳ*] *εν πρωι* 637 534 *k* 766 (sed hab Met IX.15,3 Anton 1032); *πρωι* B-68-998 609 336′ PsChr Bas II 293; *πρωιας* S C'^{-609}(*πριας* 797) *d* Did^{com} 308,21 309,1 310,9 = Ald: cf 11 6a; *το πρωι* $L^{-(125)\,545}$ 443^{c}; *τω πρωι* 443* 545; om *ἐν* V Dam

---

10,15 *κοπώσει*] *α′ ὁμοίως τοῖς ο′* Syh (*κοπώσει*); *σ′* ܬܫܢܩܗ Syh | *ὃς οὐκ ἔγνω — πόλιν*] *σ′ οὐ γὰρ ἐπίστανται* (*ἐπίσταται* 248′ 252 539) *ἀπελθεῖν εἰς πόλιν* 248′ 252 539 (s nom) Syh **10,16** *πόλις*] *σ′ γῆ* 161 (s nom)-248

17 *μακαρία σύ, γῆ, ἧς ὁ βασιλεύς σου υἱὸς ἐλευθέρων*
καὶ οἱ ἄρχοντές σου πρὸς καιρὸν φάγονται ἐν δυνάμει
καὶ οὐκ αἰσχυνθήσονται.
18 *ἐν ὀκνηρίαις ταπεινωθήσεται ἡ δόκωσις,*
καὶ ἐν ἀργίᾳ χειρῶν στάξει ἡ οἰκία.
19 *εἰς γέλωτα ποιοῦσιν ἄρτον,*

A C *O* B-S-68′′-998 *L C′′ d k* al verss

10,17 *σύ*] pr *ει* 543; > B*-68′-998 336′ Hi *Is* 2,8,18 *Pach* 113,18 (sed hab Hi 340,253 Aug *C D* 17,20) = 𝔙 | *γῆ*] *πολις k*: cf (16a); > 261(|)-545; pr *η* 534-998 547* PsChr | *βασιλεύς σου*] *βασιλευς ου* vel *βασιλευ σου* 147*-797* 548 795 | *σου* 1°] *μου* 609*; > *k* 336′ 338* Hi *Is* 2,8,18 *Pach* 113,18 (sed hab Hi 340,254 Aug *C D* 17,20) | *υἱὸς ἐλευθέρων*] *υιος ελευθερος* 155 411$^{\text{sup lin}}$; *ελευθερος υιος k*; *υιος ελευθερος* vel *ελευθερος υιος* Arab | *υἱός*] *υιων* 563-571*-797*; *υιους* 534; > 106^{txt} | *ἐλευθέρων*] -*ρου* A-C S $L^{-(125)}$ cII^{-260} 248′′ 443 542 543 547 549 645 698 Arm Met IX.15,4,64 Dam Hi *Pach* 113,18 | om *οἱ* 998 | *πρὸς καιρόν*] *εν καιρω O* 411 Hi Arab Aug *C D* 17,20 Hi *Pach* 113,18 = 𝔐 | *καιρόν*] -*ρω* 155; -*ρων* 609 | *φάγονται*] -*γωνται* 147^{c}-797 46′ 766^{A}; -*γεται* 336′ | om *ἐν* 339 543(vid)
10,18 *ταπεινωθήσεται*] -*θησονται* V | *ἡ δόκωσις*] *αι δοκωσεις* V; > Sa^{I} Fa^{2} | om *ἡ* 1° 522-540 543 PsChr Anton 1125 GregNy VI 110 | *δόκωσις*] *δοκωσεις* A; *δοκησις* L^{-545} 254 *k* 248*(c pr m) 296′ 339 359 542 766^{B}; *δοκησεις* 545; *δηκοσις* Compl | *ἐν ἀργίᾳ*] *ενεργεια* 766 | *ἀργίᾳ*] *αργεια* A-C V B*-S 390-522-540-797 155 296′ 336′ 542 549 GregNy VI 110^{ap} | om *στάξει* – (19b) *οἶνος* 411 | *στάξει*] *σταζει* C 390-415 Did^{com} 310,21 Antioch 1548 GregNy VI 110^{ap}; *σταζη* 534; *σταλαξει* 254′ 155; *στεναξει* A $L^{-125′}$ 336′ 443 795 Sa^{I}; *στεναζει* 125′ Dam^{ap}; *σταθη* 766^{A}; *στη* 766^{B}; deest Did^{lem} | om *ἡ* 2° $O^{-V\ 475}$ 254′ 338 PsChr Antioch 1548 Dam GregNy VI 110te | *οἰκία*] *οικεια* C 130* 337 336; *οκνια* 728
10,19 *ἄρτον*] *αρτων* 571

10,17 *ἐν δυνάμει*] *σ′ μετὰ* (*μετ’* 788) *ἀνδραγαθίας* (*ἀνδρείας*) 161 (ind mend ad *πρός*)-248 252 539 (s nom) 788 Syh **10,18** *ἐν ὀκνηρίαις ταπεινωθήσεται* (*ἡ δόκωσις*)] *σ′ διὰ ὀκνηρίαν κατενεχθήσεται* (+ *δόκωσις* 788) 252 788

καὶ οἶνος εὐφραίνει ζῶντας,
καὶ τοῦ ἀργυρίου ἐπακούσεται σὺν τὰ πάντα.
20 *καί γε ἐν συνειδήσει σου βασιλέα μὴ καταράσῃ,*

A C *O* B-S-68′′-998 *L C*′′ *d k* al verss

οἶνος] *οινον* B-68′-998 *C*$'^{-298}$-260 *d* 336′ Hi PsChr^{lem} = 𝔙; + *και ελαιον* (*ελεον* S 254 336′) *O* B-S-68′′-998 *L C*$'^{-298}$(*ελαιος* 130*)-260 *d* 336′ 359 443 547 645 795 Sa^{I} Fa$^{1\ 2}$ Geo Arm PsChr^{lem} = 𝕾: cf Ps 48 | *εὐφραίνει*] *του ευφρανθηναι* B-68′ 998 *C*$'^{-298}$(*του φρανθηναι* 390; *του ευφρανθη* 601)-260 *d* Hi Sa$^{I\ II}$ Fa^{1} PsChr^{lem} ↓; *του ευφραινειν* 443; *του ευφραναι* 728; *του ευφραιναι* 336 | *ζῶντας*] *ζωντα* 609; *σωφοντας* 637; *παντας* 260; pr *τους* C *O* 613 *L* 260^{com} 252 359 411 443 542 543 549 766 Syh Met IX.17,2,22,28,29,38 | *τοῦ ἀργυρίου*] *τω αργυριω* 475 613^{txt} *L C*$'^{-298}$ 161-248^{c} 443 Hi Sa^{I} Aeth Max II 793 = Ald; *το αργυριον* 766 ↓; *τη του αρτου* 336′; pr *τη τιμη* 539 | *ἀργυρίου*] *αργυρου* C | *ἐπακούσεται*] *υπακουσεται* *O*$^{-475}$ 613 106 563-571 *d* 248′ 336′ 338 359 411 543 549 766 788 Aeth Arab (*ταπεινωσει και υπακουσεται*) Ol^{ΔIKM} Met IX.17,3 Dam; *υπακουεται* 475; pr *ταπεινωσει* B-S*(-*πιν*-)-68′-998 254′ 336′ 645 Arab Did 311,25 312,19 (sed hab Ald): duplex lectio, cf 𝔐 | *σὺν τὰ πάντα* (mendose obelus ante *σὺν τὰ πάντα* 788)]*τα συμπαντα* 475 S^{c}(*συνπ.*) Met IX.17,3 Dam^{te} Max 793; *παντα* 390-260 645; *τα παντα* B-S*-68′-998 *C*$'^{-298\ 390}$ *d k* 311 336′ 645 766^{B} Syh Arab Did 311,25 312,19 (sed hab Aeth = Gra. Ra.)
10,20 *καί γε*] > La^{160} Hi Fa^{1} (sed hab Amb *Inst virg* 1,7) Anton 1000 Dam = 𝔙; om *γε* Sa$^{I\ II}$ | *ἐν συνειδήσει*] pr *συ* C 613 *L*$^{-261}$ 798 248′′ 296′ 311 338 339 542 543 549 698 706 788 795 Ol; pr *σοι* 261 | *συνειδήσει*] *συνδησει* 548; *ειδησει* 338 Dam^{te}; *ειδει* 766^{B} | *σου* 1° ⌒ 2° *C*$'^{-298\ 798}$ | *μή* 1° ⌒ 2° 125′ | *καταράσῃ* 1°] -*ρασση* 547; -*ρασει* 443 728 Hipp 262^{ap}; -*ρασεσαι* 766^{A}

10,19 *καὶ — ζῶντας*] *ϑ′* ܘܚܡܪܐ ܕܢܬܒܣܡܘܢ ܗܠܝܢ ܕܚܝܝܢ Syh (= *καὶ οἶνος τοῦ εὐφρανθῆναι τοὺς ζῶντας*) | *καὶ* — fin] *σ′ ἀργύριον δὲ* (*καὶ ἀργύριον* pro *ἀργύριον δὲ* 252) *εὐχρηστήσει εἰς* (> 539) *πάντα* 248′ 252 (s nom) 539 (s nom) 788 Syh **10,20** (*μὴ*) *καταράσῃ* 1°] *σ′ μὴ* (> 248′) *λοιδορήσῃς* 248′ 788

καὶ ἐν ταμείοις κοιτώνων σου μὴ καταράσῃ πλούσιον·
ὅτι πετεινὸν τοῦ οὐρανοῦ ἀποίσει σὺν τὴν φωνήν,
καὶ ὁ τὰς πτέρυγας ἔχων ἀπαγγελεῖ λόγον σου.

11 1 *Ἀπόστειλον ἄρτον σου ἐπὶ πρόσωπον τοῦ ὕδατος,*

A C *O* B-S-68″-998 *L C*″ *d k* al verss

om *ἐν* 2° 155 | *ταμείοις* B^{c}-613 *L*$^{(-125')}$ *cII* 155 296* 411 443 542 549 698 766 Ol^{ΔΙΚΜ} Anton 1000 Antioch 1536 Ath I 600 Dam^{te} Hipp 262^{ap}] *ταμιοις* 637 B*-S-68′-998 798 336′ 543 548 Did; *ταμιειοις* A-C *O*$^{-637}$ 298 *d k* 248″ 296^{c} 311 338 339 547 645 788 Ol^{te} = Sixt: cf Thack 63s Walters 94s; *ταμειους* 795; *ταμειω* Hipp 262te; *ταμιω* Hipp 262^{ap}; pr *τοις* 359 *κοιτώνων*] *κοιτωνος* 298-798 *k* 155 248-252 645 Hi Syh Ath I 600 = **𝔐**; *κοιτονων* 311 | *καταράσῃ* 2°] -*ρασσει* 443^{c}; -*ρασει* 728; *καταρη* 998; *ταραξει* 155; *κατασσει* 443* | *πλούσιον*] *πλουσιων* 766^{B} 795; + *δε βασιλεα* 563-571*; *μηδε βασιλεα* *C*$'^{-298\ 563\ 571*}$ = Ald | *ὅτι*] *ο* 645 | -*νων* 797 | om *τοῦ* 534 766 | *ἀποίσει*] *απεισι* 766; *αποιησει* C | *σὺν τὴν φωνήν* = Ra.] *την φωνην* *O*$^{-V}$ S* 645 Hi 343,351 343,357 (*vocem*) Did^{lem2} 315,9; *σου την φωνην* B-68′-998 *d* 336′ Antioch 1537 Ath I 600; *την φωνην σου* rel (Arm Did$^{lem1\ et\ com}$ 313,11 315,12) = Gra. **𝔙** | *ὁ τὰς πτέρυγας ἔχων* *O* 613 336′ 411 Syh (ܘܗܘ ܕܓܦ̈ܘܗܝ)] *ο τας πτερυγας* B-68′-998 Ath I 600; *ο εχων τας πτερυγας* 766 = Gra. Ra.; *ο πτερυγας εχων* 298; *ο εχων πτερυγας* rel ↓ *ἀπαγγελεῖ*] *απαγγελλει* 998(-*λι*); *αναγγελει* 475 *L* 155 443 Anton 1000 Dam ↓ | *λόγον*] *λογους* 371 443 Sa^{II} Fa^{1}; *λογων* 295; pr *τον* 522-540; absc Fa^{2} | om *σου* 3° Hi (sed hab Geo Arm) Ra. = **𝔐**

11,1 om *ἀπόστειλον* — *ὕδατος* B^{txt} | *ἀπόστειλον*] -*στειλε* 797 | *ἄρτον* 338 359] pr *τον* rel = Ra. | *ἐπὶ πρόσωπον*] *εις προσωπον* 357 155; *επι προσωπου* B^{mg}-68′ 157-563-571*-609 PsChr Ol^{ΑΓΕΖΜ} | om *τοῦ* *k* Dam | *ὕδατος*] *πενητος* 766

σὺν τὴν φωνήν] σ′ ϑ′ *ὁμοίως* Syh (*τὴν φωνήν σου*) | *καὶ ὁ τὰς πτέρυγας ἔχων ἀπαγγελεῖ*] α′ ܘܡܫܠܛ ܥܠ ܓܦ̈ܐ Syh (= *καὶ ὁ κυριεύων πτέρυγος* ⟨*ἀπαγγελεῖ*⟩); σ′ (α′ 248′) *καὶ τὰ πτερωτὰ ἀναγγελεῖ* (> 248′ Syh) 252 (s nom) 788 Syh; ϑ′ ܘܗܘ ܕܓܦ̈ܐ ܐܝܬ ܠܗ Syh (= *καὶ ὁ ἔχων πτέρυγας* ⟨*ἀπαγγελεῖ*⟩) **11,1** *πρόσωπον τοῦ ὕδατος*] α′ ϑ′ *ὁμοίως τοῖς ο′* Syh (= *πρόσωπον τοῦ ὕδατος*)

ὅτι ἐν πλήθει τῶν ἡμερῶν εὑρήσεις αὐτόν·
2 δὸς μερίδα τοῖς ἑπτὰ καί γε τοῖς ὀκτώ,
ὅτι οὐ γινώσκεις τί ἔσται πονηρὸν ἐπὶ τὴν γῆν.
3 ἐὰν πληρωθῶσιν τὰ νέφη ὑετοῦ,
ἐπὶ τὴν γῆν ἐκχέουσιν·
καὶ ἐὰν πέσῃ ξύλον ἐν τῷ νότῳ καὶ ἐὰν ἐν τῷ βορρᾷ, τόπῳ,
οὗ πεσεῖται τὸ ξύλον, ἐκεῖ ἔσται.

A C *O* B-S-68′′-998 *L* *C*′′ *d* *k* al verss

om *ὅτι — αὐτόν* Did^{lem} | om *ὅτι* 336′ Geo | om *τῶν* B-68′′ 298-797-260 *d* 336′ 542 543 549 Did^{com} 316,19 316,20 (sed hab Did^{com} 316,23) Met IX.19,3,18 Nil 860 | *ἡμερῶν*] + *σου* V *L* 254′ 252 443 766 795 Arm Did^{com} 316,19 PsChr Nil 860 Hi *Is* 15,16,43
11,2 *δός*] *διδου* 766 | *μερίδα*] *μεριδας* 998 Hi *Ezech* 12,41,2 (sed hab Hi 344,18 345,26 = 𝔙); + *και γε* V | *ὀκτώ*] *η′* B-68-998 | *οὐ γινώσκεις*] *ουκ οιδας* 411 | *γινωσκης* 797 | *τί*] *οτι* 475 254′ 548 | *ἔσται/πονηρόν*] tr Syh *ἔσται*] *εστι(ν)* 609 336′ 547 Arm^{te} | *πονηρόν*] pr *το* S 797 645 Sa$^{I\ II}$ Fa$^{1\ 2}$ om *ἐπὶ τὴν γῆν* 475 | *τὴν γῆν*] *της γης* 613 *L* *C*′′ 252 296′ 336′ 338$^{c\ vid}$ 443 766 Did^{com} 319,22; *γης* 147 (ex *της* corr) = Ald
11,3 *πληρωθῶσιν*] *πληρωθη* *O*$^{-V}$ 161* 411; *πληρωσωσιν* 155; *πλησθωσι(ν)* V B-68′′-998 *L* *d*(*πληθ.* 754) 336′ 443 Sa^{I} Fa^{1} PsChr: cf 1^8d^ | *τὰ νέφη ὑετοῦ* = 𝕾: contra 𝔐 | *ὑετοῦ*] *υετων* *k* Apr 1; > 766^{A} Did^{lem2} 320,5 | om *ἐπὶ — ἐκχέουσιν* 698 | *τὴν γῆν*] *της γης* *C*′$^{-157\ 298\ 563\ 571\ 609\ 797}$ | *ἐκχέουσιν*] *εκρεουσι* 766; *χεουσι* 390; *εκχεει* *O*$^{-V}$ 411; *χεει* V; pr *ουκ* 563-571; + *τον υετον* 766^{A} | om *καί* 1° *d* 336′ 539(vid) | *ἐάν* 2°] *αν* 601 | *πέσῃ*] *πεσει* 425 *καὶ ἐάν* 2°] *η* 998 Sa^{I} Fa$^{1\ 2}$ | *ἐάν* 3°] bis scr 155; > S 411 645 Did | *ἐν τῷ βορρᾷ τόπῳ*] *in loco aquilonis* Syh CPA | om *ἐν* 2° 337* 543 | *βορρᾷ*] *ξηρω* 766 | *τόπῳ*] *τοπου* 609; *νοτω* 534; > 766 PsChr; + *πεση* 645 | *οὗ*] + *εαν* 260 Did *Gen* 231 *Hiob* 79,31 | *πεσεῖται*] *πεση* 260 Did^{com} 321,22 Did *Gen* 231 *Hiob* 79,31 | om *τό* *O* 411 | *ἔσται*] *εστε* 475

ὅτι ἐν πλήθει τῶν ἡμερῶν] *σ′ ἐν γὰρ πολλοῖς χρόνοις* 788 **11,2** *τοῖς ἑπτά*] *σ′ πρώτοις* 252 **11,3** *ἐκχέουσιν*] *α′* (+ *σ′* 252) *ἐκκενώσουσιν* 248′ 252 *ξύλον ἐν τῷ νότῳ*] *σ′ δένδρον ἐν μεσημβρίᾳ* 788 | *ξύλον* 1°] *δένδρον* (*δένδρα* 248′) 248′ 252 539 (s nom) Syh | *ἔσται*] *σ′ παρατεύξονται* 248′ 252 (s nom)

4 *τηρῶν ἄνεμον οὐ σπερεῖ,*
καὶ βλέπων ἐν ταῖς νεφέλαις οὐ θερίσει,
5 *ἐν οἷς οὐκ ἔστιν γινώσκων τίς ἡ ὁδὸς τοῦ πνεύματος.*
ὡς ὀστᾶ ἐν γαστρὶ τῆς κυοφορούσης,
οὕτως οὐ γνώσῃ τὰ ποιήματα τοῦ θεοῦ,
ὅσα ποιήσει σὺν τὰ πάντα.
6 *ἐν πρωΐᾳ σπεῖρον τὸ σπέρμα σου,*

A C *O* B-S-68′′-998 *L C′′ d k* al verss

11,4 *ἄνεμον*] *ανεμου* 645; *ανεμους d* Arm Met IX.22,2 | *σπερεῖ*] *σπέρει* B; *σπείρει* A 68 *d* 336′ 443 543 547 549 698(*πειρη*) Hi 346,79 Syh CPA Fa$^{1(vid)}$ Ol Met IX.22,2 (sed hab La^{160} Sa^{I} Fa^{2} Did PsChr Dam Syn 348 Ald) = Sixt; *σπαρει* 298 | *βλέπων*] pr *ο* 125′-545 | *οὐ* 2°] *σου* 998 | *θερίσει*] -*ζει* 766^{B} Syh Did^{com} 323,23 328,1 PsChr GregM *Iob* 27,9,15 *Past* 3,15 Ta *Ecl* 27 (quater) (sed hab La^{160} Hi 346,80 GregM *Ezech* 1,3 Hes *Lev* 6,19 = 𝔙)
11,5 *ἔστιν*] *εσ* 155(||); *εσται* 563-571 *d*; + *τις* 543* | *γινώσκων*] pr *ο* 260 Did^{com} 324,20 (sed hab Did^{com} 324,17) | *τίς*] *τι* 155 338 Syn 348 | *ἡ ὁδός*] *η δος* 998; om *ἡ* 728 = 𝔐 | *ὡς*] *ος* V 295 | *ὀστᾶ*] *οταν* V*; *οσταν* V^{c}; *οτα* 549 766^{A*}-766^{B}; *ουτα* 766^{Ac}; *τα* 336′ | om *τῆς* B-68 Syn 348 | *οὕτως*] *ουτος* 609 | *γνώσῃ*] *γνωσει* 637 261 571*-798-609-371 631 336′ 543 PsChr; *γνωσεται* 766 | *γνώσῃ τά*] *γνωσεται* 475 | *τὰ ποιήματα* = 𝔖] *το ποιημα* V = 𝔐 | *ποιήματα*] *ρηματα* 543 | *ὅσα*] *ος O* 542 766 Met IX.22,5 Hi Syh = 𝔐; *α* 260 411 795 | *ποιήσει*] *εποιησε* Met IX.22,5 Sa^{II} Fa^{2} Aeth (sed hab Sa^{I}); praes Fa^{1} | *σὺν τὰ πάντα* Aeth = Ra.] *τα συνπαντα* A-C V PsChr; *παντα* 475-637 563-571*; *εν παντι* CPA; *τα συμπαντα* rel (Arm Arab)
11,6 *ἐν*] *ει* 415 | *πρωΐᾳ*] *πρωι* B-68′′-998 *L* 571^{c} *d k* 336′ 443 645: cf 10$_{16b}$; pr *τω* B-S-68-998 571^{c} *d* 336′ 645 | *σπεῖρον*] *σπειρων* 637 534(*σπιρων*) 261 788; *σπειρε* 766 Did^{com} 327,20 328,9(*σπιρε*) (sed hab *σπιρον* Did$^{lem\ et\ com}$ 326,6.15)

11,4 *σπερεῖ*] *α′ σ′ θ′ ὁμοίως* Syh (= *σπερεῖ*) **11,5** *ἐν οἷς — πνεύματος*] *σ′ ἐπεὶ μὴ οἶδας* (*οἶδες* 248′; *οἶδε* 539) *πότε παρέσται* (*ἐστιν* 252) *ὁ ἄνεμος* 248′ 252 (s nom) 539 (s nom) 788 Syh | *ἐν οἷς — γινώσκων*] *α′ ἐν ᾧ οὐκ εἶ σὺ εἰδώς* 248′ 252 (s nom) | *ὅσα*] *α′ ὅσα* 788 **11,6** *ἐν πρωΐᾳ*] *σ′ πρώϊμον* (*προιμον* 248′) 248′ 252 (trahit mend ad *ἀλλὰ καὶ ὄψιμον κ.τ.λ.*)

καὶ εἰς ἑσπέραν μὴ ἀφέτω ἡ χείρ σου,
ὅτι οὐ γινώσκεις ποῖον στοιχήσει, ἢ τοῦτο ἢ τοῦτο,
καὶ ἐὰν τὰ δύο ἐπὶ τὸ αὐτὸ ἀγαθά.
7 *καὶ γλυκὺ τὸ φῶς καὶ ἀγαθὸν τοῖς ὀφθαλμοῖς*
τοῦ βλέπειν σὺν τὸν ἥλιον·
8 *ὅτι καὶ ἐὰν ἔτη πολλὰ ζήσεται ὁ ἄνθρωπος,*

A C *O* B-S-68′′-998 *L* *C*′′ *d* *k* al verss

om *καί* 1° 766^{A} | *εἰς ἑσπέραν* S *C*′$^{-298\ 571c}$ Hi Dam] *εν ημερα* 68 571^{c}; *εν τω εσπερα* 534; *εν εσπερα* rel (Aeth Arm Arab) | *ἀφέτω*] *αφητω* 534′ *k* 542 766^{A}; *αφειτω* 766^{B}; *αφιτω* A; *αφιετω* *O*$^{-V}$ *C*′′$^{-298\ 571*}$ *d*$^{-357}$ 161-248^{c} 336′ 359 411 547 645 Hi Ol; *αφειετω* V; *αφιετο* Ald; *αφιεται* 338; *αφεθητο* 357 | *χείρ*] *χειρα* 337 | om *ὅτι* — *τοῦτο* 2° 645 | *γινώσκεις*] *γινωσκει* 295 539 | *ποῖον*] *ποιω* 311 336′ | *στοιχήσει* — *τοῦτο* 2°] *ευθετιει τουτων* 411 ↓ | *στοιχήσει* (ⲤⲘⲒⲚⲈ Sa^{I})] -*χηση* S 571^{c}; -*χησεις* 571*; -*χησης* 336; -*χησις* 728 Did$^{lem\ et\ com}$ 326,7 327,23 (sed hab Did^{com} 327,24); -*χησαι* 260; *στυχησει* 998; *οτοιχεισῃ* 155; *ευθετει* *O*$^{-475}$ Hi ↓; *ευθυ* 475; *ευθετησει* *L* ↓ om *ἤ* 1° V *C*′-260 *d* *k* 443 Hi Did PsChr Met X.1,4 | *τοῦτο ἢ τοῦτο*] *τουτω η τουτω* 311 | *ἐάν*] *αν* 698*; *ει* 766; *εν* 155 | *τὰ δύο*] *ταχυ ο* 357 | om *τά* 601 | *ἐπὶ τὸ αὐτό*] *επι ταυτο* 254; *εν τουτο* 766^{A}; *εν τουτω* 766^{B} | om *αὐτό* 645 | *ἀγαθά* (sup lin 788)] *αγαθον* A *cII* 338 547 645 766^{B} 788* Hi Sa^{I} Fa$^{1\ 2}$ Geo Ol Met X.1,4; pr *τα* 357

11,7 *γλυκύ*] *γλυκυν* 357; pr *το* 645 | *καί* 2°] *το* 645 | *τοῦ*] *το* 766^{B} | *βλεπον* 609 | om *σύν* 637 545^{c} 311 336′ 766 Syh | *ἥλιον*] + *ευθη* 795; + *ου ει* (*οὗ εἶ*) B*-534-998 Fa^{1}; + *ου η* V

11,8 *καὶ ἐάν*] *καν* 336′ Did^{com} 331,16.19 332,1 (sed hab Did$^{lem\ et\ com}$ 331,14 332,4) | om *καί* 1° 68 563-571-425^{txt} 443 Hi^{lem} 347,111 Sa$^{I\ II}$ Fa^{1} Arab = 𝔇 | *ἐάν*] *ην* 766^{B}; pr *γε και* 475; + *γε* *O*$^{-V\ 475}$ *L* 359 411 | *ἔτη*] *εστη* A^{*vid} | *ζήσεται*] -*σηται* 260 Ol^{ΔIM}; -*ση* *O*$^{-V}$ 359 411 542 766 Aeth Did^{com} 331,15(-*σι*) 332,1.7 | om *ὁ* 534′ 147-298-522*(c pr m) 336′ 547 645 Ol^{ABEHM}

καὶ εἰς ἑσπέραν μὴ ἀφέτω ἡ χείρ σου] *σ′ ἀλλὰ καὶ ὄψιμον καὶ* (> 252) *μὴ καταλιμπανέτω ἡ χείρ σου* 248′ 252 | *στοιχήσει* *α′ εὐθετεῖ* (*εὐθετήσει* 248′ 252 539) 248′ 252 539 (s nom) Syh; *σ′ εὑρήσει* 248′ **11,8** *ὅτι* 1° — *ἔσονται*] *σ′ si annis multis vixerit homo et in omnibus his laetus fuerit recordari debet et dies tenebrarum quia multae erunt* Hi

ἐν πᾶσιν αὐτοῖς εὐφρανθήσεται
καὶ μνησθήσεται τὰς ἡμέρας τοῦ σκότους,
ὅτι πολλαὶ ἔσονται·
πᾶν τὸ ἐρχόμενον ματαιότης.
9 *Εὐφραίνου, νεανίσκε, ἐν νεότητί σου,*
καὶ ἀγαθυνάτω σε ἡ καρδία σου ἐν ἡμέραις νεότητός σου,
καὶ περιπάτει ἐν ὁδοῖς καρδίας σου

A C *O* B-S-68′′-998 *L C′′ d k* al verss

om *καὶ* 2° — *ἔσονται* 155: homoiot | *μνησθήσεται*] -*σονται* C'^{-298} 125 357 766; *μνησθητω* 637; *μνησθηση* C | *τὰς ἡμέρας*] *των ημερων* 298 | *πολλαί*] *πολλα* 475
11,9 *σου* 1° ⌒ 2° 125 Antioch 1485 | om *καὶ* 1° — *η*[*μεραις*] 68 | *ἀγαθυνάτω*] -*νετω* 534′ $L^{(-125)}$ $C''^{-260\ 298}$ *k* 547 645 766 788 Did^com 336,7 (sed hab Did^lem et com 333,4 335,19.20.25) | *σε* 1°] *σου* 261; > 563* 336′ 645 Aeth | om *ἡ* V-475 411 | *σου* 2°] ⌒ 3° 475 ; > 46-337 Did^com 335,19 *ἡμέραις*] *ημερα* 601*(c pr m) *k* 338 547 Met X.4,3 | om *σου* 3° *k* | *καρδίας σου* 357 542 Hi 348,156 351,68 Dam^ap Ra. = 𝔐] *καρδια σου αμωμος* 788; *αμωμων η καρδια σου* 539; (+ *σου* Sa^I II Geo) *αμωμος* B-68′-998 336′ Sa^I II Fa^1 2 Geo Did 333,4s 335,26s PsChr Antioch 1485 (*αμωμως*); *αμωμοις* 766; > *σου* 338*; + *αμωμα* 613; + *αμωμως* 254′; + (ܘ Syh) *αμωμος* rel (Syh CPA Aeth Arm Arab Ol Met 334,2 Anton 960 1057 1208 Dam^te Max II 968 Amb *Exh virg* 10,69 Hi *Pach* 144,13 Spec 473,15 Ald Sixt)

ἐν πᾶσιν αὐτοῖς εὐφρανθήσεται] *σ′* (*α′* Syh) *καὶ διὰ πάντων εὐφρανθήσεται* (*εὐφανθήσομαι* 252; *εὐφραίνεται* 539) 248′ 252 539 (s nom) Syh | *καὶ μνησθήσεται τὰς ἡμέρας*] *α′ μεμνήσθω τῶν ἡμερῶν* 248′ 539 (s nom); *σ′ καὶ μεμνήσθω τῶν ἡμερῶν* 788; *σ′ ἐμνήσθη τῶν ἡμερῶν* 252; *καὶ μνησθήτω τῶν ἡμερῶν* 539 (s nom); *α′ σ′* ܘܬܬܕܟܪ ܠܝ̈ܘܡܬܐ Syh | *καὶ μνησθήσεται*] *α′ καὶ μνησθήτω* 252 | *πᾶν τὸ ἐρχόμενον ματαιότης*] *σ′ ἐν αἷς ἁπάσαις ἐλεύσεται τὸ μὴ εἶναι* 252 Hi Syh; *ϑ′* ܟܠܗ ܗܘ ܡܐ ܕܐܬܐ ܗܒܠܐ Syh (= *πᾶν τὸ ἐρχόμενον ἀτμίς* sive *ἀτμός*) **11,9** *καὶ ἀγαθυνάτω σε*] *σ′ καὶ* (> 252 539 788) *ἐν ἀγαθῷ ἔστω* 248′ 252 539 (s nom) 788 (s nom) Syh | *καρδίας σου*] *α′ σ′ ϑ′ ὁμοίως* Syh (= *καρδίας σου*)

καὶ ἐν ὁράσει ὀφθαλμῶν σου
καὶ γνῶθι ὅτι ἐπὶ πᾶσι τούτοις ἄξει σε ὁ θεὸς ἐν κρίσει.
10 *καὶ ἀπόστησον θυμὸν ἀπὸ καρδίας σου*
καὶ παράγαγε πονηρίαν ἀπὸ σαρκός σου,
ὅτι ἡ νεότης καὶ ἡ ἄνοια ματαιότης.

121 *καὶ μνήσθητι τοῦ κτίσαντός σε*
ἐν ἡμέραις νεότητός σου,

A C *O* B-S-68″-998 *L C*″ *d k* al verss

καί 3°] > 125-261*; + *μη* B-S*-68′-998 $C'^{-298\ 571*}$ *d* 336′ CPA Sa^{I} $Fa^{1\ 2}$ $Aeth^{te}$ (sed hab $Aeth^{ap}$) Arab; absc Sa^{II} | *ἐν* 4°] *ην* C; > CPA | *ὀφθαλμῶν*] *εν οφθαλμοις* 543; pr *εν* 549 | om *σου* 5° 998 390 | om *καὶ γνῶθι* CPA om *καί* 4° 475 | *γνῶθι*] *γνωθει* A; *γνωθη* 253 357; *γνωση* S* $C'^{-298\ 560\ 571*\ 609}$ *k* 336 Arm^{te}; *γνωσει* V 560-571*-609 728 | *ὅτι*] post *τούτοις* tr 613 547 Ol Antioch 1485; > 534 390* 338* | *ἐπί*] *εν* *O* 359 411 Did^{com} 337,1 Max II 968 Anton 960 (sed hab Anton 1057 1208) Hi *Pach* 144,13 (sed hab Hi 349,157 351,69 Amb *Exh virg* 10,69 Spec 474,1) | *ἄξει σε*] *ηξει μετα σου* CPA; post *ὁ θεός* tr Sa^{I} Did^{com} 337,1: cf 12 14a | *ἄξει*] *εξαξει* 336′; *ηξει* 254′ | om *σε* 2° 254′ | *ἐν κρίσει*] *εις κρισιν* *L* C'^{-298} 161-248^{c} 359 Hi 349,158 351,70 Syh CPA $Sa^{I\ II}$ $Fa^{1\ 2}$ Arab Did^{com} 337,1.4.7 (sed hab Did^{lem} 336,24) Met 334,4 Antioch 1485 Anton 960 1057 1208 Dam^{te} Max II 968 Amb *Exh virg* 10,69 Spec 474,2 (sed hab Hi *Pach* 144,13) = Ald
11,10 *ἀπόστησον*] *αποστρεψον* *d* | *θυμόν*] *παροργισμον* 253-475 Antioch 1505: cf 5 16b | *ἀπὸ καρδίας*] *εν καρδια* 125′ | om *ἀπό* 1° 475 | *καρδίας σου*] *καρδια σου* 534 797 252*; *καρδιαν σου* 296 336′; *καρδ* 547 | *παράγαγε*] *παραγε* B-68′-998 563-571*-157′-609 Anton 1208 Nil 1205 (sed hab Ald); *απαγαγε* S* | *ἡ* 1°] pr *και* 298; > 359 | om *ἡ* 2° 359 | *ἄνοια*] *ανομια* 336′ Anton 1060 Dam
12,1 *κτίσαντός*] *κτησαντος* 539 543 = Compl | *ἡμέραις*] *ημερα* 601*(c pr m) 336′ 359 Hi 349,1 351,91 356,254 Did^{com} 338,17 Antioch 1505 (sed hab Hi *Pach* 144,13 Spec 474,4); *ημεραι* 260 | *νεότητός σου*] *νηοτητοσος* 601; om *σου* *k*

καὶ γνῶθι ὅτι ἐπὶ πᾶσι τούτοις] *σ′ γίνωσκον ὅτι περὶ πάντων τούτων* 252
11,10 *καὶ ἡ ἄνοια*] *σ′ ἡ περὶ αὐτὴν σπουδή* 248′ 252 539 (s nom)

ἕως ὅτου μὴ ἔλθωσιν ἡμέραι τῆς κακίας
καὶ φθάσωσιν ἔτη, ἐν οἷς ἐρεῖς
Οὐκ ἔστιν μοι ἐν αὐτοῖς θέλημα·
2 *ἕως οὗ μὴ σκοτισθῇ ὁ ἥλιος καὶ τὸ φῶς*
καὶ ἡ σελήνη καὶ οἱ ἀστέρες,
καὶ ἐπιστρέψωσιν τὰ νέφη ὀπίσω τοῦ ὑετοῦ·

A C *O* B-S-68″-998 *L C″ d k* al(-155) verss

om *ἕως — κακίας*] 336′ 698 | *ὅτου* B-68′-998 *C*′$^{-298}$ *d* 443] > 155 Geo Did^{com} 338,22 339,5: cf (6a); *ου* rel (539 Did 338,5 338,21 339,6; sub ⋇ 788) | om *μή* *C*′$^{-298}$ $^{571^c}$ Geo Did^{com} 338,21 339,6 | *εισελθωσιν* 125 *ἡμέραι*] pr *αι O* B-68″-998 *C*″$^{-260}$ *d* 155 359 411 543 547 549 766 788 Did Ol CyrHier 897 Dam | *τῆς*] *σης* 545*; > 411 539 | *κακίας*] *σκιας* Met$^{lem\ et\ com}$ X.5,8,54; + *σου* A *O*$^{-637}$ S *C*′$^{-298}$ *k* 359 411 539 645 Sa^{I} Fa^{1} Did$^{lem\ et\ com}$ 338,5 338,21.22 339,5.6 = Ald | *φθάσωσιν*] *φθασουσιν* B-68 609 *k* 336′ 443* 542 Did; *φθασει* 253; *φθαση* V 411 | *ἔτη*] *ετι* 125′-545; *ητη* 601; *οτι* 443 766^{B}; inter *ε* et *τ* 1 litt erasa in C; > S* | om *ἐν* 2° 260 | *ἐρεῖς*] *ερις* A 998 Did^{lem} 340,7; *εροις* 645; > 357 | (1e) post (2a) *φῶς* tr *k* | *μοι*] *μου L*; > *C*′$^{-298}$ $^{571^c}$ Sa$^{I\ II}$ Fa$^{1\ 2}$ = 𝔖^{mss} | *ἐν αὐτοῖς* post *θέλημα* tr 260 788 Ol^{com} om *ἐν* 3° S* | *θέλημα*] *θελησις* 336′
12,2 om *οὗ* 475 | om *μή* 390 357 Fa^{1} Geo Did^{com} 340,22 | *σκοτισθῇ*] *σκοτασθη* 339 542 788 Dam; *σκοταση O*$^{-253}$ 338 766^{A} Met X.6,2,31 ↓; *σκοτασει* 253; *ελθη* 766^{B} | om (2b) Did^{lem} 340,8.18 | *ἐπιστρέψωσιν*] -*ψουσι(ν)* B-68 *C*′$^{-139\ 147\ 159\ 298\ 560\ 563\ 571\ 798}$-260 254-357 336′ 411 547 548 698 706 788 Syh PsChr; -*ψη* V; -*ψει* 253-475; -*στρεφουσιν k*; *αποστρεψωσι* 125′ | om *τὰ νέφη* 336′ | om *τοῦ* A 766^{A}

12,1 *ἕως — κακίας*] *σ′ πρὶν ἐλθεῖν τὰς ἡμέρας τῆς κακώσεώς σου* 248′ 252 539 (s nom) Syh | *ἕως ὅτου μὴ (ἔλθωσιν)*] *σ′ πρίν* 788 | *οὐκ ἔστιν μοι ἐν αὐτοῖς θέλημα*] *α′ οὐκ ἔστιν ἐν αὐτοῖς πρᾶγμα* 788 Syh; *σ′ οὐ χρήζω αὐτῶν* 252 (s nom) Syh; *θ′ ὁμοίως τοῖς ο′* Syh | *θέλημα*] ⟨*α′*⟩ *πρᾶγμα* 252 (s nom)
12,2 *ἕως οὗ μὴ σκοτισθῇ*] *σ′ πρὶν σκοτάσαι* (-*σει* cod) 252 | *ἕως οὗ μή*] *σ′ πρίν* (+ *ἤ* 788) 248′ 788 | *σκοτισθῇ*] *α′* ܢܫܥܐ Syh (= *σκοτίσῃ*); *θ′ ὁμοίως τοῖς ο′* Syh (= *σκοτάσῃ*) | *καὶ ἐπιστρέψωσιν — ὑετοῦ*] *σ′ καὶ πάλιν ἀναστρέψαι τὰς νεφέλας μετὰ τὸν ὑετόν* 252 | *ὀπίσω τοῦ ὑετοῦ*] *σ′ μετὰ τὸν ὑετὸν εἰς τὸ μὴ εἶναι* 788

3 ἐν ἡμέρᾳ, ᾗ ἐὰν σαλευθῶσιν φύλακες τῆς οἰκίας
καὶ διαστραφῶσιν ἄνδρες τῆς δυνάμεως,
καὶ ἤργησαν αἱ ἀλήθουσαι, ὅτι ὠλιγώθησαν,
καὶ σκοτάσουσιν αἱ βλέπουσαι ἐν ταῖς ὀπαῖς·
4 καὶ κλείσουσιν θύρας ἐν ἀγορᾷ
ἐν ἀσθενείᾳ φωνῆς τῆς ἀληθούσης,
καὶ ἀναστήσεται εἰς φωνὴν τοῦ στρουθίου,
καὶ ταπεινωθήσονται πᾶσαι αἱ θυγατέρες τοῦ ᾄσματος·

A C *O* B-S-68′′-998 *L* *C*′′ *d* *k* al^{-155} verss

12,3 *ἐάν* 253 B-S-68-998 254′ 543] *η αν* 475; *δαν* 336′; *αν* rel | *σαλευθῶσιν*] *φυλαχθωσι k* | *φύλακες*] *νεφελαις* 543; pr *οι* 443 Ol^{com}(bis) | *διαστραφῶσιν*] *perierint* Hi (sed hab *subvertentur* Hi *Ep* 140,13,3 *Pach* 144,20) ↓ om *τῆς δυνάμεως* 336′ | om *τῆς* 2° 539 | *ἤργησαν*] *ειργησαν* 795; *ηρπαγησαν* V; *αλγησουσιν* 253; *αργησουσιν* Hipp I/1 224,7 Met X.7,3,54; *cessent* Hi *Pach* 144,20; *cessant* Hi *Ep* 140,13,3; *cessabunt* Hi^{lem} 353,141 | om *αἱ* 1° *k* 161*-248* = Compl | *ἀλήθουσαι*] *αληθευουσαι* 475 | *ὠλιγώθησαν*] *ωλισθησαν* 336′; *ηργησαν* 253-475 | *σκοτάσουσιν*] *-σωσιν* 637 998 766; *-ζουσιν* 415-504; *συντασ⟨σ⟩ουσιν* 371 | *αἱ βλέπουσαι*] *οι* (*αι* 998) *βλεποντες* 998 CyrHier 897^{ap} | *βλέπουσαι*] *βλεπου* 560*
12,4 *κλείσουσιν*] *-σωσι(ν)* 998 542 766; *κλεινουσιν* V | *θύρας*] *θυραν* A *L* 298 *k* 248′′ 296′ 311 338 339 543 547 549 698 706 788 Arab Ol; *θυραι* S* 645 Hi *Ep* 140,13,3; *ostia* Hi (sed hab *ianuas* Hi *Pach* 144,25) = 𝔇 | *ἐν ἀγορᾷ*] *εν αγρω k* 766 | *ἐν* 2°] pr *και* 563-571* | *φωνη* A | *ἀναστήσεται*] *-σονται* S *C*′$^{-797}$ 357 Arm Sa$^{I\ II}$ Hi *Pach* 144,25 | *στρουθίου*] *πεδιου* 698 om *πᾶσαι* 260 *d* Geo Arm^{te} Hipp I/1 224,8^{ap} Ol^{com}

12,3 *καὶ διαστραφῶσιν ἄνδρες τῆς δυνάμεως*] σ′ *καὶ* (> 248′ Hi) *διαφθαρῶσιν οἱ ἄνδρες οἱ ἰσχυροί* 248′ 252 539 (s nom) Hi Syh (ܘܢܬܚܒܠܘܢ ܓܒܪܐ ܚܝܠܬܢܐ) | *διαστραφῶσιν*] α′ *errabunt* Hi (= *πλανηθήσονται*) | *τῆς δυνάμεως*] σ′ *ἰσχυροί* 788 | *καὶ ἤργησαν αἱ ἀλήθουσαι*] σ′ *καὶ καταργηθῶσιν* (*καργηθῶσιν* 248′) *αἱ* (> 788) *μύλαι* (*οἱ μῦλοι* 248′) 248′ 252 788 Syh | *αἱ βλέπουσαι ἐν ταῖς ὀπαῖς*] σ′ *αἱ* (> 539) *ὁράσεις διὰ τῶν ὀπῶν* 248′ 252 (s nom) 539(s nom) **12,4** *ἐν ἀσθενείᾳ φωνῆς*] σ′ *ἀχρειωθείσης τῆς φωνῆς* 248′ 252 | *καὶ ἀναστήσεται — στρουθίου*] σ′ *καὶ παύσεται φωνὴ τοῦ στρουθίου* 252 | *εἰς φωνὴν*] *τῇ φωνῇ* 788 | *καὶ ταπεινωθήσονται — ᾄσματος*] α′ *καὶ κλιθήσονται* (*κλεισ.* cod) *πάντα τὰ τῆς ᾠδῆς* 248′

5 *καί γε ἀπὸ ὕψους ὄψονται, καὶ θάμβοι ἐν τῇ ὁδῷ·*
καὶ ἀνθήσῃ τὸ ἀμύγδαλον,
καὶ παχυνθῇ ἡ ἀκρίς,
καὶ διασκεδασθῇ ἡ κάππαρις,

A C *O* B-S-68′′-998 *L C′′ d k* al^{-155} verss

12,5 om *γε* B-68′-998 260 357 336′ Sa$^{I\,II}$ Fa^{2} Arm | *ἀπὸ ὕψους*] *α. του υψους* 254′ 795 Did^{com} 355,13 Ol^{com}; *εις το* (> 260) *υψος* B-68′-998 260 357 252^{mg} 336′ | *καί* 2° $\frown$ 3° 475 | om *καί* 2° 336′ Syh | *θάμβοι*] *θαμβ* 766^{B}(|); *εκθαμβοι* 336′; *θαμβος* C 613 *L C′*$^{-298}$ *d* 411 443 698 Aeth Arm Hi *Ep* 140,13,3 = Ald; *θαμβους* Syh Ol^{BH} | *ἀνθήσῃ* 253 B-S-68′-998 359 698 728 788$^{sup\ lin}$ Did^{lem} 355,12 Hi *Pach* 144,27] *εξανθησει* 390; *ανθησει* rel *ἀμύγδαλον*] *μυγδ.* 645; *αμιγδαλον* 425 543 548 795^{c} | *παχυνθῇ*] *παχυνθησεται* 252 547 698 766 788 Ath III 1365 CyrHier 897 Met X.7,9,92 Hi 355,202 350,46 355,213 *Ep* 140,13,3 (sed hab *Pach* 144,27) Euch *Form* 1 SedScot *Misc* 64,12 Ta *Ecl* 29 = 𝔇; *πληθυνθειη* 475 | *ακρεις* V | *διασκεδασθῇ*] *διασκεδασθησεται* V 563-571 *d* 336′ 547 766 Hi 355,202 350,47 Met X.7,10,93 Hi *Ep* 140,13,3 (sed hab *Pach* 144,27) Euch *Form* 1 SedScot *Misc* 64,12 Ta *Ecl* 29 = 𝔇; *διασκεπασθη* 706 795 | om *ἡ* 2° C 645 | *κάππαρις*] *καπαρις* V 534 125′ 571*-609 311 338 543* Hipp I/1 224,3^{ap}; *κασπαρις* 542; *κασπαξ* 46′; *κυπαρισσος* 357

12,5 *καί γε ἀπὸ ὕψους — κάππαρις*] *σ′ et super haec etiam de excelso videbunt et terror erit in via et obdormiet vigilans et dissolvetur spiritus fortitudo* Hi | *θάμβοι ἐν τῇ ὁδῷ*] *α′ τρόμῳ τρομήσουσιν ἐν τῇ ὁδῷ* 248′ (ind ad *καί γε*) 252 | *καὶ ἀνθήσῃ — κάππαρις*] ⟨*θ′*?⟩ *ἀνθεῖ* (*ἄνθη* Ol^{ap}) *τὸ ἀμύγδαλον, καὶ παχύνεται ἡ ἀκρὶς* (*ακρης* Ol^{ap}; + *καὶ* Ol^{ap}) *διανοίγεται ἡ κάππαρις* (*καππαρης* Ol^{ap}) Ol^{com} | *καὶ ἀνθήσῃ —ἀμύγδαλον*] *σ′ καὶ ἀποκοιμᾶται γρηγορῶν* 788 (ind mend ad (5a)) | *παχυνθῇ*] *α′ ταχυνθῇ* (sic) 788 | *καὶ διασκεδασθῇ ἡ κάππαρις*] *α′ καὶ καρπεύσει ἡ κάππαρις* 252; *σ′ καὶ διαλυθῇ ἡ ἐπίπονος* (ܠܐܘܬܐ et etiam litt graecis Syh) 248′ 252 (s nom) Syh | *διασκεδασθῇ*] ⟨*α*⟩ *καρπεύσει* 788; *σ′ διαλύεται* 260 Syh

ὅτι ἐπορεύθη ὁ ἄνθρωπος εἰς οἶκον αἰῶνος αὐτοῦ,
καὶ ἐκύκλωσαν ἐν ἀγορᾷ οἱ κοπτόμενοι·
6 *ἕως ὅτου μὴ ἀνατραπῇ σχοινίον τοῦ ἀργυρίου,*
καὶ συνθλιβῇ τὸ ἀνθέμιον τοῦ χρυσίου,
καὶ συντριβῇ ὑδρία ἐπὶ τὴν πηγήν,

A C *O* B-S-68ʼʼ-998 *L* *C*ʼʼ *d* *k* al^{-155} verss

ὅτι] pr *οτι εκυκλωσαν εν αγρα* (*; *αγορα* c pr m) *οι κοπτομενοι* V: ex (5f) *ἐπορεύθη*] *εαν πορευθη* O^{-637} | om *ὁ ἄνθρωπος* 548 | om *ὁ* A 475 *L* 159-798-260 311 336ʹ 543 766^{B} 788 Ol^{IKM} Met X.8,3 Dam | *εἰς*] *προς* *O* 766: cf $7_{2a\ 2b}$ | *αἰῶνος*] *αιωνων* *L* | om (5f) 563-571*-157ʹ | *ἐκύκλωσαν*] *κυκλωσουσιν* O^{-637} S^{c} Hi (*circumibunt*) *Ep* 140,13,3 (*gyrabunt*) (sed hab *Pach* 144,27) | *ἐν ἀγορᾷ*] post *κοπτόμενοι* tr 443; om *ἐν* 571^{mg} | *κοπτόμενοι*] *κοπιωντες* 68 (sed hab Ald)
12,6 *ὅτου*] *οπου* 545; *του* 125; *ου* 475-637 298-cII^{-260} 248ʹ 336ʹ 411 542 547 766 Did^{lem} 360,2 Ol Met X.8,4,36 CyrHier 897: cf (1c) (2a) | om *μή* S 475 645 Hi *Pach* 145,1 | *σχοινίον*] pr *το* B-68ʼʼ-998 *C*ʼʼ *d* 336ʹ 411 698 766 Did 360,2.6.10.22 Met^{com} X.8,36 CyrHier 897; pr *τι* 475 | *καί* 1° ∩ 2° 253 798 | *συνθλιβῇ* A S 248ʼʼ 296ʹ 311 338 539(-*βει*) 543(-*θλη*-) 547(-*τλι*-) 549 645 706 795 = Ra.] *recurrat* Hi 356,246s 350,55 PsMel *P* 13,73 *V* 4,25,4 (sed hab *conteratur* Hi *Ep* 140,13,3 *Pach* 145,1) = 𝔙 ↓; *συντριβη* (-*τριβει* 475) rel (Aeth): cf (6c) | *τό* 539] > Ra. | *χρυσίου*] *χρυσου* 547 | *συντριβῇ*] -*τριβει* 475; post *πηγήν* tr 125 | *ὑδρία* V B^{c}-68ʹ-998 645 Did 361,8.10.12 (*υδρεια* B* 296ʹ 542 Hipp I/1 $224,6^{ap}$)] pr *η* rel | *ἐπὶ τὴν πηγήν*] *επι τη πηγη* B-68ʹ-998(vid) *d* (sed hab Ald); *ad fontem* Hi^{com} 350,57 357,269 *Ep*

ὅτι ἐπορεύθη — κοπτόμενοι] *σʹ* *ibit enim homo in domum* (*domo* Hi^{ap}) *aeternitatis suae, et circumibunt in platea plangentes* Hi | *ὅτι ἐπορεύθη ὁ ἄνθρωπος*] ⟨*σ*⟩ *ἀπελεύσεται γὰρ ὁ ἄνθρωπος* 252 (s nom) | *αἰῶνος*] *αἰώνιον* 788 **12,6** *ἕως ὅτου — ἀργυρίου*] *σʹ καὶ* ([*κ*]*αι* 252(|)) *πρὶν ἢ κοπῆναι* (-[*ν*]*αι* 252(|)) *τὸ σχοινίον* (*ἀπὸ σχοινίου* 248ʹ) *τοῦ* ([*τ*]*ου* 252(|)) *ἀργυρίου* 248ʹ 252 | *καὶ συνθλιβῇ — χρυσίου*] *αʹ καὶ δράμῃ λύτρωσις τοῦ χρυσίου* 252 788 Syh; *θʹ* ܘܬܪܗܛ ܫܠܚܦܬܐ ܕܕܗܒܐ Syh (= *καὶ δράμῃ ἡ χελώνη ἡ χρυσῆ*) | *καὶ συνθλιβῇ τὸ ἀνθέμιον*] *σʹ καὶ* (> 539 Syh) *θλασθῇ* (*ελασθη* 248ʹ) *τὸ περιφερές* 248ʹ 252 539 (s nom) Syh | *καὶ συντριβῇ — πηγήν*] *οἱ οʹ καὶ συντριβῇ τροχιλέα ἐπὶ τῷ λακκῷ· τὸ γὰρ συντριβῇ ἡ ὑδρία ἐπὶ τὴν πηγὴν ἐκ τῶν Ἀκύ⟨λα⟩ καὶ θʹ* 788 | *καὶ συντριβῇ*] *σʹ* (*οἱ λʹ* 260) *καὶ* (> 252 260) *συνθραυσθῇ* 248ʹ (s nom) 252 260

καὶ συντροχάσῃ ὁ τροχὸς ἐπὶ τὸν λάκκον,
7 *καὶ ἐπιστρέψῃ ὁ χοῦς ἐπὶ τὴν γῆν, ὡς ἦν,*
καὶ τὸ πνεῦμα ἐπιστρέψῃ πρὸς τὸν θεόν, ὃς ἔδωκεν αὐτό.
8 *ματαιότης ματαιοτήτων, εἶπεν ὁ Ἐκκλησιαστής,*

A C *O* B-S-68′′-998 *L C′′ d k* al^{-155} verss

140,13,3 *Pach* 62,2 145,1 (sed hab *super fontem* Hi 356,247.262s PsMel *P* 13,73 *V* 4,25,4 = 𝔇); *επι της γης* 298; *απο της γης* 336′; *επι την γην* 253* S 601-609-797 *k* 338 339 411 543 547 766 Hipp I/1 224,6^{ap} Met^{com} X.8,50; *επι την παγην* 795
συντροχάσῃ] *-τροχασι* 411 543* Did$^{lem\ et\ com}$ 361,8 362,12; *-τροχασει* C 475 125 *C′*$^{-147*\ 298\ 797}$(*-τροχα* 563)-260 357 336′ 338 443 543^{c} 795 Did^{lem} 362,12(vid) Ol^{EIM} Met X.8,7,50 Hipp I/1 224,6; *-τροχοσει* 797; *συντριβη* 253 Hi 356,248.263 357,266 (*confringatur*) (sed hab *convolvatur* Hi^{com} 350,57; *involvetur* Hi *Ps hom* 61,202; *revolvetur* PsHi *Brev* 76) = 𝔇: cf 6c; *impediatur* Hi *Ep* 140,13,3 *Pach* 145,1 | *ἐπὶ τὸν λάκκον* = 𝔖] contra 𝔐
12,7 *καὶ* 1° — *ἦν* post *αὐτό* tr 252* | *ἐπιστρέψῃ* 1° (litt *η* ex corr 130)] *-στρεψι* 998*(c pr m); *-στρεψει* A-C *O*$^{-253}$ 125′ *C′*$^{-147^{c}\ 298}$-260 *k* 252 296′ 336 338 339 443 543 549 766^{A} 795 Ol^{te} Met X.8,8,69 = Ald Gra. | *ὁ χοῦς* post *γῆν* tr S Aug *Ep* 166,26 Hi *Ep* 131,26,2 PsHi *Ep* 37,9(1°) | *ἐπὶ τὴν γῆν*] *εις την γην* *cII*$^{-260}$ Syh Ol Aug *Ep* 143,8 166,26 190,17 *Gen ad litt* 10,9 Cass *Co* 8,25 Cassiod *An* 538,19 PsHi *Ep* 37,9; *in terram suam* Hi$^{lem\ et\ com}$ 356,249 349,24 355,208 357,270.280 Bed *Cath* 3,6 PsRuf *Fi* 28 = 𝔇; *in terra* Hi *Ep* 140,13,4 *Pach* 145,3 | *γῆν*] *γνωσιν k* | om *ὡς ἦν* 637 *k* | *ἦν*] *αν* 766 | om *τὸ πνεῦμα* 252* | *ἐπιστρέψῃ* 2°] *-στρεψει* A-C 475-637 613 *C′*$^{-147^{c}\ 298}$(*-στρε* 563)-260 357 *k* 252 296′ 336 338 443 543 547 549 706 795 Dion PsChr^{com} Ol^{te} Met X.8,8,70,80 Hi^{com} 349,24 (*revertetur*) Hi^{com} 357,271 (*convertetur*) (sed hab *redeat* Hi$^{lem\ et\ com}$ 356,250 357,281 = 𝔇) = Ald Gra. | *ὅς*] *ως* S 336′ 543 548 Sa$^{I\ II}$ | *αὐτό*] *αυτω* 637 534 560^{c} 252*^{vid} 336′ 548*
12,8 *εἶπεν ὁ Ἐκκλησιαστής* post *ματαιότης* 2° tr *d*

καὶ συντροχάσῃ — fin] *οὗτος οὐ κεῖται παρὰ τοῖς λοιποῖς* 788 **12,7** *καὶ ἐπιστρέψῃ*] *α′ σ′ θ′ ὁμοίως* Syh (= *ἐπιστρέψει*) | *ὃς ἔδωκεν*] *οἱ ο′ ἔκτισεν* 788; *α′ ἔδωκαν* 788 **12,8** *ματαιότης* 1° — *ματαιότης* 2°] *α′ ἀτμὸς ἀτμίδων εἶπεν κωελὲθ τὰ πάντα ἀτμός* 252 | *ματαιότης ματαιοτήτων εἶπεν*] *α′ ἀτμὸς ἀτμίδων εἶπεν* 248′

τὰ πάντα ματαιότης.
9 *Καὶ περισσὸν ὅτι ἐγένετο Ἐκκλησιαστὴς σοφός,*
ἔτι ἐδίδαξεν γνῶσιν σὺν τὸν ἄνθρωπον,
καὶ οὗς ἐξιχνιάσεται κόσμιον παραβολῶν.
10 *πολλὰ ἐζήτησεν Ἐκκλησιαστὴς*

A C *O* B-S-68′′-998 *L C*′′ *d k* al^{-155} verss

τά] *και k*; pr *ματαιοτης ματαιοτητων* 336′ = 𝔖: ex 1 2b | om *τὰ πάντα ματαιότης* 637
12,9 *περισσόν*] *περισσως* 296: cf 7 16b; *περισσος* 548; *περισσων* 609; pr *τι k*: cf 6 11b | *ὅτι*] *ετι* 336′; > 645 Fa^{2} | *ἐγένετο*] litt *το* superscr et sup ras 248 *Ἐκκλησιαστής*] post *σοφός* tr 637; pr *ο* A *O L* 254′ 411 547 549 766^{B} 645 Sa^{I} = Gra. ([*ο*]) | *ἔτι* Hi (*adhuc*) = Gra. Ra.] *οτι* 637 B-68′-998 254′ 336′ 542 766^{B} Syh Sa^{I} Arm Arab = 𝔖; *και O*$^{-637}$ 248′ 338 443 Geo Met X.10,3; *και οτε* 296; *και οτι* rel (Aeth) = Ald: cf 7 28a | *ἐδίδαξε(ν)*] *εδιδασκε(ν)* C *O*$^{-637}$ S^{c} *cII*$^{-260}$ *k* 252 296′ 311 339 411 542 543 547 549 706 788 Syh Arm Ol Met; *εδοδ.* 645* | *γνωσις* 415 | *σὺν τὸν ἄνθρωπον*] *συν τον ανθρωπον* 443; *συνετον ανθρωπον* 998: cf 3 10a; *συν τους ανθρωπους* Fa^{2}; *συμπαντα ανθρωπον* 561-*cII*^{cat} Aeth; *κοινην τον ανθρωπον* 766^{A}(vid)-766^{B}; *συν τον λαον O*$^{-637}$ 411 Hi Sa^{I} Arm^{te} Ra. = Compl 𝔐 ↓; + *και ενωτισατο και ηρευνησε και κατεσκευασε παραβολας L* ↓; absc Sa^{II} | *οὗς*] *ουκ* 260 359; + *αυτου* S^{c} | *ἐξιχνιάσεται*] *εξιχνιασατο* 475-637 S^{c} 766^{B}; *εξιχνιασε* 390-415-504-522-540-571^{c}-732-425*-601 = Ald | *κόσμιον*] *κοσμον* C *d* 548; *κοσμου* 125; *κοσμ* 261; *κοσμος* 645 | *παραβολῶν*] *παραλαβων* 336′
12,10 *πολλά*] + *δε L* | *ἐζήτησεν*] *εζητησα* 766^{A} | *Ἐκκλησιαστής*] pr *ο* V S^{c}-613 *L C*$^{\prime\prime-298}$ *d*$^{-357}$ 336′ 338 339 359 411 443 539 547 645 766 Sa$^{I\,II}$ Ol Met X.11,3,15

12,9 *περισσόν*] *σ′ ὑπερβάλλον* (*-βαλον* 248′) 248′ 252 | *ἐδίδαξεν*] *α′ σ′* ܐܠܦ Syh (= *ἐδίδαξεν*) | *ἄνθρωπον*] *α′ σ′ λαόν* 252 | *καὶ οὗς* — fin] *α′ καὶ ἠνωτίσατο, καὶ ἠρεύνησεν, καὶ κατεσκέυασεν παροιμίας*; *σ′ καὶ ἐνωτίσασθαι ἐποίησεν, καὶ ἐξευρὼν συνέθηκε παροιμίας* 788 | *καὶ οὗς ἐξιχνιάσεται*] *α′ καὶ ἠνωτίσατο* (*-τησατο* 161 252*) *καὶ ἠρεύνησεν* 248′ 252 (*καὶ ἠρεύνησεν* trahit ad *καὶ κατεσκεύασεν παροιμίας*; ind ad *πολλὰ ἐζήτησεν*): cf Hi; *σ′* (*α′* 252) *καὶ* (> 248′) *κατεσκεύασεν παροιμίας* (*παροιμιαστής* 248′) 248′ 252

τοῦ εὑρεῖν λόγους θελήματος
καὶ γεγραμμένον εὐθύτητος, λόγους ἀληθείας.
11 *Λόγοι σοφῶν ὡς τὰ βούκεντρα*
καὶ ὡς ἧλοι πεφυτευμένοι,
οἳ παρὰ τῶν συνθεμάτων ἐδόθησαν

A C *O* B-S-68″-998 *L C*″ *d k* al^{-155} verss

τοῦ εὑρεῖν — (11a) *βούκεντρα*] *του θεου ευρειν λογους κεντρα* 631: *λογους* = (|) in 46 | *τοῦ εὑρεῖν* post *θελήματος* tr 336′ | *εὑρεῖν*] *ευρων* 609; *ερειν* 795 | *λόγους* 1°] *λογου* V | *θελήματος*] *θεληματων* 766^A(vid)-766^B | om *καί* A | *γεγραμμένον εὐθύτητος*] *συνεγραψεν ορθως* O^{-637} Hi ↓ | *γεγραμμένον*] *-μενων* cII^{-260} 766^A; *-μενους* 613 106-545 298 339 359 Arm^{te}; *-μενα* 125; *-μεν* 261 | *λόγους* 2°] *λογου* 336′
12,11 *σοφῶν*] *σοφον* 609 645 | om *τά* 613 125′ 766 $Sa^{I\,II}$ Fa^2 | *βούκεντρα*] *οξυκεντρα* 766 | *ἧλοι*] *υλοι* 797 | *πεφυτευμένοι* O^{-637} B-68-998 *k* 336′ 359 542 Syh Arm Or *Phil* 6,1 *Matth* 14,4 (X 281) = Compl Gra. Ra. 𝔐] *πεπαρμενοι* 534; *in altum confixi* Hi *Is* 9,13,39 *Or in Ez hom* 328 ↓; *in altum* (+ *solidumque* Hi^{com}) *defixi* Hi 358,309s.317 = 𝔙 ↓; *πεπεπυρωμενοι* 645; *πεπυρωμενη* 754; *πεπειρωμενη* 411; *πεποιρωμενη* 252*; *πυρωμενοι* 571^c = Ald; *πεπυρωμενοι* rel (litt *υ* ex corr 139; 539 Aeth Ol Met Bas II 821 Dam PhilC 129 EpiphSchol *Cant* 197) | *οἳ παρὰ τῶν συνθεμάτων*] *οι παρ αυτων συνθημα* 336′; *habentibus coetus* Hi^{lem} 358,310 = 𝔐 | *οἵ*] *η* 601-797; > 475: haplog | *περι* 425 | *συνθεμάτων*] *θεματων* 68 (sed hab Ol^{com} Or *Matth* 14,4 (X 281) PhilC 129 EpiphSchol *Cant* 197); *συνθηματων* C'^{-298}(*συμθη*. 797) 338 = Ald; *συναγματων* A S* 542 Syh = Gra. Ra. ↓; *συνταγματων* 253-475 S^c 298 *k* 339 547 788* $Ol^{lem\ et\ com}$ Met X.12,3,10,13 = Ra. ↓; *συναντηματων* 161^{mg}-248^{mg}; *concilio* Hi^{com} 358,318.331.323(*-ium*) 359,339; *conciliis* Hi *Is* 9,13,40; *componentibus* Hi *Or in Ez hom* 328 ↓ | *ἐδόθησαν*] *εδοξασθησαν* 795

12,10 *λόγους θελήματος*] *α′ λόγους* (> 248′ 252 539) *χρείας* 248′ 252 539 (s nom) Syh; *σ′* ⟨*λόγους*⟩ *χρειώδεις* (*χρεωδεις* 248′) 248′ (s nom) 252 539 (s nom) 788 Syh | *καὶ γεγραμμένον εὐθύτητος*] *σ′ καὶ* (> 539 Syh) *συνέγραψεν ὀρθῶς* 248′ 539 (s nom) 788 Syh **12,11** *ὡς τὰ βούκεντρα*] *α′ θ′ ὁμοίως τοῖς ο′* Syh (= *ὡς τὰ βούκεντρα*) | *πεφυτευμένοι*] *α′ θ′* (*οἱ ο′* 788) *πεφυτευμένοι* 248′ 788; *σ′ πεπηγότες* 248′ (s nom) 252 260^{cat} 539 (s nom) 788 Syh | *παρὰ τῶν συνθεμάτων*] *α′* (+ *παρὰ τῶν* Syh) *συνταγμάτων* 248′ 252 Syh; *σ′* ܡܢ ܗܢܘܢ ܕܐܬܟܢܫܘ Syh (= *παρὰ τῶν συναχθέντων*)

ἐκ ποιμένος ἑνὸς καὶ περισσὸν ἐξ αὐτῶν.
12 υἱέ μου, φύλαξαι τοῦ ποιῆσαι βιβλία πολλά·
οὐκ ἔστιν περασμός, καὶ μελέτη πολλὴ κόπωσις σαρκός.
13 Τέλος λόγου τὸ πᾶν ἀκούεται
Τὸν θεὸν φοβοῦ καὶ τὰς ἐντολὰς αὐτοῦ φύλασσε,

A C *O* B-S-68′′-998 *L* *C*′′ *d* *k* al^{-155} verss

om (11d) 698 | *ποιμένος*] *ποιουμενος* 311; *ποιουμενοι* 338 | *ἑνός*] *εν οι* 336; > 248* 766^{B} Met^{lem} X.12,3^{ap} PhilC 129^{ap} | *περισσόν*] *περισσων* 609
12,12 om *μου* V 390-*cII*$^{-260}$ 357^{s} 411 547 Geo (sed hab Arm) Ol Dam *φύλαξαι*] *φυλαξε* 545^{c}; *φυλαξον* 475-637; *φυλασσον* 252*; *φυλασσου* A-C S *C*′′$^{-260}$ *k* 161^{txt}-248^{txt}-252^{c} 296′ 311 338 339 543 547 549 645 698 706 788 795 Hi Ol Met X.13,2 (sed hab Bas IV 980 Or IV 100,7 102,8 *Phil* 5,1) = Ald; + *απο* 766 | om *τοῦ* S*-68 *C*′′$^{-260\ 298}$ 547 645 Bas IV 980 (sed hab Ol Met X.13,2 Or IV 100,7 102,8 *Phil* 5,1 Dam) Ra. = Ald 𝕸 | *ποιῆσαι*/*βιβλία*] tr *C*′$^{-298\ 797}$ = Ald | *ποιῆσαι*] *ποιειν* 698; > 797 | *οὐκ ἔστιν* Ol$^{-(A)ΔEIKM}$] *οτι εστιν* Dam 1°; *ουκ ετι* 125′; *ουκ εσται* 547; pr *οτι* 613 *L* 298-*cII*$^{-260}$ 411 443 795 Arm Ol^{te}; pr *και* V Geo Dam 2°;+ *σοι* V *περασμός*] *πειρασμος* 125′ 295 359 706 Dam 1° et 2°; *περισπασμος* V 139-147-159-560-798-425^{mg} 357^{s} 161*-248* | *πολλὴ κόπωσις* post *σαρκός* tr 357^{s} | *πολυ* 125 | *κόπωσις*] *κοπος* *L* 547 766^{B}; *κοπτωσις* 534; + *σης* 766^{B} *σαρκός*] *σαρκειχος* 46*; pr *της* *L*
12,13 *τέλος* — *ἀκούεται*] *finis sermonis universi auditu perfacilis est* Hi; *finis verbi omnia audi* Hi *Pach* 147,23; *finis verbi audire omnia* Ruf *GrN* 5,14,1; *finis omnis verbi auditor* Spec 345,12; *finis omnes verbi audite* Syh | *τέλος*] *περας* 637 766 PsChr^{com} 67,6 Met X.14,3,18 Chr XVIII 509 ↓ | *τό*] *του* 601; > 543 | *ἀκούεται* *O*$^{-475\ 637}$ 998 359 Hi] *ακου* 637; *ακουετε* 475 Syh; *ακουε* rel (Sa$^{I\ II}$ Fa^{2} Aeth Arm Ol Met X.14,3,19 Anton 781 973 Chr XVIII 509 Dam Eus *Ps* II 41 GregNa I 780 1245 *Disc* 26,14 Max I 933 II 861 Hi *Pach* 147,23) = 𝕾; absc Fa^{1} | *φύλασσε*] *φυλαττε* 415-504 311 Anton 781; *φυλαξε* 390-540*-425*; *φυλαξαι* 534-613^{txt} *L* *C*′$^{-390\ 415\ 425*\ 504\ 540*\ 571c\ 732\ 797}$; *φυλαξει* 732; *φυλαξον* 797 254′ 336′ 443

12,12 *τοῦ ποιῆσαι*] α′ σ′ *ὁμοίως τοῖς ο′* Syh (= *τοῦ ποιῆσαι*); σ′ ⟨*τοῦ*⟩ *μὴ ποιῆσαι* 252 788 **12,13** *τέλος*] σ′ θ′ ܣܘܦܐ Syh (= *πέρας*) | *ἀκούεται*] α′ θ′ *ὁμοίως τοῖς ο′* Syh (= *ἀκούεται*)

ὅτι τοῦτο πᾶς ὁ ἄνθρωπος.
14 *ὅτι σὺν πᾶν τὸ ποίημα ὁ θεὸς ἄξει ἐν κρίσει*
ἐν παντὶ παρεωραμένῳ,

A C *O* B-S-68′′-998 *L C′′ d k* al^{-155} verss

ὁ ἄνθρωπος A 253 B-S-68′-998 *d*(357^{s}) 252 443 542 543 549 698 766^{B} = Ra.] om *ὁ* C *O*$^{-253}$ 613 *L C*$^{\prime\prime-298}$ *k* 248′ 296′ 311 336′ 338 339 359 411 547 645 706 766^{A} 795 3011 Sa^{I} PsChr^{com} 67,8 Ol Met X.14,4,20 I.4,120 Anton 781 973 Chr II 703 III 232 XV 248 XVIII 512 *Jb.Cat B* 33 Dam Max I 933 II 861
12,14 *σὺν πᾶν τὸ ποίημα* A S 336 698 PsChr 67,8 = Gra. Ra.] *παν το π.* *L* Syh Sa^{I} Arab (vel *συμπαν το π.*) Eus *Ps* 80 428 532; *συμπαντα το π.* 601: cf 9ib; *omne hoc opus* Aug *C D* 20,3 Spec 346,1; *omne opus suum* Amb *Fide* 3,20 5,142; *universum opus* Hi *Pach* 147,24; *omne factum* Hi 360,382 361,411 Hi *Pach* 115,3; *συμπαν το π.* rel | *ποίημα*] *πληρωμα* 336′ | *ὁ θεός* B-68-998 336′ 542 Sa^{I} Ol *Hiob* 133 Eus *Ps* 80 428 532 Syn 349 Amb *Fide* 3,20 Aug *C D* 20,3 Hi *Pach* 115,3 147,24 Ald Ra. = 𝔐] post *ἄξει* tr rel = Sixt: cf 11 9e | *ἄξει*] *αξειεν* 728 | *ἐν κρίσει*] *εις κρισιν* 613 *L* 339* 548* 728 Hi 360,383 361,412 PsChr 67,8 77,137 Ol^{com} Met X.14,5,42,68 I.4,121 Anton 837 Ath II 157 Constit V,7,4 Cyr VIII 361 465 Dam Eus *Ps* 80 428 532 Max II 929 Amb *Fide* 3,20 5,142 Aug *C D* 20,3 Hi *Pach* 115,3 147,24 Spec 346,1 | *ἐν παντὶ παρεωραμένῳ*] *in omni despecto* Aug *C D* 20,3 Spec 346,1; *in omni dispectu* Hi *Pach* 147,24; *de omni abscondito* Hi 360,383 361,400 Sa^{I} ↓; *in omnibus quae neglecta sunt* Hi *Pach* 115,3 | *παρεωραμένῳ*] *παρεοραμενω* 522(vid) 543 Ol *Hiob* 133^{ap}; *περιωραμενοι* 534; *παρεωραραμενω* 337(|)

ὅτι—ἄνθρωπος] *σ′ τοῦτο* (> 788 Syh) *γὰρ* (> 788 Syh) *ὅλος ὁ ἄνθρωπος* 248′ (s nom) 252 788 Syh **12,14** *ὅτι—ποίημα*] *σ′* (*α′* 248′) *πᾶσαν γὰρ* (> Syh) *πρᾶξιν* 248′ 252 Syh; *ϑ′ σὺν πάντα* (*σύμπαντα* 788) *τὰ ἔργα τοῦ ἀνθρώπου* 788 Syh | *ἐν παντὶ παρεωραμένῳ*] *σ′* (+ *ἐν παντὶ* 248′) *περὶ παντὸς παροραθέντος* 248′ 252 (s nom) Hi 361,401s (*Symmachus et Septuaginta interpretati sunt, de omni contemptu, vel certe de omni ignorato*) | *παρεωραμένῳ*] *α′ κεκρυμμένῳ* 788; *ϑ′* ܠܐ ܡܬܚܙܝܢܐ Syh (= *ἀόρατοι*; ind mend ad *συνθεμάτων* (11c) *ἐὰν ἀγαθὸν καὶ ἐὰν πονηρόν.*

A C *O* B-S-68''-998 *L C''* *d k* al[-155] verss

ἐάν 1°] *αν* 139-147-159-540-560-798 Ol$^{\Delta IKM}$; *εν* 534; + *τι* 545*; + *τε* V S L^{-545*} $C'^{-298\ 601}$ 411 645 698 Hi 360,383 361,400 Syh PsChr^{com} 67,9 Ol$^{\Delta IKM}$ Met X.14,6,43 I.4,122 Eus *Ps* 80 Aug *C D* 20,3 Hi *Pach* 115,3 147,24 Spec 346,2 = Ald 𝔇 | om *καί* V S 609-797 *k* 296' 359 645 698 766^{A} 3011 Hi 360,384 361,400 Syh Geo Met 356,6.43 15,122 Anton 837 Cyr VIII 465 Dam Eus *Ps* 80 Max II 929 Aug *C D* 20,3 Hi *Pach* 115,3 147,24 Spec 346,2 = 𝔇 | *ἐάν* 2°] + *το* V; + *τε* S *L* C^{-298} 443 645 698 Hi$^{lem\ et\ com}$ 360,383 361,400 Syh PsChr^{com} 67,9 Met X.14,6,43 I.4,122 Eus *Ps* 80 *Ps* II 41 Aug *C D* 20,3 Hi *Pach* 115,3 147,24 Spec 346,2 = Ald 𝔇 | *πονηρόν*] *κακον* PsChr^{com} 67,9 ↓; + *η* 411 Hi 360,384 361,401 Hi *Pach* 147,24

Subscriptio: *εκκλησιαστης* A-C $O^{-253\ 475}$ B-S-534-998 252 296' 443 542 549; *εκκλησιαστης στιχοι ΨΝ* 248'; *εκλησιαστης στιχοι ΨΝΓ* 253; *εκκλησιαστης στιχοι ΨΖ* Arm; *τελος ο εκκλησιαστης* 339^{mg}; *τελος της εκκλησιαστης* 125^{II} Aeth; *τελος του* (> 147*) *εκκλησιαστου* 68 147^{c}-571-601 357^{s} 547 645; *τελος συν θω αγιω της παραφρασεως του εκκλησιαστου* 371; *τερμα* 338; pr *εν* (+ *δε* 252) *τω εκκλησιαστη* (+ *την* 732 252) *τελειαν ως* (*ω* 798) *αν μεγαλοις και τελειοις παρατιθησι(ν) την διδασκαλιαν* (*-ειαν* 560) 139-147-159-390-560-732-798-601 252 = Ald; > 613 *L* $C''^{-147^{c}\ 371\ 571\ 601}$ *k* 254' 311 336' 339^{txt} 359 411 543 698 706 766 795 = Compl Sixt; + *ασμα ασματων ο καλειται* sardesrin *τελος λογου εκκλησιαστου υιου δαυιδ* Aeth; + *Explicit Ecclesiastes secundam interpretationem LXX. Consignatus erat in libro graeco, ex quo translatus est hic liber Ecclesiastae in Syriacum. In fine illius ita* (erat): »*Ecclesiastes simili modo receptus est ex eo codice, in quo etiam similia* (variae interpretationes) *postea disposita erant, eaque iterum manu sancti Pamphili. Haec nosmet Pamphilus et Eusebius correximus.*« Syh (Middeldorpf 657s): cf *THGE*

ἐὰν — πονηρόν] ⟨σ'⟩ *ἐάν τε ἀγαθὸν ἐάν τε κακόν* 248' (s nom)